U0538842

褚民誼

主編／褚幼義
Chief-editor／CHU Youyi

紀實全傳

第二卷 踐行主義

編寫組

主編：褚幼義
成員（以姓氏筆畫為序）：
  大　彪
  王　蘭（Valentina de Monte）
  褚幼義
  褚叔炎
  褚季燊
  褚孟嫄
  澤爾丹
  韓曉明（Jonathan Henshaw）

（本書版權歸主編所有）

導讀

　　褚民誼是民國時期一位令人矚目的歷史人物，他為實行社會革命、踐行三民主義的多彩人生，及其所涉及的紛繁人物和事件，跌宕起伏，是那個波瀾壯闊時期不可分割的一個組成部分。以人民利益為核心，以真實史料為基礎，是當今歷史研究應該遵循的準則。本書的編寫，就是在「以人為本」思想的啟示下，褚氏後人於2005年到浙江湖州南潯老家和曾經的民國首都南京「尋根之旅」的調查訪問醞釀起步的，歷經近廿年來編寫組們對原始資料廣泛深入的探尋、收集、整理，而終成此五卷一套的《褚民誼紀實全傳》。

　　本書著者除詳細查閱國內外圖書館和檔案館的有關材料外，還親至有關處所深入調查研究，尋覓遺存至今的珍貴文物資料，再現褚民誼當年活動的場景。例如，先後多次探訪南潯老家；遍訪他在南京主持修建的各大古寺和諸多有關的文化單位；三度訪問他曾以校為家長期擔任校長的上海中法國立工學院舊址；參觀他曾參與籌備的杭州西湖博覽會紀念館；踏訪貴州盤縣他曾率京滇週覽團往返路經的要隘之地；以及國民革命策源地廣州，他學成歸國效力之始執掌國立廣東大學和抗戰勝利前夕最終任職廣東省長之地，如此等等。此外還先後專程赴境外調查研究，如：2009年訪問法國里昂中法大學遺址和里昂市立圖書館；2014年到美國國會圖書館特許調閱了褚民誼之特藏相冊十五部；2016年到臺北之中國國民黨黨史館、中華民國國史館和國家圖書館[1]，獲准查閱許多珍貴的原始資料，包括曾經的保密檔案、書信和被毀古跡之原始拓片等等。

　　本書作為紀實性的傳記，力求內容真實可靠，能經得起檢驗。編入書中的材料均經編者親閱。引用材料時盡量摘錄其原文，並用標楷體示出褚民誼的言論。對於歷史上的單位和人物，一律使用當年實際使用的稱謂，除原文中已有者外，均不冠以「匪」「偽」等附加詞。

　　本書是集體努力的結晶。編寫組成員中，包括褚民誼的後人褚孟媛、褚叔炎、褚季燊和褚幼義姐弟四人，以及民國史研究者澤爾丹先生和大彪先生，法國里昂市立圖書館原中文部主任王蘭（Valentina de Monte）女士和加拿大英屬

---

[1] 書中分別簡稱為「臺黨史館」「臺國史館」和「臺國圖」。

哥倫比亞大學歷史學系中國近代史研究者韓曉明（Jonathan Henshaw）先生。在本書收集資料和調查研究過程中得到了眾多有關人士的大力支持、協助和鼓勵，這裡一併致以衷心感謝！本書中倘有不足甚或謬誤之處，尚請讀者不吝指正補充。

　　本書梳理了豐富的原始資料，力圖從造福民眾的視角，撥開迷霧，將一部真實的褚民誼生平事蹟全面地呈現於世人前。此前曾率先由「秀威資訊」於2021年1月出版的《重行傳－褚民誼生平紀實》，可視為本書先期的精練本，以滿足讀者的不同需求。

　　褚民誼生於1884年，值此誕辰一百四十週年之際，謹以本書永鎸紀念！

主編褚幼義，2024年1月17日於北京

目次

編寫組 3

導讀 5

第三篇　救國之道身體力行（上）（1924-1937） 9

  第一章　歸國伊始，執掌廣大 11

    第一節　褚陳聯姻，韡韡報捷 11

    第二節　兩度應命，擔綱廣大 15

    第三節　整頓革新，引領奮進 23

    第四節　三民主義，三育訓練 34

    第五節　盡心竭力，籌建中大 40

    第六節　兼職北大，京穗奔忙 50

  第二章　投筆從戎，參加北伐 57

    第一節　投身軍政，責無旁貸 57

    第二節　斡旋統一，謀劃訓政 68

    第三節　湖社潯社，同鄉共濟 77

    第四節　急流勇退，赴歐考察 81

  第三章　訓政伊始，正言務實 95

    第一節　黨義治國，擯棄紛爭 95

    第二節　強國健民，振聾發聵 102

    第三節　放眼世界　同心協力 109

    第四節　勞動大學，西湖博覽 122

    第五節　百川匯流，共倡科學 129

第四章　中比庚款，比國博覽 ……… 137

第一節　中比交往，情緣久長 ……… 137
第二節　運籌策劃，善用庚款 ……… 141
第三節　精心組織，博覽爭光 ……… 157
第四節　文化使者，國際合作 ……… 186

第五章　建設西北，鞏固西陲 ……… 201

第一節　跋涉新疆，艱辛考察 ……… 201
第二節　執掌建委，繪製藍圖 ……… 222
第三節　團結蒙藏，培植人才 ……… 244

第六章　團結奮鬥，共赴國難 ……… 259

第一節　國難當頭，國府任職 ……… 259
第二節　救國之道，全面推行 ……… 272
第三節　三民主義，電影促成 ……… 276
第四節　興修水利，賑災濟民 ……… 286
第五節　提倡馬車，應對漏卮 ……… 297
第六節　首屆籌備，國民大會 ……… 302
第七節　京滇週覽　通途西南 ……… 310

第三篇

救國之道身體力行（上）
（1924-1937）

褚民誼，1930年

第一章　歸國伊始，執掌廣大

第一節　褚陳聯姻，韡韡報捷

　　1924年11月，褚民誼四十歲，在法國斯特拉斯堡大學醫學院獲醫學博士和藥學士學位後，即刻動身回國，於12月23日抵達香港，李曉生和黃垣夫婦及陳舜貞專程到港迎接。本準備直赴上海轉道回鄉探親，因遵衛月朗之囑，他就近先到廣州與之相見，「即商量與舜貞妹結婚事項，當擇定甲子年十二月初六，即民國十三年（1924年）十二月三十一日完婚。」〈家訓彙疏考〉[1.60]

　　陳舜貞（1902-1963），曾用名「順貞」，系愛國華僑衛月朗的養女，右下圖是陳順貞幼年在馬來西亞檳榔嶼上學時的學生照。衛月朗（1869-1945）是陳璧君的生母，隨丈夫陳畊全從廣東到馬來西亞創業，定居檳市（Penang，舊稱檳榔嶼）。陳氏發家致富後，生活日益奢華，後期由於經營不善和被人拖累而家境敗落。衛月朗是一位深明大義的婦女，早期接受了孫中山等革命黨人的宣傳，成為同盟會中的一員。她積極支持女兒陳璧君投身革命，主動變賣個人手飾，傾囊資助革命燃眉之急。陳家兒女眾多，其中許多人情況不詳。據其外孫女汪文惺和婿何文傑回憶，陳家包括庶出和領養，共計八子八女。衛月朗生三兒一女。前兩子早夭，三子名繼祖；女兒璧君，嫁汪精衛。衛月朗後來的養女取名順貞（與褚民誼婚後改名「舜貞」），按女兒排第八。眾兒女中，以八子陳昌祖（1904-1994）年紀最輕，晚年在加拿大寫有回憶錄《中國20世紀初葉一個公民的自傳》（英文）[3.61]，對陳家歷史記述較詳。

　　褚民誼留法期間，因歐戰於1914年回國，途經南洋時，曾至檳市訪陳畊全，「備承垂愛，款遇有加」[1.60]。陳璧君與汪精

幼年陳順貞，在馬來西亞檳榔嶼的學生照

1919年陳順貞（前排左端）在上海與家人合影。後排右起為汪精衛、陳昌祖和陳璧君；前排的兒童為汪的子女汪文嬰（前）和汪文惺

結婚前的陳舜貞（順貞）

衛留法時，因國內局勢風雲變化，屢應孫中山之召，頻繁往返於中法之間。1914年衛月朗曾隨行來法，留居近一年。1916年初，璧君又帶緯君和順貞來法留學。陳緯君與譚熙鴻相戀後不久在法國成婚。當時陳、曾和方家聚居波爾多，褚民誼也在波爾多醫學院學習，與他（她）們過往密切，開始與陳順貞相識。1916年底黃興辭世，該年12月15日《旅歐雜誌》[2.5]第9期上刊登了波爾多學人的祭文，由方君瑛、方君璧、方聲秀、方賢俶、王祖矩、沈鴻翔、沈覲寅、汪兆銘、陳冰如、陳緯君、陳順貞、陳昌祖、陳揚傑、陸悅琴、曾醒、曾伯良、曾仲鳴、褚民誼等18人聯合具名追悼。陳順貞在法國留學近兩年後，隨陳璧君舉家回國，居上海（見左上圖），與陳淑君和陳昌祖同入大同學院繼續學業。1922年由汪精衛和陳璧君介紹與褚民誼訂婚。右上圖是陳舜貞婚前的照片。此時褚民誼正在法國忙於準備博士論文，「乘林森偕劉紀文遊歷法國歸途之便，帶致紀念品兩件，一枚戒指和一隻手錶，以為約婚之卷。」褚民誼在〈家訓彙疏考〉[1.60]中記述道，「當時經濟不裕，所贈之物，簡陋不堪，乃呈至岳母大人之前，不但歡喜代收，而且不時出示友朋，以示心中之快；厥後民誼獲聞其事，實不勝其愧惶也。」其時，陳畊全在家業破產後已於1921年去世，衛月朗歸國與其女陳璧君相伴為生。

　　褚民誼回國到達廣州時，孫中山已應邀北上議事，偕汪精衛等人同往。胡漢民作為留守代行大元帥府職務，廖仲愷作為黨代表會同許崇智和蔣介石掌管黨

1925年元旦慶祝開國和紀念中華民國第一任孫大總統就職合影紀念。前排左起：陳舜貞（5）、朱始（7）、楊道儀（13）、曾醒（15）、衛月朗（19）、何香凝（22）等；第一排右起：胡漢民（14）、廖仲愷（13）及其身前的兒子廖承志、許崇智（15）、俄軍事總顧問加倫（16）、林森（11）、鄒魯（10）、張繼（8）、伍朝樞（20）、古應芬（21）等；第二排右起：褚民誼（4）、陳公博（7）、李宗仁（8）等

軍。褚民誼與陳舜貞結婚之喜，「承伍梯雲朝樞先生為主婚人，胡展堂漢民先生為證婚人，廖仲愷及古湘芹應芬兩先生為介紹人。」〈家訓彙疏考〉[1.60]）新娘的伴娘則由朱執信的長女朱始擔任。結婚典禮於1924年12月31日下午2時在廣州西華二巷汪府內舉行。婚禮上可謂黨政要人齊聚一堂。褚民誼將當時的盛況寄書稟告家父，並附合影照片。其父珍之，精製玻璃像架，懸於診室內。1937年「八一三後，潯地淪胥，祖屋被火，此照片「同罹劫運，至可惜也。」

婚禮次日為民國十四年（1925年）元旦，為了慶祝開國和紀念中華民國第一任孫大總統就職，胡留守、黨代表、各總司令、各部部長暨蘇俄同志等合影紀念（見上圖）。照片中前日婚慶上的新郎褚民誼、新娘陳舜貞、岳母衛月朗、伴娘朱始、主婚人伍朝樞、證婚人胡漢民、介紹人廖仲凱和古應芬，以及廖妻何香凝及子、朱執信遺孀楊道儀、曾醒、林森、鄒魯、張繼等親朋好友和來賓等再現其中。當時正值國民黨實行「聯俄容共」政策，該照片對於研究這一時期的歷史亦十分珍貴。此原件為曾醒收藏，現保存在其侄、旅居美國的曾孟濟處。

第一章 歸國伊始，執掌廣大

1925年11月褚、汪兩家嬰兒滿月之喜。前排陳舜貞（左）和衛月朗（右）分別懷抱嬰兒褚孟嫄和汪文悌；曾醒坐其間，她的左和右是汪文彬和汪文恂；後排左起是褚民誼、陳國琦、陳璧君和汪精衛；曾仲鳴和方君璧分站兩側

　　1925年10月13日褚民誼的長女褚孟嫄降生。恰逢革命軍東征一舉攻克惠州取得決定性勝利，他身為東征軍軍醫處處長，十分振奮，當即以光明勝利之義，為女兒取乳名「驊驊」。汪精衛和陳璧君的幼子文悌其後也於同月出生。為了慶賀滿月，褚、汪、陳和曾家在一起合影留念（見上圖）。照片中，陳舜貞和其養母衛月朗懷中分別抱著剛滿月的嬰兒。

　　褚民誼與陳舜貞在廣州結婚後，如本章嗣後各節所述，由於他當時肩負執掌廣東大學重任，繼而又投身國民革命北伐戰爭，未能及時將此喜事親自返籍稟告父老鄉親。直至北伐勝利，國家統一，1928年他奉派赴歐考察衛生，歸國定居上海後，才於11月底回歸故里。在關心家鄉發展的同時，補辦喜宴，酬謝眾鄉親。據嘉業堂主南潯首富劉鏞之長孫劉承幹的日記[2]記載，劉氏曾於農曆戊辰年10月16日（公曆1928年11月27日）在慶賀同鄉張晉華七十九壽辰的宴會上「晤褚民誼，略談數語而歸。」接着，於次日「午刻，至南柵褚杏田家，以民誼喜事後補席酒也。喫魚翅後與民誼同至商會，應統捐局長徐季（海寧人新從紹興調來）之招，至則席已過半……散後小談片時而歸。」等云。由此可以窺見褚民誼此次返鄉活動之片段。

---

[2] 劉承幹日記現存上海圖書館

第二節　兩度應命，擔綱廣大

　　孫中山基於「知難行易」的思想，為了喚起民眾，畢生致力於革命宣傳，把教育和人才培養視為改造和建設中華的基礎。1923年粵局初定，孫中山在廣州設立元帥府，出任大元帥，即于翌年（1924年），在廣州親手創辦一文一武兩所學校。繼1月24日決定籌辦陸軍軍官學校（黃埔軍校）之後；又於2月4日頒佈兩道大元帥令，「著將國立高等師範、廣東法科大學、廣東農業專門學校合併改為國立廣東大學」和「派鄒魯為國立廣東大學籌備主任」[3.74]，着手籌建國立廣東大學。

　　鄒魯（1885-1954），字海濱，廣東大埔縣人，早年東遊日本，加入同盟會後，回國從事秘密的革命活動，並畢業于廣州法政學堂。他積極追隨孫中山進行反清、倒袁和討伐陳炯明的叛亂活動，很受器重。1923年孫中山北上期間，曾與胡漢民等五人代行大總統職責。孫中山返回後，他出任廣東省財政廳長，並於1924年1月國民黨第一次全國代表大會上，當選為中央執行委員兼青年部部長，後任常委。他熱心教育，辦學經驗豐富，初被委派為國立廣東高等師範學校校長，進而挑起合併三校籌辦國立廣東大學的重任，於1924年6月9日被任命為校長。

國立廣東大學主樓（大鐘樓）[3.8]

孫中山對辦好這所在廣東革命發源地的第一所國立大學十分重視，於1924年8月以大元帥令頒佈了「大學條例」。在其第一條中明確指出，「大學之旨趣，以灌輸及討究世界日新之學理技術為主；而因應國情，力圖推廣其應用，以促社會道義之長進、物力之發展副之。」他還於1924年1月到8月底期間，親自十多次到該校主樓（大鐘樓）（見前頁下圖）內的大禮堂，給黨、政、軍人員及各校教職員工和學生系統講演三民主義（見左下圖）。同年9月15日廣東大學開學上課，並定於11月11日舉行隆重的成立典禮。中山先生因不日離粵北上，忙於公務，無法蒞臨大會，即手書「博學、審問、慎思、明辨、篤行」作為國立廣東大學成立訓詞，予以勉勵。訓詞濃縮了他的教育理念，成為該校永誌遵循的校訓（見後頁左上圖）。[3.74]

褚民誼回國後，即被聘任為國立廣東大學教授。時值孫中山為國事抱病北上，從上海繞道日本，經天津到達北京，由於罹患肝癌，病情惡化，於1925年1月26日在北京協和醫院進行手術。消息傳出，國民黨內一批要人陸續趕去，一面探病，一面籌畫孫先生身後黨務。鄒魯作為黨內的老同志，也聞訊立即啟程赴京（後來成為孫中山遺囑證明人之一），於1月31日呈報委託褚民誼代行廣東大學校長之責。2月4日下達大元帥指令（見後頁右上圖）[3.74]：

　　大元帥指令　第玖拾伍號
　　令國立廣東大學校長鄒魯
　　呈報因公北上校務委託褚教授民誼代拆代行請於備案由
　　如呈備案此令
　　中華民國十四年二月四日

1924年1月至8月間，孫中山十多次在國立廣東大學大禮堂內向黨政軍人員及各校教職員工和學生系統講演三民主義 [3.74]

1924年11月，孫中山為國立廣東大學成立手書訓詞[3.74]　　1925年2月4日大元帥指令褚民誼代理國立廣東大學校長[3.74]

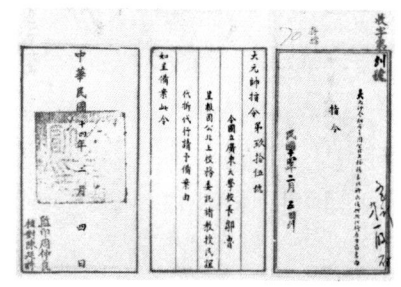

緊接着又於2月6日發佈大元帥訓令和指令，將里昂中法大學海外部依照原案定為國立廣東大學海外部之一，及確定管理權責。[3.75]據里昂中法大學留法同志會來函報導（《申報》1924，2，11），該校時有華人就學者143人，以來自廣東的最多達67人，其餘來自江蘇、直隸、四川、湖南、福建、湖北、浙江、安徽、河南、貴州、廣西、奉天、江西等各省。

褚民誼是早年同盟會會員，留學法國獲醫學博士和藥學士學位，曾在國外長期推動旅歐教育運動，1921年在法國里昂籌建了中國第一所海外大學－里昂中法大學，任副校長，具有豐富的辦學經驗。他風塵僕僕剛從海外歸來，原擬偕新婚之妻回鄉拜望久別的慈父和眾鄉親，接此代理國立廣東大學校長重任，當即修書慰父，展期探望。（〈家訓彙疏考〉[1.60]杏田公訓諭第十八函）

1925年3月12日晨孫中山不幸在北京行館因病逝世，中國國民黨中央執行委員會上海執行部於次日在上海《民國日報》上沉痛發表訃告，周知天下。褚民誼在〈家訓彙疏考〉[1.60]中回憶道：

「哀音至粵之際，草木都有戚容，當決定舉行追悼會三天：第一天在中央黨部；第二天在廣東大學大禮堂，是日由民誼主祭；第三天在市政府。故全市各界，咸有機會參加祭禮，正式舉哀，廣州為革命策源，當有此也。」

與此同時，廣東大學及時發出了慰問電，電文中首先尊稱孫中山為國父。在致孫夫人及孫科的慰問電中，略謂「喪此國父，棟折榱崩，北望燕雲，惟有痛哭，第國憂黨事，來日方長，冀為國自愛，順變節哀。」學校決定各鋼琴詩歌功課，均停一星期，私人演習，亦一律禁止，並在大禮堂設置大元帥靈座，凡該校教職員，自3月14日起至19日止，每日上午11時均望祭一次。（上海《民國日報》1925，3，20）廣州學界全體於19日下午在廣東大學大操場舉行

第一章　歸國伊始，執掌廣大　17

隆重的追悼大會（見下圖）。（上海《民國日報》1925，3，27）4月12日，廣東大學師生員工參加了廣州各界20多萬人舉行的孫中山追悼大會，廖仲愷、蘇聯顧問及廣東大學代理校長褚民誼等講話。會後，舉行了大規模的悼念遊行。[3.69]

悼念活動結束後，在1925年國立廣東大學出版部出版的《國立廣東大學演講錄（第一集）》[3.12]中，刊登了該校「追悼孫總理逝世大會」上的講演記錄。會議主席代理校長褚民誼在致詞中，號召師生們牢記孫中山的遺囑，學習他一生始終革命的精神和一心為國廉潔奉公的高尚人格。隨後吳康、楊宙康和黃枯桐等教授依次發言，分別講述了孫先生的光輝言行。

孫中山逝世後，廣州曾一度被楊希閔、劉鎮寰等軍閥勢力把持。他們在粵橫行，廣東大學也未能倖免，據《申報》（1925，6，27）報導，6月8日桂系官兵20余人，強行闖入廣東大學校園，除將軍訓用的50餘支單響槍全部掠走外，還公然搶劫學校的財產和員工的財物。褚民誼居住在鐘樓內，屋內儲有從法國帶回的諸多貴重物品，也被破門而入悉數抄走。當時褚民誼在外，幸免於難。在這樣混亂的局面下，學校的教學曾一度被迫中斷。

1925年3月19日在國立廣東大學大操場舉行的孫中山逝世追悼大會[3.74]

不久，這些軍閥勢力被回師的革命軍圍攻擊潰。1925年7月1日在廣州成立國民政府，組織上採用委員會制度，為實現黨、政、軍的統一，推舉國民黨中央執行委員會主席汪精衛擔任國民政府委員會主席和軍事委員會主席。國民政府於當天同時下達委任令，其中任命鄒魯為國立廣東大學校長。[3.60]

國立廣東大學由前之國立廣東師範大學、省立法政專門學校和省立農業專門學校合併而成，初設文、理、法、農、工和預科，並附設師範、中學、小學等學校。嗣後設立的醫科學院，系由原公醫醫科大學合併而來，其始末如下。

公醫醫科大學開創於清末1909年間，由40余位華人並邀請美國達保羅醫生參加，每人捐百金，集資開辦，三年後醫院落成，校院不斷發展。民國以來得到政府的大力支持，劃地撥款，遷址擴建。至1918年，學校及其附屬醫院已具規模，組織也漸臻完善。然而，自1923年起，新任李校長專斷獨行、好大喜功、不顧條件將學校改成六年制的大學，致使債臺高築，達十餘萬金，拖欠員工薪金半年有餘，學生所繳之按金膳宿費亦挪用殆盡，學校瀕臨破產。更有甚者，校方還秘密向當時的美國煤油大王出賣教育權，並對學生厲行專制，動輒解散學生會，激起了廣大學生的強烈不滿。1925年6月29日全體148名學生前往廣州行政當局請願，要求收回該校，併入廣東大學。國民政府遂於7月7日向廣東大學發佈第一號指令，派遣代表接收廣東公醫學校；7月16日又發出訓令，頒佈包括聘任達保羅醫生繼續主持附屬醫院等三項接收辦法；並於8月17日批准了鄒魯校長與達保羅醫生簽訂的合同。[3.60]與此同時，鄒校長聘請法國醫學博士、前代理校長褚民誼任廣東大學醫科學院院長兼學長。褚氏於9月14日到校就職，醫學院於10月1日正式開學，順利地完成了併校工作。（詳見《國立廣東大學週刊》[2.8]第28期，1925，10，26，〈國立廣東大學醫科學院史略〉）當年之國立廣東大學醫學院及其第二附屬醫院分見後頁二圖。[3.8]

褚民誼從1925年2月接大元帥令，到是年秋擔任東征軍總指揮部軍醫處處長，代理廣東大學校長凡五閱月。[3.8]期間，創辦了《國立廣東大學週刊》[2.8]（以下簡稱《廣大週刊》），由國立廣東大學秘書處出版，自1925年4月至1926年8月30日，廣東大學宣佈停辦更名為中山大學止，共計出版62期，時間跨度一年半。該刊公佈了歷次校務會議紀要和執行的各種規章制度，刊登了重要的往來公函和人事任免公告，及時報導了校內教學、行政和學員的動態，還設有論壇登載重要講話、專題文章和海外來鴻，中山大學的籌備過程也詳載

國立廣東大學醫科學院第二附屬醫院[3.8]　　　　　國立廣東大學醫科學院[3.8]

其中，此外還配合重要活動出版專刊等等，是一份研究廣東大學和中山大學歷史的重要紀實資料。

討伐陳炯明的東征取得決定性勝利後，褚民誼回到廣東大學繼續主持醫科學院。10月18日醫科學院學生會舉行會議，歡迎褚院長及各位教授和新同學。他在會上發表的講話中，在說明暫時離校參加東征的旨意之後，簡要地介紹了擴充本學院的計畫和經費預算。（《廣大週刊》[2.8]第28期，1925，10，26）嗣後，他於10月23日主持召開了第四次教授會議，會上做出若干決議，包括：中法生的轉學編制問題；將原廣東公醫護士學校更改為國立廣東大學醫科附屬護士學校；以及應廖夫人、蔣夫人的請求，准予暫借本學院為附設中國國民黨黨立女救護員習所地點，並協助擬定簡章等。（《廣大週刊》[2.8]第29期，1925，11，2）

1925年11月11日廣東大學成立一周年，由褚民誼主席，全校舉行了紀念典禮。《廣大週刊》為之出版了紀念特刊，除文、法、理、農各科分別發表周年報告外，新成立不久的醫科也提出了報告。略謂，該院經接收整頓於10月1日開學，註冊本科生約百人仍在該科學院修業，預科新生三十名則暫在大學本部預科學習。文中報導了褚民誼院長到院後的改革情況。9月14日褚院長到校後，即於18日召集第一次教授會議，議決了各項重要改革議案付諸實施。為了減輕學生負擔，對本科生減收其學費、實習費和住宿費，醫費豁免；對預科生則按照廣大章程徵收。教學方面由以前每年三學期，改為兩學期，上課時間也與廣大的規定一致；課程按科目分為解剖學、生理學、病理學、外科、內科、藥學和產科七個系，各系設主任一人，由各系教員選舉，送校長加委，又增設神經病一科。各科教授講師多數照舊保留，還新聘若干海內外著名醫學之士任

教。在場地和建築方面，開闢宿舍後之荒地為軍事教育操場；改造原校長室樓，上層作為學長和教授住宿，下層闢為教職員休憩室及會議室；增設書記室，並對原辦公室重新安排。為方便學生和教員隨時閱覽，增添圖書館職員，日夜開館。此外還提出預算，擬擴充建設看護宿舍、殮房、洗衣館、手術室和贈醫處等。

孫中山逝世後國民黨內部紛爭迭起。國民政府成立後不久，8月20日廖仲愷被刺殺，胡漢民因其兄弟涉嫌廖案，被迫出國暫避，從而出現汪精衛和蔣介石，一文一武，聯合執政的局面。當時國民黨仍繼續執行第一次黨代會所制定的「聯俄容共」政策。但是黨內反對這一政策的聲音日趨強烈，鄒魯是其中的主要骨幹，與廣州的主流政見不一，這一矛盾攪動了廣東大學的校園。9月中旬鄒魯作為外交團的主要成員離粵北上，由於褚民誼參加東征難以兼顧代理，9月17日政府下文照準校長職務由校務會議代拆代行。10月21日國民政府派甘乃光（監察院）、馬洪煥（省教育廳）、陳公博（青年部）為調查廣東大學委員會委員，以甘乃光為主席。[3.60]該委員會的任務是為成立中山大學而來進行「調查」的，還是來對學校進行「查辦」的？一時在校內引起不小的風波。

11月23日鄒魯與林森、謝持、張繼、居正等部分國民黨中央委員，在北京西山碧雲寺孫中山靈前自行召開「國民黨一屆四中全會」，公開反對國共合作，並在上海另立國民黨中央黨部。鄒魯作為「西山會議派」的主要成員，當即被廣州國民黨中央撤銷一切職務。11月24日國民政府下令「特派汪兆銘、譚延闓、伍朝樞、陳公博為國立廣東大學管理委員會委員。」接著於12月1日「任命顧孟餘為國立廣東大學校長」；同時「著陳公博暫行兼代國立廣東大學校長。」[3.60]陳公博時任中央黨部青年部部長，于4日到校暫行兼任代校長之職。

顧孟餘當時是北京大學教授，曾任教務長。他身在北京，瞭解到廣東大學的學潮與政潮相關聯，為了不想捲入漩渦，提出了辭職申請。上海《民國日報》（1925，12，16）刊登其電文：「汪精衛先生鑒，來電敬悉，弟因故不能遵命赴粵，詳情由某君面呈，廣東大學職務，敬請國民政府令簡賢能，不勝感禱。」[3.75]從《廣大週刊》[2.8]的記載上也可以看到，他確實一直未曾涉身廣東大學，直至1926年6月1日國民政府正式下令批准他辭職[3.60]。

1926年1月4日至19日在廣州舉行中國國民黨第二次全國代表大會，會議議決繼續執行一大所制定的政綱，實行「聯俄、聯共、扶助工農」的三大政策，

彈刻「西山會議」，對其骨幹分子鄒魯、謝持以及居正等人分別給以開除和取消黨籍等處分，對林森、戴季陶等人也發出了警告。大會選舉了新的中央委員會和中央領導機構。褚民誼未出席會議[3]，但被當選為候補中央執行委員。是年5月15-22日，國民黨二屆二中執行委員會全體會議在廣州召開，褚民誼出席了會議，下圖是開幕後的合影（《廣州民國日報》1926，5，16；《圖畫時報》[2.7]No.314，1926，8，15）。

那時的廣東大學是一個學潮正興的多事之地，曾相繼於11月底發生全校教授聯席會議成員集體辭職；學生請願希望政府懲辦調查委員會主任甘乃光；甚至出現大批教授離校，38位知名教授于12月11日在上海《民國日報》上刊登〈廣大離校教授來滬之宣言〉等事件。[3.75；3.76]顯然，要對廣東大學進行治理整頓決非易事。陳公博在二大上當選為中央執行委員會常務委員和中央政治委員會候補委員，以工作繁忙難於兼顧為由，申請辭去代理廣東大學校長之職；而顧孟餘又一直拒絕出任校長，學校一時陷入無人負責的境地。為了結束紛亂局面，使廣東大學及時步入正軌，2月19日國民政府在照準陳公博辭去代理廣東大學校長職務的同時，下達「任命褚民誼署理廣東大學校長兼籌備中山大學事宜」和「特派褚民誼為教育行政委員會委員」的命令。[3.60]

3月1日下午一時，在廣東大學舉行廣州國民政府教育行政委員暨廣東大學校長就職宣誓典禮，各界前來參觀者極眾。首先在大學禮堂進行教育行政委員的就職宣誓，國民政府委員會主席汪精衛和常務委員譚延闓蒞場作證。五位委員陳公博、褚民誼、許崇清、金曾澄和甘乃光到會（委員鐘榮光未到）[4]，褚民誼任主席，宣讀執行各項行禮秩序。委員們接受授印後，進行宣誓曰：「余

1926年5月15日國民黨二屆二中全會在廣州開會之攝影。從右至左：褚民誼（1）、李宗仁（7）、顧孟餘（11）、孫科（12）、譚延闓（13）、張靜江（14）、伍朝樞（15）、朱培德（18）、何香凝（20）等[2.7]No.314（1926，8，15）

[3] 他時在北京大學任教，詳情見本章之第六節「兼職北大，京穗奔忙」。
[4] 嗣後不久韋愨和張乃燕也先後就任教育行政委員會委員，見《申報》（1926，7，15）。

1926年3月1日在廣東大學舉行教育行政委員暨廣東大學校長就職宣誓典禮之攝影。二排右起：金曾澄（4）、許崇清（5）、汪精衛（6）、譚延闓（7）、褚民誼（8）、甘乃光（9）、陳公博（10）等 [2.7]No.319（1926，9，19）

敬誠宣誓，余將恪遵總理遺囑，服從黨紀，奉行國家法令，節省經費，余決不雇用無用人員，不當營私舞弊，及授受賄賂，如違背誓言，願受本黨最嚴厲之處罰。」汪主席在訓詞中略謂，廣東自民國六年脫離北方政府之後，最高之教育行政機關，只有廣東省教育廳。但自廣東成立國立大學之後，教育廳之職權便不適應此新的環境；且現在廣東完全統一，而廣西亦已加入，此後教育行政事權擴大，故亟宜設立一中央最高之行政機關，以便計畫一切。現在之教育行政委員會，是根據以上之理由而設立的。至於各委員皆于教育素有經驗者，將來必能為我國教育界放一光彩云云。繼後，「為褚民誼在大操場舉行宣誓典禮，先由前陳代校長介紹現任校長企立平臺上，向國旗、黨旗行禮及宣誓，並由國民政府委員汪精衛、譚延闓等作證，乃禮成，同赴宿舍前拍照及茶會」（《廣州民國日報》1926，3，2）。上圖是《圖畫時報》[2.7]No.319（1926，9，19）上刊登的教育行政委員暨廣東大學校長就職宣誓典禮時的合影。

第三節　整頓革新，引領奮進

褚民誼到任後，立即着手對學校進行大力整頓和改革。他於1926年2月20日下午到校接事，即於22日主持召開了第67次校務會議，會上議決仍請他兼任醫科學院院長。按《廣大週刊》[2.8]記載，從此他作為主席親自主持了歷次校務會議，直至第82次會議他請假回鄉探望父病，這是他的前任們無法比擬的。《廣州民國日報》（1926，2，22）以「褚校長辦理廣大計畫」為題，發表了接事當天對他的專訪報導，謂「廣大新校長褚民誼，親到學校接事，記者特往訪問，詢其整頓及進行方針。據褚校長答言：

现在之廣東大學，為中國極大之大學，即北大只僅有文、理兩科，而廣大橫的方面包含文、理、法、醫、農、工各科；從縱的方面包含小學、中學、師範、預科、本科各級，其量不為不大。故進行之法，首先在謀充實其內容，即在量之方面，不求其更大，但求其質之充實，在本範圍內，使其日臻完善而已。至於學生，則首重紀律，本人固不採壓抑態度，亦不過為放縱，但採持平態度執行紀律。至於往時教授鐘點之分配，或失其平者，則使之平均。各職員則使守定規則，勤於所事云云。」

繼而，褚校長又對記者的採訪，發表了關於籌備中山大學的談話（《廣州民國日報》1926，2，25），略謂：「中山大學之籌備，當逐步做去，蓋欲速則不達也。計現在第一步為改革本校問題，此項改革，擬先徵求學生及教員之意見，以為標準。次為黨化問題，應先將各學生完全黨化，然後改為中山大學，庶名副其實。大約此種工作，須四五個月乃能辦到。故中山大學開學之期，當在暑假後云。」又謂「現在本校學生中黨派極多，故作事不能一致。本人極希望各生能破除一切黨見，共向國民革命之目標進行云。」

廣東大學的校務會議作為決策機構，在校長的主持下由各科學長、預科主任及全校教授互選的若干人（任期一年，但此項人數不超過分科學長之總數）組成。為了廣泛聽取全校師生員工的意見，以革新校務工作，在第68次校務會議（2月27日）上議決成立「國立廣東大學評議會」，並於第69次會議（3月6日）通過其組織大綱，付諸實施。

按組織大綱規定，評議會的組成人員包括：每科全體教員舉出代表一人（但出席校務會議者不得當選）；附中及附小全體教員各舉出代表一人；每科學生舉出代表一人；附中學生舉出代表一人；秘書處全體職員舉出代表一人；秘書長、圖書館長、會計主任、軍事教育部主任、童子軍主任、附屬醫院院長、體育部主任、醫務主任、農場主任、校園主任和舍務主任。校長遇必要情況時，得隨時召集或出席評議會。本會職權：一、評議校長或校務會議交議事項；二、建議擴充整理及改革校務事項。評議會設主任一人，副主任一人，書記二人，均由會員互選之。本會議議決各案，送由校長提出校務會議核定之。評議會議事細則，由該會自定，提出校務會議通過。（《廣大週刊》[2.8]第43期，1926，3，15）

《廣州民國日報》於3月2日報導了「廣東大學最近之改革」稱，「廣東大學自褚民誼接任校長以來，雖為時甚短，而對校中改革事宜，則進行頗佳。」

文中除介紹上述全校設立評議會以廣納意見以外，還報導了諸多新舉措。在改良醫科附屬醫院方面，「醫科與醫院從前互相之關係極少，故學生實習之時間不多，現由褚校長與醫院院長達保羅商定改良辦法：一、組織院務會議以減輕院長負擔；二、將外科、內科及眼耳鼻、皮膚、花柳、婦科、產科、實習、化驗科等分別之，各科設主任一人，以便管理；三、增設贈診時間，使各學生多臨症之機會，及貧民之臨診，以星期一三五為內科、皮膚科、婦科贈診時間，星期二四六為小兒科、眼耳鼻科、咳科贈診時間。」

當時反帝愛國學生運動在各地蓬勃開展，一些外地學生離校前來投奔廣東大學。1924年在上海成立的大夏大學，是由原廈門大學因學潮離校的部分師生組建而成。現有該校離校生百餘人及香港罷課學生，呈請廣東大學收容。褚校長已答允採取措施，依學生不同情況，分別予以安置。此外，為幫助廣東大學學生會出版刊物，每月由學校撥款百元費用，使學生得自由發表其言論；為了擴大學校影響，還決定對擬歸附的南京中山中學以及南京學院給予適當經費補助等。

學校對「國立廣東大學海外部里昂中法大學」亦十分關注。在《廣大週刊》[2.8]第42期（1926，3，8）上，公佈了該校學生學年考試成績一覽表和學生歸國一覽表。鑒於法國的生活程度日高，在第68次校務會議上議決，對海外部的公費生「由本校增加每月每人津費五十法郎，自三月起每人匯寄一百五十法郎。」（《廣大週刊》[2.8]第42期，1926，3，15）

《廣大週刊》第55期（1926，6，7）上還刊登了里昂海外部同學會于4月初發出的來鴻，報告近況，並寄來了該同學會及其委員會的章程。信中略謂，「本學會由民國十年（1921年）夏廣東省政府所選派之留法里昂中法大學粵籍官費生組織而成。海外部在未收為廣大直轄以前，此間留學之經費，從省政府直接匯寄與中法大學當事者。自陳氏（陳炯明）叛變，政局紊亂，學款停付兩載」，致使學生處於風雨飄搖的窘境之中。自廣東大學成立，「劃定里昂海外部為廣大海外部之一，付託里昂中法大學，辦理留學一切事宜，規定留學章程，月給學生學膳費四十佛郎，津貼費一百佛郎。最近因法國生活程度加倍增高，物價竟有三四倍於前數年者，乃由本年三月份起，津貼費改為一百五十佛郎。一年之間，粵款源源寄到，中法大學漸臻完善，海外部亦無復如前之時，陷入經濟恐慌狀態。」此間同學乃得從容向學，潛心研求；並對於救國運動，盡力聯合旅歐各華人團體，共同奮鬥，求國際間誤解之消除，努力前進，期無

負我政府及學校當局創辦維護海外部之熱誠云云。

　　廣東大學校園內的這場改革，其進展並非一帆風順，不可避免的要受到保守勢力的阻撓，文科改革的「擇師運動」風波，就是一個突出的事例。當時「創造社」創始人之一的郭沫若，1923年從日本帝國大學畢業回國後，於1926年3月23日應聘到廣東大學文科任教並擔任學長。28日文科學生開會歡迎他和創造社的其他重要成員郁達夫、成仿吾和王獨清等教授來校任教。郭學長在發言中表示，這回第一次到了革命策源地的廣東，這是他生平所極願到的一塊地方。對於革新文科事，他自當竭力做去，務祈無負同學所望。（《廣大週刊》[2.8]第46期，1926，4，5）當時的文科自陳鐘凡學長和部分教授在去年底的學潮中離校後，教學品質明顯低落，由於部分教員極不適應大學的教學要求，甚至出現「中等學堂之科目濫竽大學，商業學校之簿記充乘文科」的現象，學生的不滿情緒和改革要求日增。褚校長與郭學長研究後，於4月20日聯名發出通告，「對於所有功課，一律重新改選」。這既給學生以擇課自由，也對教員造成一定壓力，無疑有利於促進教學品質的提高。佈告貼出，廣大學生擁護。然而平日學淺之教員，不免心虛，竭力反對。4月22日黃希聲等26位文科教員聯名致函褚校長，他們不敢指斥校長，而是控告郭沫若，「蔑視校章，搗亂學程，侮辱全體教員，不勝文科學長之任」，要求「即日起辭免郭沫若文科學長之職」，宣佈自本日起罷課。他們還將該函交《廣州民國日報》發表，並上書國民政府教育行政委員會，同時在校園內張貼「敬告廣大文科同學書」。他們的這一行動激起了學生們的憤怒，校園中貼滿了「打倒一切飯桶」等標語，從而掀起了一場革新與守舊之間激烈較量的「擇師運動」。（《廣州民國日報》1926，4，24）

　　褚民誼接黃希聲等的信函後，「以准許學生改選科目之佈告，完全出自校長意思，並非郭學長有意搗亂學程」，向黃希聲等解釋。但黃仍堅持非去郭不可，極力加以排擠。（《廣州民國日報》1926，4，26）郭沫若為表示鬥爭到底的決心，於4月23日致函褚校長（見後頁右下圖），略謂「沫若此次奉命來粵，非為素餐而來，力雖綿薄，對於教務之革新，頗思效命。「沫若初到校時，課程業早排定，欲改無從，編改教員之不稱職者，亦因有待遇教員規則為其護符，不能即時商請辭退。職此之故，只得因陋就簡，以待暑期。然學生之要求愈激愈烈，而學生之痛苦愈久愈深，不得已始有4月20日之佈告，以為調劑。此乃校長所親許，而沫若所副署者也。沫若行事，以校長為依歸，以學生

為本位，以良心為指導，自信毫無恣肆。乃該教員等竟以此罷課要脅，致激成學生風潮，咎有攸歸，責無旁貸。該教員等捏誣搗亂之行為，應請校長予以相當之處分。至於沫若本身，如經校長認為有失當之處，沫若當引咎辭職，以謝罪于全校。」[3.75；3.76]《廣州民國日報》（1926，4，24）以「校長態度」為題報導稱，褚校長「以郭學長沫若，為近代文學上負有聲譽之人才，斷不肯令其憤然而去，故對郭則主挽留不許辭職。」同時召集未罷課教員55人，分擔罷課教員所任科目，使學生學業不受中斷。

全校廣大師生積極支持這一改革舉措。廣東大學國民黨特別黨部4月22日召開黨員大會決定：「援助文科同學擇師運動；擁護為學生謀利益之褚校長郭學長改革文科計畫；普遍擇師運動于全校。」文科的本科和預科學生於4月23日中午在大禮堂召開大會，為了促進改革進程，決定成立文科革新委員會，並發表「文科全體學生宣言」，堅決支持褚校長和郭學長的革新計畫，要求辭退不良教員黃希聲等15人。（《廣州國民日報》1926，4，26；29）

褚民誼對參與罷課的教員予以區別對待，挽留其中不明真相的稱職人員，指示郭沫若致信石光瑛等11人，「請其從速返校授課」。事畢後，郭學長於4月29日覆函褚校長，遵囑回命。上述郭沫若的兩封信函原件，現藏於廣東省檔案館，並曾發表在《郭沫若學刊》2005年第二期（總第71期）上。

接著，褚民誼校長于5月3日上呈國民政府，提出在罷課的26名教員中，尚有11位公認為良好教師，請求挽留，返校照常上課；「至其他罷課教員，應得罷課之罪，擬請從輕處分，即日免其職務，不使借本校教員名義在外煽動，以正學風。（《廣州民國日報》1926，5，14）國民政府於5月12日下文照準處分。[3.60]至此，守舊勢力的阻撓宣告徹底失敗，改革的春風吹滿校園。

需要補充的是，當時表現搶眼的郭沫若還未涉身黨派，擇師運動取得勝利後不久，在褚校長的介紹下加入了國民黨。嗣後，他在發表於1927年5月23日武漢《中央日報·中央副刊》上，題為〈脫離蔣介石以後〉一文中有如下敘述：「說我投機呢，我的確是個投

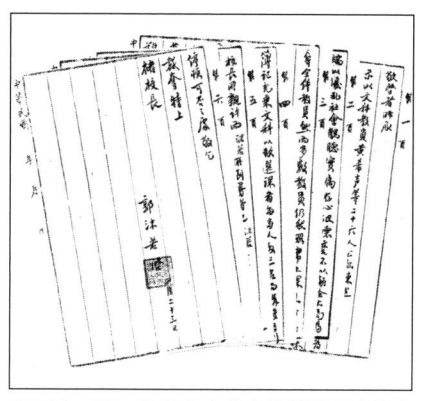

1926年4月23日廣東大學文科學長郭沫若致褚民誼校長函，表示進行改革的決心[3.74]

第一章　歸國伊始，執掌廣大　27

機派；我是去年五月中旬才加入國民黨的，而且介紹我入黨的還是我們褚公民誼。」

那時的廣東是國民革命的策源地，廣東大學師生員工的革命熱情高漲。1926年3月18日在北京發生段祺瑞政府槍殺學生慘案，廣大全校於30日舉行聲討大會。接着又於4月2日由統一廣東各界代表大會，召集農工、軍政、學商各界共二十餘萬人，在廣東大學大操場舉行示威運動大會，褚民誼與各界代表一起，先後登台發表演講，會議一致通過〈致全國各界同胞通電〉和〈請願國民政府出兵討段請願書〉。（《南洋商報》1926，4，17）為配合聲討運動，廣東大學週刊專題出版了《討段增刊》[3.6]（見下圖）。褚民誼親筆題寫鮮紅色的刊頭，並首篇發表〈論段祺瑞之慘殺請願民眾〉的檄文，高度評價抵禦外侮激昂民氣的作用，批駁肇事者「誘罪於共產主義之人」的謊言，憤怒聲討段祺瑞政府仇視民眾，肆意慘殺，媚外固位，禍國殃民的罪行，全文如下：

「我國屈服於列強之下，割地賠款，喪失治外法權，及結不平等條約，國勢日蹙，岌岌可危，秉國者既不能發奮圖強，外交者復不能折衝樽俎，天演公例，優勝劣敗，勢所必至，無可諱言；然列強之不速殄中國，及中國之尚能存立者，以中國之民眾，不可盡欺，民氣之激昂，未易壓抑也。近年以來，人心未死，對於國事，皆能注意，對於外侮，尤為憤激，雲起潮湧，萬眾一致，舉

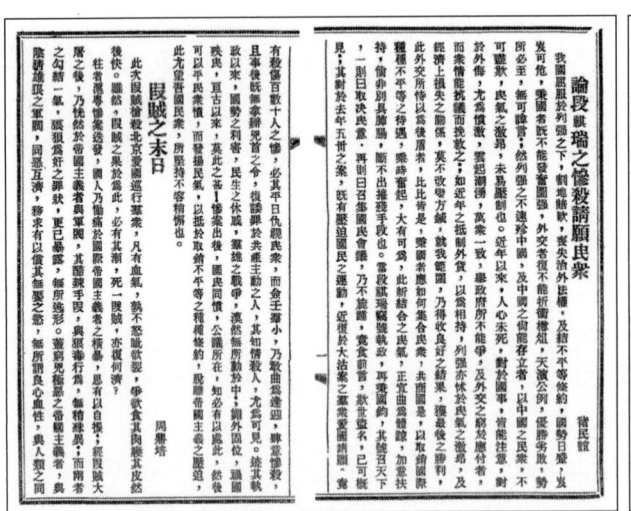

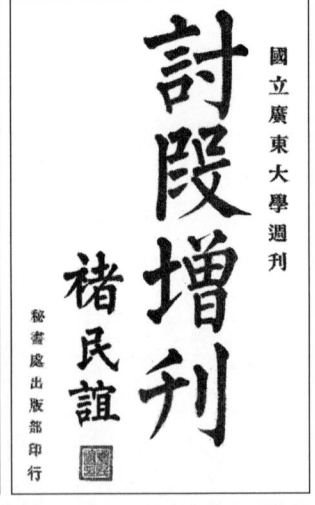

1926年3月國立廣東大學週刊出版的《討段增刊》。褚民誼校長題寫刊頭（右），並發表檄文〈論段祺瑞之殘殺請願民眾〉（左）[3.6]

政府之所不能爭，及外交之窮於應付者，而眾情能抗議而挽救之；如近年之抵制外貨，以為相持，列強亦怵於民氣之激昂，及經濟上損失之關係，莫不改變方鍼，就我範圍，乃得收良好之結果，獲最後之勝利，此外交所恃以為後盾者，比比皆是，秉國者應如何集合民眾，共商國是，以取銷國際種種不平等之待遇，乘時奮起，大有可為，此新結合之民氣，正宜曲為體諒，加意扶持，倘非別具肺腸，斷不出摧殘手段也。當段祺瑞竊號執政，再秉國鈞，其號召天下，一曰取決民意，再則曰召集國民會議，乃不旋踵，竟食前言，欺世盜名，已可概見；其對於去年五卅之案，既有壓迫國民之運動，近復於大沽案之群眾愛國請願，竟有殺傷百數十人之慘，必其平日仇視民眾，而僉任群小，乃敢曲為奉迎，肆意慘殺，且事後既無拿辦兇手之令，復諉罪於共產主動[5]之人，其知情殺人，尤為可見。迹其執政以來，國勢之利害，民生之休戚，群雄之戰爭，漠然無所動於中；媚外固位，禍國殃民，亙古以來，莫此之甚！慘案出後，國民同憤，公議所在，知必有以處此，然後可以平民眾憤，而發揚民氣，以抵於取銷不平等之種種條約，脫離帝國主義之壓迫，此尤望吾國民眾，所堅持不容稍懈也。」

隨後在廣州舉行了「五四運動」「五七國恥日」「五卅慘案」和「六廿三沙基慘案」等一系列群眾性的反帝愛國紀念活動。活動中，國立廣東大學的師生們一直起着排頭兵的作用。他們除了在校內召開會議並積極參加全市性的大會以外，還經常組成小分隊深入社會廣泛進行宣傳。褚校長始終站在他們中間，或主持會議、或發表演講、或配合出版刊物（例見右圖及後頁之三圖），把廣大群眾的革命熱情一浪高似一浪地推向前進。

在這些活動中，以「六廿三慘案」最令廣東大學師生和廣州市民深感切膚之痛。1925年5月30日，英、日帝國主義在上海開槍鎮壓遊行工人，釀成「五卅慘案」後，香港的工人予以聲援，爆發了省港大罷工，大批工人返回廣州，港英政府宣佈戒嚴，對廣東革命政權實行封鎖威

1926年5月30日國立廣東大學秘書處出版《五卅紀念》專輯。褚民誼為之題寫刊頭[3.9]

---

[5] 恐為「義」字之誤印。

國立廣東大學週刊出版的若干特刊：《五四運動》（左），《廣大特別黨部第21區黨部成立特刊》（中）和《六廿三紀念號》（右）等，褚民誼校長均為之題寫刊頭[2.8]

脅。廣東大學職員周鼎培、學生會主席畢磊等參與了罷工的發動工作。6月23日，廣州全市約10萬民眾舉行援助「五卅」反帝示威大遊行，廣東大學的學生走在了學生隊伍的最前列。遊行隊伍經過租界區沙面對面的沙基時，遭到英、法帝國主義的野蠻槍殺，死50餘人，傷110多人，廣東大學也有多名學生受傷，造成駭人聽聞、震動全國的「沙基慘案」。[3.75]

一年之後，廣州舉行盛大的「六廿三紀念」活動。據《廣大週刊》[2.8]第58期（1926，7，5）報導，「本校特別黨部暨校秘書處職員和學生會先期聯同組織紀念沙基慘案籌備組，於6月19日舉定辦事員16人，分文牘、出版、演講、庶務四部，擔任辦理。印有宣言數萬張，紀念特刊數千，標語數千並製演講巡行等旗幟數千具，於22日上午編成十餘隊，各持宣傳旗幟出發市區，分頭演講。23日上午9時在本校大禮堂開會，到會者千餘人，由褚校長主席，周鼎培同志（時任秘書處出版部主任）贊禮。主席恭讀遺囑宣佈開會理由畢，請郭沫若學長演講，一經開口，涕淚滂沱，遂不覺失聲大哭，滿場亦均掩面號涕，殆哭聲止息，始繼續演講」，人人義憤填膺，至十時散會。「其時，大雨如注，各人仍冒雨列隊前赴東較場開會，並參加巡行，直至下午4時始散隊返校，各人衣服淋濕，惟勇氣未嘗稍餒，聞24日復列隊川街分頭演講云。」

當時廣州的國民黨內部，「容共」和「分共」的分歧日益顯現。3月20日發生的「中山艦事件」是一個重要的轉捩點。汪精衛與蔣介石對這個問題的

處理意見相左。汪氏那時患上了嚴重的糖尿病，先移居鄉間休養，後於5月前往法國治病。從此，開始了蔣、汪之間政治上的分道揚鑣。褚民誼並未參與其中，而是全身心地投入廣東大學的整頓和革新工作，一直秉持其上任之初所申言的，「破除一切黨見，共向國民革命之目標」的立場，處理各項事務。

1926年5月7日在廣州舉行的「五七國恥日」紀念活動曾一度受到嚴重干擾，這是當時尖銳複雜革命鬥爭形勢的明顯反映。五七國恥紀念日，是國人反對「二十一條」奇恥大辱而宣雪恥圖強的日子。數日前廣州各界、中央黨部、全省學聯會、廣州學聯會、中華全國總工會、廣東各界統一會等團體發起組織廣州各界紀念五七籌備會，並在國民新聞及民國日報上刊登啟事，定於是日正午12時在廣東大學大操場集合開會，中央青年部對此也發出了通告。國民黨中央特派中央委員繆斌、陳其瑗、褚民誼、毛澤東四人赴會，通過公推與工、農、兵、學、商等各界代表共十余人組成主席團，主持會議。

但是，五七當天上午竟有人以市黨部、廣東總工會等團體的名義，揚言要在東較場召集各界大會，並派人四出兜截群眾隊伍。當時多數團體只知服從中央命令仍赴廣東大學操場開會，他們便急忙乘單車和騎馬趕往各要路口，向各團體聲稱，不在廣東大學開會，改在東較場開會，致使被截前往的群眾達數千人。然而這些團體始終抱懷疑態度，及至在會場內見到所發的宣傳品和所呼喊的諸如「擁護上海第二次代表大會」[6]「打倒左派」等口號後，便識破其陰謀，紛紛撤離轉赴廣東大學會場。受騙群眾十分激憤，在返回的路上，曾將騎馬前來阻攔的何某從馬上挾下，送交第四區署。受此影響，在廣東大學操場召開的大會延遲到下午一時開始，共計到會團體百餘，人數二萬以上。

然而搗亂者並不就此罷手，有潘某和楊某者竄到會場，在大會宣佈開會之際大放厥詞，指責這裡是反動派會場，激怒了受騙趕回的群眾，與之發生肢體衝突，並當即將其揪送公安。至此會場平靜，會議按原定計劃順利進行，最後還通過了懲戒矇騙群眾的搗亂分子案，與會群眾群情激動，高呼「打倒日本及一切帝國主義！」「打倒軍閥！」「工農兵商學大聯合！」「打倒反革命派！」「國民革命成功萬歲！」「世界革命成功萬歲！」等口號而後散。

作為中央黨部代表的陳其瑗、毛澤東和褚民誼，為了說明真相，以正視聽，與廣東各界紀念五七大會主席團全體成員一起，聯合具名，鄭重地向國民

---

[6] 系西山會議派在上海舉行的分裂會議。

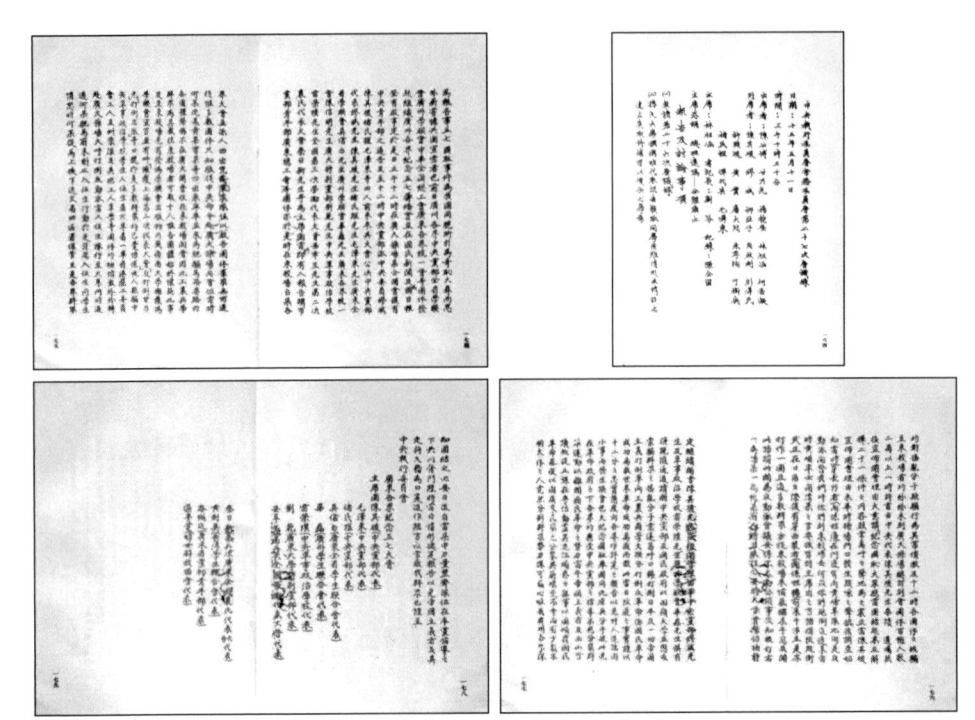

1926年5月11日國民黨中央執行委員會常務委員會第二十七次會議錄，其上經審議備案的〈廣東各界紀念五七大會事件〉的報告全文。報告由該大會主席團全體成員聯合具名提出[3.70]

黨中央執行委員會常務委員會第二十七次會議（1926，6，11）提交報告（見上圖），對這次事件以「十二分的忠實態度向各界作詳實的報告，以免奸人造謠，因小事而發生誤會。」該報告在詳述如前的事態經過後指出，「夫紀念國恥，舉國同仇，原無分乎彼此，況在革命政府之下，各界均應受中央黨部之指導，不應分裂群眾運動，以離間國民革命之勢力。當今帝國主義者及西山會議叛徒，正謀在粵活動，盡其造謠煽惑之能事，以圖傾覆國民革命基礎，以圖廣東革命群眾之分裂與崩壞。更不幸而有少數不明大體之人，竟然分裂群眾勢力，深可痛心。惟我廣州各界深知團結之必要，日後自當集中力量，整齊隊伍，在本黨指導之下，共同奮鬥。」[3.70]

按會議記錄，參加此次中執委常務會議的人員如下：

出席者：陳公博、甘乃光、楊匏安、林祖涵（林伯渠）、何香凝；

列席者：陳其瑗、繆斌、柳亞子、周啟剛、彭澤民、許甦魂、黃實、詹大悲、朱季恂、于樹德、褚民誼、惲代英、毛澤東；

主　　席：林祖涵；書記長：劉芬；記　　錄：張企留

在《國立廣東大學演講錄第一集》[3.12]中，刊登了在「五七」紀念日上褚民誼和段錫朋發表的兩篇演講辭（筆記稿）。時在廣大任教的段錫朋，是當年五四運動的學生領袖，他的講演主要揭示了「二十一條」的真相和「五七國恥紀念日」的來歷。褚民誼作為校長，在會上慷慨陳詞道：

「今天是五七紀念日。自民國四年到今天已有十年了，奇恥大辱，還未雪除，實在痛心！我們的國家，實在名存實亡：因為世界上無論那一國，都不能憑空被人用哀的美敦書壓迫簽非法條約的-尤其是如廿一條者。然而竟發生于我國，此我國真是次殖民地。我們自己想想：我們中國人是不是人類？我們這樣受別人無理的壓迫到底怎樣辦？我們是人類，我們要求解放，我們要依照孫先生的遺囑，努力貫徹取消不平等條約之主張，這才是今天紀念的意義。現在世界上不平等到了極點。以中國來說：內部成了個竊鉤者誅、竊國者侯的形勢；外面則帝國主義者殘殺侵掠，無所不至。他們帝國主義者以為國家與國家之間，無論如何不道德都不要緊，所以任意胡行亂為。但我們是要依照三民主義，用極公道的態度，盡個人所有的力量，出群眾于次殖民地位。我們的目的，是要求中國之自由平等，但也要求世界人類一律平等。我們並不是要現在之帝國主義者做我們的奴隸和只要自己解放了而不顧其他被壓迫者。但必須自己得到了解放，而後可以救人。故我們革命是道德的，是伸張公理的，這一點大家最要明白的。今天本校停課，大家很悲痛地做紀念，應牢記着總理取消不平等條約之主張。剛才主席說及去年之事，尤令我們悲憤。去年今日兄弟代理校長時，日領事竟致書本校干涉本校的救國運動。他以為本校是可以威迫利誘的，殊不知本校是總理所創造薰陶的革命大學，對於這種沉痛的國恥，無日不欲雪除，人人如此，故當時本校學生的運動，更為熱烈。今天我們非放假做兒戲，乃停課做雪恥運動。我們要到民間去，將五七國恥之始末厲害及總理廢除不平等條約之主張，盡力宣傳，使人民了解，起而奮鬥，這便是今天停課的代價。不然，沒有意義的放假，有什麼益處？我們的祖宗不爭氣，所以弄成我們今日這個苦不堪言的樣子。倘若我們還不爭氣，則我們的子孫在世界上的地位，更不堪設想。五七國恥，年年紀念，到今天還是這樣，而且有加無已，實係我們不爭氣！諸君想要子孫將來要做一个人，大家必須努力打倒一切惡勢力，實現總理廢除不平等條約之主張！」

褚民誼這一席錚錚之言，大大地激發起青年學子們實現三民主義、雪恥圖強的報國熱情。

第四節　三民主義，三育訓練

褚民誼上任之初便迎來了孫中山逝世一週年，對於中山先生親手創辦的廣東大學，更具有特殊意義，《廣大週刊》[2.8]第42和43期上相繼報導了校內外紀念活動的盛況。為了辦好這次紀念典禮，廣東大學事先由學校、特別黨部及學生會三方面，各推出十人，於2月27日組成籌備委員會，下設總務、文書、出版、演講、財政、庶務、佈置、遊藝、交際九個部，辦理一切。其中，褚校長親任總務部主任，郭壽華和黎兆葵副之。經過三次籌備委員會的緊張工作，廣東大學的紀念典禮於3月6日在校大禮堂隆重舉行。「是日下午一時開會，由褚校長主席，黎兆葵同志贊禮。先全體集合，奏紀念之樂。隨肅立向國旗、黨旗、總理遺像行三

1926年3月12日國立廣東大學秘書處出版部編刊的《孫總理逝世週年紀念專號》。褚民誼校長在其上發表感言[2.8]

鞠躬禮。主席宣讀遺囑，全體同時循聲宣讀。次由褚校長宣佈孫總理史略，及許崇清先生等相繼演說。演畢，高呼口號，並全體到大操場砌成紀念中山四大字攝影，以留紀念。是晚並演愛國白話劇，及革命事實的影畫片，以喚起民眾對於革命主義之信仰云。」（該報導的文後還附錄了褚校長及許崇清之大略講詞）

3月12日總理逝世週年紀念日當天，「廣東各界人民，聯合在東較場舉行紀念大會。是日午前十一時，本校全體職員學生約二千餘人齊集宿舍前之廣場，十一時二十分，整隊出發，由褚校長率領，冠以國旗、黨旗、校旗及標語多種，導以銅樂，次為職員，又次為大學生，再次為中小學生，而以童子軍為殿；此外尚有宣傳隊員數十人分途發散本校出版部所印之總理遺像遺囑，告農工商學軍各界傳單七種，及總理逝世週年紀念專號（見右上圖）等出版物，凡十餘種。十二時抵東較場，行禮如儀，高呼口號畢，乃整隊，經文德路歸校，

沿途由褚校長拍照多張，留資紀念。綜觀熱烈悲壯之慨，與總理逝世時無殊云。」

宣傳和貫徹三民主義，造就德智體諸方面全面發展的有用之才，是褚民誼一貫宣導的教育方針。為了把學員高漲的政治熱情引導落實在實際行動中，他在3月22日下午舉行的總理紀念週上，發表了題為〈三民主義與三育訓練〉的演講，並提前於18日以校長名義「令行佈告仰各生一律出席為要。」該講演詞經筆記整理，全文發表在《廣大週刊》第45期（1926，3，29）上（見右圖），並彙編在《國立廣東大學演講錄第一集》[3.12]中。

這時的褚民誼早已從留法初期理想化地主張無政府主義，轉化為堅定的三民主義信仰

1926年3月22日褚民誼校長在國立廣東大學「總理紀念週」大會上發表〈三民主義與三育訓練〉之演講詞（[2.8]No.45，1926，3，29）

者。這篇演講對三民主義進行了深入淺出的詮釋，並對他所主張的教育方針做出了較全面的闡述，可以說是他回國後，在這方面早期公開發表的一篇深入淺出的論文。該文開頭在表揚大家守紀律，紀念週舉行得很鄭重之後，說道：

「今天講的是三民主義與三育訓練。三民乃民族、民權、民生，三育就是德育、智育、體育。現在我把三民主義，簡單講來。民族主義，分狹義的和廣義的。狹義的如當初之民族主義，是推倒滿清為目的的。此種毛病很大，因為認定中國是中國人的中國。但是中國從前是不是完全屬於中國的，這樣問起來，就難回答了。但廣義的就不同了，第一自己立於被壓地位，先要得平等；第二自己解放了，亦不好壓迫他民族；第三我們自己能夠達到獨立自由，即扶助他弱小民族，得獨立自由，這是民族主義的真義。民權是五權憲法。民國建立後，表面似有民權，其實並無。我們知道古代遊民部落，祇有酋長，因為此制不好，故為好一人專制，或少數人專制，如君主專制。君主立憲，或共和等，亦不完善。故吾人之目的，應謀到主權在民，凡事皆以人民利益為依歸！五權憲法才有好果，才可以達到真正民權。民生，即謀人民的生活，即所謂衣食住行四條件。現在社會資本家，勢力大張，國家不能維持，致人民饑餓。民生主義，以平均地權、節制資本為主要，孫先生因恐社會流為資本化，故創此主義，以掃除現在歐美日本經濟制度種種不平等之弊。至於遺囑上所舉的建國

方略,建國大綱等,皆為知的方面。要我們實行此種主義,就是行的方面。所以中山先生創知難行易學說,因為凡事須要研究清楚,乃有信仰,有信仰才有力量去實行。」

他在緬懷中山先生逝世後,緊接着說道:「我們應該怎樣去做呢?所以就要有三育。我們想實行孫先生主義有幾個條件:(一)健強的體格,(二)充分的知識,(三)如果有體育智育,而沒有德育,以範圍行動,則有時能因不善用而有害,故德育甚為緊要。體育訓練有兩種方法(一)衛生,(二)操練。衛生祇能防病,而不能使身體強壯,故必有操練,操練無論何種,均可發展身體的。」他從上述兩個方面分析和介紹獲得健康身體的方法後指出,「更要者,則吾輩用腦力最多,須稍用體力,否則勞心,勞力,不能調勻;況且學問好而體力不好,是無用的。我們一定要把體力弄好,和學問一齊用出來才好。今天因時間問題,不能詳細說去,俟下次再講智育與德育罷。」

繼後,褚民誼在《廣大週刊》[2.8]上連續發表了〈吾人之生存〉(第51期)、〈吾人生存的原理〉(第54期)和〈吾人生存之要素〉(第55和57期)等專論,引導學員樹立科學的世界觀和人生觀,其主要內容與1917年間在《旅歐雜誌》[2.5]上發表的同名論文一致(詳見第二篇第三章之第四節「三度赴法,學工兼顧」)。此外,廣東大學在歷次總理紀念週等活動中,還有計劃地邀請社會各方名流,如:陳公博、許崇清、沈雁冰(茅盾)、伍朝樞、周恩來、吳稚暉等來校講演,有助於學員認清形勢、拓寬視野,其內容大都以全文分別登載在相應各期的《廣大週刊》上。

褚民誼以「勇于革命,勤于求學」之旨意,積極支持在校內開展多種多樣的學術活動,到校不久即於3月20日由國立廣東大學秘書處出版部編輯出版了學術性的刊物《學藝》,向校內各科系、各分校和里昂海外分部,以及國內各大學發行。褚民誼為之親題刊名,並在5月1日出版的第二期上題詞「逢源資深」以資鼓勵(見後頁上圖)。

褚校長很重視發揮學術社團的作用,除了積極籌建「國立廣東大學醫學會」外,還於3月17日以校長名義,批准由40餘名學生發起成立化學會的申請,深堪嘉許,准于立案,並對該會出版物給予酌量費用補助。(《廣大週刊》[2.8]第44期,1926,3,22)經籌備,國立廣東大學化學會於6月8日在校大禮堂開成立大會,「到會者人數頗眾,濟濟一堂,頗極一時之盛云。」(《廣大週刊》[2.8]第56期,1926,6,7)

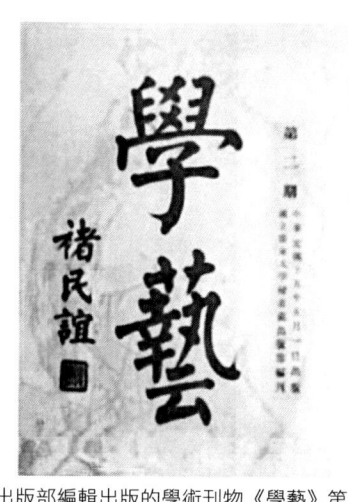

1926年5月1日國立廣東大學秘書處出版部編輯出版的學術刊物《學藝》第二期：褚民誼題寫的封面（右）和題詞（左）

　　作為文科的一個百花園地，在褚民誼的支持下，「東方學報社」應運而生。據《廣大週刊》[2.8]第46和47期上報導，該社曾於去年（1925年）由鄭和歡及陳澤樞二君組織，粗具規模，但未能出版。「本校自褚校長接任以來，校務頗多興革。「現為提倡教授學生共同研究學術，及闡揚文化起見，特將該社擴充。」於1926年3月29日下午3時在校長室開擴大會議，並於4月4日正式成立，公推褚民誼為社長，下設編輯、文牘、出版、發行、廣告、理財六個部，各部設主任一人，幹事二人。郭沫若任編輯部主任，鄭和歡及陳澤樞為幹事，並做出了每期出版費由學校津貼80元，出版收入作為該社基金等項決定。

　　此外，本校教授黃尊生、區聲白發起成立「廣大世界語學會」的建議，得到了褚校長的首肯。遂由褚民誼牽頭，聯同鄧植儀、黃枯桐、區聲白、黃尊生、陳炳權、郭沫若、郁達夫、成仿吾、王獨清等59人具名，在《廣大週刊》第49期（1926，4，26）上刊登〈發起組織廣東大學世界語學會意趣書〉，詳述成立該學會開展和參與國際世界語活動的目的和意義。經醞釀，《廣大週刊》第55期（1926，6，7）上報導，該學會于6月1日宣告成立。世界語於1887年在荷蘭創立後在歐洲傳播，於20世紀初傳入中國。廣東大學世界語學會是我國早期比較有影響的一個學術組織。

　　在褚校長的大力提倡下，廣東大學的文體活動開展得有聲有色。據《廣大週刊》第51期（1926，5，10）上報導，為了推廣我國傳統的武術訓練，褚校

長從北京「特聘太極拳泰斗吳鑒泉之子吳公儀先生為本校體育部導師，專授太極術。昨特佈告全校學生，凡年在二十歲以上二十五歲以下而有恒心學習斯術者，即日到註冊部報名，並定於五月二日（星期一）開始講授，其時間每日下午五時半至六時半，分班演習云。」為了配合即將召開的全省第十次運動會，廣東大學於5月20日在大禮堂舉行體育演講會，褚校長到會訓話。他在鼓勵學生練習各種運動的同時，特意提出要同學們留意「國技」。

據後來報導，吳子鎮（公儀）先生熱心教授太極拳，學生專心學習，成績大有可觀。「吳先生鑒於拳術一道，未可一暴十寒，即暑假期中，仍照常授課，將鐘點改在上午七時至八時，並印行太極拳動作名稱，發給各學生。聞於暑期內，擬與董光孚先生，將太極拳之奧義，編纂成書，以期普及云。」（《廣大週刊》[2.8]第58期，1926，7，8）

廣東大學師生員工原有一些體育團體，但因組織不善，訓練效果欠佳。為了加強領導、統一管理，全校體育辦事處、學生會和體育特項委員會聯合，於5月18日召開了全校體育會議，決定成立全校員生的聯合組織「國立廣東大學體育協會」，並在次日召開的委員會會議上討論通過了該協會的章程。章程中規定，該協會是全校體育辦事處、學生會和體育特項委員會的聯合組織，負提倡、計劃全校體育之責，其決議交上述三個團體執行之。協會由三團體聯席會議公推委員19人，負責辦理會務，定每星期二為常會期。經委員互選，推舉褚民誼為正委員長，鄒秉綱（教員）和陳煜年（學生）為副委員長，吳欽堯為秘書，並確定出六名宣傳委員和九名計劃委員的分工名單。《廣大週刊》在第54和55期上對上述動態進行了跟蹤報導，並於其後的第57期上刊登一則消息稱，該新成立的協會「擬於暑期開辦游泳訓練班，並挑選足球、排球、籃球、女子排球選手，積極訓練，以備秋間前赴滬杭與各學校及各體育團體比賽云。」

廣東大學的音樂美術活動搞得也很活躍，得到了褚校長的積極參與和鼓勵。《廣大週刊》第58期（1926，7，5）上刊登的〈本校音樂跳舞大會紀盛〉一文中報導說，「本校銅樂隊辦理素有精神，成績亦頗優異，其服務社會及參加種種革命運動，莫不為同學之先導，即此次參加第十次省運動大會之表演，亦大受全場之讚美，鼓掌雷動，為校譽發揚不少。昨十二號（6月12日週末）為該隊舉行第四屆畢業之期，該隊同人並於是時籌開一音樂跳舞大會，一方面籍以研究音樂，及喚起同學對於音樂之興趣；一方面為增進美育，調和學校之枯燥生活，邀請全市中西音樂名家及跳舞大家到場參與，是晚七時在大禮堂開

會,來賓到者千餘人。」先行畢業典禮後宣佈開會,「請校長暨軍事教育部主任致訓詞,行禮如畢,隨舉行音樂跳舞大會,其秩序凡三十七種,其中如褚校長之京腔……等」。各項表演後,「中西人士雙雙蹈舞,輕盈嬝娜,觀者競扔以五彩紙花,饒有興趣,全場歡樂,至十二時許乃茶會而散,誠本校之盛會也。聞該隊以後每季舉行一次大會,以改善學校之生活,並擬組織全校歌詩班,並擴充隊員,務成一偉大之中山大學銅樂隊云。」

此外,廣東大學素有實行平民教育的傳統。褚民誼到校後即把平民化作為一個重要的辦學方針,除了設法減收和免收學生各種費用外,還積極扶植校內的平民學校,使之日臻完善。《廣大週刊》上,亦對該校的歷史、現狀、規程和動態不斷予以介紹和報導,以期引起廣泛關注。溯源該校,始於1918年學生們興辦的義學,幾經發展變遷,至1924年由廣東大學學生會接辦,制定出章程,正式定名,全稱為「國立廣東大學學生會立平民學校」(簡稱「國立廣大平校」)。該校以訓育無力就學之兒童,養成其健全獨立之人格,使適合為共和國家之公民為宗旨;經費來自廣東大學學生會和校方,以及臨時性的募集;規定年齡在10-16歲有志求學的平民均可入學,免學費和入學考試,僅按測試分別編班,畢業年限1-2年。褚民誼在經費拮据的情況下,批准由廣東大學出版部代出《國立廣大平校校刊》(月刊),並親自題寫刊頭,於1926年7月發刊(見下圖)。[3.11]

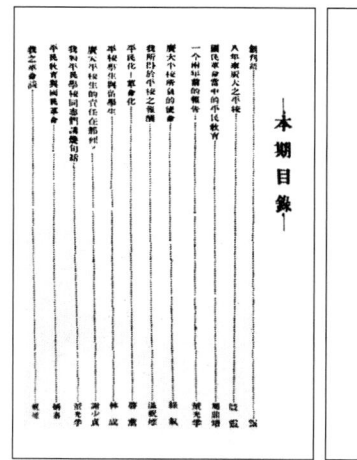

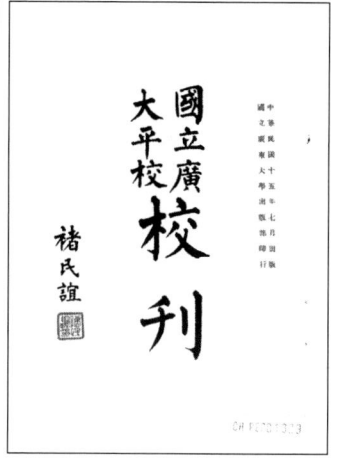

1926年7月國立廣東大學出版部首次印行出版的《國立廣大平校校刊》:褚民誼題寫的封面(右)和本期目錄(左)[3.11]

第五節　盡心竭力，籌建中大

褚民誼是肩負整頓廣東大學和籌備中山大學這兩副相互關聯的重擔而走馬上任的。國立廣東大學是孫中山所手創，亦是他講演三民主義親蒞之地，早在他逝世後不久，國民黨內即有將其改名為中山大學以茲紀念的提議。1925年8月5日廣東大學第38次校務會議議決，擬於11月11日該校成立一周年之際更改名稱。但是當時廣東大學的狀況動盪不定，校內風潮迭起，更名的條件和時機尚未成熟。10月15日國民黨中央執行委員會第108次會議議決，並由國民政府下達的批文（10月15日第195號[3.60]）中謂，「呈悉，該校既經中央執行委員會議決改名為中山大學，自應積極籌備，俾名副其實。所請擬于本年11月11日成立，為期過速，應從緩議。」嗣後，國民政府於1926年2月任命褚民誼「署理廣東大學校長兼籌備中山大學事宜」。自此，籌建中山大學的工作便切實地提上了議事日程。

褚民誼深知籌備中山大學事體重大，惟有集合名流，共同商榷，方能集思廣益，審慎周詳。為此，在他的主持下，於1926年3月13日第70次校務會議上議決，組織「籌備中山大學委員會」及其組成人員方案。報經國民政府批准（3月25日第205號批文[3.60]）後，由褚校長具函聘請。據《中山大學編年史》[3.75]中記載，籌備中山大學委員會委員名單如下：

褚民誼（國民政府委任主持籌備中山大學事宜），

甘乃光（中央黨部代表），黎樾廷（廣東省黨部代表），謝瀛洲（廣州市黨部代表），

沈寶同（廣東大學特別區黨部代表），陳樹人（國民政府代表），宋子文（財政部長），

陳公博（教育行政委員會代表），蔣中正（中央軍事政治學校校長），

金曾澄（廣東省教育會副會長），許崇清（廣東省教育廳長），

伍朝樞（伍大光代）（廣州市教育局局長），

郭沫若（廣東大學文科學長），徐甘棠（廣東大學理科學長），孔憲鏗（廣東大學法科學長），鄧植儀（廣東大學農科學長），李奉藻（代）（廣東大學醫科學長），

陳炳權（廣東大學專修科學長），黃著勳（廣東大學預科主任），陳大訓

（代）（廣東大學秘書長），

伍德森（廣東大學會計主任），張于潯（軍事教育部主任），金紹祖（附中主任），汪宗湜（附小主任），

古直、黃希聲（文科教員代表），畢磊（文科學生代表），

黎國昌、柳金田（理科教員代表），陳宗基（理科學生代表），

鄺嵩齡、曾濟寬（農科教員代表），梁昌漢（農科學生代表），

熊銳（專修科教員代表），潘考鑒（專修科學生代表），

溫泰華、徐甘澍（醫科教員代表），

張乃燕（工科學長），黃兆棟（預科教員代表），黎兆葵（廣州學生聯合會代表）

籌備中山大學委員會特聘委員名單如下：

林祖涵（林伯渠），孫哲生（孫科，施宗岳代），程天固，陳其瑗，高冠天，周柏年，

黃枯桐，徐季龍，蔡子民，吳稚暉，顧孟餘，李石曾，易寅村，李聖章，李潤章，

蔣夢麟，沈葸如，沈尹默，于右任，範源濂，陳鐘凡，陳陶遣，袁希濤，張伯苓，

陳振中（國民新聞社記者），徐振亞（廣州民國日報專訪），徐學彬，陳群，王肯堂，

李其芳（廣東省學生聯合會代表）

4月6日在廣東大學召開籌備中山大學委員會（以下簡稱「中大籌委會」）第一次會議，褚民誼主席，在報告成立該會理由和經過後，議決公推金曾澄、謝瀛洲兩先生擬定本會簡章。（《廣大週刊》[2.8]No.47）接着，在4月13日中大籌委會第二次會議上，討論通過了籌備中山大學委員會章程，並議決由褚民誼提出國立中山大學規程草案，交會議討論。（《廣大週刊》[2.8]No.48）經國民政府核准（4月20日第263號批文[3.60]），「籌備中山大學委員會章程」全文如下：

第　一　條　本委員會定名為籌備中山大學委員會

第　二　條　本委員會以下列人員組織之：

　　　　　　1. 由中央黨部、廣東省黨部、廣州市黨部、本校特別區黨部各派代表一人；

2. 由國民政府、財政部、教育行政委員會、廣東省政府、廣東省教育廳、廣東省教育會、廣州市政廳各派代表一人；
3. 本校各科學長、預科主任、秘書長、會計主任、軍事教育主任、附中主任、附小主任，並由各科教員推舉代表一人；
4. 由本校各科學生及廣州學生聯合會各派代表一人；
5. 由主席聘請教育界名流若干人

第 三 條 本委員會以現任國立廣東大學校長兼籌備中山大學事宜為主席

第 四 條 本委員會須有委員十五人以上出席為開會法定人數，凡表決事項，須得委員過半數之同意

第 五 條 關於籌備中山大學之一切事宜，由本委員會會議決定之；其決議案，須呈請國民政府核准施行

第 六 條 本委員會遇必要時得臨時組織各種專門委員會（其組織章程另定之），各專門委員會所議決之事項應提交本委員會採決

第 七 條 本委員會開會期間以三個月為限，但遇必要時得延長之

第 八 條 本委員會辦事及會議地點設在廣東大學

第 九 條 本委員會以每星期二下午三時至五時為常會時間，但遇必要時得由主席召集臨時會議

第 十 條 本委員會得設秘書及事務員若干人，統由主席調用相當人員充任之

第 十一 條 本章程經國民政府核准後施行，如有修改之必要時，得由本委員會議決修正之，仍請國民政府核准。（《廣大週刊》[2.8]No.49，1926，4，26）

　　受國民政府派遣，按照中大籌委會章程，褚民誼任中山大學籌備委員會主席，從4月20日第三次中大籌委會開始，對他提出的國立中山大學規程草案逐條進行討論。經過不斷的補充修改，最終形成的規程全案，共計十章六十二條，至6月22日第十一次中大籌委會三讀通過，呈請國民政府察核，俟奉批准，公佈施行。呈文中還附有《國立中山大學校歌》。歌詞初稿先於4月26日《廣大週刊》第49期上公示。由本校陳耀輝講師配曲後的全歌，經褚校長核察，在6月7日《廣大週刊》第55期上發佈（見後頁上圖），並即頒發各院轉各

刊登在《廣大週刊》[2.8]No.55（1926，6，7）上的《國立中山大學校歌》

教師，教授學生練習，以期嫺熟。校歌內容以孫中山的三民主義和他對廣東大學的訓詞為主題，歌詞全文如下：

　　浩然正氣此長存，霹靂一聲天下驚，叱吒風雲捲大陸，創導三民主義首民族，此乃吾校之衣缽，此乃吾校之衣缽；

　　白日青天滿地紅，新興文化作先鋒，匪行之艱知之艱，發展三民主義重民權，此乃吾校之真銓，此乃吾校之真銓；

　　中原之中中山大，扶植桃李滿天下，博審慎明還篤行，實現三民主義濟民生，此乃吾校之光榮，此乃吾校之光榮。

　　在制定中山大學規程的同時，如前所述，褚民誼著力對廣東大學進行整頓和改革，以期在暑期後順利地實現更名。作為承前啟後，在他的主持下先後於4月和5月由國立廣東大學秘書處出版部編輯出版了《國立廣東大學規程集》[3.7]和《國立廣東大學概覽》[3.8]（見後頁上圖）。《廣大規程集》中彙編了廣東大學現行的各種規章制度和管理辦法，涉及本校校務、教員、學生、各種會議、各個部門、各分科學院、各類群眾團體，以及圖書、出版、軍訓、文體和生活等方方面面，共計92項。在《廣大概覽》中，首先刊登了「署理國立廣東大學校長兼籌備中山大學委員會主席褚民誼博士的肖像」和「褚民誼博士略歷」。然後，以十餘幅照片，圖文並茂地介紹了學校的沿革概況及現況，包

1926年4月出版的《國立廣東大學規程集》[3.7]

1926年5月出版的《國立廣東大學概覽》：（右）封面；（中）褚民誼博士肖像；（左）褚民誼博士略歷[3.8]

括：校史、組織、設備、學生入學須知、學制課程、考試畢業學位、教職員表及各項圖表等八部分。這裏值得補充說明的是，在褚民誼的略歷中透露，他曾於「十四年（1925年）春代表前廣東省長胡漢民氏，參與香港大學畢業典禮，並出席香港大學全中國之博醫學會」等活動。

《廣大週刊》[2.8]第50期（1926，5，3）的「校聞」欄目中，登載了一則「籌備中山大學消息」，謂「褚校長接事以來，對於校中管教事宜，均切實規劃，極力整頓。現改辦中山大學，尤有獨見，一切計劃，均着着進行，如延聘教授，現亦已籌及。其致各科學院學長暨附中附小主任函略稱：

逕啟者，本校改為中山大學，正在積極籌備，將來各科之設施，及教員之增減，均應先期計劃，現經所聘教員，亦於本學期終止。惟是中山大學，雖未產生，而延訪教員，選擇教材，不能不預為決定。民誼負籌備之責，對於已聘教授，及講師，應否續聘，當在是時而定。亟應由各科詳列教員姓名，及所授科目點鐘，並各員請假時數及教法如何，均應確切分別填注，以憑考核云。

為了廣徵眾議和宣傳，在褚民誼的主持下，由國立廣東大學秘書處出版部於1926年6月印行了論文集《中山大學討論號》[3.10]（見後頁上圖）。書中彙編了褚民誼（國立廣東大學校長兼醫科學院院長、籌備中山大學委員會主席）和溫泰華（國立廣東大學醫科學院教授、籌備中山大學委員會委員）聯合署名的〈國立中山大學醫科學院之革新計畫意見〉[1.5]，以及籌備中山大學委員會特聘委員孫科〈對於廣東大學改為中山大學之我見〉等18篇有關成立中山大學的論文。

1926年6月廣東大學秘書處出版部編輯出版的《國立中山大學討論號》（右）[3.9]，及其中褚民誼與溫泰華合著的論文〈國立中山大學醫科學院之革新計劃意見〉之首頁（左）[1.5]

廣東大學醫科學院是去年七月收併原廣東公醫而設立的。醫科的學校部分已完全收回，但是其附屬醫院在接收當時，鄒校長代表廣東大學與原院長美國醫生達保羅簽訂合同，仍由他主管，為期兩年。在爾後的運行過程中，諸多弊端日益暴露，如：學校與附屬醫院相隔膜、醫院院長專權並擁有大多數私有病人、醫院內實際不分科、贈診時間短、醫院診察費太貴等等，這既不利於醫科學校教學和研究的開展，也有礙醫院本身的發展，違背了革命化和平民化的教育宗旨。值此籌建中山大學之際，褚民誼和溫泰華聯名對醫科學院提出了〈國立中山大學醫科學院之革新計劃意見〉[1.5]，文章針對上述弊病，論述改革之必要後，制定出〈國立中山大學醫科學院規程〉和〈國立中山大學醫科學院附屬醫院章程〉的具體改革方案。

褚民誼自去年出任醫學院院長以後，也曾針對醫院管理及其與學校相互脫節的問題，提出過各種改革建議，但均未能得到該醫院院長達保羅的配合。收回附屬醫院的管轄權，是實行改革計劃的關鍵步驟。原廣東公醫初系廣東全省有志者捐資建造而成，非達保羅醫生一人之私物。併入廣東大學時鄒魯校長與達保羅簽訂的合約，是他藉以繼續盤踞把持附屬醫院的依據，必須加以取銷，這當然是達保羅及其少數附庸者所不願意並企圖加以阻擾的。醫科學院的大多數學生對當時存在的問題早已不滿，5月份褚民誼和溫泰華提出的革新計劃公佈後，他們即致函中山大學籌備委員會表示積極支持。《廣州民國日報》6月28日報導，廣東大學於6月26日舉行了盛大的慶祝廣大醫科學院週年紀念大會，會上以醫科革命學生、護士、教職員和全體工人的名義，做出了「擁護褚

校長和溫教授革新醫科的計劃，共同努力，促其實現」等若干條決議，一時群情激奮。在這樣的壓力下，達保羅被迫妥協。褚校長出面與他商訂了取消前合約的條款，包括核算並支付達保羅應得的薪金報酬、按期移交醫院、清理帳目、償還銀行欠款等六條，呈請國民政府核准辦理。褚校長奉令後，即組織點收委員會，定期於7月15日實行點收。（《廣大週刊》[2.8]第59期，1926，7，19）

那時的廣東，革命情勢風雲變幻，1926年3月「中山艦事件」後，汪、蔣聯合主政的局面解體。褚民誼從革命的大局出發，堅守工作崗位，秉持維護中央集中統一、不參與派別分裂活動的立場。蔣介石自統兵掃平陳炯明等地方軍閥勢力，實現廣東統一之後，便集中精力準備北伐。6月3日國民政府任命蔣中正為國民革命軍總司令[3.60]，正式搭建北伐革命軍總部組織。褚民誼曾作為軍醫處處長，積極參加過討伐陳炯明的東征之役；此時又面臨同樣任務，便要求辭去原有大學任職，意欲投身北伐革命大業。

1926年6月1日國民政府批准了廣東大學校長顧孟餘的辭呈，任命戴傳賢為廣東大學校長。與此同時批復了署理廣東大學校長兼籌備中山大學事宜褚民誼的辭呈，謂「呈悉，該署校長受事以來，整頓校務克盡厥職，現在顧校長孟餘辭職業經明令照準，另行任命戴傳賢為該校校長，在戴校長未到任以前，仍應由該署校長照常任職，並積極籌備改辦中山大學事宜，勉力擔負，藉促進行，所請辭去本兼各職之處，應無庸議，此批。」[3.60]

戴傳賢（1891-1949），字季陶，浙江吳興（湖州）人。1905年赴日本留學，先讀師範，後學法律。1909年回國，1911年加入同盟會，擔任過孫中山的秘書。此後，在逃亡日本時結識蔣介石，兩人關係密切。1916年回國後，曾研究馬克思主義，加入共產黨後又退出。1924年國民黨一大上當選為中央執行委員會常委，任宣傳部長，後任黃埔軍校政治部長等職。1926年國民黨二大上，因參與「西山會議派」的活動受批評，但仍當選為中央執行委員。

當國民政府做出廣東大學校長的新任命時，戴傳賢正在浙江湖州家鄉等地潛居養病。由於本學期行將期滿，急待為下學期開學做準備，褚民誼連續於6月3日和5日去函，通過上海轉達，催請他蒞校主事，並派學生代表鄭國林和蕭宜芬兩人專程前往迎接。但他均以與學術界隔離久遠、缺乏大學教育經驗、德不足以式人、神經衰弱精力不克負荷等為理由婉拒，並詳陳政府請求收回成命。（詳見《廣大週刊》[2.8]第58期，1926，7，5）此後，在原褚校長和學生

的一再要求下,廣東國民政府多次電催戴傳賢來校接任,均未果。

在這種情況下,褚民誼繼續任職,經十一次籌委會制定出中山大學規程,並着手為下學期開學做準備。為此,他向國民黨政治委員會提出了將於下學期正式改為中山大學的十件議決事項。據《廣大週刊》第58期(1926,7,5)上報導,日前國民黨政治委員會開會對此一一做出決議,給出了廣東大學七月底結束、中山大學暑假後開辦、下學年增設工科、下學年的招生名額、學生照收學費以及年度經費預算等項具體規定。

鑒於原有的署理廣東大學校長兼籌備中山大學事宜的任務已基本完成,加之接到父親染恙的家書,久未返家的褚民誼經政府准假,離粵回家探視。行前他於7月5日主持了第82次校務會議,議決在校長請假回籍期間,由校務會議代拆代行,並推定農科學長鄧植儀、理科學長徐甘棠輪流代理校務委員會主席;醫科學院院長則暫請溫泰華教授代理。7月24日他致函徐、鄧兩學長,謂:

「余於九號午離廣州,十三號到滬,十九號到家,家父愈,身體復原,請勿念。二十一號赴湖州,季陶兄患病不見客,次日即返。余明日赴杭州探蔡子民先生,如彼願擔任中大,余可與他同來粵。不然,余赴京不再來粵矣。校事由兩學兄及同事負責,當於月底有一結束。以後如何,聽政府命令可也。余若不留京,當於九、十月返粵,再不擔任大學事矣。請為余作一決切之辭文為盼。」[7]可見他的堅決辭意。

8月17日國民政府相繼作出,「國立廣東大學着改為國立中山大學」「特派經亨頤為教育行政委員會委員」「任命戴傳賢為國立中山大學校長,未到任以前著經亨頤兼代」等命令。[3.60]

8月26日褚民誼出席並主持了廣東大學最後的第90次校務會議。作為主席,他報告了「在暑期內本校經過狀況及中國科學社來粵舉行年會情形,並辦理本校結束事宜」。至此,廣東大學的校務工作全部結束,等待接收更名。《廣大週刊》在8月30日最後的第62期上,公佈了上述這次校務會議的紀事錄,並詳細報導了「中國科學社來粵開會情形」。

「中國科學社」於1915年由我國留美學生們先在美國建立,嗣後將總部移歸國內,匯集了當時國內眾多著名的專家學者。1926年於廣州舉行第11次年會。先期由孫科、褚民誼、金湘帆、許崇清等組織籌備,決定以廣東大學為會

---

[7] 該信現存廣東省檔案館。

場。從京、滬乘船到會的會員三十餘人，由吳稚暉和褚民誼招待。8月27日下午大會開幕，孫科主席，國民政府常務委員會主席譚延闓致歡迎詞，繼請吳稚暉、韓竹坪、何香凝、經亨頤、鐘榮光諸先生演說。演畢，來賓會員七十余人合影留念（見後頁上圖）。28日晚廣東大學宴請，席終由褚校長主席，致歡迎詞，並報告本校成立後之經過，隨後眾人對科學與革命之意義盡情發表意見。29、30和31日在廣東大學大禮堂舉行公開演講。吳稚暉、過探先、王季梁、孟心史、楊端六、曾紹倫、褚民誼、胡步曾等先後發表了專題演說。褚民誼在31日演講的題目是「科學與生命」。這次科學家和教育家濟濟一堂的盛會，為廣東大學劃上了一個圓滿的句號。

　　國民政府於9月4日下令，「署理國立廣東大學校長兼籌備中山大學事宜褚民誼呈請辭職，褚民誼准免署兼各職」。[3.60]

　　當時廣東的革命形勢日趨高漲，要求突破原有大學辦學模式，加強革命化和黨化的呼聲日甚。經亨頤出任代校長後，親自制定和上報了新的國立中山大學草案，提出改校長制為委員會制，本大學之學生為當然國民黨之黨員，校內設國民黨黨育研究部，廢除學位制等建議。9月30日校長戴季陶到校任職。（詳見[3.75]）

　　10月16日，國民政府命令：「中山大學為中央最高學府，極應實施純粹之黨化教育，養成革命之前驅，以樹建設之基礎。」「政府決議振興，已明令改中山大學為委員會制，期集一時之人望，為根本建設，期以下學期為新規之始業。」「務當極力刷新，盡除積弊，以期名實相乎，成為純粹黨化之大學，用副黨國之望。」同時下令，「特任戴傳賢為國立中山大學委員會委員長，顧孟餘為副委員長，徐謙、丁惟芬、朱家驊為委員」。[3.60]

　　10月17日下午在中山大學禮堂舉行宣誓就職典禮，五位委員除徐謙外全部到場，來賓有中央黨部代表何香凝、國民政府代表譚延闓、高等顧問鮑羅廷及褚民誼等人，並有全校各職員學生代表到場。（《廣州民國日報》1926，10，18）接着，於11月5日下達了國民黨中央執行委員會政治會議第42次議決，中山大學英文校名為：Sun Yatsen University。[3.60]中山大學從此揭開了序幕。

　　在當時複雜動盪的政治形勢下，應對校內風潮迭起的局面，褚民誼心無旁騖挑起重擔，一面對廣東大學着力進行治理整頓，使之穩定運行；一面為籌建中山大學，邀集各界代表和名流，集思廣益，從而使孫中山創立的廣東大學得以順利地更名為中山大學，並為其日後發展奠定了基礎。

1926年8月27日在國立廣東大學召開的「中國科學社第十一次年會」開幕，來賓和社員的合影片段。自右至左，前排：經亨頤（1）、何香凝（2）、楊杏佛（4）、譚延闓（5）、孫科（6）、褚民誼（7）、許崇清（8）、鄭毓秀（9）、吳稚暉（10）、鄧植儀（11）、過探先（13）等；後排：金湘帆（1）、鐘榮光（3）等（[2.4]Vol.11，No.8，1926；[2.9]No.11，1926，12，15）

　　在廣東大學開辦的兩年中，如前所述，學校主持幾易其人，委以各種頭銜，有的虛以任命實未履職。為此，作者對該校歷次校長任命和實際任職情況進行了梳理，列於後面本節的附錄中。

《附錄》國立廣東大學歷次校長任命及任職情況

　　作為中山大學的前身，由孫中山創立的國立廣東大學，從1924年9月15日在鄒魯校長的主持下正式開學，到1926年8月26日在褚民誼校長主持下召開的廣東大學第90次校務會議，宣佈本校事宜結束為止，前後經歷了兩個整學年。其間，由於政局變動，校長任命更迭頻繁，官方行文中曾先後出現過鄒魯、褚民誼、陳公博、顧孟餘、戴傳賢和經亨頤等教育家的名字。為了釐清頭緒，現將他們的政府授命和實際任職情況簡要歸納如下：

　　鄒魯：1924年6月9日大元帥令，任命他為首任國立廣東大學校長；1925年1月底因孫中山病事離校赴北京，由褚民誼代理校長；7月1日廣東國民政府成立，繼續委任鄒魯為校長。9月中旬他離粵北上，由於褚民誼參加東征，難以兼顧代理。9月17日政府下文照準校長職務由校務會議代拆代行，直至11月他

作為「西山會議派」的主要成員而被撤去一切職務。在此前後校內風波迭起。

陳公博：1925年10月到11月期間，他曾委任為廣東大學調查委員會和管理委員會委員，協同處理校內風波事件；繼而於12月1日任命他暫行代理校長，是月4日到校接事；直到1926年2月19日照準辭職，作為過渡，代理校長任期二月餘。

褚民誼：1924年底回國後任廣東大學教授，1925年2月4日大元帥令在鄒魯北上期間代理校長，繼而兼任廣東大學醫科學院院長和學長，後於是秋出任東征軍總指揮部軍醫處處長，代理校長任職五月餘。1926年2月19日國民政府任命他「署理廣東大學校長兼籌備中山大學事宜」，次日到校接事，3月1日宣誓就職。從2月22日第67次校務會議起，主持召開了歷次校務會議，至7月5日第82次會議請假回鄉探視父病止。最後於8月26日主持了第90次校務會議，結束了全部校務工作。期間，他還主持籌建中山大學，任國立中山大學籌備委員會主任，直至是年秋廣東大學正式更名為中山大學。1926年9月4日國民政府照準他辭去署兼各職。

顧孟餘：時任北京大學教授，1925年12月1日國民政府任命他為廣東大學校長（同時令陳公博代理）。但他一直沒有接任，也從來沒有到校參加和處理過任何校務；直至1926年6月1日政府下文照準他辭職。

戴傳賢：1926年6月1日國民政府任命他為廣東大學校長。其時，他正在浙江家中養病潛居，雖經褚校長、學校師生和政府再三催促，仍推而不接。8月17日政府下令改廣東大學為中山大學的同時，任命戴傳賢為中山大學校長，他才於9月30日到粵接事，其間由**經亨頤**代理中山大學校長月餘。中山大學由校長制改為委員會制後，10月16日任命戴傳賢為中山大學委員會委員長，顧孟餘為副委員長，並於次日宣誓就職。在廣東大學到中山大學的歷史進程中，戴傳賢、顧孟餘和經亨頤的貢獻實際上是從中山大學正式掛牌後開始的。

第六節　兼職北大，京穗奔忙

褚民誼早期就與蔡元培等密切合作，在法國從事革命宣傳及勤工儉學運動。1916年底蔡元培回國任北京大學校長後，兩人繼續保持聯繫。如前所述，為了便於代表北京大學在海外開展工作，褚民誼被聘任為北京大學駐歐通信員，並以此名義從事里昂中法大學的籌建工作。與此同時，褚民誼在法國潛心

探求西方的先進醫學，也倍受蔡元培的關心，並予以學科方向的指導。對此，褚民誼給以積極回應。「孑民先生鑒：承賜聘書，囑預備解剖、組織學，當竭力研究，庶不負先生盛意」，他在致蔡校長回函的開頭如是說。該函發表在《北京大學日刊》[2.6]1920年4月9日第577期上。他在信中除報告里昂中法大學的籌備情況外，還詳細稟告了為在北大開設解剖組織學課程所作的準備，並提出具體建議。謂：

「仲遂兄與其夫人同返國，贈彼組織片一匣（Coupes Microscopique de l'Histoplogie）。弟處有此種片甚多，動植物與人均有。將來必有可觀之全副組織學片（Collection Complete）。故弟曾向石曾兄言及，大學既預備特開組織、解剖學講座，則備辦儀器圖書，是所必要。但只調查而不購備，未為善舉。且現在佛郎跌落，以銀元兌佛郎，則儀器圖書之價，反覺較廉戰前。此間儀器，大概漲價，由百分之百至百分之五十，而銀元則漲至百分之四百而強，如此而論，乘此時購二三千元之儀器，他日可值五六七八千元之數。今特以此事商請先生，可否向大學預支三四千元（至少二三千元），為購備解剖組織之儀器圖書？弟他日返國，當將此儀器圖書，一一列在大學之試驗室。弟逐時購備，逐時記賬，使大學預付之款，無一浪費。至於運費，當另照運價而加（由法國搬運北京大學）。弟之說，石曾兄深以為然，囑弟直接上書於先生請求。待彼到北京，尚面述一切。若先生以為此舉為然，乘此時先匯二三千元，更好。因儀器圖書，恐將見加價也。乞向大學會議陳說，要求通過。收款後，弟當另寄上收據。如有款寄，請中法實業銀行匯弟（電匯更好），當無失落也。

來波鐸（波爾多）以來，將飯食節省之費，購備應用書籍及小件儀器，惜無多款，可能購備一切。然小小試驗，弟處儘可。因弟有顯微鏡一具，加其他小件，則細胞學、微生物學之研究，綽綽有餘。但組織學之研究，現祇可去大學之試驗室。弟與該校教授此科者McGeorge Dubrenie（麥克喬治‧杜布雷尼）甚好。且彼有友人，在美英合辦之醫校（Union Medical College of Peking 在北京去年新落成者），亦教授此科（組織學）。同學不得時時到試驗室，而弟則得其許可，有暇即去研究。

此學之待發明者甚多，弟當竭力研究之。他日結業試帖，當檢一關於解剖組織之問題，庶不負先生之所囑也。」

上述《北京大學日刊》上公佈的信函說明，褚民誼繼後選擇到斯特拉斯堡醫學院組織研究所從事博士論文研究，是在北京大學校長蔡元培的關懷和授

意下進行的。1923年，正當他埋頭於博士研究工作之際，在巴黎隆重召開紀念法國細菌學創始人巴斯德誕辰百年紀念大會，褚民誼代表北京大學前往出席。學成後他回國擔任國民政府教育行政委員，1927年6月26日《圖畫時報》[2.7]上刊登了他當年代表北大出席該次會議時所攝的照片（見右圖）。

前信中提到的「仲逵兄」，是與褚民誼同期在法國留學並一起開展勤工儉學活動的譚仲逵（熙鴻）。他於1919年在法國圖盧茲大學取得博物學碩士學位後歸國，1920年到北京大學任教，1925年創建生物系，當選第一任系主任。

1923年褚民誼代表北京大學參加巴黎巴斯德百年紀念大會時的攝影 [2.7]No.371（1927，6，26）

褚民誼在國外的求學和在文化教育領域的傑出活動，深受國內的關注，特別是在他成功地籌建並擔任里昂中法大學副校長之後，包括北京、閩粵、江浙等地的大學和友人，爭相聘約。他於1924年底獲得醫學博士和藥學士學位回國，一踏上當時國民革命的策源地廣州，便被新建的廣東大學聘為教授，並進而委以代理校長的重任。與此同時，他也應譚熙鴻之邀到北京大學生物系擔任教授。據《北京大學日刊》[2.6]（1925，10，12）上的登載，生物系「建系後第一學年（1925-1926年度），有教師7人，其中教授4人：譚熙鴻（兼系主任）、李煜瀛、鐘觀光、褚民誼；講師2人：經利彬、王祖榘；助教1人：陳旭。」在教學安排上，褚民誼為預科一年級教授博物學。次年該刊[2.6]（1927，3，29）上報道，「建系後第二年（1926-1927年度），教師共9人，原有4名教授中，褚民誼離任。」顯然，這是由於1926年2月底起，褚民誼受命集中精力署理廣東大學校長兼籌備中山大學事宜，而無法旁顧。

在北京期間，褚民誼除在北京大學兼任教學外，還有下述兩件事值得一提。

曾為歷代京都的北京，是中國傳統武術藏龍臥虎之地，褚民誼經譚熙鴻引薦在這裡結識了太極拳大師吳鑒泉而步入拳門。在吳氏師徒的傳幫帶下，他領悟到太極拳的真諦及其在修心健體方面的獨特作用，意欲在國人中大力推廣。1926年初，他任廣東大學校長後不久，即從北京邀請吳鑒泉之子吳公儀來校任體育教員，專為學生傳授太極拳，也方便了他們之間的技藝切磋。有關他在發

1925年褚民誼（11）與由吳稚暉（22）在北京創辦的「海外預備學校」全體師生的合影。圖注：1-黎首明，2-陳廷安，3-熊清明，4-陳國強，5-林希孟，6-吳詳，7-何文傑，8-汪文嬰，9-林漢陽，10-汪文嬰，12-朱嬂，13-黎佩蘭，14-熊美英，15-吳芙，16-李筱梅，17-朱始，18-黎民偉，19-黎林楚楚，20-黎嚴珊珊，21-陳春圃等

展和推廣太極拳方面的活動和貢獻，將在本書後續第三篇第八章「全民體育，重在健身」中詳述。

也正在這個時期，吳稚暉在北京創辦了「海外預備學校」，褚民誼給予了熱情的關懷和支持。據《吳稚暉先生全集》[3.59]的年譜中記述，1925年3月吳先生的兒子吳詳（叔微）和女兒吳芙（孟蓉）在英國倫敦分別攻讀電機和化學畢業後，隨其母回國。「先生（對吳稚暉的尊稱）認為北京讀書環境適宜，又深感中國國民黨老同志之子女，均屬革命幼苗，應予培育。乃在北京東城乾麵胡同南小街九十二號，創辦海外預備學校，躬任教育之責。先生為對革命老同志之優秀子女親為遴選，曾南返至滬粵兩地，商議各家長之同意，將其子女帶往北京。當時男生入選者有：蔣經國、孫科之子治平和治強、林直勉之子希孟和漢陽、汪兆銘之子文嬰[1]、鄒魯之子子越、黃隆生之子瑞華、陳國強、陳國新、熊清明、黎首明[2]、陳廷安、馬超俊之子紹棠與何文傑；女生計有：朱執信之女始和嬂[3]、李濟琛之女筱梅（後為先生之媳）、黃潔芳、黎佩蘭[4]、陳

第一章 歸國伊始，執掌廣大 53

香衛、鄧月祝、沈美德、及汪兆銘之女文悝⑤等。「在諸生中,以蔣經國年齡為較大,學識水準為最高,先生乃單獨對蔣經國授課,其餘諸生以年齡分為甲乙兩班。先生授國學經史。公子詳授甲乙兩班物理、化學、算學等。女公子芙授乙班化學。另請法文教員授法文。「先生復以蔣經國之學問水準,已屆出國留學程度,「除為其加緊補習功課外,並加習俄文。「未及三月,其所習之俄文程度,已足以應付留俄之用,旋即赴蘇俄留學。」[8]學生中汪精衛之女汪文悝時年11,何文傑年8,兩人在此首度相識,後於1939年結為伉儷。前頁上圖為他們所珍藏,作者按兩位老人的識別,對照片中的人物以數字進行標註。褚民誼與這所學校關係密切,該圖即是他與全校師生在其院內的合影。此外,他向太極拳大師吳鑒泉所執的弟子禮,也是在該校內舉行的(詳見《太極操》[1.16]中〈健康之路〉一文)。

　　在廣州除廣東大學外,還有一所為紀念革命先烈朱執信于1921年成立的「執信學校」。朱執信(1885-1920),名大符,廣東番禺人,祖籍浙江蕭山。他於1904年考取官費第一名,與汪精衛、胡漢民等人同船赴日本留學;1905年同盟會成立,被推選為評議會會員兼秘書(汪精衛為該會會長);1907年與楊道儀結婚。他在積極從事革命宣傳活動的同時,著力於策動武裝起義以及後來建立粵軍的工作,成為孫中山的得力助手。1920年9月,朱執信在執行調解虎門民軍與降軍糾紛的任務過程中,不幸殉難,時僅35歲。中山先生十分悲痛。為了教育後人,永垂紀念,于翌年創立了「執信學校」,得到了國內各界名流的積極支持。據名校文化叢書《名校執信》[3.77]中記載,執信學校校董會最初的「25位董事是:金曾澄、汪精衛、胡漢民、林森、廖仲愷、伍朝樞、許崇清、鄒魯、陳璧君、李石曾、吳稚暉、孫科、鄧澤如、古應芬、林雲陔、胡清瑞、陳廉伯、陳耀祖、陳融、郭標、戴季陶、李大釗、張繼、霍芝庭、曾醒。一年後廖仲愷出

1921年廣州執信學校的大門。匾額由汪兆銘的堂兄汪兆銓所題

---

[8] 文中注:①原文誤為「嬰」;②和④分別為黎民偉之子和女;③原文誤為「薇」;⑤原文誤為「洵」。

缺、陳廉伯告退，經校董會決議，增聘蔡元培、譚延闓、何香凝、陳公博、曾仲鳴、馬洪煥、劉紀文、褚民誼[9]為校董。」

學校初建時，校址選在毗鄰總統府的應元書院內，雖嫌狹窄，但可立即上馬。作為朱執信的同志和摯友，時任廣東省教育協會主席的汪精衛，對籌建該校盡心竭力。朱執信是他堂姐的兒子，汪精衛（兆銘）特邀其堂兄兆銓，為草創時期的學校校門題寫匾額（見前頁右下圖）。他自己（用名汪季新）則為該校的校歌譜寫了歌詞。早期該校曾擬建成大學，並將籌備處與廣州的中法大學籌備處設在一起。1922年6月學校遭到陳炯明叛軍的洗劫搗毀。粵事稍定後，為了籌款修繕和興建新校址，陳璧君不顧身懷六甲，於1923年4月赴北美，四處奔走宣傳募捐，8月生下五子文靖，寄託當地育嬰堂，不幸十數日後早夭。[3.86]

褚民誼到廣州後便很關注執信學校的發展，不久即增補為學校校董。朱執信有三女：始、媺和娛。如前所述，朱執信的遺孀楊道儀和時任執信學校校長

1925年秋在修復後的廣州執信學校舊址應元書院內的合影。右起：沈嵩、褚民誼、曾醒、方君璧、汪精衛、陳璧君、陳舜貞、梁宇皋夫人、梁宇皋和楊道儀

---

[9] 原文誤為「褚又誼」。

的曾醒等人，一同參加了褚民誼和陳舜貞的婚禮，其長女朱始還扮作新娘的伴娘。褚民誼於1925年秋參加東征，為徹底肅清陳炯明等從事分裂和破壞活動的地方軍閥勢力而披上戎裝。前頁下圖，是在此期間，他偕夫人陳舜貞，與汪精衛和陳璧君夫婦、曾醒、楊道儀、方君璧，以及大律師梁宇皋夫婦和廣東南路地方官沈嵩等人，在應元書院執信學校院內的合影。他（她）們正以實現廣東統一和學校舊址被修復而歡慶喜悅的心情，告慰朱執信烈士在天之靈。

第二章 投筆從戎，參加北伐

第一節 投身軍政，責無旁貸

孫中山制定的革命方略，將革命進程分為「軍政」「訓政」和「憲政」三個時期，確定了從推翻專制建立革命政府，通過過渡階段還政於民，實行直接民權，達到最終革命目標的步驟。褚民誼是孫文主義的積極支持者和踐行者，回國初期，身在學校，卻心系革命大局。

中山先生逝世後，1925年7月1日廣州國民政府成立，開始實施黨、政、軍的統一。然而，曾在年初被第一次東征擊敗的陳炯明殘部，仍盤踞廣東的東江一帶，覬覦廣州，不斷進行騷擾破壞。為此，國民政府於9月初進行了出兵討伐的準備，28日國民黨中政會議決東征計劃，任命蔣介石為東征軍總指揮，汪精衛為黨代表、周恩來為政治部主任。10月5日發出佈告，國民革命軍開始第二次東征，14日一舉攻克惠州陳炯明老巢，取得決定性勝利，不久，即徹底肅清了廣東全境的地方軍閥勢力，實現了廣東的統一。

褚民誼，1925年東征軍總指揮部軍醫處處長，1926年北伐國民革命軍總司令部後方軍醫處處長[3.68]

1925年2月4日褚民誼接大元帥令代理國立廣東大學校長。據《廣大概覽》[3.8]中記載，他執事五個月後，出任東征軍總指揮部軍醫處處長；這與《黃埔軍校將帥錄》（陳予歡編著，廣州出版社，1998，9）中記載，他於「1925年7月22日被蔣介石任命為黃埔軍校軍醫處處長」，兩者在時間上基本一致。1925年10月10日雙十國慶日，廣州國民政府召集各軍政機關人員，文官薦任官以上，武官校官以上，在國民政府大禮堂舉行慶典，約二百人參加，會後拍照留念。（《廣州民國日報》，1925，10，12）後頁這張當時在廣州第一公園內

照片左半部，第一排右起：徐謙（3）、王寵惠（4）、伍朝樞（5）、譚延闓（6）、汪精衛（7）、古應芬（8）等

照片右半部，第一排左起：金曾澄（2）、褚民誼（4）、陳公博（5）；第二排：朱培德（10），蔣介石（18）等

1925年10月10日廣州國民政府同人雙十國慶紀念攝影（廣州「黃埔軍校舊址紀念館」藏）

拍攝的珍貴合影，現展示在廣州「黃埔軍校舊址紀念館」內。此時東征之役正在進行，褚民誼身著戎裝出席慶典。此外，前頁那張軍裝半身像，顯然也是那個時期所攝，他曾將該照片贈與張靜江，以資紀念。《蔣介石與國民政府》[3.68]一書中登有此照片。

　　褚民誼在任軍醫處處長時，舉凡前後方醫院及軍隊之衛生事宜，均負全責辦理。東征任務結束後，他又繼續把精力注入教育事業。此時，廣東大學剛剛接收前公醫醫科大學，成立醫科學院後不久。該院學生會於10月18日開會歡迎原代理校長褚民誼返校，正式接任醫科學院院長。他在演講中說道，「兄弟何以要犧牲一半的精力，去辦東征軍的軍醫事務，這就是因為東江殘逆阻礙了廣

58　褚民誼紀實全傳　第二卷　踐行主義

東的統一、中國的和平。若不早為肅清，廣東自不能統一，中國亦無從到光明的自由平等之路；即吾等的經費，亦將無著落。故吾等目前之努力，須將廣東統一；廣東統一而後吾等方足以言大發展。」他在談到醫學院的發展規劃時，亦不忘為今後北伐進軍做準備，提出「再擬辦一軍醫學校，造就軍醫專門人才。其入學資格，則以在本校畢業者為限，畢業期一年。在此一年學習期內，支少尉薪；畢業後，服務軍中者，則支中尉薪。這樣熱誠救國的事業，尚望諸君踴躍加入」云云。（《廣大週刊》[2.8]第28期，1925，10，26）

自廣東和廣西統一後，國民政府即準備起兵北伐。《申報》1926年2月22日報道稱，東征前蔣中正曾任廣州衛戍司令，東征勝利後，他辭去國民革命軍第一軍軍長之職，國民政府任命他為國民革命軍總監，統領全軍。蔣中正從東江返回廣州後，即回任廣州衛戍司令，將原有第一軍司令部人物，歸併衛戍部，加以改組擴充。其部內設參謀、副官、管理、交通、軍法、審計、軍醫、經理、懲募等九處，同時宣佈各處負責人，以期改組完成即轉變為總監署。名單中，褚民誼繼續擔任軍醫處長。與此同時他被國民政府任命署理廣東大學校長兼籌備中山大學事宜。

1926年6月5日國民政府任命蔣中正為國民革命軍總司令。[3.60]自中山艦事件後，蔣、汪分裂，此時汪精衛在國外養病，張靜江代理國民黨中央主席。在張靜江的提議下於7月4日召開了國民黨臨時全體中央委員會議，討論北伐問題。會議由張靜江、蔣中正、譚延闓主席，包括褚民誼在內的在粵36位委員出席，議決發表國民革命軍出師宣言等事項。7月9日在廣州舉行國民革命軍誓師典禮，蔣介石宣誓就職，同時舉行黨的出師儀式。（《申報》1926，7，11）

褚民誼參加北伐前，曾因父病于7月中旬請假回浙江湖州南潯家中探視。其間，曾到同鄉張靜江家中訪

1926年7月參加北伐前褚民誼（右2）訪張靜江（前坐者）及其子女、妻子於湖州張宅。站者陳果夫（左1），陳立夫（右3）和葉楚傖（右4）[3.68]

第二章　投筆從戎，參加北伐　59

晤。昔日潯溪公學學友葉楚傖以及湖州陳其美之侄陳果夫和陳立夫等人在座，並與張靜江及其家人妻室張逸民和兒女等一起合影留念[3.68]（見前頁右下圖圖）。

在7月1日披露的國民革命軍總司令部組織系統中（見《申報》1926，7，7），軍醫處是總司令部直屬機關十四個處之一，處長為褚民誼或郭琦元[10]。當時，褚民誼雖然一再呈請辭去原有署理廣東大學校長兼籌備中山大學事宜之職，但因新任命的校長戴傳賢遲遲不來接替而被挽留。一直到廣東大學結束，新學期開始正式更名為中山大學後，他的辭職才於9月4日得到國民政府正式批准[3.60]。此後，他便全力以赴地投入國民革命軍總司令部軍醫處的工作中。

此時北伐軍已迅速北進，國民黨和國民政府的部分黨政軍領導人仍留守廣州。為明確前後方的分工，已出征在外的蔣總司令，曾於是年10月18日致電「廣州總司令部李（濟深）總參謀長勛鑒：密委褚民誼為本部軍醫處後方留守處長，希查照轉知為荷，中正，齊。」（「臺國史館」002-080200-00006-058-001）

在褚民誼的主持下，在後方廣州多次召開了國民革命軍總司令部軍醫聯席大會。1926年12月11日《廣州民國日報》上報導了第三次會議的情況，此時他奉派啟程北上未能親自主持。會上，首先由軍醫處醫務科各股，報告了業經上次會議議決，由本處擬辦各提案的實施情況，包括：統一軍醫編制與軍醫革新計劃案，出版軍醫月刊或旬刊案，各軍醫每星期應向士兵作衛生演講一次案，各衛生隊軍醫及各病院文書、軍士編制案，籌設軍醫學校案等。接著，由軍醫處材料科各股，報告軍醫處藥品採購計劃及其具體執行情況。最後，對國民革命軍衛生人員進級及任免條例草案，擬請派員往外國考察衛生事宜草案，陸軍衛生材料廠編制草案等項目進行了討論，決議原案修正通過。從上述會議內容可以從一個側面，反映出當時後方軍醫處的一些工作情況。

隨著北伐的節節勝利，戰爭迅速向北推進，褚民誼奉派於12月初第二批出發，經湖南到南昌，向武漢進發。（《申報》1926，12，12）據他在〈答辯書〉[1.62]中回憶，當時同行的有「孫夫人宋慶齡、宋子文、蔣作賓、陳群諸先生及蘇俄最高顧問鮑爾庭（鮑羅廷）等。」還發生了「途經江西過一大木橋時，橋塌，人馬俱墮河中」的險情，大難不死，記憶深刻。在北進過程中，他一路組織救死扶傷。繼吳佩孚和孫傳芳的主力被消滅，南昌、九江和武漢被攻

---

[10] 郭琦元畢業于日本千葉醫學院，東征時曾在軍中服務，後赴滬籌辦東南醫科大學。詳見第三篇第七章第四節「籌建醫院，惠濟大眾」。

克，北伐軍於1927年初攻佔杭州、南京和上海後，完全控制了長江中下游地區，北伐取得決定性的勝利。

值得提出的是，與此同時，共產黨在湘鄂贛地區，伺機不斷發起暴動，事態愈演愈烈。

在最終發展到國共分裂、國民黨實行清黨以前，褚民誼曾被秘密派往時仍在軍閥勢力控制下的北京執行任務。嗣後，他在北伐勝利，因公務重登故地，應邀於1929年9月30日，在河北省黨部第四次總理紀念週上致詞時，披露了上述那次秘密行動。該報告被連續補誌在《華北日報》（1929，10，2-4）上。講演開頭，他不無感慨地回溯道：

「兄弟自北伐告成後，此為第一次到北平。今日得出席貴會之紀念週，亦即為第一次，曷勝快慰。前在軍閥盤踞北平時，兄弟曾秘密到過此地。今日乘此機會，兄弟可以略為報告。記得國軍到南昌後，正是共黨猖獗時代，蔣介石同志命兄弟由贛來平。於十六年（1927年）二月初由贛動身，先到上海。當時因津浦路之不便，遂搭日本輪船到津，秘密來平。先到法國醫院晤李石曾先生，時為二月十七日，並帶來蔣主席致李先生的信件。信中主要事件，就是鮑羅廷之撤回的問題。因為鮑羅廷到漢口以後，更為跋扈異常，非設法請俄政府將其撤回不可。過滬晤吳稚暉先生，吳先生亦頗謂然，惟主慎重將事。到平後，告知李先生。彼亦以為辦理此事，頗為困難，必須籌一極完善辦法方免他慮。同時上海罷工風潮一日數起，解決鮑氏誠感困難。惟因事機急迫，遂與李先生改裝乘汽車秘密到津，二月底乘日本船到大連轉赴上海，三月二十日到南京，總計在平共住十餘日。因為在軍閥勢力範圍之內，所以各處均不得去，不料今日能到此地從容演講，實為榮幸之至。當兄弟第二次到滬時，曾奉到蔣主席命令囑到法國迎接汪精衛先生回國。兄弟比至西貢，即得到汪先生業已返國之訊，兄弟遂仍返滬，此從前來平之前後情形也。」

1927年4月18日國民政府奠都南京，舉行成立大會，推舉胡漢民為國民政府主席，蔣介石為國民革命軍總司令。接着國民黨寧、漢、滬三方於9月15日在南京召開聯席會議，議決成立國民黨中央特別委員會，改組國民政府和國民黨中央軍事委員會。此時，蔣介石已先於8月被迫下野。對於在南京成立國民政府的上述事件，褚民誼都積極參與其中。後頁兩張照片，上圖是4月18日在南京江蘇省議會舊址舉行國民政府成立典禮上的合影，前排就坐自右至左的是，胡漢民、伍朝樞、吳稚暉、鄧澤如、蕭佛成、蔣介石、褚民誼、王寵惠、

第二章　投筆從戎，參加北伐　61

1927年4月18日在南京舉行國民政府成立典禮上的合影。前排就坐右起：胡漢民、伍朝樞、吳稚暉、鄧澤如、蕭佛成、蔣介石、褚民誼、王寵惠、陳紹寬和蔡元培（《偉大的蔣主席》，1946年）

1927年9月寧漢滬合作後，國民政府委員與軍事委員會委員在南京閱兵台前就職時的合影。自左至右，前排有何應欽（4）、經亨頤（5）、張繼（6）、鄧澤如（7）、劉峙（8）、譚延闓（9）、居正（10）、伍朝樞（11）、朱培德（12）、楊樹莊（13）李烈鈞（14）等；後排有王法勤（1）、葉楚傖（2）、褚民誼（3）、李宗仁（4）、孫科（5）、蔡元培（6）、鄒魯（7）、王寵惠（8）、謝持（9）和朱霽青（10）等（《良友》畫報[2.9]No.19，1927，9，30）

陳紹寬和蔡元培，該照片刊登於《偉大的蔣主席》（鄧文儀主編，南京國防部新聞局，1946年）一書中。下圖是寧漢合作後於9月，國民政府委員與軍事委員會委員在南京紫金山側小營大操場閱兵台前就職的合影，圖中褚民誼位於二排左三。（《良友》[2.9]No.19，1927，9，30）

　　在北伐戰爭勝利進軍過程中，國民革命軍迅速發展壯大，由出發時的六個軍發展為四十餘個軍。蔣介石的嫡系國民革命軍第一軍是其中的主力部隊。它源自黃埔軍校創建初期的學生軍。在廣東第二次東征時擴大為第一軍，由蔣介石任軍長，何應欽任第一師師長，劉峙任第一團團長。北伐開始時蔣介石任總司令，第一軍先由參謀長何應欽接任，後由劉峙繼任。該軍從廣東出發，

1927年10月1日國民革命軍第一軍軍長劉峙就職典禮攝影。從右到左：郭壽祺、褚民誼、劉峙、張定璠、王國祖（［上海畫報］，1929）

分兵湘鄂贛和閩浙兩路進攻，最後會師寧滬，戰功卓著。1927年10月1日在上海舉行第一軍軍長劉峙就職典禮。會上褚民誼代表中央黨部，郭壽祺代表國民政府，張定璠代表軍事委員會，王國祖作為總指揮何應欽的代表先後致訓詞。儀式後劉峙偕褚民誼等人檢閱了部隊，並合影留念（見上圖）。該照片刊登於1929年的《上海畫報》。

《申報》於次日對此隆重典禮和各要人的訓話進行了詳細報導。褚民誼在講話中闡述了以黨義即三民主義治軍的思想，全文如下：

「兄弟今日代表中央黨部來說幾句話。我們曉得國民革命是一種武力，而且尤其是國民黨的武力。國民黨的武力，是屬於黨的，並非是個人的。這一種武力，是年來實現三民主義的根基。建國大綱解放中華民族，保障四萬萬民權，改良四萬萬民生。國民黨的使命，是要實現三民主義的。假若這一種武力，不屬於黨，而屬於個人的，不但於國民無好處，即個人亦不好。從歷史上看來，假如有一種武力不屬於黨而屬於個人的，他們一定失敗。從前的北洋軍閥便是這一種。自去年國民革命軍從廣東出發以來，大軍閥如吳佩孚、孫傳芳，均為我們打倒。他們之所以被打倒，便是他們的軍隊沒有黨的主義，他們沒有黨的主義來訓練軍隊，所以一遇有主義、有黨的主義訓練的軍隊，他們便瓦解了。所以要武力，必定要有黨的主義，然後才可為民眾謀幸福，為國家謀幸福。國民黨從前在同盟會時代，是沒有武力的。從前的武力，都是個人武力的集合，犧牲我們許多烈士，把滿清打倒；但是這一種革命，僅是民族革命的一部分。滿清雖是打倒，但是半殖民地下今日中國的外力，尚未打倒。國民革命不盡是要實現民族主義，同時也要顧到民生、民權。三民主義是整個

的，要實現三民主義，非有武力不可。孫總理二次失敗後，認為黨必有自己的武力，所以即在黃埔創辦軍官學校。即是覺得一般來歸的軍隊，均不知國民黨的主義與黨綱。要黨化軍隊，一定要造就一般明白黨義的人才。有這一般明白國民黨義的人才，才配真正國民革命。黃埔自第一期生至第七期生，在軍隊工作犧牲者甚多，就中尤以在第一軍工作及犧牲者為多。兩年前，國民革命軍僅有六軍，現在由六軍到四十餘軍，其中最能明白黨義的便是第一軍。第一軍的最初軍長，是前蔣總司令。其先皆為黃埔學生軍，以兩團之青年，戰勝頑強之陳逆，聲名不僅震動全國，抑且震動全球。自蔣辭職後，即由何總指揮擔任軍長，今日得到劉峙同志繼任。我們都知道劉軍長的一生，他的革命史，實在是最適當為第一軍軍長。在他就職的時候，我們感到這第一軍是為黨奮鬥的，為實現三民主義而奮鬥的，要是來解放民族、改良民生、保障民權的，這是一種黨的武力、黨的軍隊。第一軍有光榮的歷史，以後不盡是要繼續這光榮的歷史，並且還要不斷的為國民革命努力，為實現三民主義而努力。今天代表中央黨部說這些話，民誼個人當向劉軍長道喜！」

褚民誼對國民革命軍的主力、蔣介石的嫡系部隊所作的上述訓詞，著重強調了革命軍隊屬於黨，「假如有一種武力不屬於黨而屬於個人的，他們一定失敗」，其針對性和警示性的良苦用心顯而易見。

接着於10月3日舉行顧祝同就職第九軍軍長典禮。顧祝同（1893-1987）曾任黃埔軍校中校教官，在廣東二次東征中屢立戰功。北伐戰爭中一路凱旋，從福建打到江蘇，升為第三師長。在龍潭戰役中又一舉擊敗孫傳芳，晉升為第九軍軍長。褚民誼代表中央黨部、何應欽代表國民革命軍總指揮部，出席就職典禮並先後發表演講。如後頁上兩圖所示，《圖畫時報》[2.7]No.402（1927，10，16）上，對該禮的盛況，圖文並茂地進行了報導。

當時駐防上海的第26軍，是浙江省有歷史的軍隊。1926年在九江自動聯合北伐軍打倒孫傳芳後，又會同第一軍肅清江浙餘敵，並進而完成了底定淞滬的工作，戰功顯著。原軍長周鳳岐辭職照準後，由原副軍長陳焯代軍長，于10月8日連同新任參謀長和一、二師師長在上海舉行就職典禮。褚民誼繼續作為中央黨部代表致訓詞，他在表彰26軍戰功之餘，著重強調了遵守黨紀軍紀的重要性。其後，國民政府代表王伯群，軍事委員會代表張定璠和何應欽總指揮相繼作訓詞，予以訓勉。（《申報》1927，10，9）

如前所述，自1927年9月中旬寧、漢、滬三方由分而合，組成國民黨中央

第九軍軍長顧祝同（右）就職時與何應欽（中）和褚民誼（右）合影　　褚民誼（x）與何應欽（o）在顧祝同就職典禮主席台上，先後發表演講

特別委員會以來，軍隊和地方政府相繼做出新的任命。在此期間，如上所述，褚民誼時任中央黨部秘書長，頻繁奉命代表中央黨部出席受職典禮，進行監誓和訓話[11]。下面引用「臺黨史館」館藏的相關報告，以誌當年的情況。

一份是褚民誼參加劉、顧兩軍長就職典禮後，於10月4日呈中央特別委員會常務委員會的報告（漢15647），謂：

「國民革命軍第一軍劉軍長峙於本月一日上午十時在上海特別市政府前行受職宣誓典禮，國民革命軍第九軍顧軍長祝同於本月三日上午十一時在常州公共體育場行受職宣誓典禮，民誼謹代表中央黨部出席監視劉、顧二軍長之宣誓，並致訓詞，其大意：國民革命軍是黨的武力，要遵照總理建國大綱，奉行三民主義，服從黨紀與軍紀，本親愛精誠，使黨的武力與人民結合，為人民除暴，使黨的武力為人民的武力。」

另一份是褚民誼先後監誓26軍長和浙江省府委員就職後，向中央特別委員會的復命報告（漢15647），謂：

「本月八日上午十一時，國民革命軍第二十六軍副軍長兼代理軍長陳焯同志在上海閘北止固路軍部受職並宣誓。雙十節正午浙江省政府委員（除朱家驊、馬寅初、陳其采三委員未到外，其餘何應欽等七委員均到），在杭州省政府大禮堂受職並宣誓。本委員受中央特別委員會常務委員會托，均出席代表中

---

[11] 褚民誼其時出任中央黨部秘書長的詳情見後節。

第二章　投筆從戎，參加北伐　65

央黨部監誓及訓詞。」

還有一份是，時任第十三軍軍長和淞滬衛戍司令部參謀長的張定璠，受職兼任上海特別市市長，10月30日中央特別委員會致函時在上海的褚民誼，委其代表中央出席其任職典禮（漢4310.2）。函稿謂：「上海法租界馬斯南路98號褚民誼先生鑒，上海市長張定璠等於11月1日補行宣誓，本會推執事前往監視訓話，請查照」執行。如此等等。

隨着革命形勢的發展，1928年12月29日張學良宣佈「東北易幟」，國民政府至此基本上實現了全國的統一。當時散佈各地的軍隊百余萬，軍費開支龐大，為了整頓和裁減軍隊，遵照二屆五中全會的決議，國民政府於1929年1月10日向全國發出通電，宣告成立國軍編遣委員會。[3.60]在隨後發佈的國軍編遣委員會進行程式大綱中規定，「由國民政府即發明令，將國民革命軍總司令、各集團軍總司令、海軍總司令、各總指揮及其他高級戰時編制立予取銷。取消後即設編遣區，各編遣區辦事處承編遣委員會之命，於編遣尚未完畢以前，負責交代辦理一切。其各部隊原有官長照舊供職，聽候編遣完畢，由本會呈請國民政府從新任命。」該項任務的目標是通過裁編、遣置、點驗、校閱，縮編全國現有之陸軍編制（達到兵額共計約八十萬人，空軍、海軍另定），經常軍費縮減至全國總收入的百分之四十，各編遣區及中央直轄部隊其編留之部隊至多不得過十一個師。（[3.60]1929，1，25）

這是一個雄心勃勃的全國性計劃，主要依靠分設在各地的編遣區辦事處加以實施。除中央直屬各部隊及海軍編遣辦事處以外，在全國成立第一到第六編遣區辦事處，分別專管編遣原隸屬第一、二、三、四集團、東三省及川康滇黔之各部隊。這六個區的辦事處分設在南京、開封、北平、漢口和瀋陽（第六區待定）。編遣辦事處設委員十一人，主任委員和副主任委員各一人，由原該區總司令部或總指揮部中之高級軍官任命之；委員九人，由中央黨部、國民政府及各編遣區各派一人及各該本區派二人呈請任命之，委員級別為中（少）將。（見2月6日發佈的編遣區辦事處組織大綱[3.60]）

國民政府從2月27日開始，陸續對各編遣區辦事處的人員進行了任命[3.60]。據《申報》（1929，3，6）報導，在3月5日第六次編遣會常會上確定了中央黨部指定的和國民政府委派的各區代表。褚民誼被指定為第四編遣區辦事處的黨代表。國民政府3月11日對各區的委員發佈了正式委任令。[3.60]第四編遣區辦事處的主任和副主任分別是白崇禧和胡宗鐸。

這個統一軍權和裁軍的重大舉措，觸及地方的根本利益，激化了原已存在的地方和中央之間的矛盾。李宗仁、李濟深、白崇禧等人首先發難，在湖南發動兵變，受到中央軍的討伐。負責該地區編遣事宜的第四編遣區辦事處，由於無法開展工作，於4月1日奉國民政府令撤銷。[3.60]8月13日中央第31次常會，照准褚民誼提出「以滬上事務繁多未能擺脫，請准辭去第四編遣區委員一職」的辭呈。（「臺黨史館」會3.3/50.34）

　　最初在廣州創立的黃埔軍官學校，為國民革命培養了大批軍事人才，隨着北伐戰爭的進展，在各地紛紛設立分部，名稱上也多有變更。1927年國民政府定都南京後，在南京籌設中央陸軍軍官學校，作為軍校的本部，蔣介石任校長，于1928年3月6日舉行開學典禮。1931年12月該校國民黨特別黨部召開第三次黨員大會，到會正式黨員1340人，票選出候圈第三屆執監委員。由於「一二八」淞滬戰事爆發，中央遷至洛陽，延期數月至1932年4月底以後才相繼圈定執行委員和監察委員名單，其中張治中被任命為監察委員。全體新任委員于6月14日前往中央舉行宣誓典禮，國民黨中央派中央監察委員褚民誼監誓，並于同日謁總理陵寢，表示忠於主義不忘遺訓。1936年由林森主編的《中央陸軍軍官學校校史》[3.39]一書，詳實地總結和記載了該校的歷史，內中登載了褚民誼參與上述活動的情況和照片（見下圖）。

　　北伐勝利，奠都南京，國家統一，是國民革命的一個重大轉捩點。正值1936年7月9日，國民革命軍在廣州誓師北伐十週年之際，國民黨中央和國民政

1932年6月14日南京中央陸軍軍官學校第三屆黨部執監委在中央宣誓攝影紀念。褚民誼（前中）代表中央監誓，其右是監委張治中[3.39]

第二章　投筆從戎，參加北伐　67

府在南京合併舉行國民革命誓師十周年紀念盛大典禮和閱兵；同時國民政府明令頒發「國民革命軍誓師十周年紀念勳章」，獎勵1926年廣州誓師以後，迄至1928年統一完成期間，革命過程中師長以上及中將軍銜以上幕僚之有功人員，並于該日起分批公佈受勳人員名單。12月25日國民政府令「吳鐵城、褚民誼各給予國民革命軍誓師十周年紀念勳章。」[3.60]

第二節　斡旋統一，謀劃訓政

在北伐勝利進軍聲中，國民革命陣營內部出現了分裂，不但共產黨與國民黨分道揚鑣；國民黨內部也分成若干派系。1926年國民黨第二次全國代表大會後，由於「容共」和「去共」的政見相左，一部分人（西山會議派）在上海另組黨部。1927年4月在南京成立國民政府後，寧漢兩方則因清黨意見不合，又成對峙局面。一時間形成了以寧、漢、滬為代表的三足之勢，致使長足進展的國民革命受阻停頓。褚民誼身在南京中樞，為促進國民黨內的團結統一，積極奔走，多方協調。

1926年北伐開始時，汪精衛在國外養病，蔣介石主軍事帶兵出征，政務則由張靜江出任中央常務委員會主席暫行維持。隨著革命形勢迅猛發展，黨內呼籲汪精衛回國復職之聲日熾。在國民革命軍下武漢、取江西的大好形勢下，10月15-21日在廣州召開了國民黨中央執行委員會全體委員及各省黨部各特別區黨部代表聯席會議，討論應付時局、發展黨務等各項重要問題。有陳樹人、張人傑、戴傳賢、何香凝、惲代英、經亨頤、徐謙、譚延闓、孫科、黃實、陳果夫、鄧穎超、毛澤東、褚民誼、葉楚傖等中央委員近三十人，以及各省區代表四十餘人出席。蔣中正由前方來電，聲明因軍事重要不能返粵蒞會，大會一切決案，惟知服從與遵守。《申報》先後於10月23、27和29日詳細報道了該次會議的情況。其中由二十餘黨部聯名提議並根據蔣介石促汪返粵視事電而提出的「請汪精衛銷假案」，是會議討論的一項重要議題。「結果一致請汪銷假，並決定辦法四項：（一）派代表四人敦請汪回粵，（二）致電汪，（三）致電慰勞蔣中正，（四）通告各級黨部全體黨員，推定何香凝、彭澤民、張曙時、簡琴石四人為聯席會議迎汪代表。」繼而經何香凝動議，以汪在海外，原定四代表不識外國文字，乃決定加派褚民誼，共計五人為迎汪代表。

嗣後不久，國民政府和國民黨中央從廣州遷移至武漢，國民革命軍進一

步佔領了江浙一帶。鑒于汪精衛尚未歸國，張靜江於1927年3月十分懇切地致函請他回國主政（見《張靜江、張石銘家族》[3.79]一書），謂「我本廢人，暫時問政……真所謂弄斧班門，太不自量……，因此隨介石兄於前數日共民誼兄飛渡海西，泣求兄姐早歸。弟不及兄姐之至，已即日拔出政潮，完我殘息……。」他修此書，按照國民黨中央的決定，派褚民誼代表自己和蔣介石，專程去法國迎請汪精衛和陳璧君回國（即上信中「隨介石兄於前數日共民誼兄飛渡海西，泣求兄姐早歸」之意）。在當時動盪的政局下，褚民誼此行往返，曾險遭不測。據他在〈答辯書〉[1.62]中的回憶，「本人正奉派赴法，迎汪先生返國。船到西貢，接滬電謂汪先生已抵滬，即換船東返，一抵滬，疑本人為共產黨即送法捕房。幸本人諳法語而又于離滬時帶有法總領事之證明書為護照，故不及於難。」

3月底，他回到上海，汪精衛則回國抵滬後去了漢口。褚民誼又寫道，「4月18日南京政府成立，於是寧漢破裂，我到漢口去拉攏，沒有擔負政府工作。」1927年4月上海清黨後，成立了中央政治會議上海臨時分會。褚民誼自漢返滬後，於4月23日第六次委員會上，被增補為委員。（《申報》1927，4，24）他積極參與活動，並曾多次擔任主席主持會議（詳情見當時《申報》上的頻繁報

1927年9月在德和輪上歡迎伍梯雲（右立1）由寧派往九江商洽合作事畢後回滬。前坐者褚民誼和鄭毓秀（女），後立者有吳鐵城（右3）和漢口法國領事（右4）（褚民誼攝，《國聞週報》第3卷，第37期，1927，9，25）

1927年9月10日寧漢部分要員會晤後的合影。自右至左：褚民誼、曾仲鳴、蔡元培、朱培德、李宗仁和汪精衛（褚民誼攝，《國聞週報》第3卷，第37期，1927，9，25）

第二章　投筆從戎，參加北伐　69

道）。是年7月以後，國民黨內各派對「清黨」的政見趨於一致，重新走向統一。《國聞週報》第3卷、第37期（1927，9，25）上，刊登了有關褚民誼積極參與斡旋活動促進聯合的報導。前頁選登的兩張照片：其一見右上圖，是1927年9月伍梯雲（朝樞）由寧派往九江商洽合作事畢後，乘德和輪回滬，褚民誼與其他要員登船迎接時，在船上的合影；另一見右下圖，是同年9月10日寧漢部分要人會晤後的合影，出席者有褚民誼、蔡元培、朱培德、李宗仁、汪精衛和曾仲鳴。原圖片上標注，此照片由「褚民誼君攝贈本報駐滬記者」[12]。

1927年9月15日寧、漢、滬三方代表在南京舉行聯席會議，議決成立國民黨中央特別委員會，改組國民政府和國民黨中央軍事委員會。會前汪精衛曾於13日向中央發出下野通電，表明國黨破碎之局已歸完整，而本人因對共黨防止過遲，而致成此變，亟宜引退，聽候處分。他同時在另一封致各同志的通電中進一步稱，「此次寧漢同志合作，係根據於南京同志八月八日之來電，及武漢同志八月十日之覆電。南京同志自承，魯莽從事，過舉極多；武漢同志自承對於共賊防制過遲，至深內疚。兩方同志間，各本責己恕人之精神，以謀張皇補苴之方法。其惟一目的，在使破碎之局，歸於完整。兆銘前此雖負疚而不引退，即期與諸同志一致努力達此目的。至於今日，兆銘認為引退之時機已至，除已呈請中央聽候處分外，謹此奉聞。」（《時事新報》1927，9，15）後頁上圖是寧漢滬聯合後，當時集合在南京的國民黨要員的合影，褚民誼坐於前排右端，刊登在《良友》畫報 [2.9] No.19上。在嗣後19日舉行的特委會第三次大會上議決，推定特委會常務委員，汪精衛、蔡元培、謝持，秘書長葉楚傖；並推定中央黨部各部（組織、宣傳、工人、農民、商民、青年、婦女和海外部）委員。其中，褚民誼、吳鐵城、孫科、林煥庭和宋子文任商民部委員。（《申報》1927，9，20）

爭取商民的支持，積極籌集款項，是當時國民革命之急需。9月25日上海總商會、聯商會、閘北商會、商業聯合會、商民協會、各馬路商業聯合會等六團體，在天后宮橋聯商會開茶話會歡迎國民政府及中央黨部在滬各要人。會議主席在歡迎辭中說道，此次杯茗邀請，一方面慶祝政府統一之成功；一方面亦欲以表示民眾此後之希望。為了支持政府廓清軍閥殘餘，依照總理所定政策謀積極之建設，自定都金陵以來，民眾以東南之財力為政府之後盾，每月擔負軍

---

[12] 在上述兩張圖片的原說明中，均將褚民誼誤寫為「褚明誼」。

1927年9月寧漢滬聯合後黨政軍要員的合影。右起前排：褚民誼、何應欽、伍朝樞、朱培德、許崇智、楊樹莊、張靜江、譚延闓、鄧澤如、居正、孫科、顧孟餘、葉楚傖；後排：朱霽青、李石曾、白崇禧、程潛、李宗仁、蔡元培、李烈鈞、鄒魯、經亨頤、張繼、汪精衛和于右任[2.9]No.19（1927，9，30）

政各費，至千數百萬之巨，冀望政府統一後能盡快實現民眾強國建設之希望。中央伍朝樞、孫科、張定璠、褚民誼、吳鐵城、繆斌等人到會並相繼演說。褚民誼的講話大意，自滬寧漢合作後，黨部內有商民部之組織，「其旨為希望商民對於國民革命有深切之援助，亦即是農工商兵學大聯合革命之意。吾國商民革命，在聯合全民，本不是一階級之革命……」等云云。（《申報》1927，9，26）

中央商人部在褚民誼的主持下，經過一段時間的籌備，於10月14日召開第一次部務會議，《申報》在17日對此詳加報導，謂中央黨部商人部委員「前經會議，公推褚民誼為該部主任，在寧常川辦公，又推吳鐵城在滬設立本部駐滬辦公處[13]。褚氏自被選為主任後，每日到部辦事，業將該部組織就緒，十四日上午該部職員開第一次部務會議，出席職員共十六人。」主席褚民誼在報告本部成立經過情形時略謂：

「查本黨自民國十三年改組以後，鑒於商民運動之需要，增加民眾革命的力量起見，乃設商民部。」後因政見之不同，黨內一度出現分裂。現在寧滬漢實現合作，「成立中央特別委員會，以為全國之中樞，共謀國民革命之成功。「本部因前南京中央黨部並未設立商民一部，故今番乃合滬漢兩方，加以組織而成。且此次中央特委會一致主張商民部農民部統改為商人部農人部，與工人部一致。蓋本黨是主張全民革命，並無階級的分限。現在我們繼續總理的遺志，為解除我全民族的痛苦起見，故須全國民眾一致起來，努力革命。共產黨

---

[13] 後因上海市黨部內設有商人部而取消。

是主張階級鬥爭的，以工人為主，其他階級不過是輔助。故在黨部的組織，工稱工人部，商稱商民部，農稱農民部；工有工會，農商稱協會，有這種區別，於全民革命中謀全民利益是有窒礙的。所以中央特別委員會要糾正從前的錯誤，所有商民部農民部統稱為商人部農人部，就是商民協會農民協會的名稱及其組織，將來亦必設法修正，以冀各階級同站在一條革命的戰線上。」

褚民誼在這裡再次強調了「農工商兵學大聯合革命」的主張，作為開展工作的指導思想。

商人部的內部組織，主任褚民誼，委員孫科、吳鐵城、林煥庭、宋子文，秘書鄭文禮；下設總務科、文書股、收發、保管兼監印、會計股、庶務股、宣傳科、編制股、徵集股、發行股、指導科、統計股、調查股、交際股、組織股、書記等職務和部門。會議討論並指定相關部門分別擬定本部辦事細則，部務會議及科務會議細則和商民運動詳細計畫；要求從速徵集稿件編輯發行本部週刊，以資宣傳；並規定每星期六上午九時開部務會議。討論畢，褚主任復謂：

「歐美科學進步，中國現在處於次殖民地的地位，中國民眾若不團結起來，決不能與歐美各國並駕齊驅。復告誡部內全體同志，振奮精神，為黨努力，早起早眠，注意衛生，尤重勤儉二義，戒除一切嗜好，糾正一切不良習慣，養成一個健全的國民黨黨員云。」

為了準備北伐勝利結束後，按建國大綱的要求，及時從「軍政」時期，轉入「訓政」時期，10月17日中央特委會第六次會議議決，推鄒魯、褚民誼、傅汝霖先行擬具訓政實施方案委員會組織大綱，然後發表名單。接著，中央特委會於10月24日第九次會議上修正通過了「訓政實施方案委員會組織大綱」。《申報》於27日披露了該組織大綱的內容：「第一條、本委員會根據建國大綱，以科學方法，擬定訓政時期應行次第實施之各種政治方案及時期；第二條、本委員會委員，由中央特別委員會指定；第三條、本委員會分下列各組，由委員分組規劃各方案，（一）法制組、（二）土地組、（三）戶口組、（四）農林組、（五）礦冶組、（六）工程組、（七）衛生組、（八）教育組、（九）訓練組、（十）警衛組、（十一）行政組，此條分組按照建國大綱訓政內容而定；第四條、本委會委員得就其分組之職務，約集專門學者研究，以收集思廣益之效；第五條、本委員會設常務委員五人，處理會中事務，由中央特別委員會指定之；第六條、本委員會所決之方案，由中央特別委員會核定後，交國民政府舉辦之；第七條、本組織大綱，由中央特別委員會通過後實行

之。」被指定的二十九位委員，在上述十一個組內的分組名單，則公佈在此前一日的《民國日報》上。其中在法制組的鄒魯、周覽、程天固，在土地組的桂崇基和在衛生組的褚民誼被指定為常務委員。

中央特別委員會是在當時緊迫的特殊情況下成立的臨時性的中樞機構，為了進一步實現黨內的團結統一，及時召開國民黨二屆四中全會便提上了議事日程。為此，黨內各方要員，包括汪精衛、李濟深、何香凝等粵方要人，于11月先後齊集上海，頻繁接觸，或個別訪晤，或邀集非正式的談話會，熱議即將提交四中全會討論的議題。在12月3日舉行的第一次四中全會預備會上，到會中央執監委員包括蔣介石、汪精衛、譚延闓、蔡元培、張靜江、吳稚暉、褚民誼等33人，推定蔡元培為主席，邵力子記錄。為了填補中央委員的缺額，當即通過由褚民誼、何應欽、繆斌等十名候補委員予以遞補，並公推褚民誼負責組織秘書處（褚民誼和邵力子分任正副職）。鑒於出席會議的正式委員人數超過了二分之一的法定人數，會議通過了褚民誼的提議，將原來本次談話會改定為第一次四中全會預備會。會上對11月22日在南京發生槍擊集會群眾的慘案，討伐廣東張發奎、黃琪翔兵變及其引起的時局動盪，以及中央特別委員會的存廢等問題進行了熱烈討論。（《申報》1927，12，4）

嗣後，曾再舉行過兩次預備會，由於對許多重要的黨政問題分歧嚴重，未能達成一致。12月17日汪精衛引退，離滬赴歐，四中全會由蔣介石負責籌備召集。會議地點確定在南京後，秘書處即先行於31日由滬遷寧，會場定在丁家橋中央黨部。1928年1月4日，蔣介石偕國民政府主席譚延闓由滬抵寧復總司令職，並於次日通電全體中央執監委員赴寧開會。

正當緊鑼密鼓地籌備四中全會的時候，1月7日在中央黨部常務委員會臨時會議上，中央監察委員會根據對廣東動亂事件的調查，提出彈劾粵方委員案，函稱「汪兆銘、陳公博、顧孟余、甘乃光四名，或身為主席，或久任常務，尚不知審慎，致跡近釀變，情節較重，應停止出席，留請第三次全國代表大會處分；何香凝、陳樹人、王法勤、王樂平、潘雲超五委員，既系無心隨從，又祗言詞激烈，情節較輕，亦請議決交第四次中央全體會議，倘無懲處之必要，可即聽其照常行使職權。」（《申報》1928，1，8）

此案一出，激起波瀾，並直接影響到出席會議的法定人數，多數委員認為應團結多數，並按黨章黨綱審慎處理，全會必須有粵方代表參加。蔣介石對此十分重視，先派邵力子赴滬催請何香凝等粵方代表來南京參加會議未果；遂又

派宋子文、褚民誼攜蔣函再度赴滬促駕。到滬後新任財政部長宋子文主要忙於公務，由褚民誼分別面晤在滬未決定赴寧出席會議的十餘名中央委員。經過解釋後，何香凝等五位粵方委員于11日晚與褚民誼同車赴寧，使到寧的中央執監委員達到28人，明顯地超過法定人數。（《申報》1928，1，11-13）經過一段時期的醞釀和提案準備，國民黨二屆四中全會終於1928年2月2日在南京順利開幕。下圖是開幕典禮時全體與會中央執行委員的合影[3.68]。

本次大會最重大的任務是解決黨內糾紛，改組黨和政府的組織。褚民誼在2月3日的大會上提出〈改定中央黨部組織標準案〉[1.6]，主張廢除階級、職業、性別之區分，按照人的全面發展，以德、智、體、美、群五育分設部門。《申報》於1928年2月4日，對該案詳予披露。

提案首先分析了過去中央黨部組織標準的弊端，除在理論上助長階級鬥爭觀念的傳播以外，在實行上亦極易引起糾紛。他以切身的經驗談到：

「年來勞資問題，風起雲湧，各地黨部依照中央黨部之組織，亦分為農工商各部，故每一勞資問題發生，勞方資方各自活動。勞方以工人部為後援，資方以商人部為後援。往往同一黨部，而工商兩部意見橫生，儼同敵國，

各地如此，中央亦在所難免。長此以往，中央威信行將掃地以盡。此外，中央黨部與行政機關，亦因組織關係，往往糾葛橫生，如商人部之與財政部，青年部之於大學院，即其例證。」

究應如何改革，他提出：「中央黨部為本黨最高領導機關，在以黨治國時期，亦即全國最高領導機關，所負責任，至為重大。竊以我國文化，開發最

1928年2月2日中國國民黨中央執行委員會二屆四次全體會議在南京開幕合影。自右至左，前排：張靜江、蔣介石、譚延闓、于右任、王法勤、柏文蔚、朱培德、朱霽青、何應欽；中排：褚民誼、李石曾、蔡元培、鄧澤如、白雲梯、李烈鈞、經亨頤、陳樹人、丁惟汾、陳果夫、邵力子、繆斌；後排：李宗仁、宋子文、潘雲超、丁超五、何香凝、王樂平、郭春濤、陳肇英、黃實[3.68]

早，在海禁未開以前，國人恒以先進國自居。海禁既開，強弱見絀，向之自視天下惟中國莫強焉者，至是乃備受侮辱。一方面既有種種不平等條約之束縛；一方面亦實因產業落後，文化停滯，次殖民地之地位，遂在此種情狀之下，愈陷愈深，牢不可拔。」中國之弱，於不平等條約以外，因循萎靡，實居大半。「本黨領導全國，職責所在，急應喚起國人，群知自責，父兄子弟各相奮勉，知中國之弱，在我之不能自振，欲圖自振，則人人皆須努力。人人自能培其德性，壯其體膚，增其智慧，然後互相團結，求美滿之環境，為共同之奮鬥，富強之效，於此可見，而國民革命之目的，始可達到。本黨既負全國領導之責，為達到此項目的起見，故中央黨部之組織，愚意除組織、宣傳、海外部仍維現狀外，其餘農、工、商、青年、婦女各部，即應悉予廢除，改設德育、智育、體育、群育、美育五部，訓練民眾，必使心身健全，國無莠民，而前此以階級、職業、性別分部之弊，亦即自然取消矣。五部設立之理由，分述如下：

　　人類生存，必有其生存之意義，及生存之目的。自達爾文天演競爭優勝劣敗之說出，而人類生存乃陷於惟知有己不知有人之慘境，爭奪殘殺，習成自然，其結果乃有歐洲最近之大戰，流血萬里，伏屍千萬，雖克魯包特金之互助學說，亦猝難矯其流弊。歐戰既終，世人始悉徒知競爭之為害，竟至如此。且優勝劣敗，充其所及，世界上勢惟有一最優者存在。換言之，只能許一人存在。而若干萬萬劣敗之人，盡為犧牲，殘酷痛苦，寧堪設想，是以克氏互助之說，始以大盛，翻譯重版，多至數十次以上。竊念生存之義，本為萬物並育而不相害，並非只知有己不知有人，利己損人，始能自有。欲明此義，即應以互助共存之說，養之國人；並應以科學方法、科學規範，改善國人之生活。舉凡衣食住行，不但使其充足，並須使其美滿。古人所謂己所不欲勿施於人，及己欲立而立人，即系包舉上列意義而言。故採用互助精神，以端國人生存之趨向，使國人瞭解生存之意義與目的，而建立一新道德，實為必要。當此潮流激蕩，思想龐雜……之時，此種新道德之建設，尤為克不容緩，急宜特設專部，主持領導。就民生方面言，此德育部所以有設立之必要也。

　　世界進化，由野蠻而趨文明，區別所在，要為知識。知識未開之民族，其政治必須專制。及知識日進，而專制政體始逐漸動搖，及至現代，帝王之制幾不復存。我國推翻專制，行將廿稔，而政治社會，尚日在飄搖震撼之中。西人之論我國事者，每以人民知識未達民主程度為言，此雖跡近誣衊，然欲求政治社會之安定，則增進人民知識，實為當務之急。且先總理建國大綱，在憲政完

成時期,全國大政還之國民,若國民無充分之知識,將何以負此重任。今當訓政開始,即應於此點特加注意。不僅本黨黨義政綱,須使國民有充分之瞭解與認識,舉凡國民對於國家之責任與權利,在全民政治之下,國民應有之知識,亦悉應盡量貫輸,徹底明悉。論者或將以此種責任應由大學院負擔為言,不知大學院之性質,系永久的為國家培植人才,立百年樹人之大計;而此種訓練,則為由訓政以達憲政之特別教育,其時間較短促,其需要至迫切,故非特立專部,不足收訓政之特效。就民權方面言,此智育部所以有設立之必要也。

中國民族,近百年來,不僅精神不振,而體質衰弱,尤為致命之傷。竊以國民體質,若不能使其日就強壯,則雖日以種種革命學說鼓吹貫輸,其成效亦極微薄。且鍛練體質,不特為現今國民謀健全,全民族之存亡強弱,實共系之。故凡改良人種,獎進生育,提倡競賽,注重衛生,悉應有專部主管指導。此就民族方面言,此體育部所以有設立之必要也。

智育、德育、體育,即古人智仁勇之義。惟在此新時代之下,僅此三育,在個人固已完美,而自社會全體言,尚不足盡健全之效。竊以為於此三育之外,尚應有群育、美育兩部。請先言群育之必要。蓋遺世獨立,在此世界進化之時,已決不可能。而集合群眾,努力於國民革命,尤為本黨重要方略之所在。惟集群眾,必有其訓練指導之方,否則烏合之眾,何足以外抗強虜,內清軍閥。年來群眾運動,因共產黨操縱利用,弊害百出,故最近各處頗有暫停群眾運動之傾向,而改善糾正,刻不容緩。竊念凡關於群眾運動,宜特設一群育部,為其主管,導民眾於群化,示運動之方針,此群育部之所以有設立之必要也。

人生勞苦,不問朝夕,其精神上所持以慰藉者為何物,此至切要之問題也。蓋人類進化,外境之壓迫,與內心之安適,實互相依倚,不能偏廢。有壓迫始可以促進人類之奮鬥;有安適始可以開發人類之智慧。而安適一項,尤為文明進化之原,一切發明所由出。生物學家所以謂一切發明多出於人類閑昀遊戲者,良有以也。若徒事工作,毫無慰藉,不特無以促文化之發展,抑且感覺煩悶,而有生不如死之恨。但此種慰藉,若不端其趨向,則放僻邪侈,勢將流於墮落。在昔人智未開,神道設教,威嚇引誘,雖有成效,而推行既久,流弊百出。自今觀之,宗教之動機,雖在予人以精神之慰藉,減除物質之痛苦,而求效過速,只知愚民,此在現今人智大開之時,當然不能繼續沿用。昔蔡委員元培首創以美學代宗教,偉論名言,實為創見。竊以為精神慰藉之方,舍此實

無他途。考美之範圍，所包至廣，凡眼耳鼻舌身皆應以美的表現，使其滿足。廣建美術館博物院，及一切美的建築，此視官之美的滿足也；設音樂院，提倡音樂歌唱，廣建劇場，改良戲劇，此聽官之美的滿足也；改良市政，修除道路，廣種花木，排除惡穢，使吾人日生活於芬芳清潔之中，此嗅官之美的滿足也；飲食適宜，烹調合法，無不潔之物，得攝身之要，此味官之美的滿足也；衣服裝飾，起居沐浴，整齊雅道，溫涼得宜，此觸官之美的滿足也。凡此五官，皆能美化，則精神愉快，自不待言。消極的既足以調和工作之煩悶；積極的即可出其煦豫，為科學藝術之發明。此美育一部，所以繼德智體群四部之後，而亦有特設之必要也。五部設立之理由，既如上述，所有改變中央黨部組織之標準，廢除農、工、商、青年、婦女五部，改設德育、智育、體育、群育、美育五部之處，是否有當，敬候公決。」

　　褚民誼的這個提案，着眼於提高民眾的素質，體現了他所秉持的一切皆基於民的革命理念；並在這裡，首次闡發了德、智、體、美、群五育全面發展的教育思想（關於他的教育思想，詳見本篇第九章「從教育人，孜孜不倦」）。

　　改革黨的組織是本次會議的一個熱點問題，蔣介石、陳果夫等委員也提出了各種關於黨務的提案。廢除現行黨部的分類，是大家的共識。蔣介石提出了代之以組織、宣傳與訓練三個部的議案，獲得了通過。其中的訓練部，若能正確地理解和執行，可將褚民誼提出的五育內容包括進來。如是，則黨在訓政時期負起帶領民眾全面發展的任務將可得以實現。

第三節　湖社潯社，同鄉共濟

　　褚民誼一貫注重發揮同鄉會的積極作用。湖州作為清末民初江浙的商貿重鎮，從這裏曾走出許多富商和能人志士，遍及國內外，對我國當時的政治、經濟、文化發展產生重要影響。據1924年6月4日《民國日報》和《時事新報》上報道，「旅滬湖人發起組織之『湖社』，日前已開成立大會，通過會章，選出委員二十一人。聞定七日下午四時，在辣斐德路臨時通信處，開第一次委員會，互選理事、討論社務……又聞該社社員，並不限於旅滬同鄉，凡屬湖人，贊助該社旨趣者均所歡迎云。」該社的簡章中規定，「本社為謀湖屬六邑及旅外同鄉事業之發展，組織成立。其旨趣列舉如下：主持正義、研究建設事業、促進地方自治、扶助民眾教育。」以「調查、研究、演講、出版、實施」為其

進行之方法。「凡湖屬六邑同鄉，不論男女，贊成本社旨趣，志願協助社務，由社員二人以上介紹，並經理事會通過者，均得為社員。」

如本篇前述章節中所述，褚民誼闊別故鄉二十年後，於1924年底學成回國，首先在國民革命發源地廣州定居任職，嗣後於1927年隨北伐勝利進軍到達上海。設在上海的「湖社」此時也隨着革命形勢而迅速發展壯大，褚氏於是年初抵滬後即加入該社。右圖所示，是該社於1927年4月編輯出版的《湖社社員名錄》[3.13][14]，褚民誼的名字見諸於該書第46頁右側之登錄第451號，其上注明，入社介紹人為「楊譜笙、鈕師愈」，祖籍「湖州南潯南柵楚芳橋」，當時因甫到上海尚未定居，其地址仍填報為原「廣州盤福路西華二巷四二號」。

1927年4月出版的《湖社社員名錄》中登錄有褚民誼（第451號）的冊頁 [3.13]

嗣後不久，「湖社」於1927年5月15日借上海務本女學校開社員大會，《申報》和《民國日報》於18日報道，「到會社員一百數十人，來賓百餘人，並有警廳贈送之軍樂。委員會主任委員陳君藹士（其采）主席、書記委員周君由廑記錄。」會上選舉第四屆委員，「當選者二十一人，陳果夫、陳藹士、潘公展、湯濟滄、沈田莘、楊譜笙、周由廑、周越然、錢新之、李伯勤、湯充士、王一亭、鈕師愈、張廷灝、嚴潯宣、沈譜琴、張靜江、周佩箴、沈延祥、張旭人、沈階升，次多數有淩頌如、褚民誼、周君常、陳立夫、戴季陶、唐伯耆、張君謀、陸子冬等二十一人。」緊接着，該社又於是月19日下午，召開第三、四屆委員會聯席會議，臨時主席楊譜笙，書記鈕師愈。會議同意湯濟滄等三位新委員辭職暫時休養，並由「大會次多數淩頌如、褚民誼、周君常遞補。嗣續開第四屆第一次委員會議。議決各委員在總務、經濟、宣傳、建設、教育和調查六部之分工。褚民誼與楊譜笙、鈕師愈、嚴潯宣、周由廑共負教育部之責。（《申報》1927，5，21）

---

[14] 該書現藏上海圖書館。

右兩圖是褚民誼重歸南潯故里時所攝的照片，先後發表在1927年出版的《圖畫時報》[2.7]No.371（1927，6，26）和No.372（1927，6，29）上。第一張的題銘是「南潯之江浙分水墩」。墩上築有高三層的文昌閣古蹟，是大運河上人們渡舟游玩的一處勝景。該墩位於浙江和江蘇兩省交界，由水道從南潯進入京杭大運河的交匯處，大批商船過此通往嘉興、蘇州、上海等地，見證了南潯走向國內外的那段繁榮歷史。另一張的題銘是「張園（張靜江住宅的後花園）」。言「後花園」者，通常藏於家宅大院之深處，不為一般外客所涉足。尊同鄉張靜江為「世叔大人」，並以乳名「世侄慶生」自稱的褚民誼[15]，平素是張家的坐上客，出入該園當在意中。褚氏歸國後故地重訪，有感而發，按下快門，公之於眾。除分享其美景外，更顯張、褚兩家的親密關係。

南潯之江浙分水墩，褚民誼攝[2.7]No.371（1927，6，26）

張園（張靜江住宅的後花園），褚民誼攝[2.7]No.372（1927，6，29）

正如第二篇第五章「力促華絲，重振旗鼓」中所述，他在反對帝國主義經濟侵略，大力提倡國貨的同時，十分牽挂國產絲綢業，特別是湖州絲綢業的興衰。1928年11-12月在上海首次召開規模宏大的「中華國貨展覽會」，褚民誼予以積極支持。期間12月2日為湖州宣傳日，由「湖社」擔任全日宣傳。《申報》於次日報道，有同鄉褚民誼、陳其采、陳果夫等人出席，除文藝表演外，晚間還施放烟花，熱鬧非凡，參觀者達四、五萬人，大有萬人空巷之勢。會上「對湖州土產絲茶二業多有報告，希望國人加以助力，使能充分發展。」

嗣後，褚民誼於1930年代表國府率團參加比利時國際博覽會，取得了展品獲獎總數國際排名第三的優異成績。已如本篇第四章之第三節「精心組織，博覽爭光」中所述，為歡迎中國代表團為國增光，在他年底凱旋歸國抵滬之際，

---

[15] 見第二篇第七章之第四節中，1924年褚氏在法國獲博士學位後，題贈張靜江畢業照片上的稱謂。

上海各界於12月12日到碼頭熱烈迎接，並於12月26日舉行盛大的歡迎宴會，就是由湖州旅滬同鄉會「湖社」發起，組織籌備處，在報刊上刊登啟示，進行籌辦的。

隨著「湖社」的發展壯大，原社址壽聖庵已不敷使用，遂有在建築鄉人辛亥革命先烈陳英士紀念堂的同時擴建新社址的計劃。據《時事新報》（1931，1，11）報道，1931年元月一日，「湖社在廣西路全家福舉行新年團拜及聚餐會，到有社員及湖州同鄉錢新之、王一亭、褚民誼、潘公展、唐乃康等二百餘人。是日由沈田莘主席，報告該社建築社所，及英士紀念堂計劃和社務現狀，並由嚴濬宣、潘公展

1933年9月1日「湖社」出版的第七十冊《湖社月刊》。

等演說，杯觥交錯，頗極一時之盛。聞該社社所及英士紀念堂自去年五月行奠基禮後，刻正鳩工庀材，進行建築，北京路貴州路轉角舊壽聖庵基址，亦已完全拆除，將來本埠又將多一偉大建築矣。」嗣後，新會所於1933年竣工，在是年6月9日下午進行第十屆社員大會之前，於是日上午補行了社所落成典禮。（《時事新報》1933，6，11）

此外，湖社社員中有眾多文化名人和書畫金石愛好者，該社於1927年11月創刊的《湖社月刊》，是一本綜合性圖文並茂的文化藝術類雜誌，如右上圖所示，褚民誼特為其1933年9月1日出版的第七十冊《湖社月刊》題寫刊頭。

另據1937年7月24日和26日《時事新報》報道，由南潯旅滬同鄉褚民誼等人發起籌建的南潯同鄉組織「潯社」，自奉市黨部令頒發許可證後，業已籌備就緒。25日上午十時，「該社特假大陸商場七樓正誼社舉行成立大會，計到褚民誼、周健初等九十八人，及市黨部代表黃惕人、社會局代表雷可南，公推褚民誼主席，朱超然、陳農詩記錄。行禮如儀，即通過社章及電請宋哲元決心抗敵等案。旋即選舉職員。當選者計理事褚民誼、周健初、汪子章、朱超然、張公穆、吳文邦、陳農詩、張亞孚、張善琨、陸連奎、龐贊臣、張仲愷、李越來、俞仙亭、徐公權等十五人，候補理事陳公魯、陳千里、梅仲洤、張星海、高柏台等五人，監事張靜江、龐萊臣、張庚虞、張秉三、周佩箴、龐襄臣、桂森堂等七人，候補監事邢鑄民、蔣眉軒、吳子讓等三人。選畢攝影，並在大西

洋菜社聚餐散會。」

此後，全面抗戰爆發，京、滬、漢口、廣州等地相繼落入敵手，南京國民政府成立後淪陷區內社會局勢趨於安定，為了維護同鄉們的利益，據「南京市檔案館」之檔案記載，經褚民誼代表主持籌備，「浙江旅京同鄉會」於1941年1月2日在香舖營中日文化協會召開第一次理監事聯席會議，通過理事會章案，推選褚民誼為理事長、李士群和張韜為副理事長。並於是月24日在中日文化協會和平堂召開成立大會，等云云。

第四節　急流勇退，赴歐考察

在北伐和實現聯合的革命緊要關頭，展現出褚民誼的秉公正直品格和循理認真的處事才能，得到了黨內外的好評和倚重。從1927年9月起相繼擔任國民黨中央特別委員會委員、商人部主任和訓政實施方案委員會常務委員等職。在國民革命由以破壞為主的「軍政」時期，轉入以建設為主的「訓政」時期，褚民誼出於自己的秉性，更喜愛以己學識之長，造福社會。為此，他在「北伐西討均甚順利，黨既清而又合」的情勢下，向中央提出了辭去本兼各職，赴法繼續致力於學術研究的請求。他的這一意向一經表達，深受各方關切，紛紛提出挽留，中央商人部同人更是再三請他打消辭意。1927年11月17日《申報》上刊登了褚民誼對商人部全體人員的覆函，信中袒露出他當時的想法，謂：

「上星期四開部務會議時，曾述及民誼所以離部赴法研究之微意。即晚來滬，未及與諸同志一一握別，即在首都諸友，亦未能親往告別。本擬先呈辭文，來滬摒擋一切，或於臨行時再赴首都一次，轉向諸同志告別。後因辭呈為報紙所披露，致各方函電紛來，或口頭或派人到滬挽留，語極嘉獎，情出至誠，民誼實不敢當。民誼前則以相關之革命朋友多，故犧牲所學，願效奔走之勞，以協助北伐清黨合作之進行。今則北伐西討均甚順利，黨既清而又合，可以脫身從事所欲研究癆瘵治療法矣。初以為一個月內可成行，在今則個人所擔任之事未了，而蔡（元培）、李（石曾）諸先生又有中法大學研究院之設立於滬上，囑民誼從旁幫忙，加以中法工業專門學校之復課，亦為各方所催促，故不得不改期矣。民誼始終以為本性不近於政治，與其致身於性不相近之政治，不若繼續致身於學術，再犧牲一二年兩三年，或在他日有所貢獻，有過於目下。在民誼非敢有此自信，實自覺於學術上之研究，較有把握於政治上之周旋

耳。來書過獎，愧甚。現在暫留滬，好在部內諸事，有諸同志分擔，民誼甚放心也。」

該報上還同時登載了「中央特委會挽留褚委員函」的全文：「准大函請辭去本會候補委員中央商人部委員及訓政實施方案委員會常務委員各職，俾赴法繼續研求醫學，以遂初志等由，經提出本會第九次會議討論，僉以執事效忠黨國，素具熱忱，此次本會成立，多方擘畫，尤著勳勤，際茲時局艱危，尚望勉抑謙懷，共圖匡濟，所請辭去本兼各職，應即毋庸置議等語，相應錄案函達，即希查照。」

與此同時，在剛剛召開不久的國民政府第十七次常務會議上，還作出了「任命褚民誼、潘雲超為監察院委員」的決議。（《民國日報》，1927，11，19）。國府常務委員譚延闓、李烈鈞、蔡元培致函褚民誼云，「民誼先生大鑒，憲法五權，彈劾極關重要，所以造成廉潔政府在此，肅清貪官污吏亦在此，監察院重組，執事夙持正義，風節皎然，其有造於黨國者實大，現在檢察院亟須成立，一切盼主持，特派黃副官長來滬奉迓，即希早日命返，不勝企禱，即頌道祺。」（《申報》1927，11，24）

由於各方面的挽留，褚民誼推遲了辭意，繼續努力斡旋聯合，並於12月4日國民黨四中全會預備會議上遞補為中央執行委員，推舉擔任中央黨部秘書長，委以籌備四中全會的重任。此前在南京成立的中央特別委員會是一個過渡性的機構，他的歷史使命也將隨全會的召開而結束，為此丁惟汾、陳果夫致函褚民誼（《申報》1927，12，28），謂「宜以本會臨時秘書處名義，派員接收，俾中央執行委員會得蟬連而下，請先生速派人員，前去接洽，以昭慎重。並聞台端即欲赴法，惟汾等以為全體會議未開以前，請為黨國暫留若干日為幸，此頌公安。」

四中全會的籌備初具眉目，曾預計在1928年1月初召開。1月3日國民政府第29次會議上通過決議並下令，「簡派上海中法大學校長褚民誼前赴法國切實調查衛生事宜，俾以後政府整理衛生積極參考施行，着大學院諮照外交部、財政部給予公文、經費此令。」[3.60]

接到政府的正式委派後，褚民誼即準備於1月28日乘法國郵輪赴法。但第四次中央全會由蔣介石總司令決定延期至2月1日舉行，《申報》（1928，1，27）報導稱，「經蔣氏及各委員之勸阻，褚氏為顧全黨國大事，完成四次會議起見，未便缺席」，遂決定改乘下班法國郵輪於2月11日放洋，而其夫人及子

女等三人決須先行，到新加坡守候褚氏偕行。

褚民誼的大女兒孟嫄出生於1925年10月13日，取名「韡韡」。嗣後，在北伐勝利進軍聲中，1927年3月18日二女兒仲嬀降生，恰逢國民革命軍攻佔上海，為了紀念，取名「申申」。褚民誼這次重訪歐洲考察衛生，就是偕夫人陳舜貞和這兩個分別象徵東征和北伐勝利的幼女同往的（見右圖）。在斯特拉斯堡市住所登記卡[16]上，載有褚民誼赴歐期間偕妻子陳舜貞和兩個女兒Wei Wei和Shen Shen於1928年3月到達法國和9月離開法國時，兩度在該市居留的紀錄。

1928年褚民誼偕妻女赴歐洲考察衛生，陳舜貞與女兒「韡韡」和「申申」在郵輪上之攝影

褚氏於1928年2月11日下午登船，有社會名流和中法學校學生代表三十余人前往上海黃浦碼頭送行，其中有公共衛生專家胡定安博士，在啟椗前與褚專使曾有一度討論，涉及赴歐調查使命等有關問題。記者探得其重要談話內容，於次日《申報》上及時披露如下：

胡氏（問）此次褚同志負調查衛生使命，擬從何方面著手？

（答）一方面擬就法國衛生行政機關，調查一切組織法章程及實施方案，以便歸國時報告政府；一方面注重實際調查彼國社會上自動的發展衛生狀況，譬如各家庭清潔整理之良好習慣，將來促進民眾自身覺悟，以達衛生之目的。

（問）關於中央衛生行政，目前有何具體辦法之見解？

（答）在漢口第三次會議時，鄙人曾有專設衛生部提案。總理遺訓，亦有專設衛生部之意，林文慶同志[17]亦有此提議，將來惟有視政府組織如何再定設部或不設部之方針。如不設部，中央亦可擬定實施方法，促各地衛生局執行。

（問）此行擬遊歷及採訪何國？

（答）主要遊歷國，當以法國，鄙人尚擬赴比、德、英、瑞等國一行，如有餘時，還希望赴丹麥、瑞典、挪威等國，從事考察。

（問）關於國際衛生問題，打算宣傳與爭列席位置否？

---

[16] 見第二篇第七章之第一節「鍥而不捨，終達宿願」。
[17] 林文慶（1869-1957），星馬地區著名華僑，曾任民國臨時大總統孫中山的機要秘書兼醫官，1921年後長期擔任廈門大學校長。

第二章　投筆從戎，參加北伐　83

（答）當然，擬謀參加日內瓦國際聯盟會衛生股，盡力進行。
（問）調查期限預定幾時？
（答）預定四個月。

並聞褚氏此行，更擬研究肺癆，與胡博士亦有所商榷云。」

褚民誼此次赴歐考察衛生半年有餘，歷訪國際聯盟會所在地瑞士，以及法、比諸國。《民國日報》7月15日上發表的國聞社巴黎通訊中略謂，「褚氏到法後，即從事調查法國各大都市之衛生建設與方法。凡關於市鄉之清潔、防疫之設備諸端，氏均有詳切之考察，奔走聘問，不遺餘力。最近並往比國全境考查一週，成績頗佳。褚氏歸國後，聞將設立「巴斯德學院」一所，其工作為製造各種血清治療，尤注意於預防癆瘵時疫等等，以謀我民眾之幸福。又氏在法擬籌建「中國留法學生寄宿舍」一所，蓋歐美各國皆有斯項之設備，以期有裨於留學生之經濟、生活甚大也。至各國留學生寄宿舍內，並有禮堂、藏書樓、陳列室等設置。褚氏云，我國如能步武其後，則所有著名國產皆可在該舍陳列，亦對外發展商業之一端。聞褚氏不久將赴英德兩國考察，約於秋後可以歸國云。」

關於擬在巴黎籌建「中國留法學生寄宿舍」之經過，在他嗣後發表的《歐遊追憶錄》[1.24]中有所詳述。書中略謂，巴黎是各國留學生聚集之地，設有教育區，一般貧苦學生大多居住於此。歐戰之後各國學子負笈來者愈眾，其中華人幾增數倍，原有地區不敷使用。鑒於物價飛漲，即使法國的一般家庭亦難承擔昂貴之求學費用。為了便利學生，節省其住宿和膳食等費用，法政府遂有撥地建設新區之規劃。首先由法國富豪斥私人巨資，在新區內建成了設備齊全之宏大法國學生寄宿舍。加拿大、南美洲諸國、以及日本、安南等國之留學生寄宿舍亦相繼在此建成。

「茲事已組織委員會進行」，褚民誼在書中寫道，「委員長奧諾拉氏，為余之老友，與余最稱莫逆。奧氏為上議院議員，曾任教育部長等職，乃法國教育界之前輩。當奧氏任教長時，余因里昂中法大學事曾數度與之接洽，卒得氏及里昂市長愛里歐、里昂醫科學長雷賓二君等之助力，而底於成。故奧氏不獨致力於法國教育，於中國教育，亦頗熱心，而具有好感。」1924年國內負責教育的范源濂赴法視察時，「余曾與范先生往視大學區之工程，並建議擬擇一地點，建築中國留法學生寄宿舍。詎知范先生鑒於國內財政之竭蹶，未敢贊同此意。是年底，余返國。當離法時，曾往訪奧諾拉，以建築中國學生留法寄宿舍

作一度之商榷。奧氏頷首示可，並謂極願早觀厥成。乃余回國後，竟至事與願違。時國內軍閥勢焰方張，本黨猶局促於西南一隅，軍費政費，尚虞竭蹶，遑論撥款往海外設立學生寄宿舍，此議遂寢。迨余第四次赴法[18]，仍鑒於中國留法學生寄宿舍，有設立之必要，曾三次往訪奧諾拉，措商一切。第一次余一人前往，二次與駐法公使陳籙偕行，三次與齊代辦雲卿同去。商洽結果，宿舍之地點未能預定，須籌有的款後，始能指定相當地點，且視款項之多寡，劃分地面之大小。當時吾人預算，至少有五十萬華幣，始能興工建築，此寄宿舍落成後，可容二百學生居住。「此款非不易籌，然如向政府提議，則必被視為不急之務，而難以辦到。「現在巴黎中國留學生，約數百人，「因念中國學生留法寄宿舍之建築，實不容再緩。蓋此舍落成後，不僅予學生個人以便利，諸如感情之聯絡、意志之統一、學術之切磋、知識之交換，在在皆有裨益。吾人之計劃，於此寄宿舍內，附設中國藏書樓、閱報室、會議廳、運動場蓋為此也。今政府財政奇窘，撥款建築，既屬難能。」

據《時事新報》（1929，4，17）報道，在譚延闓主席下召開的行政院第二十次會議上，教育部長蔣夢麟按照駐法使館根據中法大學駐法辦事處之請求，提出了在巴黎大學區域內籌建中國學院的議案，略謂「查此事據原函所述，歐美各國，既事先擇地建築，我國亦已接受法國之邀請，並經前北京政府議決舉辦，最近又經李石曾、褚民誼兩先生與法國教育當局接洽，但須籌有建築費十一萬元，即可繪圖動工，現在可否即由財政部撥款興辦，請公決。」經院會討論「決議交庚款計劃委員會在法國庚款下陸續籌撥。」然而，此項籌款嗣後長期未能落實。數年後，褚民誼在《歐遊追憶錄》[1.24]中，藉回顧上述這段歷史之機，向「國內人士之擁有鉅資者以及僑胞中之富豪」發出了捐資建築巴黎中國學院的呼籲，冀促其成。從中可見褚民誼為發展我國留學生教育事業所作不懈努力之一斑。

至於上述報道中所稱，擬在國內設立「巴斯德學院」之議案，將在本篇第七章「醫藥衛生，造福社會」中另有詳述。

作為中央委員的褚民誼，除考察衛生外，還乘此機會宣傳發生在中國大地上的變革。他的「遊蹤所至，備受歡迎，並周歷法比各國大學演講中國國民黨之歷史及國民政府之政策，而以取消不平等條約為宣傳主旨，」蕭瑜在1929

---

[18] 即此次赴歐調查衛生之行。

年《褚民誼最近言論集》[1.10]一書的〈褚民誼博士傳略〉中對此記述道，「歐洲輿論界之同情至是而大為喚起，西方人士對於新中國之認識，亦至是而大為增加矣。」期間，褚民誼曾於7月中旬，應比利時大學和中比大學聯合會的邀請到比利時訪問，並在各大學做系列演講。中比大學聯合會（Comité Interuniversitaire Sino-Belge）如右圖所示，於1928年出版了題為《新中國（La Chine Nouvelle）》的小冊子[1.7]，全文發表了中國中央執行委員褚重行（民誼）的同名講演。全書共32頁，其中包括對剛成立不久的中比大學委員會進行介紹，並摘要記述了褚民誼在比利時各地訪問和講學時受到熱烈歡迎的片段。中比大學聯合會是得到中比庚款支持，於1927年在比利時成立起來的一個非盈利性的組織，其宗旨在於維護和加強比利時和中國知識份子之間的良好聯繫。總部設在比京佈魯塞爾，在設有大學的各主要城市，安特衛普、沙勒羅瓦、根特、讓布盧、列日和魯汶等地設有分秘書處或分會。隨書還登載了中比大學聯合會的章程及其組織機構和成員名單。中國方面蔡元培（教育部長）和褚民誼（國民黨中央執行委員）兩人被聘任為該會的榮譽委員。

1928年中比大學聯合會出版的小冊子《新中國》。發表了褚民誼所作的同名講演全文及相關的訪問盛況 [1.7]

比利時的魯汶，是世界上歷史最久的天主教大學、也是比利時最富盛名的大學—魯汶大學的所在地，大批來自世界各地包括中國的青年學生來此求學，魯汶這個小城市，實際上就是一座大學城。褚民誼於7月11日下午乘火車到達這裡，回到久違的比利時，受到了熱烈的歡迎。在他暫短訪問中國居民的家庭後，當晚參加在新城飯店舉行的宴會，魯汶市地方和宗教界領袖到會並致歡迎詞。出席人士包括：中國駐比利時公使的代表、魯汶市長、大檢察官、魯汶大學校長教區主教、韋迪大教堂牧師、中比大學聯合會秘書長、中國天主教青年協會主席、國民黨比利時總支部長以及大學教授等各界名流。盛宴結束後，聽眾湧入擠滿了大會堂，傾聽褚博士的演說。書中報導稱，大會引起了人們的廣泛興趣，澄清了一些人所謂中國混亂的想法，瞭解到孫中山創建的國民黨及其奮鬥目標，是要使中國和中國人民全面實現其最高權力。

7月13日，比利時大學和中比大學聯合會在佈魯塞爾的公使館酒店舉行午餐會，歡迎原廣東大學校長、中央執行委員褚民誼到訪。早于1900年赴法國留學研習政治的我國外交活動家王景岐（1882-1940），時任中國駐比利時公使，值此比利時知識界精英會聚一堂的機會，致詞熱情讚譽中比兩國知識界，不受政治風雲變幻的影響，保持良好的相互尊重和信任的合作關係，向中國傳輸了先進的思想。現在中國革命的第一階段結束，正沿著孫中山指引的方向繼續前進。他的這篇發言全文，作為前言刊登在上述《新中國》[1.7]一書中。

　　褚民誼1906年起赴法國遊學期間，曾多次到訪比利時，其中曾於1913年在佈魯塞爾大學學習醫學預科，1921年前後在里昂創辦中法大學期間，頻繁到比利時商討中比聯合辦學和在沙勒羅瓦勞工大學內建立中國留學生宿舍（中國科技工作者之家）等事宜，與比利時學界建立了良好的廣泛聯繫。1924年褚民誼學成回國效力，正當國民革命軍北伐取得決定性勝利之際，於1928年再度踏上久別的故土，重逢老友。例如，時任沙勒羅瓦勞工大學校長的帕斯圖爾（Paul Pastur）先生，曾是當年中國科技工作者之家的創辦人之一，與褚氏已有六年的交情。擔任根特大學校長的卡米爾（Camille De Bruyne）先生，則是褚氏在斯特拉斯堡讀博時的導師博杏（Paul Bouin）的好友，當年就對褚民誼「兔陰期變論」的研究工作甚感興趣。這次中比大學聯合會就是委託他出面聯繫，邀請褚民誼來比利時訪問的。除根特大學以外、褚民誼還分別到佈魯塞爾大學、列日大學、魯汶大學和沙勒羅瓦勞工大學訪問和發表演講。所到之處，均由各校校長親臨主持，致詞介紹褚氏作為學者、教育家和政治家的經歷，稱他是比利時的老朋友，更是一位新中國最具代表性的人物。他們的歡迎詞以及在各校的活動片段，均編入該書中，附于褚民誼〈新中國〉報告全文之後。

　　中國大地上發生了巨變，曾幾何時軍閥割據、連年戰亂的混沌局面，隨著國民革命軍高歌北進，而走上大一統的光明之路。然而國際上由於資信閉塞，對中國這場深刻的變革很不瞭解，產生了「中國怎麼會這樣？」的疑惑。褚民誼此行，以〈新中國〉為題的講演，正如他在開場白中所指出的，旨在以自己親身經歷的深入瞭解，對此做出釋疑。報告全文連地圖共11頁（見後頁圖），詳細介紹了中國革命長期曲折的發展進程。

　　略謂：「舊中國在腐朽保守的滿清統治下積貧積弱，為了改變中國的命運，孫中山發動、組織和領導了一場革命，於1911年推翻滿清政府，誕生了新

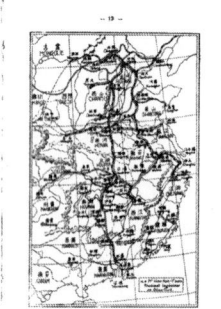

1928年7月褚民誼在比利時根特大學作題為〈新中國〉講演的法文全文[1.7]

中國。但是他所提出的建設共和的奮鬥綱領沒有全面實現，未能遏制袁世凱及其繼承者的野心和某些外國勢力的陰謀。孫中山將秘密的革命團體轉變為國民黨，領導對復古勢力進行鬥爭，連續13年的內戰造成極大的傷亡和損失。國民黨在廣東重整旗鼓後，為了以和平方式統一國家，1924年孫中山抱病北上談判，因病逝世而未獲成功，臨終留下繼續革命的遺囑。1925年在廣東成立國民

政府，國民黨矢忠孫中山遺志，繼續沿著三民主義和建國大綱軍政－訓政－憲政三個發展階段的方向前進，並以黃埔軍校為核心建立了國民革命軍。在統一廣東和廣西以後，1926年蔣介石接任國民革命軍統帥，開始實行北伐，分兩翼進軍長江流域。勝利會師後，於1927年4月國民政府奠都南京。為了鞏固和擴大迅速取得的成果，一方面整頓內部組織，增強團結（文中具體說明了外國勢力的干涉和實行「清黨」的緣由）；另一方面在已完成「軍政」時期的地區，及時轉入「訓政」時期，在各個方面重建家園（文中著重介紹了公共教育方面「大學院制」的設想）。」

「要實現全國統一」，他進一步談到，「還必須跨過黃河。停留整頓一段時間後，1928年初國民革命軍繼續大舉北進，此時曾退守內蒙古的馮玉祥和曾長期佔據山西的閻錫山先後加入了國民黨，與中央軍分別編為第一、二、三方面軍，共同夾擊並攻克原北方都城北京，標誌著孫中山所確定的以南京為中國首都的統一局面的到來。」

接著，在這個國際講壇上，身為國民黨中央執行委員的褚民誼宣稱：

「軍政時期完成，我們正進入訓政時期，以通向憲政時期。我們將採用憲法制，毫無疑問中華民國是一個聯邦共和國。在中國有許多地區和不同的種族，由於歷史原因，我們要聯邦化，試圖過度集中是要失敗的。孫中山在建國大綱中的遠見卓識，是把中國分為各大區，並保持地區自治。」在中國革命的轉折關頭，表達出他所建議的，以「分治合作」的原則，正確處理中央和地方關係，構建國家的思想（詳見本篇第三章之第一節「黨義治國，擯棄紛爭」）。

最後，他說道：「中國的新時代開始了，在這個時期中我們正努力發展教育，加強重建。此外，我們努力建立相互信任和友好的國際關係。「發展中國的國際合作是孫中山思想的重要組成部分，這種合作寄希望於新中國成為和平強大和友好的國家，中國與其他國家合作保衛和平，造福全人類！。」

訪問比利時期間，褚民誼對在那裡的眾多中國留學生十分關心。學生代表們在各種活動中發表了熱情洋溢的講話，感謝褚先生在各大學所做的系列報告，撥開了心中對國內混亂局勢的迷茫，傳來了海外學子長期盼望國民政府統一中國的喜訊；並充分肯定褚博士此行為加強中比知識界相互信任和合作所做出的努力，《新中國》一書中選登了留比學生的上述言論。書中還刊登了褚重行（民誼）與駐比公使王景岐接見比利時留學生時的合影，如後頁上圖所

1928年7月褚民誼訪問比利時期間與中國留比學生的合影。圖上標出中比方面出席的主要人物姓名，前排中坐者為褚重行（Tsu Zong Yung），其左為中國駐比公使王景岐（Wang King Ky）夫婦，中比大學聯合會秘書長皮特斯（Maurice Pieters）位於褚氏右側眾女士之旁[1.7]

示，圖上用法文標注出中比方面出席的一些主要人物的姓名，褚重行（民誼）坐在前排中央，左側是駐比公使王景岐夫婦，中比大學聯合會秘書長皮特斯（Maurice Pieters）位於褚氏右側眾女士之旁。

此外，據2015年陸劍編輯的《記憶南潯》中刊登的照片（見後頁上圖）所示，北伐前夕曾任廣東革命政府粵軍總司令的許崇智，因涉「廖案」被解除軍權而淡出政壇，時在歐洲考察。褚民誼此行曾與他在法國會面。

1928年9月14日褚民誼回到上海，由於中法國立工業專門學校校務所羈，一時不克赴京。記者特訪褚氏於其寓所（《申報》1928，9，18），談及此行收穫和今後打算，略云：

「此次返國，擬對吾國之衛生事業，略為進行。蓋訓政開始，百端待理，吾人自願各盡各力，使各事均臻進步。吾國衛生事業，以方泰西各國，誠不可同日而語。日內瓦國際聯盟會有衛生組，組長Raj Chman（拉西曼），設備極為完善，專門考察各國衛生狀況，進步方法。此次予攜有該組所贈各國衛生狀況[19]，將來擬公佈於全國，使吾人不到歐美，亦可保知其衛生狀況。又將來尚擬在中央設立中央病院，作大規模之設備。又擬設立巴斯德學院，專門研究各時病瘟疫及治療方法，此或由中法合辦，總之經濟不充裕，恐收效仍鮮。至今後衛生事業，一、應注重社會行政；二、人民的習慣，注重後而加以整理，再呈報中央實施之。」

他的訪歐之行滿載而歸，至此圓滿結束。

---

[19] 據報載材料有兩大箱之多。

1928年褚民誼（右1）和許崇智（左3）等在法國巴黎火車站的留影

值得補述的是，正當1928年國民革命軍再度揮師北上，向黃河流域挺進攻克山東濟南重鎮之時，日本為阻止中國的統一進程，悍然出兵強佔濟南，肆意焚掠屠殺，造成震驚中外的「五三慘案」。日本為掩蓋其罪惡陰謀，極力散佈其為保護僑民的謊言。當時在歐洲訪問的褚民誼時刻關心國內革命形勢的發展，聞訊後十分憤慨，立即行動起來，與日本針鋒相對，在國際上揭露事實真相，以正視聽。回國後，值當年雙十國慶節之際，發文〈此行赴歐之感想〉（《褚民誼最近言論集》[1.10]），有感於中國的國際地位和處境，總結經驗，向政府提出了若干立足於自強的建議和具體措施，全文如下：

「余於春間，奉使赴歐，考察衛生事宜，羈留海外，半載有餘，經歷歐西瑞士、法、比諸邦，考察所及，對於國家衛生行政，人民之衛生習慣，雖略有所得，足為他山之助。而在國際地位上，覺此行之受刺激頗多，略舉一二，述之如下：

（一）國際宣傳之重要　慨自濟南慘案突起，強權橫行，公理滅絕，一時國內民眾，群起運動，熱度沸騰。乃外人對我隔膜殊深，莫明真相。其始不惟毫無公道之主張，且為日方反宣傳所利用，而對我頗多不良之論調。蓋斯時歐洲所得之消息，大都傳自日本東京，以致是非混亂，事實隱沒。余等於日本出兵山東之頃，已逆睹其野心所在，曾一度向歐洲各報宣言，說明此次日人出兵之用意，實抱有莫大之野心，而有干涉我國內政之嫌疑，至此遂急起糾正輿論，與在歐諸同志會商，廣為論文，遍登各報。一面聯絡各國朝野人士，反復

说明，並搜集關於濟案之材料多種，送交各報披露，更周曆各大學演講。至此歐人始漸明真相，而不直日人之所為，輿論始為之一變。故愚就茲事觀察，國際宣傳實非常重要。惜吾國對外缺乏此種機關，並一強有力之通信社而無之，以致每遇到一事之起，外人對我必多懷疑。今後急起直追，對於國際宣傳非有精密之組織不可。甚望國人亟起圖之。

（二）我國在國際聯盟會之地位　我國國際地位之低落，不自今日始。然今日北伐已成，舉國統一，國際地位，猶未隨之增高，此觀於國際聯盟會之事實可知。濟案既起，國府曾將茲事始末，電陳國際聯盟，請其仲裁，迄今遲之又久，結果毫無。茲事已可痛心，足征強吞弱肉，依然如昨。乃不謂消息傳來，此次選舉，吾國竟致落選。國際地位至此，頗有主張我國退出國際聯盟者。竊謂此時退出與否，殊無關輕重。根本圖強之方略，要在國人之努力。此適足使吾人發一猛省，與其倪倪伈伈，卒受恥辱，不如臥薪嚐膽以競存，尚可轉弱為強耳。

抑愚尤有進者，因循苟且，為國人之痛病，而積習相沿。國人每忽視體育與衛生行政，以為無足輕重。殊不知，有健全之身體，然後有健全之知識，然後能成立健全之國家。反是即為國弱民貧之唯一原因。故愚主張衛生救國，以此考察頗費心力。而關於公共衛生，尤加注意。除呈請國府次第採擇施行外，在法時曾與法當局會商，在滬設立巴斯德學院，以便培植衛生人才。茲屬國慶之辰，徵文及愚，爰綴數語為邦人告。」

第一次世界大戰後成立起來的國際聯盟（簡稱國聯），總部設在瑞士日內瓦，其目的在於加強國際合作、解決爭端，以維護世界和平。雖然作為一戰勝利者的中國，是該組織的創始會員國，但長期以來在該組織中毫無地位可言。如前所述，褚民誼此行專程到訪國聯總部，積極從事宣傳，努力開拓我國與國聯之間的友好合作。自他訪歐後，國聯組織紛紛派員來華考察，瞭解實情，建立聯係。據《時事新報》1928年12月4日報道，褚民誼在法國已有十年交誼的老友、國聯勞工局長多瑪氏來我國調查勞工問題，訪問結束時，向褚氏暢談其訪華之收穫，並希將意見轉達我國政府。他在談話中稱，「余此次來華耳目一新，較之在歐時之所聞，完全不同。於此得一感想，覺國際宣傳實異常重要。至今歐美一般社會人士，對中國國民黨之政策及其設施，與過去之歷史，大都茫然，雖有一二報紙記載消息，都不翔實，去事實甚遠。故一旦有事發生，每以揣度之心理，作不正確之批評，此中國在國際間地位不能增高之原因。」

繼後，國聯副秘書長法人愛文諾氏率團於1929年2月訪華。據《民國日報》2月18日報道，上海總商會於16日晚設宴招待，到會外賓有國聯副秘書長愛文諾、秘書吳秀峯及彭責、法公使瑪德爾（秘書長代表）、安南總督勃羅史、腦威領事和德領事等。中方有李石曾、褚民誼、鄭毓秀、孔祥熙以及政商界之要人等。上海總商會主席馮少山主持致歡迎辭，愛氏致答詞後，褚民誼即席發表演說，謂：

「今晚應總商會之召，與在滬中西名流，聚首一堂，實至愉快。良以此種真正親善之聚會，足以祛除一切誤會，而致國際友誼於敦睦。吾國國民性，素尚和平，尤重感情與交際，特不知從事宣傳。故外國報紙，仍有昧於事實，而謂中國國民富於排外思想者，不知此實中國之敵人以其卑劣之方法，製成種種可驚可笑之消息，以為反宣傳之資。此在明眼人自能洞燭其奸；而不諳中國國情者，則每易受其欺。今幸中國戰事已告結束，舉國業已統一。此正吾人振作精神，一方從事於新中國之建設；一方努力於既失權利恢復之時機。今日在座有國際聯盟會副秘書長愛文諾君，由日內瓦來滬後，曾游歷吾國名勝都會，並與吾國中央委員、國府委員、教育家、工商家相晤談，對於新中國之建設事業，及改革後中國國民生活之狀況，皆已有相當之認識。度其回歐以後，必能就其所見所聞，將新中國最近之真實狀況，盡量明白宣佈於國聯會中，以糾正前次對中國一切之譏言，與夫無是非之誹謗，而恢復吾國在國聯會中既失之地位。此則吾人深有望於愛君，而信其能熱忱扶助吾人者也。」（該文以〈歡宴愛文諾之演詞〉為題，收錄在《褚民誼最近言論集》[1.10]中）

翌日中午，愛氏離滬赴漢口前，於大華飯店宴請中委蔡元培、李石曾及外交部長王正廷。次日前報披露稱，「渠對新中國之觀察，表示十分滿意。對濟案謂中國當初缺乏宣傳，致各國一時不明真相，深為憾惜。」同時面請我外長王正廷出席聯盟會，並邀中國派代表一人出席國聯之本屆國際文化研究會。會後該訪問團還參觀了褚民誼任校長的中法國立工業專門學校。愛氏返程回歐時經停日本，其對中國的盛意和公正立場，受到來自日本的惡意攻擊，揚言中日糾紛國聯不得加以過問，並以退出國聯相威脅。褚民誼在《民國日報》（1929，4，10）上，針鋒相對地發表了〈中國言論上之國恥〉的時論，予以嚴詞駁斥，揭露日本意欲實現其主宰亞洲之狼子野心，文章收入《褚民誼最近言論集》[1.10]中。

褚民誼此行奉命赴歐，以調查衛生為主要任務，與國聯衛生組及其主任拉

西曼建立了密切聯係。拉氏受聘我國衛生部和衛生建設委員會顧問後，即應邀率團於1929年11月來華訪問，現場考查海港檢疫等衛生事宜，受到了褚民誼等人的熱情接待。年底訪問結束時，拉氏公開表示，「國府對於衛生事業已切實與國聯合作」，並邀請衛生部長及褚民誼等專家參與國聯衛生工作之研討（詳見本篇第七章之第一節「衛生建設，規劃指導」）。繼後，國聯於1930年9月在日內瓦召開第11屆會議，我國派代表團出席，褚民誼作為代表團的高等顧問列席會議（詳見本篇第四章之第四節「文化使者，國際合作」）。為了加強國際間的文化合作，我國自1930年起派代表參加了國聯內設之世界文化合作委員會，並於1933年起在國內籌建世界文化合作中國委員會，褚民誼作為常務委員積極參與其間（詳見本篇第三章之第三節「放眼世界，同心協力」）。國聯在意大利政府的提議下，於羅馬設立國際教育電影協會，各會員國紛紛響應，分設協會。在此推動下，由褚民誼等人聯合發起，於1932年成立了中國教育電影協會，並於1933年被認可為國際教育電影協會之中國協會。褚民誼任歷屆理事，長期兼任協會內設立的設計組主任（詳見本篇第六章之第三節「三民主義，電影促成」），如此等等。

第三章　訓政伊始，正言務實

第一節　黨義治國，擯棄紛爭

　　孫中山逝世後，國民黨內部由於政見不一出現分裂，北伐戰爭打倒了共同敵人，內鬥突顯。由於各持己見、各踞一方，紛爭不斷，同志反目屢見不鮮，甚至鬧到兵戎相見、另立中央、分庭抗禮的地步。褚民誼對此痛心疾首，不但拒絕參與派系鬥爭，而且大聲疾呼，申明大義，力圖化解糾葛，以使全黨在三民主義的旗幟下，同心同德，率領民眾沿著建國大綱的既定目標向前奮進。

　　在1927年底籌備召開二屆四中全會的過程中，出任秘書長的褚民誼，為了促進統一，曾多方進行斡旋。由於各派分歧嚴重，籌備工作舉步維艱，到1928年1月，會議籌備曾一度陷於停頓。是時，他於1月17日在《申報》上公開發表了題為〈分治合作即分工合作〉的文章（載入《褚民誼最近言論集》[1.10]），提出了正確處理中央與地方的關係，避免各走極端，由亂而治的意見。

　　該文開宗明義地指出：「『分治合作』這個名詞的意義，實在與分工合作沒有差別，不過分工合作是大家聽慣了，並不奇怪；至於分治合作，則尚系創見，所以尚不免有人對他表示懷疑驚奇。」

　　「我的意思以為分治合作就是分工合作，如嫌治字與作字不相連屬，則改為分治合理亦無不可。」

　　文中以天文學、生物學、社會學為例，從科學上說明分治合作無往而不在的原理之後，著重論述了在政治上實行該原則的必要性，謂：

　　「幾千年來中國的歷史，一治一亂。在治的時候，必是分治合作；亂的時候，非分而不治即合而不作，非割據即專制。周初本系封建制度，但是他割裂土地，大封諸侯。諸侯各有其統治之權，而中央命令仍能舉行唯謹，此即能實行分治合作之證。故文武成康之隆，為後世所稱頌，為中國黃金時代之一。及東遷以後，中央威權日見衰落，而諸侯強盛尾大不掉，爭城爭地大亂無已，此即分而不治，更談不到合作。秦始皇統一六國，改建郡縣，郡縣無寸尺之權，惟中央命令是聽，雖合而不能作，更談不到分治，是以僅二十餘年，即有陳勝

吳廣之亂。此種例證，在中國歷史中，實不勝枚舉，要以周秦治亂最為顯著。民國以來，袁世凱只知假的合作，而不知真的分治。最近若干年，又只知假的分治，而不知真的合作。惟孫先生建國方略，既不偏重中央集權，又不偏重地方分治，而主張均權。此即洞見數千年治亂之源，亦即分治合作精義之所在。有人以分治合作為割裂中央，為違背總理遺教，此實由於未明分治合作之意義。若知分治合作即分工合作，那中央與地方，各不偏重；換言之，即分治合理，則此種誤會，自可渙然冰釋了。

我們要怎樣實行分治合作，我的意思，孫先生的三民主義是我們合作的標準，而分縣自治，就是分治的標準。三民主義是向心力，分縣自治是離心力。能使這兩種力量平均發展，那麼中國的太平就可以立時實現。」

1928年2月四中全會召開後，褚民誼即抽身赴歐考察衛生，期間國民黨於8月在南京召開二屆五中全會，重點討論了從「軍政」轉入「訓政」的議題。褚民誼9月中旬歸國後，繼續主持中央秘書處的工作，並經9月24日召開的第169次中常會上議決補充為政治會議委員。[3.70]下圖是刊登在《華北畫報》（1929，1，29）上，題為「中國國民黨五中全會後之中央政治會議委員」的合影，褚民誼位於前排左端。

為了北伐勝利後在首都南京隆重舉行國慶紀念，10月1日中央執行委員會第171次會議上，討論了宣傳部呈請中央秘書處擔任籌備會總務部正主任和申請籌備經費的報告，議決「推褚委員民誼主任其事，經費由中央函國民政府令財政部撥發二萬元，實報實銷。」[3.70]由於該項活動深受各界關注，此項決議即于次日公諸報端（《申報》1928，10，2）。

中國國民黨五中全會後之中央政治會議委員。左起前排：褚民誼、劉守中、孫科、蔡元培、胡漢民、譚延闓、戴傳賢、王正廷、朱家驊；二排：葉楚傖、薛篤弼、宋子文、王寵惠、李濟琛、孔祥熙、陳樹人等；三排左三為王世杰（《華北畫刊》，1929，1，13）

當時國內政治紛爭的態勢令人擔憂，嚴重地延緩了黨務和政務的進步。褚民誼不但具體負責首都國慶紀念活動的籌備工作；而且還借此機會，于國慶前夕以〈北伐以來的回顧與希望〉為題，撰文呼籲，以黨義為重，團結一致，發展大好形勢（見《褚民誼最近言論集》[1.10]）。

　　「憶自北伐以來，軍事之進展一日千里」，他回顧道，「至此北伐已成功，全國已統一，吾黨以黨義治國之主張已實現。軍事之進展如是其迅速，而一觀黨務與政治，則有瞠乎其後之慨，非惟未能與軍事並進，且紛糾迭起，團集渙散，此何故耶！」著者在說明軍事所向披靡在軍心和民心方面的原因後，進一步分析道：

　　「若夫黨務與政治進步之遲緩，亦有其原因。蓋年來北京政府之政治腐化已極，此時欲圖根本之解決，非摧陷廓清，無以言治。而每經一次之變故，則革故鼎新，必有其過度之時期。當此之時，百廢待舉，千緒萬端，自難一一就理，而非假以時日不為功。幸本黨有總理遺留之政策，尚得循序漸進。自軍事結束以來，各省政府依次設立，中央政務亦漸就理，今則五院組織且將成立。此後訓政開始，即為政治發端之日，深望同志，各本所長，努力刷新，使吾國五權憲法之創制發一異彩。庶幾由訓政時期，而入於憲政時期，實行民治、民有、民享，而完成國民革命。惟是吾國民眾智識大都幼稚，缺乏政治常識，故目前切要之圖，尤在從事於訓練民眾，而灌輸以世界知識，培養其自治之能力，此則有賴於同志之努力於實際工作者。且欲圖國家之強盛，須先立國民之根基。苟根基不固，則強盛無從。吾國民眾之缺乏常識，是猶根基之不固。故愚於四次會議時，曾提議培植國民之五育。五育者，德育、智育、體育、美育、群育是也。使一人而具有五育，即為良好之國民。國民而皆能具有五育，即為良好之國家，至此而不強盛者，未之有焉。

　　雖然日月易逝，北伐以來忽忽兩年，軍事雖突飛猛進，而政治未能與之並進，黨務尤較落後，前既言之矣。此中癥結所在，則愚有未能已於言者。本黨自改組以來，團結頗稱堅強。不意北伐以後，糾紛迭起，團結因之渙散……彼此嫉視，筆戰不已，此殊非佳象。要知吾人既在同一主義下奮鬥，在同一目標下前進，雖政見各有不同，意志容有參差，要當顧全黨德，遵守黨紀，不宜各逞意氣，互走極端，致失友誼，而分黨力。且今日全國在吾黨統治之下，民眾之期望至殷。設長此渙散，則民眾之失望必多，而對吾黨之信仰或且因之大減。不特此也，國際之地位，影響尤為重大。外人之覘我國者，恒視我國能真

正統一與否。所謂真正統一者,不僅以土地言,乃貴在政權統一。今日吾黨同志,既以總理之主義為主義,本建國大綱以組織國民政府統治全國,是政權已統一矣。政權既統一,政策自能一致,特政見彼此或稍有不同耳。惟人心不同,各如其面,欲求人人之意志之旨趣毫無參差,此乃不可能之事。故愚意以吾黨同志之政見,遵照總理所定之政綱而歸納之,確定為政策,並望以黨為重,以國為前提,而犧牲個人局部之私意之偏見,使廓然歸於大公,相見以誠,則無事不可商,尚有何糾紛之足言。庶幾團結一致,使黨之力量高於一切,而實現以黨義治國之精神,則外人對我自表同情,國際地位自能增高矣。近曾有人主張青年思想統一,意志統一,惟恐事實上不易做到。不如改為政策統一之為愈。倘能歸納各殊之政見,遵照總理之遺訓,而定為政策,則政策自能統一。政策統一矣,即意志容有參差,而彼此皆有所遵守,自無逾越範圍之虞。余有十六字曰:『政策統一、權限分明、分工合作、事實求是』。倘能依此進行,一一做到,黨國前途,寧有限量。今值國慶佳節,人人歡欣鼓舞之時,愚回溯北伐以來之經過,對黨對國發生無窮希望。深冀我國此後永無內亂。武裝同志,本佳兵不祥之遺訓,而止戈為武,實行化兵為工政策,以助長國內之一切建設。尤望黨內新舊同志,破除意見,聯絡一氣,不再攻擊。以平日慣喜無謂之筆戰精神,移而為福國利民之實際工作,黨國前途,庶有豸乎!」

1929年3月國民黨召開第三次全國代表大會,會議由蔣介石主持,正式宣佈軍政時期結束,訓政時期開始。會議進行了一系列人事安排和組織處理,國民黨改組同志會主要成員陳公博、甘乃光和顧孟餘,桂系李宗仁和白崇禧以及李濟深等被開除黨籍。會上褚民誼當選為候補中央監察委員。嗣後,在1931年11月9日中監常委會第67次會議上議決,遞補他為中央監察委員。(《時事新報》1931,11,11)右圖是國民黨三大後,於1929年編制的《中國國民黨年鑑》[3.16]中,介紹各中央委員時,刊登的褚民誼肖像。

1929年當選為國民黨第三屆候補監察委員之褚民誼肖像[3.16]

三大期間汪精衛在歐洲未出席,是年9月

離法回國。閻錫山、馮玉祥等人對會議的人事安排和軍隊編遣方案極為不滿，進而於1930年釀成中原大戰。相當長一段時間以來，國民黨內部主要是以蔣介石和汪精衛為代表的政見紛爭，以及中央集權和地方勢力之間的矛盾，相互交錯，鬥爭此起彼伏。對此，褚民誼始終秉持拒絕派系鬥爭，一心從事「福國利民之實際工作」的立場。正如他在總結自己歷史的〈自述〉[1.61]中所述：

汪（精衛）先生從前所有之政治主張本人從未參與，以政治至公，不能因私人感誼為之左右。汪先生以前之政治行動，如中山艦事件、寧漢分裂、平津擴大會議、廣州非常會議等，本人始終在中央服務，均未參與。「往事彰彰，無庸自辯。」

如上所述，在國民黨三大上，黨內派別鬥爭表現突出。褚民誼不受其干擾，作為代表與會，一心一意地為黨國事業的發展積極獻計獻策。《華北日報》1929，3，27）上報道了他向大會提出的如下三項提案：「（一）登記專門人才以便量才錄用案。案內鑒於在外學習各種技術之留學生，及國中專門人才，於回國或畢業後，反致謀生乏術，往往用非所學，埋沒人才。望設立專門人才登記所於上海，凡留學生歸國，欲覓工作者均可予以登記，俾屬介紹前往服務。（二）確定衛生建設經費以固國本案。大致以人民之強弱，即民族強弱所繫。衛生行政與設施，關係國民健康，請大會確定衛生建設費，交由國府執行[20]。（三）訓政時期黨國工作應分別規定案（後詳）。」上述三案之全文選登在《褚民誼最近言論集》[1.10]中。

褚民誼一貫堅持黨義治國的思想，雖不願在政府內任職，卻十分重視並積極參與黨的工作。這一行為不但出自他的秉性，偏愛學術研究；更基於他所提倡的黨政分權、監督與執行分離的主張。早在北伐勝利國民政府定都南京之初，他在具體負責籌備二屆四中全會的過程中，便對提高黨權問題發表過談話。《申報》（1927，11，28）上對此曾有報道，略謂：

「提高黨權不在口頭宣講，須從事實進行。蓋提高黨權四個字，欲達到真正提高之目的，務須為一班黨員所信仰而真能領導國民革命之人物，聚集在黨的最高機關，不可列入政府任事。因政府系被委人員，中央黨部系選舉委員。被委委員倘有錯誤，中央黨部委員可以改正之，反是即難實行，因而黨權亦難提高。譬如特別委員會委員月薪三百元，而國府委員月薪八百元，余以為如提

---

[20] 有關內容詳見本篇第七章之第一節「衛生建設，規劃指導」。

高黨權，決不能如此云云。」

嗣後，隨著形勢的發展，追求行政權力，黨政不分的問題日益顯露。針對這個傾向，他在國民黨三大上提出了〈訓政時期黨政工作應分別規定案〉（載於《褚民誼最近言論集》[1.10]），闡明了他對訓政時期的黨政工作及其分工的設想，立論深刻，切中時弊，全文如下。

「總理政治學說之基本原則，在分政權與治權為二。以立法、司法、行政、考試、監察五個治權，畀之於政府，使之敷陳庶政，治理國家；以選舉、罷免、創制、複決四個政權，予之於人民，使之操縱政府，管理國家，處監督指揮之地位，握進退黜陟之實權。此為總理民權主義之精義，亦即民治之極軌。第以吾國人民知識之幼稚，自治能力之薄弱，此種民治之精神，非自一般民眾所盡能瞭解，而難望其一蹴而幾。於是，總理乃規定革命之程式為軍政、訓政、憲政三個時期。最後之時期，方為民治之時期。軍政時期，本黨之工作，在掃除一切革命之障礙，本無畏之精神，排萬難以前進。此時期中，純為軍事之動作，屬於破壞方面，無暇從事建設。迨軍事告終，黨國奠定，入於訓政時期，亦即為建設開始之時期，務使一切行政，俱上軌道。此時期中，黨的工作最為繁重。一方處於監督指導政府之地位；一方負有訓練民眾之職責。須灌輸民眾以民治之精義，使其認識民權之重要，以入於憲政之途徑。在民治未實現前，黨治即所以代表民治，為民治之預備，亦即民權之所寄。是故訓政時期，黨的責任，較之軍政時期尤為重大。黨權必高於一切，始能運用適宜。否則必失卻其效用，而與政治混為一途。故在此時期，黨政工作，應有明確之規定，使黨處於超然的地位，以盡其監督指導之職責。

就今日之現狀觀之，黨政似有趨於混合之狀態。因黨的工作比較清苦，政治工作比較優越，黨員乃相率從事政治之生涯，視黨的工作，反較為懈怠。有敝屣黨的工作，而為政治工作者；有擔任黨的工作，同時亦為政治工作者。前者姑弗論；後者之弊，實不可紀極，而其趨勢必致使政權日益膨脹，黨則處於無足輕重之地位。且黨員之願專心從事於政治工作者，類多黨內優秀分子。此等優秀分子既去，則其擔任黨的工作者，必其不能立足於社會之黨員，或非才具優長之士，或為經驗缺乏之輩，安能肩茲大任，勝此艱巨。職是之故，年來黨的進行，異常紛亂，長此不圖，必愈趨愈岐，愈演愈烈。不惟不能領導民眾、訓練民眾，以促成民治之實現。竊恐黨治之精神，亦必日漸渙散，將失卻其監督之地位，指導之職責，而使黨政混為一途。此觀於一般負有黨之重要職

責,同時亦握有政治上之實權者,尤為明顯。夫黨政性質之不同,亦猶監察之於執行。黨處於監察地位,政府則為執行之機關。今一方既從事政治之生活;一方又為黨的工作,則是萃執行監察於一身。行政上雖較為便利,其流弊寧有紀極。黨政既混淆為一事,又安望其能盡監察指導之職,此不惟失卻黨治之精神,亦實有背於總理分政權治權為二之意義。

不寧惟是,今日黨政之工作,既無明確之規定,而擔任政治工作者,除黨內之中堅分子外,即下層工作,亦多畀之黨員,幾有非黨員不能擔任政治工作之狀態。此雖由於中國人才之缺乏,在民治未實現前,承腐惡政治之餘,居過度時間,不能不為此權宜之辦法。然在不知者,必以為非有黨的憑藉,則不能在政治上活動而有所作為。以是一般投機分子,軍閥官僚之遺孽,多以入黨為作官之捷徑,相率混入本黨。表面偽為服從主義,實則為作官而來,致使純潔之黨,無形中受其侵蝕,為所玷污。忠實之青年黨員,意志未充者,無形中受其薰染,而趨於腐化。此等不良之現象,今已甚為顯著。及今圖之,猶未為晚,否則貽患必無底止。蓋本黨之中堅及其優秀分子,既相率從事於政治之生活,則已分卻黨內一大部分之精華以去,其餘擔任黨的工作者,既鮮卓異之才,自無特殊之績,必一任投機分子之擾入。此輩別具懷抱,另有目的,不獨不盡忠於黨,且使盡忠於黨者受其同化。至於斯時,則黨之精神必日漸渙散,而其精華亦消失殆盡,徒具形式,成為政治之附屬品,非特一事莫能為,而黨之真義亦失矣。此非余之杞憂,證之過去之事實,默察現今之狀況,確有如斯之趨勢。然此皆坐於黨政工作,未曾分別規定耳。則目前補救之方,挽回之策,舍規定黨政工作分明界限外,其道奚由。

是故今後本黨應具之方針,宜集中黨之人才,毋使其失散,以黨內之中堅及其優秀分子,專心壹志努力於黨務,以樹立黨治之基礎。至政治之工作,則不必定以黨員任之。以人才為標的,集中國內才異之士,使能人盡其才,分別擔任政治上之工作,聚全國之精英,以共同從事於建設。今吾黨之主義,既已曉然大白於天下,所謂以黨治國,乃以黨義治國,非絕對的以黨員治國。則擔任政治工作者,宜以黨義明瞭與否為前提,不必以黨員與否為取捨。蓋黨員對於黨義無深切認識者固多,而明瞭主義未曾入黨具有特殊之才能者亦復不少。既明瞭主義矣,雖未入黨,於實際何妨;反之,雖入黨而於主義無深切認識者,又焉用之。且以吾國土地之廣,人口之眾,一切建設事業待舉者之多。今全國黨員僅有二十萬餘,其中專門之人才,能有幾何。就黨之立場言,以之

擔任黨的工作，猶虞不足，遑論以之兼擔任政治上之工作，及國內之一切建設哉。此其結果，不惟徒分散黨的力量，使黨治日趨於衰落；即政治亦難期其良好。蓋政治不良，有完善之黨在，則能監督之，糾繩之。野心政治家雖欲作惡，有所忌憚而不敢。一旦黨之自身不完善，則政治工作者，復何所畏，政治安有良好之希望，黨與政必同歸於失敗而已。至若一方擔任政治工作，同時擔任黨的工作，其弊害尤不可勝言。充其極，必予取予求，而唯心所欲。結果黨直等於虛設而已。曠觀中外之史乘，默察今後之趨勢，本黨前途，確有無限之隱憂。心所謂危，不敢緘默。用本其一得之愚，主張在此訓政時期，黨政工作，應分別規定。集中黨之人才，專努力於黨之工作；其政治上建設，則求之於國內專門之人才。使黨處於監督指導之地位，以穩定黨治之基礎，庶可領導政府，訓練民眾，共同努力，以促進憲政時期之實現，而適合總理分政權治權為二之精義。是否有當，敬候公決。

褚民誼在這裡以孫中山提出的三民主義和建國大綱為依據，針對黨政混合、萃執行監察於一身、「從其極，必予取予求，而唯心所欲」的流弊，懷著無限之隱憂，不敢緘默，及時向中央秉公直書，正言讜論，力圖革新。然而，苦口婆心，忠言逆耳，這一提案，不為當時的既得利益者，即文中所指的「負有黨之重要職責，同時握有政治上之實權者」以及「野心政治家」們所接受，其貽害已予言明，最終陷入了「黨和政府必同歸於失敗」，而無可挽回的境地。權力得不到有效的監督和制衡，無限膨脹而走向其反面，這確是治黨治國的一條重要歷史經驗教訓。

第二節　強國健民，振聾發聵

國民革命進入「訓政」時期，新中國建設初始，百端待舉，褚民誼躊躇滿志，全身心地投入其中。北伐軍1927年3月佔領上海，4月27日國民政府即任命褚民誼為中法國立工業專門學校校長[3.60]。由於時局動盪，學校未能及時恢復正常秩序，為使本科學生不至中途輟學，他商教育部將40名學生分兩批，資送到比利時留學。1928年2月國民黨二屆四中全會結束，他到校就職後，於2月11日赴歐考察衛生。9月14日返抵上海，在處理校務的同時，積極推動醫藥衛生事業。記者于26日乘褚民誼到南京參加中央政治會議的機會，對他進行了採訪。報導中披露，他此次赴歐考察收穫頗豐，針對當時我國衛生事業落後、資

訊閉塞的狀況，帶回了大量材料，專訪並與國際聯盟會衛生組織建立了聯繫。此外，他還征得了法國方面的幫助，擬應對疾病流行，在上海創辦細菌研究學院（巴斯德學院）。當時，國內剛剛興起的衛生工作由內務部下設衛生司管理，部長薛篤弼在中央政治會議期間邀請醫藥衛生專家褚民誼擔任全國衛生委員會委員，予以指導。他明確表示，衛生本屬內政範圍，余不欲另起爐灶，已允為彼助。《申報》（1928，9，28）

接著，褚民誼在談到時局問題和自己的打算時謂：

「余在國外考察衛生所得之材料，大約將全付衛生司及衛生委員會，藉供參考，或摘要譯出，以饗國人也。日前胡漢民先生在中央黨部紀念周席上講演，並引證蔣中正先生之意志統一、權限分明二語，其說頗是，惟意志統一，事實上恐難辦到。不如改為言行一致。余有十六字曰，言行一致、權限分明、分工合作、實事求是。倘能按部就班、循序漸進，則無有做不到之事。委員兼差累累，此余所不贊同者。一人精力有限，兼職既多，顧此失彼，難免有僨事之虞，更何能從事革命工作。故余不願居何等官職，惟努力研究所學，藉為社會貢獻。」

就是憑着這股子不圖當官、惟做貢獻、以己所長、強國健民的精神，他在不同場合、以不同形式，頻頻闡發正言讜論，或撰文見諸書刊報端，或向學生和公眾發表演講，為政治和社會之改進、新生事物之宣導和扶植而大聲疾呼；並向有關黨政機關提出各種具體改革方案，身體力行促其實現。為免讀者有未能窺其全豹之憾，大東書局特將他近二三年來的言論和提案，蒐其要者彙編成冊（見右下二圖），取名《褚民誼最近言論集》（簡稱《文集》）[1.10]，於1929年8月面世。

1929年8月出版的《褚民誼最近言論集》：封面（左）和著者像（右）[1.10]

第三章　訓政伊始，正言務實　103

全書共集文56篇，按照言論發表的形式，分為論說（24篇）、序跋（7篇）、演講（10篇）、提案（9篇）、訓話（4篇）和贈詞（2篇）六類，依次刊登（目錄詳見本節附錄）。其內容除時政外，主要以強身健體、教育民眾為目的。

　　其中，有關黨政問題15篇，涉及黨政分治，中央和地方的分工合作，提高國際地位，廢除不平等條約，擺正與國聯的關係，新東北的改革和建設，大力提倡和扶植國貨，對專門人才進行登記加以量才錄用等；

　　針對衛生問題9篇，包括制定衛生部組織法，衛生救國論，衛生上的道德觀，鄉村與市政衛生，個人與社會的衛生，嚴禁鴉片毒害，破除舊習俗，在衣食住行各方面養成良好習慣，呼籲落實衛生經費等；

　　關於醫藥問題9篇，大力提倡醫藥科學化，注重改進中醫發展中藥，分設研究院加強中西醫藥研究，成立細菌研究院，制止疫病流傳，對學生和公務員實行體格檢查等；

　　在體育和國術方面12篇，強調改良體育以保健康，防止運動比賽的不良偏向，大力提倡國術特別是太極拳，努力實現國術的科學化和社會化等；

　　有關教育問題11篇，主張德智體美群全面發展，著重體育強身，養成良好衛生習慣，勉勵學生以科學救國，宣導勞心與勞力結合，書中登載了多篇在大中院校的講話等等。

　　該書的編輯出版，反響熱烈。如後頁圖所示，吳稚暉為之題寫書銘，並在其親筆書寫的前言中，對褚民誼的言論做出如下評價：「朋友中最善精晰名理，使一切事物都有科學的整理者，莫有過於民誼先生。大之對於重要的學理，小之對於飲食起居、行坐動作，經先生研究或處辦者，皆必有數理尺度可以推算，可以準繩。不似中國向來所謂，名流非以鹵莽威裂為高，彼即以糊塗專斷為負責。這不但於學問為衰落，而且道德亦隱受此敝壞。此所以年來愈鬧科學化，實則離開科學愈遠。惟有把先生的言論來對病發藥，可以撥正的為不少。先生每有述作，必窮源究委不厭求詳，文章亦不苟於條理，故積稿甚多，不易遍刻。今經大東局擇其最近言論之尤精者五十有六篇，先為發表，用以餉饋吾人。欣快之餘，因而綴此短言貢獻給一切讀者。若知要點所在，則開卷更有益矣。」

　　教育家蔡元培的題詞：「健全之精神宿於健全之身體衛生為要」，點明了褚民誼重視體育、提倡衛生之精義。

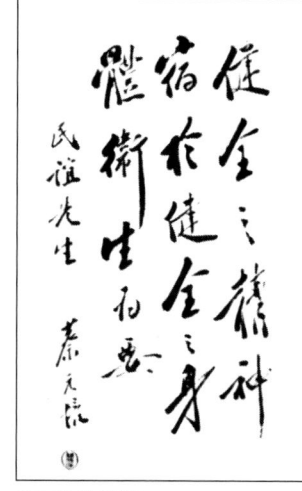

蔡元培的題詞 　　　　　　　李石曾題寫的書銘 　　　　　吳稚暉題寫的書銘

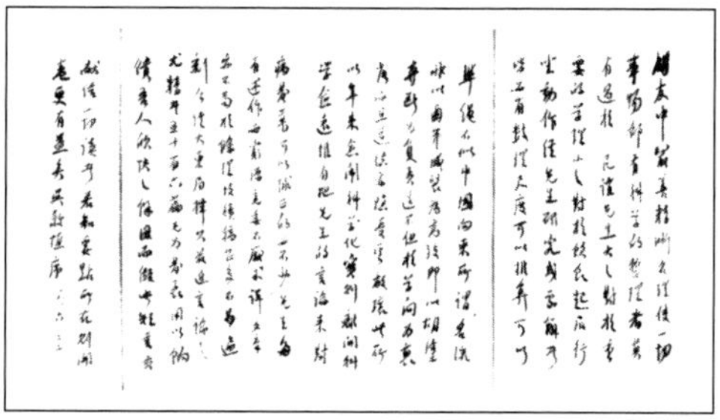

吳稚暉題寫的前言 　　　　　　　　　戴傳賢的題詞

《褚民誼最近言論集》中的題詞[1.10]

　　時任國民政府考試院院長兼中山大學校長的戴傳賢（季陶）的題詞，從道德的高度，將褚民誼的言論稱之為救人、救國、救世之要道，謂：「人之目的不外善遂其生。人不能獨存也，必互相和諧以求共遂其生。各遂其生者自利也，共遂其生者利他也，一切生存之道、生活之方悉不能外乎此。只知自利而不利他為真惡，只空言利他而不通乎自利之道，亦往往流於偽善，明乎此理則衛生與道德實相一致乃無疑義。民誼先生精于醫學，常持衛生道德合一之說，而以體育為救人救國救世之要道。近集其講演記錄為書，以弘斯旨，因書所見，以證互參。」

　　如後頁上圖所示，褚民誼的摯友、時任北平大學校長的李石曾，除題寫書銘外，還賦序暢抒二十餘年來兩人之間的志同道合，摘引如下：

第三章　訓政伊始，正言務實　105

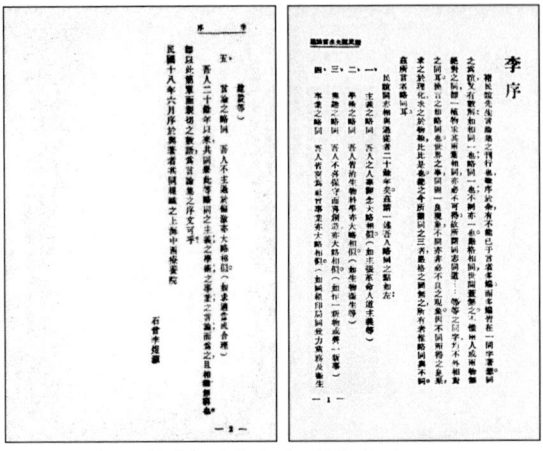

《褚民誼最近言論集》中的李（石曾）序[1.10]

「民誼同志相與過從者二十餘年矣。茲請一述吾人略同之點如後：

一、主義之略同　吾人之人群觀念大略相似（如主張革命人道主義等）；

二、學術之略同　吾人皆治生物科學亦大略相似（如生物、衛生等）；

三、興趣之略同　吾人不喜保守而喜創造亦大略相似（如作一新物或營一新事）；

四、事業之略同　吾人皆喜為社會事業亦大略相似（如同組印局、同致力黨務及衛生建設等）；

五、言論之略同　吾人不主過於偏激亦大略相似（如求適當或合理）。

吾人二十餘年來，共同舉此等略同之主義、之學術、之事業、之言論而為之，且相繼無窮也。即以此簡單而親切之數語，為言論集之序文可乎？民國十八年六月序於與著者共同組織之上海中西醫療養院　石曾李煜瀛」

該書由大東書局編印出版，時任書局主編的國學家王文濡和助手張蕚蓀，均係褚民誼的同鄉，前者更是他弱冠時在南潯明理書塾和潯溪公學肄業時的師長。他們對褚民誼在政教之改良、社會之革新、衛生之精要、醫藥之辨析、國術之發明、強身強國等方面的創新立論，倍加讚揚，分別撰寫序文，以明編輯出版該書之旨意。

此外，褚民誼的留法至交、時任北平大學農學院院長的蕭瑜撰文1700餘字，以18頁的篇幅提筆書寫〈褚民誼博士傳略〉，置於書前，向讀者鄭重介紹著者的生平。

言論集中一些論文的內容被分別介紹和引用在本書的相應章節中，此處不作贅述。

這裡值得補充說明的是，在本書第二篇第二章之第二節「普及革命，創新世紀」中，曾敘述過褚民誼在巴黎《新世紀》週刊上發表的題為〈普及革命〉和〈無政府說〉兩篇連載長文，後來彙編成《普及革命》[1.8]一書再度發表。該書由上海革命週報社作為革命叢書，於1929年6月出版，與大東書局同年8月出版的《褚民誼最近言論集》相伴發行。兩書可視為姐妹篇，從中可以窺出褚民誼始於辛亥革命的思想發展脈絡。作為後者《文集》編輯的張萼蓀，同時也為前書作序，扼要介紹了他的思想變化歷程和出版該書的意義，全文如下：

「同學褚君民誼，當滿清之季，肄業於南潯之明理學塾與潯溪公學為高材生。年僅十八，已富於革命思想，所為文勃勃有生氣，識者早知其將來所成就者大也。嗣後留學於法之巴黎，醉心於民主國之新學說，而痛祖國之沈淪，亟思廣集同志為徹底之大改革。時中國所稱為志士者，多惑於康梁輩保皇之說；雖間有革命思想，皆主緩進不主急進，尚和平不尚激烈，而君獨於《新世紀》報上發表最新之革命文字，謂中國非行社會革命不可；僅言政治革命，是猶庸醫治病敷衍表面而已，非根本辦法也；竭力鼓吹無政府主義，能言人所不敢言，雖聞者皆為咋舌。而自辛亥種族革命後，復經軍閥之擾亂，曆十數年而未已；國人亦漸悟社會種種腐敗點之宜剷除，與君說可相印證，所謂取法乎上，僅得乎中也。自北伐成功，破壞告終，建設開始，君乃謂中國一切事業，非盡臻於科學化不足以言進步，不足以與列強相頡頏；故時時出其學術思想發為言論，以定建設上之新方針。今將彙為一編，刊行於世。而本編所載〈普及革命〉及〈無政府說〉曾見於《新世紀》報者，雖在今日之中國為未盡切合於事情，而要使後學知文字之表現，皆由於時代之變遷，而為適當之應付，不可固執一說也；並可使知惟有昔日之破壞，而後有今日之建設也，是烏可以目為過激之論而弁髦之耶？吾知喜讀君近日之言論集者亦必樂睹此編。付梓有日，為志數語於簡端。[1.8]

誠然，他曾提倡的無政府主義思想已經不合時宜；但是其合理內涵，博愛眾生，著眼于民眾解放的「普及革命」思想，與以三民主義喚醒民眾的主張則是一脈相承的。看來，這也就是著者褚民誼以此作為書名，在新時期下袒露其胸懷的用意吧。

《附錄》《褚民誼最近言論集》目錄[1.10]

論述
衛生部設置之意義及其組織法之說明
新東北之希望
衛生救國論
論嘴呼吸之害
衣食住行之衛生要素
北伐以來之回顧與希望
分治合作即分工合作
中國言論上之國恥
談中比條約
南通現狀談
道德上衛生的責任
衛生上道德的觀念
必如何始能致醫藥前途昌明與光大
太極拳推手器械之說明
美術與人生
體育與勞動
國術與體育
關於國術之兩個根本問題
此行赴歐之觀感
今年國慶之感想
對國貨銀行的感想
慎重言論之芻言
對運動比賽之意見
上海巴斯德學院遣派研究員赴巴黎安南意見書

序跋
郭人驥體育的科學序
潭腿全書序
吳圖南科學化的太極拳序
太極拳姿勢圖序
齒科醫學全書序
國技大觀序
社會科學與歷史方法序

演講
震旦大學紀念演詞
從勞動節的意義說到中國勞工應有的努力
演講醫藥問題
鄉村衛生與市政衛生
在新民大學之演詞
對於中華國貨展覽會之感想和希望
歡宴愛文諾之演詞
勗學生以科學救國（在上海交通大學的演講）
在中德產科女醫校之演詞
中學生應當怎樣修養（在崑山中學的演講）

提案
改良體育以保健康案
以勞動工作代替體操案
登記專門人才以便量才錄用案
確定衛生建設經費以固國本案
訓政時期黨政工作應分別規定案
應分設新舊醫藥研究所案

應設立花柳病治療所及製造痘苗案

各學校學生各機關公務人員應施行體
　　格檢驗案

請速予成立巴斯德學院以謀衛生根本
　　實施案

訓話

代表中央黨部於全國禁煙會開幕訓詞

十月一日訓話記錄[21]（一）

十月六日訓話記錄[21]（二）

十月十八日訓話記錄[21]（三）

贈詞

第十七國慶紀念贈華僑日報

勞動大學週年紀念贈詞

第三節　放眼世界　同心協力

　　從廿世紀初葉起，張靜江、吳稚暉、蔡元培、李石曾、褚民誼等一批留法的先驅們，以民族革命、社會革命為己任，以教育救國、科學救國為共同信念，以不圖官職、勤於務實為共同準則，在長期的攜手奮鬥中結下了深情厚誼。作為維繫他們之間親密關係的紐帶，「世界社」這個教育、文化、學術和出版性質的組織，長期以來發揮了獨特作用。

　　「世界社」是這批先行者們踏上法蘭西自由王國，吸取了民主和科學的思想，決心社會革命，最早於1906年底在巴黎結成的社團。當時他們創辦有《新世紀》報，作為秘密的革命刊物出版發行。「世界社」最初始的目的，則是以此名義，出版大型畫冊《世界》畫報[2.3]，在國內外公開發行，藉以打開國人的眼界，實行啟蒙教育。但是由於當時政治和經濟條件的限制，該畫冊僅出版了兩期，及特刊《近世界六十名人》，便被迫停頓下來。

　　辛亥革命勝利，滿清既倒，「世界社」也獲得了新生，其組織和活動內容不斷擴大。「民國元年，旅歐同志于滬上發起「世界社」。」1916年出版的《旅歐教育運動》[3.2]中記載稱，「此「世界社」，非僅就世界畫報而言，實合旅歐教育事業與國內傳播事業為一團，而相與致力。所謂教育事業者，如續刊世界畫報，推廣儉學會等；所謂國內傳播事業者，如創辦通俗報，設通俗教育傳習所，進德會，社會改良會等。後於法國又重定「世界社」，在歐進行之範圍，亦合旅歐各種事業而成之。」

---

[21] 在上海中法國立工業專門學校的訓話。

那時，由於袁世凱竊權，國民革命受挫，該社成員重聚法國。上書[3.2]中，全文刊登了重組後世界社的意趣和簡章。發起人為：吳敬恒、汪兆銘、李煜瀛、陳璧君、張人傑、褚民誼、譚熙鴻和蔡元培。

在「世界社之意趣」中，著重闡發了文化和教育對人類發展的作用，其開篇寫道「讀人類進化史，而察其歸依鵠的之趨勢，殆不外乎欲合人類全體為一團，而相與致力於世界之文化。」在論述世界進化決非少數聖賢英雄「驅策群不如己者」所能為，而必須普及教育之後，歷數了亞東一隅，我四萬萬人口之中華，在教育上的種種不平等，致使文盲及守舊者占居絕大多數，不能蛻舊孳新，而與他族相形見絀。為不自甘淘汰，必須急起直追。「同人就學異國，感觸較多，欲從各方面為促進教育之準備，爰有世界社之組織。作始雖簡，不敢自棄。邦人君子，有鑒其移山之愚，而助以夸蛾二子之力者，實同人之所顒顒而跂望者也。」

在「世界社之簡章」中，宣稱本社的宗旨為：「傳布正當之人道；紹介真理之科學」。而其方法，按業經發起的事項，定為下述四類，以後再續行議加：

甲、書報，續出「世界」大畫報；續辦「民德」「學風」等已試辦的月報；編譯社會科學圖書；維持法國中華印字局。

乙、研究，推廣「遠東生物學研究會」附化學試驗所；推廣「美術研究會」；續辦前已發起的「人地學社」。

丙、留學，推廣「留法儉學會」，附設預備學校；補助「勤工儉學會」；推廣「互助」社。

丁、傳布，傳布「進德會」和「社會改良會」。

社員分為：專注實行的「組織員」和予以協助的「扶導員」。經費由組織員和扶導員協同籌募。先在北京、上海、巴黎設立機關，以後更擇相宜之地點，次第增加。

在最後的「附」中特別注明，「本社除組織員和扶導員兩種會員名目外，永不設立社長等之名目，及投票決議等之儀式」，表明這是一個完全自願、充分自由，帶有互助性的一種自治的組織形式。

褚民誼堅持學成後，於1924年底回到廣州，此時，國家仍處於動盪分裂的狀態，世界社的主要成員分處北京、上海、廣州等各地。北伐戰爭勝利後，國家統一，他們又會聚在一起，相互支持，為共同關注的事業大顯身手。1929年《褚民誼最近言論集》[1.10]一書問世，吳、蔡、李等人欣然為之題詞作序，

給予高度評價。特別是在李石曾的序言中，深情地總結了他與褚民誼「相與過從二十餘年」，在主義、學術、興趣、事業和言論諸方面的共同點，並以今後「相繼無窮」而共勉（詳見本章之第二節「強國健民，振聾發聵」）。此時，原來的旅歐先驅們，業已成為國民革命的功臣和位居國民黨中央委員的元老，「世界社」這個組織仍繼續存在並發揮積極作用。

國民政府奠都南京，1928年國家趨於和平統一後，為了在國際上進行宣傳，加強國際聯繫，國府派代表團於是年6月啟程出訪歐美，時褚民誼已先期奉派赴歐考察（詳見本篇第二章之第三節「急流勇退，赴歐考察」）。《民國日報》（1928，7，9）上發表的本報巴黎特訊中稱，「國民政府駐法代表鄭毓秀博士[22]到法後。深得此間朝野人士之好感。6月11日晚，法國外交部招待處特假座巴黎著名華貴之嘉利基旅館大禮堂，設盛宴歡迎鄭毓秀博士，及中國代表團。」是晚與會中外人士，不下數百餘。華方到者為國民黨政府駐法代表鄭毓秀、中國國民黨中央監察委員李石曾、國民政府司法部長王寵惠、中國建設委員會委員魏道明、中國國民黨中央執行委員褚民誼及其夫人，中法大學駐法代表齊致，」以及國府駐法代表處人員、國民黨駐法總支部代表及眾多來賓。法方由其外交部出面招待，除諸多法國著名議員外，其他來賓亦多為歐美政治、外交、教育、輿論各界知名人士。「開法蘭西外交歡迎會中空前未有之盛舉。」會上賓主雙方演說，共祝中法邦交日臻親善。宴後殿以音樂及歌舞等表演，至夜深始盡歡而散。

在北洋政府時期，世界各主要國家的使館主要集中設立在北京的使館區內。自1924年起瑪德（爾）伯爵出任法國駐華公使，為與新成立的南京國民政府聯絡，需往返於北平和首都南京之間。褚民誼訪歐回國後不久，據《民國日報》（1928，12，17）上披露，「中央委員褚民誼氏，以法使此次南下與國民政府談判中法關稅及修約等問題，雙方均具誠意，至為接近，褚氏特於昨日（16日）正午十二時在宅設宴，藉以歡宴法國公使，並邀法領事霍克林、金交涉員及中法各要人作陪。席間褚氏演說，希望中法友誼日增親善。末由法使答詞歡宴而散。」下圖是發表在《圖畫時報》[2.7]No.524（1928，12，26）上中外賓客的合影，中方有工商部長孔祥熙、淞滬警備司令熊式輝，以及留法歸國名人鄭毓秀、宋梧生等人出席。

---

[22] 鄭毓秀（1891-1959），1924年在法國巴黎大學獲法學博士學位，其夫為1926年同獲此學位的魏道明。

1928年12月中央委員褚民誼（1）設家宴歡迎法國公使瑪德爾（6）和領事霍克林（4）。中外賓客孔祥熙（5）、熊式煇（7）、鄭毓秀（8）、金交涉員（3），宋梧生（2）等出席[2.7]No.524（1928，12，26）

　　時值由工商部發起在上海舉辦的「中華國貨展覽會」，正如火如荼地進行。褚民誼對該展會十分重視，多次到會，發表演講並進行國術等表演，以助聲勢。《民國日報》於12月18日報道稱，在上述褚氏舉辦的宴會席間，談及國展會事，法公使表示極願參觀之意。宴畢即由褚民誼偕展會主席趙晉卿，陪同法國公使和領事赴展會參觀。法公使「對於該會陳列豐富、佈置周詳，極為贊美。」展會至1929年元旦閉幕，褚民誼為此發表了〈對於中華國貨展覽會之感想和希望〉的演講（《文集》[1.10]），高度讚揚中國多年來提倡國貨，然而「像這樣大規模具體的展覽會，卻還是第一次」，其目的在於打破和消除社會上那種「醉心外國貨」的觀念和心理。文中提出根本解決的辦法：一是政府要保護民族工商業，「非先取消不平等條約，關稅自主」不可；而在民眾方面則呼籲要提高愛國心，不再去買外國貨，「並且希望國內的學者工業家發憤研究科學，改良製造，一洗中國工業落後之恥。」

　　翌年《申報》及《民國日報》（1929，2，14）上報導稱，為世界社及促進中法文化事業，中央委員蔡子民、吳稚暉、張靜江、李石曾、王寵惠、褚民誼，司法部長魏道明，立法委員鄭毓秀，於前日（12日）中午一時，特邀請中法各要人，歡宴於中法學堂新屋。計法國方面到者，有法大使和秘書、越南外

1929年2月「世界社」在新落成的中法學堂新屋宴請中法各要人後的合影。右起前排：褚民誼（1）、黃郛（3）、熊式輝（5）、王伯群（6）、蔡元培（7）、法公使瑪德爾（8）、李石曾（9）、王寵惠（10）、孫科（11）、魏道明（12）、鄭毓秀（13）、孔祥熙（14）、何應欽（15）；後排：張乃燕（6）、法領事霍克林（12）、張靜江（15）、吳稚暉（23），褚民誼攝[2.7]No.538（1929，2，20）

交局長、經濟局長、滬總領事、寧總領事、陸軍參贊、法總巡長、中法銀行經理、法文匯報主筆，以及醫師和銀行界等要人。我國方面到者，有訓練總監何應欽、外交部長王正廷、鐵道部長孫科、財政部長孔祥熙、交通部長王伯群、警備司令熊式輝、市長張定璠、黃郛、張乃燕等六十餘人。「入席後，首由蔡子民先生致辭，略云，今日為中法文化事業敘餐，二十多年來，同仁等在法時有世界學社之發起，曾致力關於科學美術之提倡、革命的宣傳，經法國之相當贊助。今天法國代表在座，法使向來盡力中法文化事業，望此後中法文化合作，能有所貢獻於全世界。世界社所進行各事宗旨，可由李石曾先生作詳細報告。次李氏報告云，在辛亥革命前，發起組織世界社，曾在法國由張靜江先生出資，吳稚暉、褚民誼主持，出版世界畫報及其他關於美術出版物甚多。創辦新世紀時，中山先生曾在巴黎社內寄居甚久。辛亥革命後，陳英士先生亦經竭力援助，以後由文字之宣傳進於事實的工作，如留學生之介紹，儉學會、勤工儉學會組織。歐戰時，華法教育會成立。戰後，在里昂創辦中法大學，在北平亦有中法大學（文理科、社會哲學科），在滬亦擬設中法大學（醫藥科、法科）云云。旋張、吳、王、鄭、魏、褚演講。張謂因本人體弱，目下注意建設工作，此後當極力相助云云。吳謂中法文化有接近處，將來必有良好結果。鄭、魏則謂，擬組織國際通訊社。褚演說謂，為什麼要中西藥學研究所理由，及在滬設立微生物研究所，相附而行，請大家幫助。法使在李石曾報告後亦起立演說，本人甚注意中法文化事業，能得蔡、李諸先生援助，此後當更努力云云。王正廷演講，在中法文化事業須合作，對中法國交亦當親睦。下午三時半

由褚民誼攝影而散。」該照片示於前頁上圖，發表在《圖畫時報》[2.7]No.538（1929，2，20）上。

褚民誼等人頻繁參與中法交流活動，其動態常披露於報端雜誌。《申報》1929年3月9日報導稱，上海法文協會為巴黎總會之分會，由前中法國立工業專門學校法方校長梅（雲）鵬氏於1912年7月創辦，宗旨為闡宣法國之語言文字及科學與藝術，溝通中法兩國之文化。該會設圖書室，藏書一萬八千餘冊；不時舉行有關文學、藝術、音樂、科學方面的講座，很受歡迎；還舉辦法文夜課，畢業後發給文憑。近日推舉駐滬法國總領事為其名譽董事，並增添李石曾和褚民誼為會董。

為加強留學生之間的聯繫和互助，經褚民誼等人發起，在上海成立「留法比瑞同學會」，於1929年4月14日舉行成立大會。會議由褚氏主席，修改和通過會章後，選舉褚民誼等為執行委員。（《民國日報》1929，4，16）嗣後，於1930年9月3日，有「留比同學總會」之成立，聘請王景岐、蔡孑民、高魯、朱鶴翔、褚民誼、李石曾等人為名譽委員。其會務中，有設立一固定會址，籌劃中比大學之長遠計劃。（《民國日報》，1930，9，4）

《華北報導》[2.13]（North China Herald，1930，12，2）上，以「中法友好互利」為題載文稱，1930年11月27日在南京法國領事館召開「中法友誼協會」成立大會，名譽主席法國公使（委託領事與會）及李石曾、吳稚暉、張靜江、王寵惠等出席。會上選舉協會主席、副主席和秘書長。褚民誼因赴比利時參加國際博覽會未能出席，當選為協會主席。協會章程中規定，該會宗旨在於促進中國學生赴法國留學，並為在華法國學術和企事業單位提供所需幫助。會章中強調協會活動不涉及政治和宗教問題。該協會不斷發展，於1933年動工興建南京中法友誼協會會所，於12月14日舉行奠基禮，如後頁上圖所示，褚民誼高興地站立在他題寫的中法友誼協會奠基石碑右側，與中外來賓合影留念，該照片現藏於華盛頓國會圖書館[1.63]。1934年12月底南京中法友誼屋建成，褚民誼與法國公使韋禮德出席落成典禮，並與眾多中外賓朋在新屋前攝影，《東方雜誌》[2.1]Vol.31，No.24（1934，12）上刊登了該照片（見後頁左下圖）。

此外，在上海於1933年12月3日成立了中法聯誼會，為留法、比、瑞回國同學及國內法文學校畢業人士，暨旅華法國人士的共同組織，以聯絡感情，促進中法文化交流。褚民誼、王景岐、宋梧生等十六位中外人士人當選為董事。（《申報》1933，12，4）

1933年12月14日南京中法友誼協會會所奠基典禮合影。褚民誼站在他題寫的奠基石右側[1.63]

1934年底褚民誼和法國公使韋禮德（前排中）參加南京中法友誼屋落成典禮[2.1]Vol.31，No.24（1934，12）

1935年6月5日法國公益慈善會向上海東方圖書館贈書典禮後的合影。前排左起：李石曾、褚民誼、張菊生、李榮、伯希和、法總領事代表和上海市長代表；後右端為王雲五[2.1]Vol.32，，No.13（1935，7）

當時號稱亞洲第一的上海東方圖書館，曾在「一・二八」事變中遭日本侵略軍炸毀，為了復興，成立了「東方圖書館復興委員會」，得到了各方借贈書籍的大力支持。1935年6月法國公益慈善會向該館贈書一千六百冊，商務印書館則以「四庫全書」回贈，於5日下午在法公董局禮堂舉行贈受典禮。來賓有蔡子民、李石曾，法公董局李榮等三百餘人。據《時事新報》（1935，6，7）報道稱，會上法國公使代表勃里勞弗致詞後，由法國著名漢學家伯希和（P. Pelliot）教授發表長篇學術演講。繼而中方先後由東方圖書館復興委員會主席張元濟（菊生）及褚民誼代表行政院長汪精衛致詞，李石曾作簡短發言後，商務印書館總經理王雲五簡要地介紹了東方圖書館的歷史和現況。《東方雜誌》[2.1]Vol.32，No.13（1935，7）對此項活動進行圖文並茂的報道。右下圖是會後中、法諸要人的留影。

第三章　訓政伊始，正言務實　115

值得提出的是，在世界社基礎上成立起來的世界文化合作中國協會，是當時我國開展國際文化交流活動的一個重要陣地。二戰後的國際聯盟內，早期即設有世界文化合作委員會，意欲增益國際學術交流，以促進世界和平。我國自1930年起積極參與其間，吳稚暉、林語堂、陳和銑等人曾先後派赴出席該會，吳稚暉並被委任為世界文化合作委員會中國委員。效法法國等其他國家的做法，世界社的主要成員吳稚暉、蔡元培、李石曾等人發起，在中國相應地組織成立世界文化合作中國協會。教育部於1933年4月26日聘定了一個代表廣泛的籌備委員名單，包括蔡元培、李石曾、褚民誼、吳稚暉、宋子文、陳立夫、張靜江、林語堂、李熙謀、程其保、朱家驊、翁文灝、陳和銑、郭有守等二十五人，並指定吳稚暉為會長。為便於開展工作，教育部還決定由會長指定常務委員，包括蔡元培、張靜江、李石曾、褚民誼、陳和銑、莊文亞，連同會長吳稚暉在內共計七人，組成精幹的常務委員會，俾可隨時召集常會，主持開展工作。籌備委員會辦事處暫設在上海世界社社址內，聘陳和銑任辦事處主任幹事，莊文亞任幹事，資費由教育部籌撥。1933年5月20日召開首次世界文化合作中國協會籌備委員會常務會議，下圖是在世界社內舉行該次會議的合影（照片摘引自台北1983年12月出版的《美哉中華》畫報月刊上，陳和銑發表的回憶李石曾的文章中）。

1933年5月20日在世界社召開首次世界文化合作中國協會籌備委員會常務會議合影。前坐者張靜江，其後右起為李石曾、莊文亞、陳和銑、褚民誼、蔡元培和吳稚暉（《美哉中華》畫報月刊，1983年12月）

接着,於1933年6月4日下午三時,在籌備委員會辦事處舉行世界文化合作中國協會籌備委員會第一次全體會議,由吳稚暉主席。出席會議的委員,如下圖所示,有李石曾、張靜江、蔡元培、鈕永健、吳稚暉、褚民誼、程其保、黃炎培、李熙謀、李書華、莊文亞、厲家祥、陳和銑和郭有守。此外委託代表出席的有陳立夫(郭有守代)、楊廉(李熙謀代)和林語堂(蔡元培代)等人。委員王世杰、戴傳賢、羅家倫等則來函請假。會議主要討論議決了世界文化合作中國協會會員產生辦法,以及舉行世界文化合作中國協會大會等議案。協會的主要工作包括,編輯出版世界文化合作書刊、開展國際學術交流、舉辦展覽會、加強國內外文化機關間之聯繫和合作等項內容。此外李石曾於1932年秋出席世界文化合作委員會活動期間,發起創辦中國國際圖書館,擬在國聯所在地瑞士日內瓦和中國上海設立分部。他於1933年初回國後,即按他的建議將原世界社圖書館改建為上海中國國際圖書館,並於上述世界文化合作中國協會籌備委員會第一次全體會議會結束後,由新成立的上海中國國際圖書館舉行招待會歡迎與會者,並帶領參觀。該圖書館是國內建立最早的國際專業圖書館,收藏中外圖書五萬餘冊,中外雜誌五百餘種。

1933年6月4日在上海世界社召開世界文化合作中國委員會籌備委員會第一次全體會議合影。前排就座右起:李石曾、張靜江、蔡元培、鈕永健;後排右起:吳稚暉、褚民誼、陳其保、黃炎培、李熙謀、李書華、莊文亞、厲家祥、陳和銑和郭有守(《中華第一奇人張靜江》,2003,3)

第三章 訓政伊始,正言務實 117

1934年3月11日世界文化合作中國協會和上海中國國際圖書館新建築奠基禮合影。吳稚暉（右）與褚民誼（左）共執基石，李石曾、蔡元培和莊文亞位於吳右，前坐者張靜江，張左為陳和銑及馮陳祖怡（上海圖書館數據庫）

1934年4月8日世界文化合作中國協會與上海中國國際圖書館在世界社內舉行聯席會議攝影。右起：褚民誼、李石曾、宋子文、蔡元培、拉西曼、陳和銑、胡天石和莊文亞（上海圖書館數據庫）

　　世界文化合作中國協會與上海中國國際圖書館這兩個機關，以世界社為紐帶緊密地聯繫在一起。1934年3月11日世界文化合作中國協會和上海中國國際圖書館在世界社的近鄰建設新建築，舉行奠基典禮，吳稚暉主持典禮並為奠基石題詞。上圖所示，吳稚暉與褚民誼共執基石，李石曾、蔡元培、張靜江，莊

文亞、陳和銑以及馮陳祖怡等出席。建築落成後，兩個機關將遷入同一樓內辦公。

1934年4月8日世界文化合作中國協會與上海中國國際圖書館在世界社內舉行聯席會議，議決世界文化合作協會加入為上海中國國際圖書館的創辦人。如前頁下圖所示，與會者褚民誼、李石曾、宋子文、蔡元培、拉西曼（國聯中國顧問）、陳和銑、胡天石和莊文亞等合影留念。（以上二圖現均可見於上海圖書館數據庫）

1934年1月3日世界社舉行新年茶話會，並邀請來滬的汪精衛出席。如下圖所示，張靜江偕兒女與蔡元培、褚民誼、李石曾、汪精衛一起合影留念。該照片由褚民誼具名贈送張靜江，以表示他們之間長期以來的親密情誼。（該照片現展出在南潯「張靜江故居」內）

前述法國駐華公使韋禮德，在1929年接替前任瑪德後，於1935年9月在任上病逝。其後，法國政府將駐華使節升級，派遣那齊雅為首任法國駐華大使。《良友》[2.9]No.118（1936年7月）上登載了，1936年7月9日那齊雅大使率領使館參事等覲見林森主席，並遞交國書後的合影（見後頁上圖）。褚民誼當時業已辭任行政院秘書長，仍應邀出席典禮。

1934年1月3日世界社主要創始人聚會上海世界社合影。張靜江攜兒女坐在前排；後排右起為：蔡元培、褚民誼、李石曾、汪精衛（照片由褚民誼題贈張靜江）

1936年7月9日法國首任大使那齊雅（前排中）向林森主席（前排右）遞交國書後留影，孔祥熙（前排左）和褚民誼（二排左3）等人出席[2.9]No.118（1936，7）

嗣後，法國政府擬於1937年5月1日，在巴黎舉行近代文藝技術國際博覽會。世界各國包括中國均被邀請參加，我國政府因種種原因業經婉辭。世界文化合作法國協會，認為這次展會對加強中法兩國的聯繫和合作甚為重要，迭次請求中國參加，並答應提供優惠條件。為此，世界文化合作中國協會李石曾、吳稚暉、蔡孑民、張靜江、褚民誼等人發起，召集文化、教育、工商各界領袖在世界社經過數度會議，認為此事重要，議決由世界文化合作中國協會、上海市商會、全國商會聯合會、銀行公會四團體，及文化、教育、工商各界領袖，共同組織「中國參加巴黎國際博覽會協會」，推選褚民誼、趙志游、劉符誠、謝東發、劉錫昌五人為代表，攜帶文化、教育、工商各種賽品，赴法國參加，並以褚民誼為首席代表，負責籌辦一切。1936年12月23日在上海舉行「中國參加巴黎國際博覽會徵集出品委員會」成立大會。會上褚民誼主席報告上述籌辦經過後，推選李石曾、褚民誼、王曉籟、林康侯、潘公展五人為主席團，並討論通過了徵集物品規則。其籌備經過，詳載於本篇第四章之第三節「精心組織，博覽爭光」中。

從上述列舉的活動片段可見，褚民誼與張靜江、吳稚暉、蔡元培、李石曾等「世界社」的主要成員，放眼世界，通力合作，積極為促進和加強中外文化交流，特別是中法文化交流，所做出的持續不斷的努力和奉獻。在本書的其它部分中，讀者還將頻繁地看到他們之間，在各方面親密合作的身影。

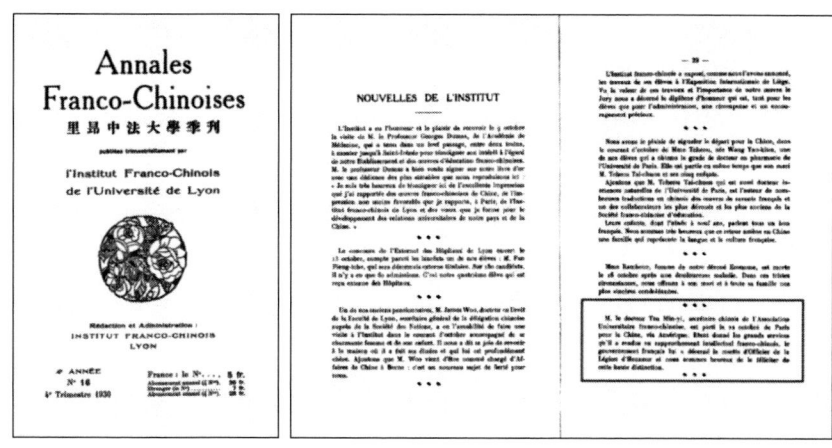

1930年10月22日褚民誼在巴黎接受法國政府授予的法國榮譽軍團軍官勳位勳章，消息報道在《里昂中法大學季刊》（No.16，1930年第四季度）[2.11]上（見本文作者標示的框框內）：該刊之封面（左）；消息欄（右）（法國里昂市立圖書館）

鑒于蔡元培、李石曾和褚民誼為中法文化合作事業做出的傑出貢獻，他們三人先後被法國政府授予榮譽勳章。1921年5月30日《申報》報道，北京大學校長蔡元培訪問法國，與里昂大學簽訂在里昂設立中國大學的協議後，法國教育部長於23日在巴黎接見他，「並以政府名義贈以勳章[23]」。接着，「法國總統以李石曾辦中法文化事業出力」，《申報》1929年4月2日上報道謂，「將給以三等榮光勳章，已寄出，到平後，將由瑪德公使代表贈與李氏。」

此後，據法國「國家軍事獎章管理辦公室」經理何塞·托馬斯（Jose Tomas）2014年12月5日致本書編者查詢的回函中確認，在法國榮譽軍團的檔案中記載，「在上海的中法國立工業專科學校校長及中法藥科學院院長褚民誼博士，於1930年7月24日被任命為榮譽軍團軍官勳位（Officier de la Légion d honneur）」。當時褚民誼作為國民政府總代表參加在比利時日列召開的國際博覽會，展會結束回國時路經法國，1930年10月《里昂中法大學季刊》[2.11]（No.16，1930年第四季度）上刊登消息稱：「褚民誼博士，中法大學協會中方秘書長，10月22日到巴黎，路經美國返回中國。「法國政府授於他法國榮譽軍團軍官勳位勳章，我們對此優異成績表示熱烈地祝賀。」如上圖所示，《里昂中法大學季刊》上，褚民誼受勳的那條消息，登載在本文作者標示的框框內。

---

[23] 法國榮譽軍團指揮官勳位勳章。

第三章 訓政伊始，正言務實 121

第四節　勞働大學，西湖博覽

褚民誼與張靜江、吳稚暉、李石曾、蔡元培等人，除前述在國際交流與合作方面通力協作外；在大力開拓國內科教文化事業上，也盡力相互支持和合作。這裡記述的是褚民誼積極參與創建勞働大學，舉辦杭州西湖博覽會以及第四屆全國運動會等有關的一些歷史片段。

1927年國民政府奠都南京後，在5月9日召開的中央政務會議上批准了李石曾等人提出的一系列建議。《申報》（1927，5，12）上披露的會議紀要中謂，「李石曾請在滬設教育行政委員會辦事處照準；又請開辦中央研究院照準，推張靜江、蔡子民、李石曾、褚民誼、許崇清、金湘帆為籌備員；吳稚暉、李石曾請開辦勞働大學，內分勞工學院、勞農學院兩部照準。推張靜江、金湘帆、許崇清、蔡子民、李石曾、褚民誼、張性白、吳忠信、嚴慎予、沈澤春、匡亙生等十一人為籌備員，院址在上海江灣。」

之後，籌建勞働大學的工作便緊鑼密鼓地開展起來，先後於5月13和19日召開了第一和第二次籌備會議，李石曾主持，褚民誼等人出席，制定了規劃，指派了負責人。鑒於江灣有現存的模範工廠，擬接收和改造後，首先開辦勞工學院。（《申報》1927，5，14；19）

6月11日《申報》上報道，「國立勞働大學籌備委員會，昨日開會，到蔡元培、李石曾、褚民誼、張靜江、吳忠信、張性白、匡亙生、嚴慎予、金湘帆等，當將勞工學院組織大綱一致通過，並決定推聘沈重九為該院院長。」該報次日登載了褚民誼所攝的「勞工學院之外觀與籌備委員」的照片（見後頁左下圖）。後頁右上下兩幅照片推測是在上海勞働大學草創時期所攝。

創辦勞働大學是力圖克服勞心與勞力分離的一個嘗試。次年《時事新報》（1928，10，30）上刊登了褚民誼撰寫的〈體育與勞働〉的論文（嗣後收入《文集》[1.10]和《現代教育評論集》[3.25]中），文中開篇批判了「勞心者役人，勞力者役於人」的錯誤階級觀念後指出：

「古時耕餘而讀，讀後而耕，這種生活非常高雅。吳稚暉、蔡子民、李石曾諸先生本此意擴而充之，因有工讀之提倡，勤工儉學會之設立，我亦有同樣之主張。去年勞働大學的設立，內分勞工學院與勞農學院，是完全根據工讀與耕讀並重的主張去設立的。「相信可以免去從前兩種偏於勞心與勞力的弊病，

上海勞働大學草創時期之攝影。上圖是吳稚暉（左）、李石曾（中）和褚民誼（右）前往視察時的攝影；下圖是褚民誼參觀該校簡易試驗暖房

勞工學院門前之攝影。右起：褚民誼（1）、李石曾（2）和蔡元培（6）等（《申報》1927，6，11）

使得學生能工讀並能耕讀。將來卒業後，一方面得到充分的學識；一方面習成嫻熟的技能，學理與經驗皆有。對於學生自己不患不能謀生；對於社會，可以得着多少實用的人才。」

褚民誼於1929年，在紀念以「勞工神聖」為口號的「國際五一勞働節」時，向工友們發表了題為〈從勞働節的意義說到中國勞工應有的努力〉的演講（《文集》[1.10]）。講話從分析勞心與勞力分離的演進歷史開始，他說道：

「勞働之被賤視，並非自古而然。「原人時代，人獸雜處，無所謂勞工，也無所謂知識，文明漸開，始有工作。」中國上古時代為人類謀衣食住行幸福

第三章 訓政伊始，正言務實 123

的始祖先賢,如燧人氏、有巢氏、螺祖氏、夏禹等,「當他們工作的時候,大都胼手胝足,勞苦不輟,確是一個勞工;而同時他們運用其智慧創造發明,恰又是一個學者。」「上古時代勞働家,確是居於神聖地位的,因為非有勞動不能解決人生的需要;非勞働而兼有學問不能設法解決人生的痛苦。及至到了中古、近古時代,思想一天天發達起來,而專講玄理,不求實事,於是把勞働看輕了。勞働者勞力,而求學者勞心;勞力、勞心,分而為二。勞心者專事知識的增進,不尚勞動;勞力者則惟知從事力役,不求知識。於是勞力的地位,低落下去,勞心的地位,增高起來,甚而賤視勞働,虐待勞工,後來愈演愈烈,視等牛馬,役作奴隸,廠主地主壓迫工人佃戶的事,常常發生。然而物極必反,勞働者漸漸覺悟了,團結起來,要求解放,現在總算達到目的,已由牛馬的地位恢復到神聖的地步。」那麼,現在來紀念勞働節,「是要先明瞭自身地位低落的原因由於缺乏知識所致。那麼唯一提高地位的方法就要謀知識的補充。有了充分的知識,地位自然因之增高,那才值得紀念。」

他進一步指出,中國現在這樣貧弱:「一般勞働的人,終日用全副精力埋頭工作,以無窮血汗,博得一些金錢,真正可憐得很。但是一般高等遊民,以及富豪闊少,他們簡直可以說毫無工作,而他們的生活卻快樂非常,奢侈無度,這是何等的不平等啊!但是所以釀成這種不平等的原因,據兄弟看來,是由於教育不平等所致。因為中國的教育是貴族式的,貧窮人休說受大學教育,便是中學也進不起。工友們能受著小學教育,已是不可多得了。所以謀根本的解決,非使得中國教育機會均等不可。但是教育機會所以不能均等的原因,也是由於國家貧窮的原故。這事要想改革,不是短促時期一步所能做到。目前治本之法,惟有致力於普及平民教育。而治標之法,則希望工友們於工作之餘,先得著些淺近而有實用的知識,然後再求高深的學問。」

在這篇講話中,他從勞心與勞力分離的歷史因緣出發,闡述了他所提倡的教育救國的思想。

1927年7月27日浙江省政府成立,張靜江出任主席。1929年1月24日國民政府任命他為建設委員會委員長。[3.60]時值東北易幟,國家統一,他滿懷豪情,意欲為國家建設大顯身手,其中一個大手筆是在省會杭州舉辦「西湖博覽會」。他作為博覽會主席在開幕詞上講道,「博覽會在東西各國,固已數見不鮮,而我國尚未遑辦,浙江省政府以當今全國統一,正從事建設之時,尤須秉承總理遺教,使心理建設與物質建設並重。博覽會對於各種建設,有觀摩促進

之功,而西湖為我國名勝之區,尤可藉中外參觀廣收效益,因舉辦西湖博覽會,內設革命紀念,及博物、藝術、農業、教育、衛生、絲綢、工業八館,以期荷心理建設與物質建設並重之意。至徵集物品,則以本國產物為主。另設參考陳列所,徵集有限制之外國物品,陳列其中,用作比較而資考鏡。又以各種行政狀況及各項事業統計,亦宜有所表現,以供研求,故更設一特種陳列所。」(《申報》1929,6,7)

西湖博覽會籌備委員會由省政府秘書長兼建設廳長程振鈞任主席,並設委員兼參議若干人辦理審核及督察事項。褚民誼富有參與國際大型展覽會的經驗,與江南鐵路公司總經理周延鼎同任參議,后又增加中國著名報業家史量才。籌備會自1928年10月27日成立起,共開會14次。下圖是1929年5月14日最後一次會議時的合影。籌委會主席程振鈞,參議褚民誼,農業館主任譚熙鴻(時任浙江大學農學院院長)等,共46人出席。[3.17][3.23]

博覽會於1929年6月6日下午開幕,中央黨部代表朱家驊,中央委員林森、褚民誼,國府代表孔祥熙,行政院代表蔣夢麟,檢察院院長蔡元培等要員出席。眾來賓先在會場門外集合,鳴禮炮後,由林森升旗,孔祥熙行啟門禮,來賓即魚貫而入,由大門行至禮堂開大會。博覽會大門內側全景及褚民誼與上海商業家王曉籟等人一起步入大門時的情景見後頁上兩圖。大會發言畢,殿以浙江國術館表演,國術名家包括褚民誼紛紛登臺亮相,藉以增加餘興。晚上舉行水陸提燈大會,並燃放焰火,環湖堤岸,華燈万盞,火樹銀花,熱烈非凡。

西湖博覽會規模宏大,八館二所及各種遊藝場所,分設在西湖的孤山和里西湖一帶,面積約5平方公里。會期預定到10月10日止,由於參觀踴躍,絡繹不絕,延長至20日才行閉幕,歷時138天。展出物品共計14.76萬件,觀眾2000

1929年5月14日浙江杭州「西湖博覽會」第14次籌備委員會全體委員合影。前排中坐白長衫者為主席程振鈞,右邊為參議褚民誼,左邊為農業館館長譚熙鴻[3.17][3.23]

1929年在浙江杭州舉行的「西湖博覽會」大門內景[3.24]

1929年6月6日「西湖博覽會」開幕，褚民誼（前左）與王曉籟（前中）等在啟門禮後步入會場。左上角示出的是當時發行的西湖博覽會紀念郵票（照片由「如鴻歲月歷史照片數據庫」提供）

万人次，轟動浙江和全國，在國際上亦頗受注目。1929年和1931年分別出版了《西湖博覽會籌備特刊》[3.17]和《西湖博覽會總報告書》[3.23]及《西湖博覽會紀念冊》[3.24]。各黨政要員包括蔣中正等均為之題詞。展會主席張靜江為籌備特刊題寫書名，褚民誼以展會宗旨題詞曰：「獎勵實業，振興文化」。總報告書的書名由吳稚暉題寫，褚民誼的題詞為「發揚國光」，以讚譽博覽會取得的碩果（分別見下圖）。

張靜江對體育很重視，尤其鍾愛國術，自任浙江國術館館長，乘西湖博覽會開幕之際，在大禮堂補行成立典禮，邀請海內名家孫祿堂、吳鑒泉、褚桂亭、杜心五等數十人，拳劍鞭棍槍刀鉤戟大顯身手。褚民誼也應邀在此場合，將他新發明的太極推手器械，首次比肩武林高手，公開亮相。

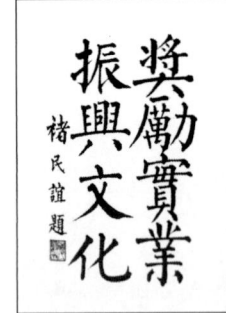

1929年出版的《西湖博覽會籌備特刊》：（右）封面，張靜江題；（左）褚民誼的題詞[3.17]

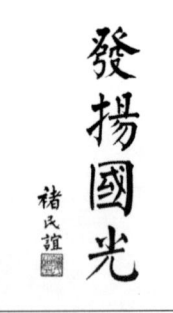

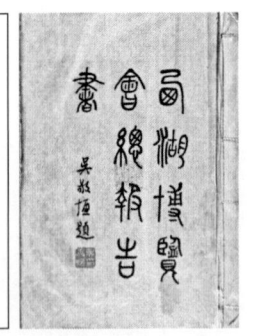

1931年出版的《西湖博覽會總報告書》：（右）封面，吳稚暉題；（左）褚民誼的題詞[3.23]

浙江國術館於開幕次日晚大宴群英，以致謝意。褚民誼在席間發表演說，充分肯定國術是體育中最好和最適宜的方法。為了提倡國術，要打破從前秘密傳授的習慣，把國術的各種派別融會貫通起來。為此提出「我們在目的上，要有國術民眾化的口號」；「在方法上，要有國術科學化的口號」。最後他說道，「昨天國術館，在西湖博覽會成立的意義，就是貧而弱的中國，將要變為富而強的。因為西湖博覽會是發展社會經濟的物質建設事業，可以使中國由貧轉富；國術館是提倡強身強種恢復民族精神的國術的，可以使中國由弱變強。」（《申報》1929，6，10）

接着於1929年11月在杭州舉行國術遊藝大會，16日開幕表演，21日開始比賽。開幕式上張靜江等黨政要人，國術名家李景林、褚民誼、孫祿堂，以及比試人員、新聞記者等，總計六千餘人到會。褚民誼在會上發表演說並進行表演。（《申報》1929，11，17）

西湖博覽會開幕後，四方人士，聚會參觀，風起雲從，張靜江擬借此機會，發起于10月1日在杭州舉行全國運動會，經蔣介石主席復電贊同後，即着手籌備。教育部計劃屆時召開全國體育會議，特設全國體育會議籌備委員會，指定褚民誼為委員長。褚氏于7月中旬，由滬赴杭，實地進行考察和指導。（《申報》1929，7，16；21）為了建設大規模的運動場並進行充分準備，第四屆全國運動會延期至1930年4月1日至10日，在杭州東高橋大營盤新落成的運動場內舉行。二千男女健兒來自全國各省市36個團體，各獻身手進行角逐，並借此遴選成績優良的運動員，出席於5月在日本召開的第九屆遠東運動會。（《申報》1930，4，1）

首日大會開幕式上，名譽會長國府主席蔣介石偕夫人宋美齡蒞會並兩度訓話，會長戴季陶致開幕詞，副會長張靜江致歡迎詞，籌備主任朱家驊報告籌備經過，中央黨部邵元沖致訓詞，接着吳稚暉、王正廷、褚民誼應邀先後發表演說。

褚氏的演辭略謂：「今天參加全國運動會，精神非常之快樂，因這次全國運動會，是

1930年4月杭州第四屆全國運動會發起人、副會長、浙江省主席張靜江在會上 [2.7]No.651（1930，4，6）

第三章　訓政伊始，正言務實　127

1930年4月1日第四屆全國運動會開幕式上褚民誼發表演講。國民政府主席大會名譽會長蔣介石和夫人宋美齡就座於其身後的主席臺上[2.7]No.651（1930，4，6）

國府統一以後的第一次大會。兄弟前後參加過不少的全省運動會，覺得精神和設備，總不如這次的盡善。這次全國運動會是靜江先生發起的，目的在激發固有的體育。惟體育應時時注意，一方面要競賽；一方面要多注意平時練習。單在競賽時注意，是不好的現象。希望以後每年皆有很大的運動會，使得體育普及，人民的體格由弱而強。」（《申報》1930，4，2）

《圖畫時報》[2.7]No.651（1930，4，6）上及時報道了第四屆全運會的盛況。浙江省政府主席、運動會副會長張靜江出席大會時的攝影，以及褚民誼在開幕式上發表演說時的情景，分別示於前頁右下圖和本頁上圖。從上圖的背景上可以看到，蔣介石和宋美齡夫婦出席了該開幕式，就座在演講人褚民誼身後的主席台上。

當時褚民誼任我國參加比利時國際博覽會代表團團長，啟程在即，還專程趕來參加開幕式，演講後旋即離杭返滬，參加博覽會徵品處4月2日下午舉行的歡送會。摒擋一切後，由李石曾等人相送，於5日登輪放洋。（《申報》1930，4，3；6）

褚民誼與張靜江在注重國術、發展體育運動方面，長期密切合作，從上已可見一斑。浙江國術館創建後，張氏以健康原因，館長一職不久即由副館長鄭炳垣擔任。繼後，褚民誼卸任行政院秘書長，于1936年3月15日赴杭州接任該館館長。（《申報》1936，3，16）他在就職時發表演說，讚賞該館前任在辦理國術小學方面所取得的成果，給出了他本人為小學至中學各年級編訂太極操教材以及向國際上推廣的近期計劃，並在鄉親們面前，吐露出他為謀全人類的健康、快樂而不懈努力的心境，全文收錄在《文集》[1.37]中。

關於褚民誼在發展體育運動、提倡國術方面所作的努力,將在本篇第八章「全民體育,重在健身」中詳述。

第五節　百川匯流,共倡科學

科學是人類社會發展的推動力。科學落後是相當長時期以來,中國望塵于西方列強的一個根本原因。為了急起直追,普及科學思想,褚民誼多次撰文,從人類文明發展進程的高度出發,闡述了科學的重要性。

「自從人類有了文明以來,於是宇宙間的事事物物,因緣而生,演進不已。」他在1929年3月《醫藥評論》[2.14]（Vol.1,No.5）上發表的〈什麼叫做科學化的新醫〉一文中,開篇寫道,「但是一切事物產生的時期,總不外三個時代:（一）文學時代;（二）哲學時代;（三）科學時代。在人類初生之時,但知迷信神權。開化以後,始漸漸地入於文學時代。中國在中古與近古為文學最發達的時代,所以稱為文物禮儀之邦,文化最好。不過文學時代每不講究實際,而趨尚空談。對於宇宙觀、人生觀,完全屬於主觀方面,不能用客觀的眼光去研究和判斷事物變遷的主因,而促進他的進步。所以文學時代,亦可稱之為保守時代,人們的進步是很慢的。及至到了哲學時代,人們的智能有了進步。於是由懷疑的心理──為什麼?──怎麼樣?產生出研究和批評的觀念,纔開始用客觀的態度,從事於事物的研究和判斷。不過這種研究仍未能脫盡主觀。而對宇宙間的事物,能知其然而不能知其所以然;有時能推究其所以然了,而不能用學理和事實來證明其所以然。所以,仍是一種空虛的學理,與人生無大補益。及至到了科學時代,不但完全脫離了主觀地位,並且用客觀的態度來研究各種的原理。不但知其所以然,並能用豐富的學理和事實來證明其所以然,與空談的文學,和玄虛的哲學,完全不同,他是趨重於實際的,是運用學理去致用的。於是一切物資文明於焉產生,人類幸福增加不少。所以,這個時代,人類的進步最大、最速。科學萬能的一句話,並非虛譽。」

他在同年〈歐洲讀書一得〉（《旅行雜誌》[2.10]Vol.3,No.8,1929,8）一文中,論及吾人留學海外之旨趣時寫道;「東西之文化,各有其長,貴在融會貫通,不宜抱殘守闕……蓋文化之產生與發展,不外三個時期,即文學時期、哲學時期、科學時期是。昔以文學哲學為最優美;今以科學為萬能。西方文化於文學哲學之外,尤以科學為最發達,故一切物資上之需要,與夫精神

之文明，俱易解決。東方則尚未脫離文學哲學時期，科學甚形幼稚，故其文明偏於精神的，物資至為欠缺。西方文明則精神與物質並重，故其幸福獨多。立國於今之世界，不有文質並重之文明，將無以圖存。吾人可安得不努力進取乎！」

正如前節「放眼世界，同心協力」中所述，早在二十世紀初，褚民誼在法國留學的年代里，便與吳稚暉、李石曾、蔡元培等人一起，建立了「世界社」，著力于向國人宣傳和提倡科學思想。此時在大西洋彼岸的美國，實施以庚子賠款資助我國學生赴美留學以後，到這個新興國家的負笈學子日益增多。為了科學救國，由當時就讀于紐約州康奈爾大學的中華學子們發起，集資創辦了《科學》雜誌（月刊）[2.4]，于1915年元月起在上海出版發行。並進而于同年10月在美國正式成立了「中國科學社」，推舉任鴻雋、趙元任、胡明復、秉志、周仁、竺可楨、錢治瀾七人為第一屆董事，楊銓（杏佛）為編輯部部長。1918年其辦事機關由美國移歸國內，在上海和南京分設中國科學社事務所。此後，在國內迅速發展，成為我國二十世紀前半葉，層次最高、最具影響力的綜合性學術團體。該社除積極開展多樣性的學術活動，出版《科學》[2.4]雜誌以及後來的科普性讀物《科學畫報》[2.21]等刊物以外；還致力於興辦實業，曾先後在南京成立生物研究所，在南京和上海等地設立圖書館，並在上海集股創辦中國科學圖書儀器公司，「以謀編譯圖書、製造儀器計劃之實現」等等。1936年10月《科學》（Vol.20，No.10）上以〈中國科學社概況〉為題，綜述了該社二十年來的發展歷史。

中國科學社第一屆董事長任鴻雋，在該社成立廿周年之際，撰文〈中國科學社二十年之回顧〉（《科學》Vol.19，No.10，1935，10）。在強調「社會之同情」和「社員之努力」是這個「私人學術團體，而能繼續發展至二十年，且能蒸蒸日上」，具有無限前途的「原動力」時回憶道，「本社發起之時，作始甚簡，設非先覺前輩優予同情，」難以繁榮發展，「舉其要者，如蔡子民、吳稚暉諸先生，自民國四年（1915年）旅居法國時，聞本社之發起，即來函加以鼓勵。稍后則梁任公（啟超）、馬相伯、汪精衛、孫哲生（孫科）諸先生，亦於精神物質各方面各有重大盡力……等云。」

北伐之前，國家分裂，廣州國民政府與北洋政府南北對峙。但是，分處兩地和從不同國家留學歸來的學者們，其科學救國的抱負是息息相通的。先期在歐洲創立的「世界社」與繼後在美國成立的「中國科學社」，前者注重文化教

育；后者側重學術研究，兩者交叉並存，相得益彰。1921年在廣東省政府的支持下，成立了中國科學社廣州分社。作為世界社發起人之一的褚民誼與科學社早有聯係，回國初期在廣東大學任職時便積極支持和參與該社活動。

　　每年在暑期召開年會，是中國科學社的一項重要活動。從1916年開始，前三屆在美國召開。隨着總部歸國，自1919年起，年會移師國內，早期選址在總部附近的杭州、南京、北京、南通等地，均處于北洋政府的控制地區。1926年的第11次年會首次南下，選擇在當時的革命策源地廣州召開，得到了廣東革命政府的大力支持，預先由孫科、褚民誼、金湘帆、許崇清諸人組織籌備會，安排開會及招待等一切事宜。並決定以廣東大學（后改名為中山大學）農學院為會場，公開演講則在學校的大禮堂舉行。有三十五位社員及廣東社友們共計約百餘人與會。從京滬到達的社員由吳稚暉和褚民誼出面接待。會議于8月27日開幕到9月1日結束，身為校長的褚民誼對該會的舉行竭盡地主之誼。會議情況在《廣大週刊》[2.8]No.62（1926，8，30）和《科學》[2.4]Vol.11，No.10（1926）上均有記事。對此，在本篇第一章之第五節「盡心竭力，籌建中大」中已有介紹，不再贅述，這裡僅補充《科學》[2.4]Vol.11，No.8（1926）上登載的兩張照片（見下兩圖），以誌當時之盛。

1926年8月27日中國科學社在廣州廣東大學（中山大學）舉行第11次年會開幕式上的合影。其局部放大的圖片和對部分出席者的介紹已示於本編第一章之第五節中（[2.4]Vol.11，No.8，1926；[2.9]No.11，1926，12，15）

1926年8月26日中國科學社年會前，社員們瞻仰廣州黃花崗七十二烈士墓時的合影。照片中別出心裁的設計褚民誼重復出現在行列的兩端[2.4]Vol.11，No.8（1926）

前一張是8月27日下午開幕式時的全體合影，來賓和與會者濟濟一堂。由於這次會議頗受各界關注，《良友》畫報[2.9]No.11（1926，12，15）也予以轉載。本書作者將它的中間部分局部放大，已示於本篇第一章之第五節「盡心竭力，籌建中大」中，對其中的部分出席者進行了介紹，讀者可對照參閱。

　　後一張是會議開幕前8月26日社員們瞻仰黃花崗七十二烈士墓時的合影。照片上的褚民誼竟然重復地出現在行列的左右兩端。褚民誼是一位攝影愛好者，這張匠心獨具的照片，可以看作是他獻給會議的一幅作品。突破常規的創新性正是科學精神的精髓所在，這也正是他所追求和提倡的。

　　1927年中國科學社召開第12次年會，時值北伐節節勝利，國民政府奠都南京，會址原擬設在南京，但由於時局變遷，交通不便，改到上海，于9月3日至7日假上海總商會舉行，滬上黨、政、軍以及工、商、學各界均熱烈歡迎和支持。科學社成立初始社員僅十餘人，此時經十三年的發展社員增至七百餘人，在歐美的留學生中幾乎每校都有，他們學成回國後，對推動我國的科教事業發揮了積極作用。這次年會雖受時局等因素的影響，各地前來赴會者仍很踴躍，南北教育和學術各界名家學者，濟濟一堂，交流學術，共商科學興國大業。《科學》[2.4]Vol.12，No.11（1927，11）上登載了〈第12次年會記事〉，對會議詳加記述。

　　此時，國民黨中央委員褚民誼參加北伐到達上海，並被任命為中法國立工業專門學校校長，面對震蕩的時局，在為黨事、國事、校事的百忙中，為這次年會作出了積極的努力。會前與竺可楨、翁文灝、何尚平、何魯等人一起被推舉擔任演講委員會委員。9月3日下午開幕式上代表中央教育行政委員會致辭，「詳論革命之理論，略云中山先生之知難行易學說，完全用科學方法研究而來，故革命須採用科學始可以救國。後述，革命固重破壞；但破壞後必須建設。欲圖建設又非藉助科學家不為功。」

　　9月6日會議接近尾聲，下午由上海總商會、縣商會、商業聯合會、閘北商會四商團體開茶話會歡迎科學社社員。主席致歡迎詞後，「當由褚民誼代表科學社答謝。略謂「同仁等蒙貴會慨假會場，在此開會，騷擾多日，頗抱不安。今日又蒙貴團體在百忙中優予款待，尤為感激。本社前在廣州開會時，得到兩句結論：革命家要科學化；科學家要革命化，因此鄙人在此席上，敢易兩言為謝曰：科學家要工商化；工商家要科學化」云云。

　　在上述同期雜誌上，還刊登了開幕式時的合影（見下圖）。照片上褚民誼

和胡適以及科學社早年的發起人楊銓、秉志、任鴻雋、趙元任等人十分高興地聚在一起,在前面席地而坐。端坐前排中間的是教育界的老前輩馬相伯和蔡元培,左右兩旁分別是翁文灝、竺可楨、高曙青、周仁、何魯、嚴濟慈以及金湘帆、張乃燕、宋梧生、胡剛復等人。在最後一排左邊第三人則是長期擔任上海寰球中國學生會總幹事的朱葆康(少屏)等。作者僅對其中的部分人士進行了辨認。在該「年會記事」中列出了全體八十餘位參會社員的名單如下,真可謂是群英薈萃,盛況空前。

參會社員名單:蔡元培、胡敦復、褚民誼、馬良、楊銓、竺可楨、何尚平、何魯、任鴻雋、胡適、陶孟和、鍾榮光、陳衡哲、胡剛復、張乃燕、曹惠群、郭任遠、葉企孫、嚴濟慈、錢寶琮、阮志明、梁伯強、費德朗、劉晉鈺、程瀛章、段育華、孫昌克、周仁、朱經、金湘帆、錢崇澍、唐啟宇、楊孝述、楊端六、朱葆康、蔡堡、董時、汪胡楨、葉元龍、徐淵摩、徐韋曼、梅光迪、

1927年9月3日下午在上海召開中國科學社第12次年會開幕典禮之合影。前面席地而坐者右起:,褚民誼(3)、胡適(4)、楊銓(5)、秉志(6)、任鴻雋(7)、趙元任(8)等;其後前排正坐者右起:胡剛復(1)、宋梧生(2)、張乃燕(4)、金湘帆(5)、馬相伯(6)、蔡元培(7),翁文灝(8)、竺可楨(9)、高曙青(10)、周仁(11)、何魯(13)、嚴濟慈(15)等;最後一排左邊第三人為朱少屏[2.4]Vol.12,No.11(1927,11)

周厚樞、丁緒賢、何畏冷、李垕身、陳寶年、李孤帆、鄭初年、高曙青、吳谷宜、張軼歐、陳傳瑚、張宗成、張耘、趙志道、鍾季襄、金秉時、饒樹人、姜立夫、陸費執、蕭友梅、朱鑗、郭承志、郜重魁、榮達坊、許陳琦、陳燕山、賀闓、徐名材、孟心如、何炳松、劉寰偉、宋梧生、顏任光、樂文照、徐尚、崔宗埍、楊炳勛、胡憲生等。

　　1928年褚民誼赴歐考察衛生，回國後原準備出席中國科學社1929年8月21日至25日在北平召開的第14次年會，「擬在該會講演太極拳與生理的關係及太極拳推手器之功用兩標題。」（《申報》1929，8，13）但因需及時派送首批中比庚款資助留學生出國，及照料中法國立工業專科學校的招考開學等事宜，而未能脫身按時北上參會。（《申報》1929，8，15）

　　1930年初始，科學社上海社友會舉行十九年度新年同樂會，社員參加非常踴躍，到會百餘人。蔡孑民、褚民誼、胡適之、楊杏佛諸先生應邀先後發表演講，其內容按速記刊登在《科學》[2.4]Vol.14，No.7（1930，3，1）的社聞報道中。蔡孑民講的是科學與同樂的關係，略謂，用科學的力量，一切事物皆辦得到，看研究的人多少，這些人的努力怎樣。科學能使人快樂，「將來利用科

1929年11月2日在上海舉行中國科學社「明復圖書館」奠基典禮時的合影。前排左起：王雲五（1）、楊杏佛（2）、褚民誼（3）、吳稚暉（4）、蔣夢麟（6）、孫科（7）、蔡元培（8）、胡庶華（9）等[2.4]Vol.14，No.4（1929，12，1）

學可以完成世界大同，造成人間天上樂園」。褚民誼則著重提倡以科學方法健身，介紹男女老少皆宜的國術太極拳運動，稱它有三條經濟：時間經濟，經濟經濟，氣力經濟。「有此三得，快樂無窮，願諸位實行」。胡適之以「從科學史上看東西文化」為題發表長篇講話，通過歷史對比，認為中國科學之落後，早期沒有大學「是一個最大的原因。」特意從南京趕來的楊杏佛最後風趣地講述了科學新發明的若干趣事後，眾人盡歡而散。

1933年《科學畫報》（半月刊）[2.21]問世，褚民誼在其第一卷第六期上發表專論〈科學與體育〉。1935年改制後的中法國立工學院第一屆學生畢業，作為校長他在《科學》[2.4]Vol.19，No.7（1935，7）上撰文〈中法國立工學院之過去與將來〉，向國人推介在國內唯一一所中法兩國政府合辦、嚴格執行法國教學計劃的獨立高等工業學院。上述文章的內容將在後續有關章節中介紹。

中國科學社成立之初，總部遷到國內後，早就設想除在南京外，要在上海建設一個為科學發展服務的圖書館。在得到時任鐵道部長孫科的經費支持下，終于1929年9月開工興建。

為了紀念該社重要發起人胡明復於1927年英年早逝，取名「明復圖書館」。該圖書館坐落在中法國立工學院的近鄰，1929年11月2日下午舉行奠基典禮，蔡孑民主席，孫科揭幕，各機構代表及社員吳稚暉、蔣夢麟、褚民誼、楊杏佛、胡庶華、王雲五等百餘人出席。《科學》[2.4]Vol.14，No.4（1929，12，1）上對此進行了報道，同時刊登了奠基典禮時的照片（見前頁下圖）。

該圖書館一年多後建成（見右圖），是上海這個國際工商業大都市在文化上的一個重要建設。1931年元旦下午，中國科學社明復圖書館開幕並舉行書版展覽會。蔡孑民主席，九十二歲高齡的馬相伯、吳稚暉、褚民誼以及比、德兩國總領事等中西來賓和社員二百餘人到會。先在圖書館門前攝影（見下圖），然後進入大禮堂行開幕儀式。《科學》[2.4]Vol.15，No.3（1931，3，1）和No.11（1931，11，1）上對此進行了報道。

1931年元旦在上海落成開幕的中國科學社「明復圖書館」[2.4]Vol.15，No.3（1931，3，1）

1931年元旦中國科學社「明復圖書館」在上海開幕並舉行書版展覽會，於圖書館門前的合影。前排就座自右至左：褚民誼（10）、馬相伯（12）、蔡元培（13）、吳稚暉（19）、以及比利時和德國的駐滬總領事等[2.4]Vol.15，No.11（1931，11，1）

第四章　中比庚款，比國博覽

第一節　中比交往，情緣久長

比利時位於歐洲西北部的北海之濱，從北到東至南依次與荷蘭、德國、盧森堡和法國相毗鄰，是世界上工業最發達的地區之一，歷史上曾為周邊國家爭相併吞佔領。1830年爆發人民起義，從荷蘭的附屬獨立出來，建成君主立憲制的王國，從利奧波德一世國王（King Leopold I）起世襲王位，首都在佈魯塞爾。第一次世界大戰期間，比利時被德國佔領，戰後曾與法國及盧森堡結盟。1934年利奧波德三世繼位，宣佈中立。

比利時王國是一個人口稠密的小國，通行法文和德文。該國科技發達，交通便捷，其生活水平則明顯地低于法、德等國，曾是中國赴歐留學生，特別是經濟拮据留學生的一個重要首選之地。褚民誼赴歐留學，最初就是打算到比利時學習的；但是加入同盟會到達巴黎後，一心投入革命宣傳，而寄居法國。其後，他曾留學並多次到訪該國，是除法國以外，在歐洲諸國中，訪問最頻繁、留住時間最長，也是最為熟悉的國家。

褚民誼1928年9月第四次訪歐歸國後，在《旅行雜誌》[2.10]上，自1929年1月份起，撰文〈西歐漫遊錄〉，連載十期告一段落，後彙編成《歐游追憶錄》[1.24]一書於1932年10月面世。但是該書僅敘述了法國部分，應讀者和編者的再三請求，時任行政院秘書長重任的他，在百忙中又再次捉筆，從1933年第3期起，以《歐游追憶錄（第二集）》為題[1.26]，於當年分五期登載，詳述了歷次訪問比利時的情況。該續集終因他公務繁忙而至此終止，也未及將這部分另行彙編出版專輯。

1934年比利時國王利奧波德三世（H. M. King Leopold III）繼位後不久，宣佈實行和平中立的外交政策。在中國上海發行的英文報刊《大陸報（The China Press）》，以紀念他登基為題，於1936年11月15日出版《比利時增刊》（見後頁下圖，該資料由法國里昂市立圖書館中文部主任王蘭女士提供）。鑒於褚民誼長期以來對中比合作做出諸多重要貢獻，特邀在其上發表題為〈褚民誼博士

談屢次訪問比利時〉的專文[1.43] [24]，介紹他從1909年起七次走訪該王國的概況和感想，作為中比兩國友誼的見證。此文簡明扼要，特翻譯全文，援引如下：

「我第一次踏上比利時，早在1909年比利時首都舉行航空賽會之際。我從法國前往參加比賽，帶去許多紙風箏，進行了放飛表演，幸運地獲得了諸多獎項。

次年，我再度去佈魯塞爾，作為巴黎豆腐公司的代表，參加比利時自由君主王國成立75周年紀念的國際博覽會[25]。這兩次訪問對我印象最深刻的是，這個國度的面積和人口小於中國的一個行政區，但它卻能獨立地屹立在列強之間。這個國家的精神、物資和文明的高度發展水平，勤勞和節儉的人民，以及正在不斷發展的工業，令我讚賞；因而，1913年我第三次前往，成為佈魯塞爾大學醫學系的學生。

歐戰爆發，我回法國，直至1919年春，戰爭結束後不久，才再度回去遊歷戰場。昔日繁榮的城市，映入眼簾的竟是荒蕪的廢墟，令我戰慄，深感戰爭的殘酷。這是我第四次訪問比利時。

第五次訪問比國，是我和吳稚暉、李石曾、蔡子昇到那裏進行商討，為希望到國外留學的中國學生提供方便條件做出安排。我們打算採取創辦里昂中法

1936年11月15日發行的《大陸報·比利時增刊》，紀念新君主利奧波德三世繼位：（右）封面；（左）其上發表的〈褚民誼博士談屢次訪問比利時〉的專文[1.43]

---

[24] 該文中將褚民誼的名字英譯為Chu Ming-yi。
[25] 比利時獨立75周年國際博覽會先于1905年在列日舉行，接著又于1910年在其首都佈魯塞爾再度舉行。

大學的相同方法，在比京佈魯塞爾建立中比大學；同時我們還計劃在該國開辦中國留學生宿舍。為了實現這些計劃，我不斷在法比兩國之間奔波。在這些頻繁的訪問中，我懷著深切的關心，發現比國的眾多城市業已恢復原來的繁榮景象。

至此我結識了許多該國的朋友，交往中感覺到中國與比利時有必要在教育和文化方面進行合作；因此，我盡力促其實現，並按孫中山的期望，最終成功地獲得了庚子賠款的償還。這裡順便說一下，比利時是最早償還庚子賠款的國家之一，對此我們表示感謝。

隨著中國不斷地吸收西方文明，到比利時學習高深學問的中國留學生的人數也日益增加，只要可能，我們都盡力幫助，以拓展中比友誼。

由於比利時的生活費用低廉，中國的貧困學生很願意到這兒來學習。比利時人民總是熱情地對待我們。比利時各種高等院所的院校長們，對中國學生的生活特別關心。因此，到這裡受教育的中國人，可以滿意地返回祖國。

1928年我受政府的派遣，調研歐洲的衛生狀況，第六次訪問比利時。對該國的新印象，倍增了我的興致，極大地幫助我完成使命。

在北洋政府時期，中比庚款委員會已經組織起來；但是，只召開過三次會議。北伐開始後，委員會的活動便擱置起來了。

1929年我作為教育部的代表，被推舉為「中比庚款委員會」中方代表團主席，與內政部、外交部、鐵道部、財政部以及衛生局的代表一起處理委員會的一切事務。除了分配經費用於教育、衛生和慈善事業以外，我們還抽出部分資金，幫助中國留學生在比利時學習。採用的是獎學金制度，在佈魯塞爾的中比大學及所有其他比利時的大學，在錄取中國學生時，除了要有優良的成績，還需要有推薦作為輔助，以避免實際執行中的偏頗。

我們認真地處理對各項活動的財政資助，盡量避免浪費。然而，遺憾的是，比利時的償還款有限，不能滿足各個方面的需求。

1930年在比利時舉辦博覽會，以慶祝其獨立100周年。值此，我再度受中國政府派遣，作為參加慶祝活動的政府代表，前往出席。我帶著參展任務，在會上展出了挑選出來的180項產品，分為教育和工商業兩大門類。博覽會上，經過評審，中國得獎數目和級別位居參加競賽各國的前列，創中國歷史的新紀錄。鑒于所取得的成績，我不僅為中國的工業和教育的進步而自豪；而且感到，如果中國人民充分發揮其才能，中國的對外貿易也可以立足于國際市場。

這樣，在我一生中七次到訪過比利時，總計在該國停留近四年。使我熟知比國的政治和社會狀況，以及各方面的習慣；並在比利時和中國結識了許多比利時的朋友。我曾被比利時政府三次授勳，面對微小的業績，着實令我慚愧。我將繼續竭盡全力，促進中比文化和教育事業，這是我的雄心所在。

由於我與比利時的密切關係，大陸報邀請我寫一篇文章，在紀念比利時君主命名日的增刊上發表。

這個紀念日，同時也是對大戰後和平的紀念。當今國際政治局勢危機四伏，戰爭的殘酷以及雖經努力仍尚未治愈的創傷，很可能再現。我們強烈反對以強淩弱，並深信動武者最終必被擊敗。因此，我們真誠地希望，那些威脅要破壞和平的人們反醒過來，改變政策，祈求人道，祈求世界和平與合作。我特別希望中國與比利時和過去一樣，繼續真誠地合作下去，為兩國未來的繁榮和發展共同奮鬥！」

該文在顯著位置上刊登了中比庚款委員會中方委員長褚民誼博士的油畫肖像（見下圖）。該畫是中國著名留比畫家吳作人1936年的作品。吳作人（1908-1997，Wu Zuoren，曾稱Ou Se-Jen），曾師從徐悲鴻，1930年赴歐深造，以優異成績畢業於比利時佈魯塞爾皇家美術學院後，於1935年回國，在南京中央大學藝術系任教。1936年在中央大學圖書館舉行昌斯百、吳作人、劉開渠三人作品聯展。這幅褚民誼的油畫肖像就是他在那個那時期的作品。畫面上褚民誼著博士服飾，手持論文，身佩比利時政府先後頒發的三枚和法國政府頒發的一枚勳章，展現出他作為學術文化界人士，為中國與比利時和法國之間的友誼和合作做出的傑出貢獻。

褚民誼身上佩戴的四枚勳章，圖中其右胸部最上面的那枚係1930年7月24日法國政府授予的「法國榮譽軍團軍官勳位勳章」（Officier de la Légion d onneur）（詳見本篇第三章之第三節「放眼世界 同心協力」）。其餘的是褚民誼文中所述，由比利時政府贈發的三枚勳章。本書編者曾於2014年7月間屢次咨詢比利時外交部，其回函以現存記錄為根據，對這三

1936年吳作人繪作的褚民誼油畫肖像。褚氏著博士服，手持學術論文，佩戴比利時政府先後頒發的三枚勳章和一枚法國政府授予的勳章（所得勳章之詳情見文內）[1.43]

1935年3月在南京新一屆中比庚款教育和慈善委員會中比雙方全體委員合影。左7為中方委員長褚民誼，左9為副委員長曾仲鳴[1.43]

枚勳章的授勳情況先後作出了明確答復，匯總如下：

第一枚：「利奧波德二世大臣勳位勳章」（Grand Officier de l'Ordre de Léopold II），由當時的比利時國王阿爾伯特一世（Albert I）於1929年9月4日簽署命令通令嘉獎。該獎項由中比大學聯合會向比國科學藝術部呈報推薦，其後通過在北京的比利時駐華大使向褚民誼正式頒發證書和勳章。此為肖像畫中法國勳章下面的那枚。

第二枚：「利奧波德司令勳位勳章」（Commanderie de l'rdre de Léopold），由國王阿爾伯特一世（Albert I）於1930年11月22日再次簽署命令，對比利時國際博覽會中國政府總代表褚民誼予以嘉獎頒發。該章係領綬章，為褚民誼肖像畫領項上所佩戴的那枚。

第三枚：「皇冠大臣勳位勳章」（Grand Officier de l'Ordre de le Croisonne），係慶賀利奧波德三世（Leopold III）登基，於1935年2月22日向褚民誼頒發的，此為肖像畫胸部最下面的那枚。顯然，這也就是嗣後於1936年出版的上述紀念特刊中，特邀褚民誼撰文回顧歷史，並刊登其油畫肖像的用意所在。

在上述褚民誼特邀文章的下方，還刊登了另一張照片（見上圖），它是1935年3月在中國南京，新一屆中比庚款教育和慈善委員會（Commission Sino-Belge d'Instruction et de hilanthrope），中比雙方全體委員的合影，褚民誼繼任中方委員長，曾仲鳴新任副委員長。

第二節　運籌策劃，善用庚款

1900年（庚子年），義和團（又稱義和拳）運動興起，大清國與列強開戰失敗，于1901年簽訂了屈辱的「辛丑條約」，其中第六款議定，清政府賠償

俄、德、法、英、美、日、意、奧八國及比、荷、西、葡、瑞典和挪威六「受害國」的軍費和損失費合關平銀4億5千萬兩，賠款期限為1902年至1940年，年息4厘，本息合計為9億8千餘萬兩，是為「庚子賠款」，西方稱為「拳亂賠款」（Boxer Indemnity）。其中，法國佔15.75%、英國11.25%、美國7.32%、比利時1.89%。

鑒於庚子賠款對中國的的過分勒索，自1909年，特別是從1920年前後起，從美國開始，興起了退還庚款溢餘部分的運動。褚民誼是竭力將退還庚款，特別是法國和比利時的庚款用於補助我國文化事業的積極推動者和具體的籌劃者。成立於1905年的「寰球中國學生會」，是我國最早以扶植留學生為宗旨的全國性的民間組織，曾得到比利時庚款的資助。如右上圖所示，在1934年出版的《寰球中國學生會特刊》上，褚民誼撰寫了〈十年來之庚款補助文化事業運動〉的論文[1.32]，概述了近十年來退還庚子賠款運動及其補助我國文化事業的歷程。該文開宗明義地寫：

1934年《寰球中國學生會特刊》上褚民誼的論文〈十年來之庚款輔助文化事業運動〉[1.32]

「我國之有庚子賠款，固屬國恥，然利用之以補助文化事業，因而袪除數十年來貧、愚、弱種種病態，亦係滌雪國恥之一大計，故自各國退還庚子賠款之議起，國人遂有用途之爭，築路、疏河或興學，各執一詞。此殆因朝野各方見解不同，毫無足怪。持築路或疏河之說者，視築路為交通利器，疏河為生產基礎，不得庚款以舉辦之，中國將終為貧亂不統一之國家。此種議論純出自往昔北京政府少數當局及北方一部分軍閥之口。時當美國第二次退款決定之後，英國提議退款並規定用途之前，約在一九二一年至二七年之間，喧呶數載，甚囂塵上。一若得此款則中國生，不得則死，庚子賠款竟成為中華民國之續命湯，此持築路或疏河說者之偏頗可笑論調也。持興學即補助文化事業之說者，其視文化之重要，當不亞於築路疏河，其作此運動之具有熱誠與毅力，至少亦與主張築路疏河之人相若。故少數人倡之，眾人和之，不僅國內如此，即各友邦有識之士，亦莫不以為然。久之，退款舉辦教育文化事業之舉，逐漸具體化。由是此議初起于於美，次盛于法、比，後及於英，實早於築路疏河諸說。

至最近數年，蔚成輿論，次第現諸事實矣。民國十二年（1923年），總理（孫中山）手定國民黨之政綱，列入「庚子賠款當完全劃作教育經費」一條，而全國教育界之視線目標更集中於是。故利用庚款補助文化事業之運動，質言之，即變相的教育經費運動，在我國教育史上，實占一重要之位置也。」

接著，他按退還庚款的國別，分為美國、法國、比（利時）國、和（荷）蘭、英國、以及德、奧、俄、義及其他各國六個部分，分述了各國十年來退還庚款補助文化事業運動之概況。「各國退還庚子賠款，以美國為最早。」文中寫道：

「當清末我國駐美公使梁誠，以我國賠償美國之款，較之美國實際損失，為數過於浮溢，特向美政府磋商減少。美政府卒於一九〇九年減收（即退還）一部分，以創辦清華學校，並派遣學生赴美留學。迨至一九二四年美國上下兩院又通過繼續退還庚款存餘部分，並希望此款以發展中國教育文化事業。美國務卿復於同年六月十四日致我國駐美公使照會，正式聲明此事，北京政府亦去電申謝，二次退款乃告完成。此即後來各國實行陸續退款輔助文化事業之濫觴。」

法國和比利時是繼後早期興起庚款退還運動的國家。法國庚款之退還運動，在前面第二篇第四章之第二節「中法友誼，譜寫新篇」中已有記述和引用。「比庚款退還運動，實中法教育運動之一分支。」褚民誼繼續寫道：「一九一八年國內教育界群起作請各國退還庚款運動。時北方由北大校長蔡子民發起，推派專員赴歐接洽，尤特別注意比國；西南亦托汪精衛、李石曾、張溥泉諸先生，赴歐調查教育，並專力於法比兩國之退款。一九一九年以後民誼正擔任北大駐歐通訊員，繼續負責進行此事。適比京大學（比利時布魯塞爾大學）教授敘爾（聚爾）力贊退款興學之議。曉露槐（沙勒羅瓦）大學校長耶洛亦主與我國合辦「中比大學」，並可向比政府請款或逕退還庚款。越年民誼聯絡其他留比人士，再與耶洛氏商洽，在曉露槐勞働大學附近，勘定地點，建立中國學生宿舍，以為樹立「中比大學」之初基。尋值蕭子昇君歸國，曾托其言之於北大當局及中法大學駐京事務所，並報告教育總長范源廉氏，均得熱誠贊助。是年冬粵省政府捐助佛郎十二萬元匯去，作「中比大學」開辦設備費。一九二一年湖南、直隸兩省教育會發起全國學界聯合請願友邦退款興學，連署者達四萬三千人。至翌冬復推蕭子昇赴比代表投遞，我國駐比公使王景岐亦協同鼓吹。未幾由民誼從中斡旋，得比國教長藥甫、外長察斯爾巴、殖民長富蘭克、

國會議員德台斯、參政大臣兼國家銀行總裁富蘭等先後贊助，乃完全退款焉。

一九二五年九月間，北京政府與比使幾度磋商，方成立解決比庚款換文。其內容大概係由中國政府承認將自一九一五年九月一日起至一九二○年十月底止之比國部分庚款餘額本金約法幣二九○・五三・六二佛郎，按照一九○五年所採用之電匯方法計算，由華比銀行一次墊出交付比國政府。中國政府即飭知總稅務司將自一九一五年九月一日起之關款，先行按月償還華比銀行墊款，俟償清後按月交與「中比委員會」，充作中比教育、慈善、公共實業及公益工程之用。依照上述協定，中比兩國政府再度於一九二七年十二月續商辦法，結果將一九二七年五月份的餘額連同至一九二七年六月份起至一九二八年三月止的十個月庚款，除保留若干另有他用外，由中國政府自由向海關提用。所有一九二八年四月起至一九四○年十二月止，按月所收之關款，即作為美金債券之擔保。其用途：係以百分之四十撥交龍海路，專充向比購買材料之用；百分之三十五，撥交其他中國國有鐵路，亦充向比購料之用；百分之二十五，為中比間教育、慈善之用。此款雖微，近年來用以補助文化事業或機關，如留比學費基金、衛生建設基金、交換中比文化講演、參加比國博覽會以及各大學、醫院、建設委員會、寰球中國學生會等，其利於我國文化事業亦溥矣。

如上所述，北京政府與比國政府，曾先後於1925年和1927年就退還庚款問題達成協議，由雙方派員，組成處理比國退款的中比委員會，其間開過三次會議，但由於北伐戰爭而擱置下來。國民革命勝利，南京政府成立後，將該委員會改組並正式定名為「中比庚款委員會」（簡稱「中比庚委會」），於1929年4月18日雙方確定出人員名單。中方代表團經行政院議決，由有關六個部各派一名組成，委任教育部代表褚民誼為委員長，委員外交部胡世澤、鐵道部黎照寰、內政部杜曜箕、衛生部蔡鴻、財政部曾宗鑒；比國方面，委員長司塔特曼（史德曼），委員案杜伯爾、愛勒斯、郎伯爾、維拉緻甫[26]。（《申報》1929，4，6；19）改組後的中比庚委會恢復工作，深受各方關注，《申報》等媒體，對歷次大會和會前的中方提案預備會，都及時於次日進行詳細的跟蹤報道。

褚民誼時任中法國立工業專門學校校長，家居上海校園內。他接任中比庚委會委員長後，首先於1929年4月21日在其寓所舉行中國代表團第一次談話會。會議議決1）通過中國代表團辦事細則八條；2）第一次會議地點在首都舉

---

[26] 當時報上先後發表的比方委員譯名很不統一，委員也常有變動。

行,以後在上海外交部駐滬辦事處開會;3)聘任劉錫昌為大會中方秘書,農汝惠為法文佐理,田守成為中文佐理[27];4)在未開大會前,由委員長負責與比方接洽開會之地址時間等問題;5)開大會前二日,中國方面先開一提案預備會,作為中方一致意見向大會提出。(《申報》1929,4,22)

1929年5月10日中比庚委會在南京外交部外交賓館舉行成立典禮。議決第一次會議由中方委員長主席,以後會議,雙方委員長輪流主席。會上兩位委員長先後演講,闡明本委員會的任務和議事原則。

中國委員長褚民誼的演詞,略謂:

「本會停頓已久,今日始開雙方第一次正式會議,誠足為兩國邦交及國民親善慶。惟本會名為中比庚款委員會,實則僅能支配全數四分之一(二百五十萬元)。現各方來函請求補助,則已超過此數,而紛紛來函尚未已。吾人將何以應付,欲盡量容納多方之請求,則為事實所不許。吾人惟有根據分配之原則,擇其與中比間有相互關係與聯帶性質者,從事分配,務使不偏不倚,大公無私。此項中比庚款既以四分之三作為發展中國鐵路之用,所餘四分之一,為數無幾,以之用於中比間之一切教育慈善事業,自有不敷分配與難圖發展之困難。惟吾人不可因此遂萌消極之念。須知四分之一款項外,尚有借與鐵道部之利息者。希望將來鐵道部能按期照付,則吾人仍可本固有之目的,以從事於支配。惟望彼此意見一致,本同舟共濟之懷,一德一心,以共同發展中比間之教育慈善等事業。」最後,他對比國慨然退還此項賠款,深表感謝等語。

比國委員長的演詞,略謂「本會今日正式開成,鄙人異常歡欣。自從初次開會至今,中間停頓已年餘……現貴國統一已完成,國民政府基礎鞏固,敝國人民異常快樂,貴代表團乃代表統一後之中國,故乘此時機,向貴代表團致其慶賀。而貴代表團之委員長褚民誼博士,乃國民政府之重要人物,留比多年,在比之交友頗眾,對於比國情形,極其諳熟。今鄙人與之合作,尤覺愉快;且中比邦交素篤,以博士之能力,必能溝通中比間之文化藝術,使之日益發展。惟吾人目前所負之責任既重且難。蓋各方請求補助款項者,紛至沓來,而本會之款項,則為數無幾。然此種難題,可就兩種原則解決之:一、本會係獨立性質,有自由議決之權;二、本會範圍僅屬於中比事業,所謂中比事業者,指事業之有中比兩國關係者而言。吾人根據以上兩種原則做去,庶可將兩國政府交

---

[27] 劉錫昌與褚民誼在歐洲時早已相識,現在外交部任職;農汝惠和田守成兩人則分別是中法國立工業專門學校的法文和中文秘書。

与吾人之款項辦理妥善，而使中比間之合作日臻發達，兩國人民日益親善。」（《申報》1929，5，12）

　　時值中山陵落成，孫中山靈柩從北平移京，於6月1日進行奉安大典，褚民誼積極參與組織各項慶祝活動。例如，在《民國日報》（1929，5，22）上報道稱，「上海黨政軍第一次聯席會議，議決建築總理銅像一座，樹立於滬寧車站之草地上，並擇地建一中山紀念堂，以資崇敬，當舉定委員會辦理此事。昨日（21日）下午，各委員在亞爾培路褚民誼氏宅內開會，討論進行事宜。議決：（一）函請市黨部即在救國基金內撥出十萬元，為鑄像建堂費；（二）推定褚民誼、張群、熊式輝、陳德徵、王延松五氏為保管此項經費之專員；（三）銅像樹立地點仍為滬寧車站。中山紀念堂地址，則以曾勘五處不能合用，仍再覓勘相當之地點。」接著，褚民誼又被中央常務委員會推定為中央黨部全體職員參加迎櫬行列的總指揮，中央黨部秘書處於5月27日為此發出通告，並要求所有各部處會工作同志，務須屆時參加排隊演習。（《民國日報》，5，28）嗣後，規模宏大的杭州西湖博覽會於6月6日開幕，褚民誼作為籌備委員會委員兼參議，積極置身其中（詳見本篇第三章之第四節「勞働大學，西湖博覽」）。

　　經歷了上述諸多活動，月前新成立的中比庚委會於6月17日召開第二次會議。為開展日常工作，中比代表團各自設有秘書（比方秘書為撒遜，後改為趙誠），會上議決中國代表團秘書兼任大會秘書。秘書處的五百元經費，原均分中比各半，現重行分配，中方代表團秘書處四百，比方一百。該次會議共討論和議決了八項議題。（《申報》1929，6，18）

　　嗣後，通過6月19和21日兩次會議，確定出款項之分配原則為：一、以百分之六十用於中比間教育事業，其中六十分之五用於中比間學術之交換；六十分之二十用於中比留學之經費；六十之三十五用於中比間教育事業；二、以百分之四十用於中比間衛生事業。同時對中方所提的要求補助的二十九個提案，進行了審查，下次會議開始討論比方各團體所提要求補助各案。待雙方提案審查完畢後，再對款項進行具體分配。（《申報》1929，6，20；22）

　　6月25日的第五次會議，適逢我駐比公使王景岐回國，特邀請他列席，報告留比中國留學生的近況和要求。會上還討論了比國代表團提出在比京設立「中國學院」案。比國駐華公使華絡思函致褚委員長謂，比國政府對於茲事極願予以贊助，將來所應用之房屋及一切標本等，均由比政府供給。因此種事

業，足以普及中國文化至歐洲。此種機關完全為研究中國文化之機關，將來聘請華人赴比教授時，並可用新式的科學方法傳習之。其宗旨雖與比京大學聯合會不同，亦未始不可合作此種計劃，想閣下極贊成，則請共同加以研究，俾底於成為荷，等語。（《申報》1929，6，26）

6月27日經事先中方代表團預備會對比方提案進行歸納整理後，在下午的第六次大會上一一進行了審查。至此，中比雙方的提案大致獲得通過。鑒于提案由雙方各自提出，有些還是過去的遺留項目，情況比較錯綜複雜。旋即議決另行組織審查委員會，將大會通過之各案，再加以詳細之審查及整理。當即推定雙方委員長褚民誼、史德曼，委員曾宗鑒、愛勒斯四人為審查委員，不拘會議形式，進行深入審查。大會暫停，俟審查完竣後再繼續召集。（《申報》1929，6，28）

為此，審查委員會在褚民誼的寓所，先後召集了七次會議，對大會交審各案，逐條進行審查。《申報》記者採訪其第三次審查會議後，于7月9日披露，「大會交審者計中國提案三十件，比方提案二十一件。而此二十一件，並非全由比方提出，多數係以前在北平開會時，對方提案，均交比方保管。故此二十一件，即以前之雙方提案也。現除雙方共提出五十一件外，又有新收提案十餘件。現已審查者，約總數二分之一」。7月22日進行最後第七次總審，將各提案歸納為教育、衛生、慈善三大類，提交下屆大會覆議。（《申報》1929，7，23）

接着于7月29，31和8月5日分別召開了第七、八、九次大會。會上逐一報告和審查了各項提案，通過三十五件，由於情況變化待定一件。為了在大會結束後，貫徹執行日常工作，會議議決設立常務委員會，公推由中方褚民誼、曾宗鑒、黎照寰；比方史德曼、愛勒斯、呂比斯共同組成。按所制定的中比庚款常務委員會的章程規定，其職責，係執行中比庚委會議決之事件，並監督承受補助之各項事業。常務委員會凡遇討論事件，須求委員全體之同意；如因意見分歧，不能取決，由秘書處召集中比委員會解決之。常務委員任期一年，任滿得連任。常務委員會每月開會一次，遇必要時，隨時可以召集。會議還決定組織衛生建設基金委員會，聘請蔡元培、李石曾、宋梧生、葛成之、劉永純、褚民誼、蔡鴻七人為委員等。（《申報》1929，7，30；8，1；8，6）

至此，新的中比庚委會，從1929年4月中旬任命組成到8月初的近四個月時間裏，為了充分和有效地使用有限的庚款，在中方委員長褚民誼的悉心籌劃和與比方的密切合作下，歷經九次全體大會，以及在他的寓所內召集的六次中方

代表團提案預備會議和七次雙方聯合提案審查會議的充分醞釀和討論，中比雙方達成一致意見，制定出全盤的資金補助項目計劃，圓滿地完成了委員會建立初期的使命。

　　資助中國學生赴比利時留學，是庚款的一個重要項目。在第七次大會上，公推中國方面褚民誼，比國方面愛勒斯，會同教育部特派員楊芳，共同考試。據《申報》1929年8月9日報道稱，中比庚款會，此次派送學生赴比留學，係採用考試制度。曾經該會秘書處登報招生，報名者異常踴躍，與試者共百餘人。計分三日考試：第一日考試上海之學生；二三兩日考試上海附近及外埠之學生。考試結果共取得二十名。其中七人，係中法工業專門學校高中部畢業生，由教育部保送，經該會審查合格者。還有兩人，則已曾在比留學，此次請求該會補助赴比，更求深造.。

　　錄取生分兩批放洋。第一批于8月20日，乘郵輪先行十二人；其餘則于24日，乘法郵船遄赴比國，以便於開學前趕到。對於這批赴比留學生，寰球中國學生會于8月12日下午假華安保壽公司大樓大廳舉行歡送會。邀請中比庚委會同仁蒞會致詞，到者有褚民誼、黎照寰、曾鎔甫（宗鑒）三委員及劉錫昌、田守成兩秘書，比國公使代表，比領事，比國商會會長以及謝壽康博士等，賓主共計六十餘人，全體攝影（見後頁上圖[28]）後開茶話會。首由主席寰球中國學生會總幹事朱少屏致歡送詞，略謂本月十七日，各團體本有聯合歡送清華及其他游學歐美學生之舉。以此次赴比學生，係中比庚款會第一次派送，故特于今日單獨開會，用表歡忭之忱。末後提出關於留學時代應行注意之點數項。接着，中比庚委會中國委員長褚民誼致詞，談及中比庚委會派送留比學生之方法，與歷來派送官費出洋學生不同之點。次比國公使代表及領事，謝壽康等相繼演說。末由學生代表致答詞，賓主盡歡而散。（《申報》1929，8，14）

　　接着，中比庚委會中方委員長褚民誼，於8月14日下午「在中法國立工業專門學校開歡送赴比留學生大會，柬請滬上中外各界人士參加，並請中西名人演講，以國術專家表演國術助興，如吳鑑泉之太極拳及其女公子之太極劍、太極刀，萬籟聲之武當拳。此外尚有兩江女子體育專門學校學生表演，中法工業專門學校學生之音樂，及音樂專家趙梅伯之獨奏，吳玉麟夫人披耶娜、白茶璋女士鋼琴等。」（《申報》1929，8，14）

---

[28] 照片發表在該報上，其原件曾展出在現今杭州西湖博覽會博物館內。

1929年8月12日寰球中國學生會茶話會，歡送中比庚委會首批資助赴比利時中國留學生時的全體賓主合影。該會總幹事朱少屏（前排右端）主席，中比庚委會委員長褚民誼（前排右7）等應邀出席並講話（《申報》1929，8，14）

　　中比友誼會是我國留比回國者及駐華比僑發起成立的組織，《申報》1931年1月25日發表的一則消息稱，近據該會報告，自1929至1930年，中國留比學生，江蘇59人、浙江31人、河北28人、福建26人、河南23人、廣東22人、四川21人、湖南15人、湖北12人、雲南8人、吉林6人、安徽5人、山西4人、其他省份14人，計男生261人、女生13人，共計274人。其中受有教育部官費者計16人；受有中比庚款津貼者則有64人之多。

　　為了促進國內教育和學術水平的提高，據《申報》（1931，12，29）報道，中比庚委會于1931年12月議決舉辦大學論文獎金。並定于1932年1月3日宴請科學專家，屆時由各專家擬定論文題目，由中國代表團出面公佈徵文實施。

　　中比庚委會大學論文獎金規程中規定：本會為獎勵學術研究起見，每年撥銀三千元，作為中國各大學論文獎金；本獎金分為數種，每種數級，由本會出題徵文，擇其確有心得及有價值者，依評定結果分別給與之；應徵此項論文

者，須係國內曾經立案之大學或獨立學院之畢業班學生，其論文須與所習之主要學科有關；論文之種類系別及獎金之支配，由本會中國代表團於每年徵求前決定；關於論文之命題及評閱，本會臨時聘請專家分組委員會辦理之。此外，對論文的文字，獎金之積存等問題均有相應的規定。

在該論文獎金的暫行細則中具體規定：獎金暫分六種，每種三級，甲級三百元、乙級一百五十元、丙級五十元；本會定於每年在教育部大學規程所明定之各學系中指定六學系，聘請專家各擬題目，應於二月一日以前公佈徵文；各論文須由應徵者所在之大學校長或獨立學院院長於同年五月十五日以前，轉送本會秘書處，同時並用書面證明著者姓名、籍貫、年齡、性別、班次、學系及指導者姓名、學歷等；本會就指定各學系之性質，聘請專家會同本會中國代表團委員，組織論文評閱委員會；論文評閱委員會於接收論文後一月內，須將評閱結果連同各論文，送交本會中國代表團審核揭曉，各得獎論文由本會刊佈之；本會除前述獎項外，得給名譽獎。此外，對論文的要求及獎項的發放也都做出了規定。

關於該項獎金的第二屆舉辦情況，如右下圖所示，《時事新報》和《華北日報》等報刊於1937年1月初，先後披露了中比庚委會第二屆各大學論文獎金之揭曉名單。有工、農、理、法、商、醫六學科，來自交通、浙江、清華、中央、燕京、武漢、北京等諸大學，以及中法工學院、北平朝陽學院、中政校計政學院和北平協和醫學院等11所高等院校，共計十三人，分獲乙等獎金六個和丙等獎金七個。報道中謂，「中比庚款委員會中國代表團，前年撥款三千元，舉辦國內各大學論文獎金，第一屆辦理結果頗佳，收到論文甚多。嗣以尚有餘款，爰於去年繼續舉辦，分別聘請專家學者為評閱委員。茲悉該項論文，已分別評閱竣事。計分甲、乙、丙三等：甲等每名三百元；乙等每名一百五十元；丙等五十元。聞該會主席褚民誼，將來擬選擇論文之優秀者，刊印行世。本年如有款項，仍繼續舉辦，等云。」

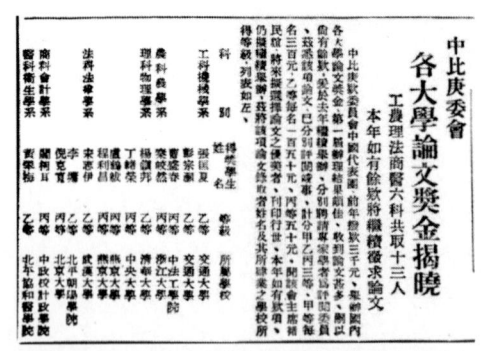

1936年第二屆中比庚委會各大學論文獎金揭曉之報道（《時事新報》1937，1，5）

比國在華舉辦的教育和慈善事業，是中比庚委會早期的重要資助對象，這些項目主要集中在內蒙古地區的綏遠和察哈爾一帶，中方委員長褚民誼決定親往該地區實地考察，於1929年9月27日由京抵平，《華北日報》於次日報道他向記者發表此行目的之一時稱：

　　「現在中比退還庚款，比國人要求撥四十萬辦理慈善，三十萬辦教育。余奉中比庚款委員會委托，赴綏察考查其情形。因該處學校多為教會化，不合於現在黨治下之潮流，對於黨化自更少研究。余到後，當改革其教育方針，實行黨化教育，貫輸三民主義，約留一星期，即返平。」

　　褚氏此行，本來計劃在庚款委員會大會事畢後，在8月中旬即刻啟程；但由於選送赴比留學生並處理上海中法大學藥科和中法國立工業專門學校招生開學，以及應邀參加評判中央國術館考試等事宜而後延，於9月25日從南京起身，經停北平，轉赴綏遠，10月8日到張家口，10日回北平南返。他後來在《旅行雜誌》[2.10] Vol，4，No.5（1930，5）上發表的〈西北遊記〉一文中，對這次出訪有較詳細的記述。文中略謂：

　　余「赴綏遠等處考察比人士近年來在內蒙經營之慈善事業，此則中比庚款委員會對其事業已予以款項之補助。內蒙現分三省，熱河、察哈爾、綏遠是也。余此次考察經過之地，為察哈爾及綏遠兩省，察哈爾之省會張家口，而歸綏則為綏遠之省會。」這些地區土地貧瘠，水旱災害頻發，經濟落後，人民生活十分困苦，「賣子鬻女，若是之眾，實足駭人聽聞。「歸化、歸綏等處，公共衛生之設施，缺乏異常，無私人醫院，故比人於此設有歸綏公醫院。惟其設備則頗簡單，然亦勝於無耳。院內有張、宋二醫師主持醫務，刻苦耐勞，殊堪嘉尚。該院為比國教會所設立，此次由中比庚款委員會補助其經費，有十七萬之多，想該院得此鉅款，定能整頓擴張，力謀改良矣。此間國人自設之學校亦鮮，故比人亦為設立學校，然內容簡陋，成績平庸。」他進而感慨道，「因念吾國各地，往往因自身不注意於教育衛生及慈善事業，致使外人喧賓奪主，起而代庖，慚怍何如。故深望負地方之責者，加以努力，力圖振作。」

　　考察過程中他與負責這些項目的駐歸綏比國教士合影留念，示於後頁上圖。

　　1931年3月25日中央政治會議第267次會議議決，撥用庚款保息原則，均照五釐認息，作教育文化經費。為了落實中比庚款，褚民誼聯合蔡元培、李煜瀛、吳敬恒向中央政治會提議，略謂：1925年北京外交部與比國公使協定，以退款四分之三撥與鐵路，四分之一為中比教育慈善之用，與本黨政綱及中央

1929年10月褚民誼（左2）赴內蒙考察庚款資助的比國在華舉辦的教育慈善事業，與負責該項目駐歸綏的比國教士合影[2.10]Vol.4,No.5 (1930,5)

決議案不符，應與各國退還庚款一律辦理，鐵道部所用款項，作為教育文化基金，按五釐付息。該提案經中央政治會議第318次會議議決，交國民政府令行政院遵辦。其付款詳細辦法，由庚款委員會會同鐵道部另行商定。（[3.60]國民政府訓令第179號，1932，8，2）

中比庚委會為開拓工作，下設衛生建設基金委員會和文化教育基金委員會。1933年9月23日下午，據《時事新報》次日報道，中比庚委會在上海中法國立工學院的褚民誼寓所內，舉行該兩個基金會的聯席會議。出席委員李煜瀛、蔡元培、吳敬恆、褚民誼、曾宗鑒、朱世全、宋梧生、葛成之，列席農汝惠、田守成。會議由委員長褚民誼主持，首先報告該兩基金委員會的成立經過。次李委員煜瀛報告謂，前由蔡、吳、褚、李提出的「鐵道部撥用比庚款四分之三，應按照五厘付息案」，業經中政會議決，由行政院令行該部照辦，「惟該部以無的款，尚未實行，現在續商中。次討論各項請求補助案，關於南京私立各中學校及愛國女學校請求補助等案，該會以鐵道部利息，尚未撥付，暫行設法墊借云。」

中比庚委會在醫療衛生方面的一個重要業績，是出資成立「中比鐳錠治療院」（亦稱「中比鐳錠醫院」）。在那個年代，國人對癌病還很陌生，更缺乏相應的治療手段。該院作為我國首家癌病的專科醫院，開醫學界之先河，為腫瘤病人帶來了福音。鑒於當時世界上鐳很稀少，主要產自比利時，是中比合作的一個重要項目，從1930年起中比庚款會便積極進行籌建。1930年底，褚民誼率團參加比利時博覽會歸國後不久，即於翌年3月7日下午，在上海他的寓所內主持召開中比庚委會中國代表團第七次會議。據《民國日報》（1931，3，8）

報道，會上在報告補助留學經費、參加比國博覽會和中比文化交流活動等情況之後，專題聽取了中比鐳錠醫院的籌備工作報告。略謂「去年（1930年）該會派葛成之赴比調查鐳錠治療，並在比購鐳錠500毫克及電療器等。擬在本埠聖心醫院設立治療所，用以治療癌病等症。」嗣後，幾乎在每年中比庚委會的會議中，都要聽取該治療院的工作報告，並在經費等各方面給以必要的支持。

《社會醫藥報》[2.24]Vol.4，No.6（1937，3）上刊登的〈中比鐳錠治療院廿五年（1936年）度報告〉云，「該院成立於民國廿一年（1932年），由中比庚款委員會出資，而由上海聖心醫院辦理。至廿五年初，徹底改組，由委員會直接管轄，惟與聖心醫院仍取合作步驟。如該院借用醫院一部分房屋，在該院受治之病人得在聖心醫院內居住；又聖心醫院代為該院收取診費等；而該院送診之病人，聖心醫院亦予以免費。

去年該院共檢驗病人758人，惟收納入院者僅431人。其診治人數所以不多者，以該院僅收納堪施物理治療之病人，而為之治療耳。惟該院並不限定為本院病人診治，同時亦為聖心醫院病人診治。計去年一年間，共作放射攝影檢查923次，放射觀察375次。該院現僅有治療器械一具，去年一年間，該機共計工作1,864小時。不久即將添置器械一具。「診治癌症一例，通常須診治三四十次，多至五十至六十次。該院為人診治時，極力遵照古達爾氏（Coutard）之方法。去年一年間，共作X光照射3,729次，平均照射時間為半小時，而所診治之病例僅173例。用銩（鐳之舊稱）反射治療之病案，僅55例。感應銩反射治療共計2,647次，而局部治療則為155次。

「該院所有之鐳錠分兩部分使用，計：900毫克供感應銩反射治療之用；而100毫克則供局部治療之用。由診療病經驗，而知X光與鐳錠合用，所得結果最佳，用此治療者計有124例。」為跟蹤出院後的治療效果，該院於去年起已着手成立社會服務部，等云。

另據《時事新報》（1936，3，18）上發佈的消息稱，「瓦西立亞底斯（H. C. Vasiliadis）博士，曾任比國魯汶大學醫學院鐳錠部主任，以「居禮治療法」著稱於世，為癌症救星。現由中比庚款委員會聘請來華，在上海聖心醫院設立居禮治療部，其鐳錠設備為遠東第一。瓦博士實為中國唯一之是項專家，各地患癌病絕症無法施治者，均可前往就診云。」值得指出的是，中比鐳錠醫院嗣後歷經發展，成為現今具有悠久歷史的著名復旦大學附屬腫瘤醫院，上海市唯一的一所三級甲等腫瘤專科醫院。

作為中比文化交流活動，駐華比利時公使紀佑穆于1934年4月21日在上海舉行比利時現代美術展覽會，作品全為油畫，中外人士前往參觀者頗眾。下圖是時任行政院秘書長的褚民誼偕外交部國際司司長朱鶴翔與比使紀佑穆在展覽室中的合影。（《良友》畫報 No.88，1934，4）接着，比國又於1935年11月在南京中央大學圖書館舉辦現代美術展。國家主席林森，以及蔡元培、王世杰、褚民誼等出席了17日的開幕式。（《申報》1935，4，18）

繼褚民誼出任行政院秘書長後，中比庚委會也隨之轉移到南京開展工作。鑒於中國代表團第一屆委員任期已滿，1935年3月19日下午在行政院會議廳舉行第十三次會，改選中國委員。業經行政院核准後的名單如下：外交部正委員吳頌皋、副委員王世澤，鐵道部正委員曾仲鳴、副委員谷正鼎，教育部正委員褚民誼、副委員段錫朋，內政部正委員李松風、副委員魏詩墀，衛生署正委員金寶善、副委員王鵬萬，財政部正委員曾宗鑒、副委員蔣履福。據《申報》和《東南日報》於次日報道，會上選舉褚民誼繼任委員長，曾仲鳴新增為副委員長。接着褚民誼報告該會過去工作，會計師潘肇邦報告經濟狀況。次改選中比文化教育基金和衛生建設基金兩委員會及常務委員會委員。決推褚民誼、曾仲鳴、段錫朋、吳頌皋、蔣履福為文化教育委員；褚民誼、曾宗鑒、李松風、金寶善、王世澤為衛生建設委員；褚民誼、曾仲鳴為常務委員；並推曾宗鑒、段錫朋與鐵道部接洽，關於該部撥用庚款四分之三作為中比文化教育基金，以五厘付息辦法。至於各方來函請求補助案，則分交相關兩基金會審理。

1934年4月21日駐華比使紀佑穆（中）在滬舉辦比利時現代美術展覽會，褚民誼（右）和外交部國際司司長朱鶴翔（左）出席並在展廳內之合影[2.9]No.88（1934，4）

旋接開中比雙方大會。比方委員到蘭伯、呂加來、赫爾斯、互那夫、狄克。秘書劉錫昌介紹各新委員，報告該會本年收入款項後，繼審查承受補助各機關報告：一、比京中國文化學院；二、中比友誼會；三、駐滬比商會；四、中比鐳錠院；五、比京中比大學聯合會。次會計師報告該會賬目，議決通過所提出的實行中國會計年度辦法及各費分類案。接着討論各方收到的各種請求補助案，議決中方收到的交中國代表團兩基金會分別審查；比方收到的交中比友誼會和駐滬比商會在本會補助款內分別補助。開會當日上午，比使紀佑穆從滬抵達南京後，偕同比方委員赴中山陵園謁陵，並敬獻花圈。中午在使館宴行政院院長兼外交部長汪精衛及中比庚款會全體委員。大會畢，晚上由汪精衛在外交部宴請比使及中比庚款會全體委員。下圖是中方第十三次會議結束後，中比雙方全體新任委員在行政院會議廳大樓前的合影，刊登在《外部周刊》第56期（1935，4，8）上。

1935年3月28日下午，中比庚委會衛生建設基金委員會，在行政院舉行會議。《東南日報》於次日報道，出席委員長褚民誼，委員曾宗鑒、金寶善、王世澤、魏詩墀，金寶善主席，決議如下要案。「（一）中法大學藥學專修科，請撥基金四萬元案。決議，俟該校基金保委會組委名單及保管辦法擬定，報告到會，認為滿意後，即照發。（二）莫干山療養院，請補助美金一萬元案。議決，補助國幣一萬元，推金善寶前往視察，俟報告到會，認為滿意後，即照撥。（三）衛生署提議，請撥款補助京市平民產院建築費案。決議，撥二萬

1935年3月19日中比庚委會第13次大會後新一屆中比雙方委員在南京國民政府行政院會議廳大樓前合影。前排左起：中國代表團委員長褚民誼、副委員長曾仲鳴、比使紀佑穆等（[外部周刊] No.56，1935，4，8）

第四章　中比庚款，比國博覽　155

元。（四）建築中比紀念堂，由常委決定照撥，報告中國代表團。決議，追認。（五）內、教兩部助產教育委員會提議，請撥款補助各地辦理平民產院案。決議，撥美金債票四萬元，交助產教委會組織基金會保管，以每年所得利息，擇地補助，並建設平民產院一所。（六）劉瑞恆建議，請由中比鐳錠院撥交中央醫院相當鐳錠，以供醫療，並請由比聘請鐳錠專家來華，講授鐳錠治療技術。決議：一、推褚民誼和金善寶向該院交涉，在合同未滿期前，酌撥鐳錠；二、推金善寶與比委爰勤思商同衛生署長，聘比專家來華講授鐳錠學；三、中比鐳錠院合同期滿後，所擬處置辦法，原則贊同，合同俟屆滿後再議論。」

　　1936年11月2日下午，中比庚委會中國代表團在褚民誼的南京頤和路住宅舉行第十五次會議。由褚民誼主席，報告代表團半年餘來之工作。《時事新報》（1936，11，4）上報道，「會上報告事項有：（一）中比鐳錠院改組；（二）留比學務；（三）中比文化教育基金委員會及中比衛生建設基金委員會；（四）大學論文獎；（五）鐵道、內政、財政、外交各部改派委員。討論事項有：（一）各方請求補助案，決議本會款項業已支配罄盡，各案暫予保留，俟有款時，再行討論；（二）鐵道部撥用本會四分之三之款，應付五厘利息，迄未撥付，應如何辦理，決議推鐵道部代表張競立，會同財政部代表曾鎔甫，與部商酌，從速撥付。」最後，經各委員一致推選曾鎔甫為副委員長，以補曾仲鳴之缺。

　　1937年2月26日在南京舉行中比庚委會第十五次大會。比國代表團全體從滬來京出席。上午11時中國代表團先舉行會議，由於經費緊張，討論了集中財力擴充中比鐳錠院及推廣癌病治療等案，並提出了一些緊縮經費補助的提案。下午開中比雙方代表會議，全天會議均由褚民誼主席。會上報告：一、中國代表團工作報告；二、留比學務報告；三、各承受本會補助機關報告；四、中比鐳錠院報告；五、中國代表團議決案報告。次進行討論，對各方請求補助案，議決本年收到無多，款項業已分配罄盡，無以應付。至於中方委員提出的一些緊縮經費補助的提案，須有具體辦法後再行討論。會後中央助產學校歡迎全體委員參觀，以中比友誼會舉行茶會歡迎而結束此次活動。（《申報》1937，2，27）此後不久，由於日軍入侵，全面抗戰爆發，中比庚款委員會的活動被迫中斷。

第三節　精心組織，博覽爭光

比利時王國為紀念獨立一百周年，于1930年5月3日至11月3日舉辦盛大的國際博覽會，我國在北洋政府期間即已應邀答允參加。北伐勝利，國家實現統一以後，比國重申邀請。國民政府為發展國際間的友誼和促進國際貿易的發展，交工商部擬具方案後，經行政院第四十次會議議決，於1929年10月16日發出2316號指令，「令行政院，據工商部提議請任命褚民誼為參加比國博覽會代表，經院議議決由財政部照撥五萬元派褚民誼前往。」[3.60]此前，教育部亦有參加該國際博覽會的計劃，從中比庚款委員會獲得二萬美元的資助，聘請時任中法國立工業專門學校校長的褚民誼，擔任中國教育館籌備主任，已於7月17日由教育部長蔣夢麟向褚氏發出公函聘書。（《中華民國參加比利時國際博覽會特刊》[1.22]）褚民誼接到行政院的委派後，即正式以國民政府代表的身份，統籌工商和教育兩部的要求，着手從事籌備。

這是一次在國際上展示新生共和國面貌的大好機會。指令下達距展會開幕僅半年餘，時間緊任務重，為了全面展開工作，褚民誼接命後，即呈報行政院轉工商、教育兩部，成立籌備處，後稱「國民政府參加比國博覽會代表處」，以褚民誼為總代表，劉錫昌為副代表，農汝惠、田守成、周世達為秘書，韓有剛為實業部代表，並有體育專家金壽峰、美術專家許士騏，電器專家鄒福松、

1930年中國政府參加比利時國際博覽會代表團全體職員合影。右起前排：田守成、韓有剛、褚民誼、劉錫昌、農汝惠；後排：金壽峰、周世達、許士騏及其夫人楊縵華（[2.1]Vol.27，No.19，1930，10，1；[1.26]，1933）

第四章　中比庚款，比國博覽

等人偕同前往。籌備組設總務、會務、編制三組，聘幹事數人分任各職辦事。前頁下圖是中國政府赴比參展代表團在比利時的合影，照片原件現保留在法國里昂市立圖書館，曾發表在《東方雜誌》[2.1]Vol.27，No.19（1930，10，1）及《歐游追憶錄（第二集）》（1933）[1.26]等雜誌上。

褚民誼提名任副代表的劉錫昌，如第二篇第二章之第五節「比國博覽，嶄露頭角」中所述，早在1910年比利時慶祝獨立75周年在佈魯塞爾舉行的國際博覽會上便曾相識，同為該展會中國館的陳列和展出保持聯繫和合作達半年之久。那時劉氏任清政府比使的通譯官。清廷被推翻後，繼而為國民政府效力，曾任比使館參贊、外交部秘書等職，富有參加國際賽會的經驗，年來任外交部條約委員會顧問。農汝惠和田守成分別是中法國立工業專門學校的法文和中文秘書，金壽峰是該校的體育教員。劉、農、田三人更是褚民誼主持的中比庚款委員會的中方工作班子。而另一秘書周世達則是同鄉至親周健初之子、周夢坡之長孫。為了節省開支，全體代表處的人員不另發酬金，由褚氏向各成員主管機關申請留職留薪。籌備處設於褚民誼在中法國立工業專門學校的寓所內，不但節儉，而且便於就近開展工作。在這些得力人員的臂助下，褚民誼開展工作真可謂得心應手。有關參加比國博覽會的籌備和組織工作的來往公文彙編在《中華民國參加比利時國際博覽會特刊》（簡稱《博覽會特刊》）[1.22]中。

為了廣泛徵集展品，《申報》於1929年11月14日報道，褚民誼與工商部駐滬辦事處主任趙晉卿協商，邀集工商等各界領袖組成徵集出品委員會，於11月13日在褚寓召開首次會議。在褚氏詳述參加國際博覽會的宗旨後，與會委員一致推舉林康侯和王曉籟分別擔任徵集出品委員會的主席和副主席，並討論通過了徵集出品規則。[29]嗣後，在此基礎上組成的中國參展組委會，以時任中國國際貿易委員會主席及銀行聯合會主席林康侯為主任委員，上海中國納稅人協會主席王曉籟為副主任委員，成員有趙晉卿、虞洽卿、王一亭、譚熙鴻等29人。還邀請外交部長王正廷、實業部（原工商部）部長孔祥熙、教育部長蔣夢麟為贊助委員會委員。

如後頁上圖所示，中國代表團為展會出版了《比國獨立百週紀念博覽會中國陳列館總目錄》[3.19]，在會上廣為散發。專輯前一一列出了中國參展各組織的名單。褚民誼還為此撰寫了七頁篇幅的引言，對我國展出的教育、農業

---

[29] 褚民誼的開會演辭全文發表在《博覽會特刊》[1.22]上，並登載於本節後的附錄中。

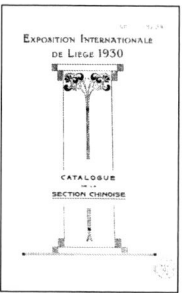

1930年中國代表團發行的《比國獨立百週紀念博覽會中國陳列館總目錄》[3.19]：封面（右1）；扉頁（右2）；中國政府總代表褚民誼肖像（右3），褚民誼的引言首頁（右4）和末頁（右5）（法國里昂市立圖書館）

和工商業三大類展品進行了綜合介紹，並對我國某些特色產品，如：瓷器、地毯、漆器、景泰藍、大豆製品等著重加以說明。

要在短短數月的時間內，完成徵集展品的工作，困難確實不小。徵集出品委員會成立後，即通函國內各地廠商選擇精品應徵，並假前上海總商會會址為徵集出品辦公處。是時國內各地廠商，聞風而動，踴躍應徵者，雖不乏其人；而多數商人鑒於以前歷屆賽會信用之未孚，展品有去無歸，虧累不貲，大都觀望不前。經褚民誼一再宣言，「此次赴比賽會，如係售品，凡物件售出，必繳原價；否則交還原物，誓以個人名譽為擔保」，各廠商始稍稍應徵。這種情況，也是那個年代我國的進出口大多操于外人之手，一般中國商人，無向外積極發展之精神和努力國際貿易之志趣所使然。當時適值西湖博覽會閉幕，經派員前往選擇，幸賴該會助力，取得出品人同意，徵得有價值之出品不少。嗣後，各地出品陸續運來，經過一翻努力，終得賽品一百八十餘箱，分三批從海上運往比利時參展。（〈褚民誼赴比歸國報告〉發表在《申報》1931，1，28上）

國內的籌備工作結束後，《時事新報》於1930年3月8日報道，「我國參加比國博覽會代表褚民誼呈行政院，報告各種工商教育品已徵集齊全，2月18日交日郵輪第一批出品一百另三箱運比陳列，22日派秘書農汝惠、田守成乘法郵輪赴比。3月初派副代表劉錫昌由西伯利亞鐵路前往籌備一切。本人定4月5日偕秘書周世達、美術專家許士騏、電氣專家鄒福松、體育專家金壽峰由滬啟程赴會。《民國日報》（3，21）上披露，偕同前往的美術家許士騏，係國府衛生部特派考察員，「奉命赴歐考察英、法、德、比各國衛生模型製造廠，擬

第四章 中比庚款，比國博覽 159

於回國後，籌設工廠自製。」其夫人楊縵華長文學、精書法，隨同自費赴歐攻文學。「又電機專家鄒福松氏，自造新式高密及透熱電機，能療治百病，」亦同行赴比。此外，褚氏此行隨帶有第二批出品五六十箱。中有在會上進行宣傳的法文三民主義三千冊；向杭州都錦生絲織廠訂購的絲織總理遺像，大中兩號二百幀，送比陳列，並贈送各國外賓；贈品尚有河南竹黃製茶葉瓶一百對等物品。（《民國日報》，3，7；25-26）

中國代表團赴比前，據報載，先後有中法國立工業專科學校（《民國日報》，1，17）、中法大學藥科學院（《民國日報》，3，12），國民黨上海市二區部分黨員以及東南醫學院全體師生和在滬畢業生（《申報》，3，26），相繼舉行歡送會。

4月2日「國民政府參加比國博覽會徵品處主任林康侯、王曉籟假商總會歡送褚代表，到虞洽卿、葉惠鈞、趙晉卿……等九十餘人。《申報》於次日報道謂，「林康侯主席致歡送詞，除述徵品經過情形外，希望褚代表此次赴比，將我國精神文明對外宣傳，取歐西物質文明回國研究。褚代表答詞，除申謝意外，報告一、二兩批，已起運之貨品，及赴比陳列時之意見，大致主分教育、工商、農業三種。趙晉卿代表工商部演說，詳述該部對於赴比參加博覽會意旨，並希望著重外人所喜用中國貨物，於美術、實用兩項上着想。繼王延松演說，詳述近來我國工商不振之原委。」旋用茶點後，在院內合影留念。

臨行前夕，上海新藥公會，於4月4日「設筵公餞褚民誼君，到蔡子民、李石曾、黃楚九等四十餘人。由黃楚九、屠開徵、章顯達三人主席。酒酣，詳述歡送意旨。褚君答詞頗謙遜。當即推舉周邦俊、周夢白、戴顯裕、袁鶴松等為歡送代表，定於五日上午在中法藥房齊集，以備同赴虹口輪埠歡送。」（《民國日報》，4，5）

1930年4月5日啟程當日，送別場面十分熱烈。《申報》於次日報導，「中央委員褚民誼，昨午乘法郵船阿都斯號放洋赴歐，代表我國，出席比國建國百年紀念博覽會，預定在歐洲勾留半年回國，各界歡送者甚盛。工商部駐滬辦事處備小輪船一艘，懸彩載褚氏及歡送者，自新關碼頭至淞口，沿途鞭炮，不絕於耳。歡送者，有李石曾、王曉籟、袁履登、林康侯，及法領事等數十人。褚君親朋贈送花籃者甚多。褚氏登船啟程，在甲板上手揮國旗而去。」

船行途中，經停越南（時稱安南）西貢，這是褚民誼第九次蒞越，舊地重遊，受到了當地華僑的熱烈歡迎，登載在《時事新報》（1930，5，7）上的一

篇新加坡通信中稱,中委褚民誼博士,於4月11日午後二時乘法郵輪抵西貢,赴碼頭歡迎者,極為踴躍。計有國民黨駐安南總支部常務委員及南圻支部各同志、粵僑商界領袖、南圻總商會長、及民國日報總編等數十人。是日由總商會和僑界殷勤招待,城市觀光和宴請。12日午後,總支部特開會歡迎,到各僑胞及黨員二百餘人。褚民誼應邀發表演講,簡述國府成立後全國衛生事業的發展情況,著重說明發起建設「全國新醫藥總會所」之必要,並向僑胞發起募捐。復應法教育局之請,參觀中法學校和安南學校。晚七時精武體育會特開歡迎大會,全體及來賓數百人,奏軍樂迎博士入內,旋在廣場演講,闡明國術以健身為目的,太極拳具有時間、金錢、氣力三經濟的優點。講畢,當場與金壽峯表演太極拳。晚九時應法安南總督之請,在該署觀看籌備歡迎暹邏王之總試演,至夜半十二時。13日與行將赴美演劇的廣州名藝人馬師曾討論改良粵劇問題,晚應邀觀看馬君傑作「一頭霧水」。14日博士答宴南圻各界同志,而結束這次訪問。文中同時登載了由許士騏記錄的上述二篇褚民誼所作的募捐建設總會所和在體育會上的演講全文。

　　褚民誼此行還有一個插曲。當時的越南係法國的殖民地,據《時事新報》(1930,5,9)報道,國民政府廢除了不平等的中越舊條約後,卻遲遲未能簽署新約。在此期間,「越南法政府,以無約國對待華僑,橫徵暴斂,無所不用其極。如關稅之任意加增,華僑商務不振;而國產貨物,因稅率驟增負擔過重,不能輸入推銷,華商受莫大打擊。最近法政府又頒佈限制華商條例,「除增加稅種外,還要求一律改用法文簿記。「經南圻中華總商會,一再請求,而駐越法督,藉口中越新約尚未締結,將強迫實行。」華商以越南無華領搭駐,無可申訴。「此次中委褚民誼博士蒞越,僑胞對於此項重大問題,懇請主持,並求面達駐法公使高魯,向法政府直接交涉,據理力爭。同時希望中越新約早日簽訂,以除僑胞苦痛。」褚氏謂,個人為外交部條約委員會顧問,對此負有責任,已晤安南總督把士機(Pasgoix)和南圻總督車多美(Krauthoimer)發表意見。並已允商會之請,「除將正式呈文,面達高公使外,並囑駐新加坡唐總領事,特電外交部查照辦理。」

　　中國代表團抵達比利時後,竭盡全力,不負眾望,在博覽會上的展出,深受歡迎。評獎結果,得獎總數名列第三,在國際上爭得了榮譽。展會任務完成,褚民誼歸國,在結束全部參賽事務後,進行了全面總結,分別向外交、教育、實業三部致函,報告賽會經過,《申報》以〈褚民誼赴比歸國報告〉為題

（簡稱〈歸國報告〉），連續於1月28、30、31和2月2日全文刊登。嗣後，他於1932年9月主編出版了《博覽會特刊》[1.22]並在1933年《旅行雜誌》上連載發表了《歐遊追憶錄（第二集）》[1.26]，對該次國際博覽會及我國參賽情況介紹甚詳。

比利時曾為荷蘭之一屬國，1830年取得獨立，日漸強盛，歐戰時又能主持公道，不畏強禦，寖假成為歐洲強國。故在其立國百年之際，舉行規模宏大的國際展覽會，以資慶賀。惟該國系由兩個民族組成，在工業大都市列日（Liege，曾稱黎業斯）的居民多屬窪龍（Walloon）族，習性近於法國人；在港口安特衛普（Antwerp，曾稱昂維斯）的居民多屬法蘭瑪（Flemish）族，習性近於德國人。此次博覽會原擬在比京佈魯塞爾舉行，無如列、安兩市人民，各欲發展其本身利益，力爭不已。經國會調解結果，1930年先在該兩地分別舉行博覽會，比京博覽會則在1935年舉辦。安特衛普是比國通商巨埠，故該博覽會之陳列品，注重航海事業及殖民地之出產；列日為比國工業區域，故該博覽會之陳列品，注重科學與實業。我國航海與殖民地皆無事業可言，故僅參加列日之博覽會，而放棄安特衛普。

我國雖未參加在安特衛普的博覽會，但有一事值得提出。在《歐遊追憶錄（第二集）》[1.26]中，褚民誼有這樣一段記述：

「吾國固無殖民地，不謂以我東三省之土地，乃因日人設置南滿鐵路，竟被認為其國之殖民地。其陳列南滿鐵道圖中，竟將東省滿鐵一帶土地，與其本國地圖繪成一色，並制蠟人華工工作狀，陳列東省出產大豆、高粱等。不啻明示各國人士，滿蒙乃日本之殖民地。當時九一八事件尚未發生，滿蒙固屬我國整個國土。經余與駐比代辦羅懷向日使及其參加博覽會代表，幾經嚴重交涉，始將各種侵犯我國權之陳列品撤換。於此可見日人處心積慮，久以滿蒙為其囊中物，故瀋案一發不可收拾。」

該文發表於日軍侵佔東北後的1933年，他在這裡極為憤慨地接著說道：「所痛恨者，負守土之責者，事先既無弭患之方；事既發生，竟不加抵抗，不崇朝間，以三省土地拱手讓人，真千載之罪人也！」

在列日的博覽會分為南北兩部份。南部為比國美術館及各省陳列館，會場為一公園，設有容納數千人的大禮堂，開幕式即在此舉行。北部會場始為國際展覽區，是此次博覽會的精華所在。除各國所建的陳列館外，比國自行建築者，有電氣館、金屬礦冶機械館、運輸館、化學館、玻璃館、軍械館等。其電

器館位於會場之中央,內中分為國際陳列部、電機陳列部、比國教育事業陳列部,三個部分。參加國際陳列部展出的有瑞典、中國、希臘和南美洲的兩個小國凡納賽和瑞辣。

褚民誼在他的〈歸國報告〉中陳述道:

「我國此次在比未建專館,僅於比國電氣館中,租地三百平方公尺,建築陳列室,此則限於財力。蓋參加賽會經費僅有五萬元,財政部遲之又久,始予撥發,致受金價高漲影響,外匯虧損甚鉅。幸中比庚款委員會補助二萬美金,始能勉強敷用。」該地業經我國駐比使館在一年前早已租定,「民誼祇得就此方寸之地,從事佈置。然而自建陳列室,裝飾佈置等費,亦已費去三萬國幣,蓋所租之地,僅有屋頂,而他無所有之空地一片。民誼最初計劃,擬分設農業、教育、工商三館,實因地區狹窄,分佈為難,只得就各種出品,分類陳列。

當時民誼鑒於吾國陳列室過於狹小,倘不於裝飾及佈置上,特別注意,殊難引起外人注目。故不惜時間與金錢,慘淡經營,親自督工裝飾,即佈置陳列,亦且躬自為之。如斯工作數星期之久,全會場方始竣事。會場外部傍大門處,建有中國式之亭閣一所。其內為客廳,四週繞以朱色柱廊,懸以各色宮燈,頗稱華麗美觀。內部陳列品均置於玻璃櫃中。玻璃櫃共分四排,大小高低各有行列,並塗以赭色油漆,自外觀之,亦頗整齊。客廳及會場中央,則高懸總理遺像及黨國旗。陳列之較精美者,有瓷器、茶葉、綢緞、繡花、陶器、雕漆、景泰藍、玉器、象牙、銀器、漆器、地毯、木雕、竹刻、宮燈等。其他農業品則有蠶繭、植物標本。教育品則有商務、中華兩家書局之書籍、及打字機,與全國各地各級學校之成績品。此外猶有國內名人之繪畫,懸於會場之四週,尤生色不小。以故每日參觀者頗眾。謂中國館係屬美術化,而有巧小精緻之稱。此在吾人固難引為滿意,亦姑盡其力而為之。」

右圖及其後頁之三圖示出了中國館大門及會場內部之實況,均為褚民誼所攝,其中部分照片曾在《東方雜誌》[2.1](Vol.27,No.19

1930年比利時列日國際博覽會中國陳列館正門(法國里昂市立圖書館)

第四章 中比庚款,比國博覽 163

（1930，10，1），《中華圖書雜誌》[2.18]（1930，No.2）和《旅行雜誌》[2.10]（第7卷，第10期，1933，10）等刊物上發表。

我國會場於6月16日下午三時開幕。「是日來賓到者，除比國政府代表及各界名人外，各國參加賽會代表，及博覽會執行委員會主席，均先後蒞止。比國政府代表為交通部長李本斯氏，是日下午適有重要國務會議，故未及待至開會致詞，即乘飛機返至比京，而委託前比外相樊迪文代行伊之任務。開幕時，民誼與駐比羅代辦均有演說，樊氏代表比政府致謝詞。禮成後，由民誼導引外賓參觀各種陳列品，來賓均稱美不已，且有即欲購取者，一時小小陳列室，擁擠異常，外賓多佇足而觀，幾無隙地。於是民誼乃從事黨義及商品之宣傳，將法譯三民主義書籍，及上海茶葉會館之茶葉，分贈各國來賓，來賓莫不歡忻異常。是日晚間，並舉行盛大之宴會，遍邀各國外賓參加，凡百餘人。黎業斯（列日）市長及民誼與羅代辦，均各有演說。宴會之餘，並舉行中國遊藝以助興。由留比各地學生分任其事，有京劇、崑曲、舞蹈、國術等表演，外賓來參觀者達數千人，均嘖嘖稱美不置。以故翌日比國各家報紙，均大書本國陳列館開幕事，連篇累幅，為同聲一致之讚美。謂我國此次出品，較之一九零五年及十年，已大有進步云。」

1930年比利時列日國際博覽會中國陳列館內貌（法國里昂市立圖書館）

《民國日報》（1930，7，13）上登載了一篇國聞社里奇通信，對中國館的籌備、館內陳列概況、開幕和游藝大會盛況以及博得比國輿論一致之讚美等，進行了全面報道，並附記了開幕式上中國代表褚民誼、比國政府代表樊文迪以及中國駐比代辦羅懷的演詞（此通信後被收錄在《博覽會特刊》[1.22]中）。文中略謂「比國因今年為立國百年紀念舉行萬國博覽會以資慶祝，典禮隆重為該國從來所未有，世界各國均在邀請之列。參加陳列者除我國外，有英、美、德、日、意大利、西班牙、葡萄牙、瑞士、荷蘭、土耳其、瑞典、挪

威、捷克等數十國。各國皆自建陳列室，英、法、日、意等國則建築專館，其建築式樣鈎心鬥角，莫不壯麗美觀。而陳列出品則應有盡有，大至機器、火車，小至日常用品，無不精美絕倫。我國科學落後，物質文明尚未發達，且中比兩國相去數萬里，出品運輸不易，欲與歐洲各國比長絜短，難操勝算蓋可預卜。不意此次與賽結果竟有出乎一般人士意料之外者，我國陳列館開幕之後，竟博得全比輿論一致之讚美，其榮譽遠駕各國而上之，此則代表褚民誼氏努力所致也。

　　褚氏係五月十三日抵比，下車伊始即親自督工建築，不一月而燦爛之中國陳列館落成。於是褚氏復親自加以佈置，舉凡一物一事均使各得其宜，每晨七時前往，工作至傍晚始回寓休息。午餐則飲冰水而啖硬麵包以果腹，如是辛勞一星期之久，至六月十五日上午，全會場始佈置就緒。十六日上午舉行升旗典禮，下午三時舉行開幕典禮。除柬邀中比各界人士參觀外，並召集比國各地留學生於是晚宴會之餘，舉行遊藝大會以娛外賓，到者千餘人，其盛況不惟華人在比所未有，亦可謂華人在歐之創舉。未涉足東方之歐人獲睹中國遊藝會者，蓋此次為第一次。」

　　「此次我國參加比國博覽會」，褚民誼在〈歸國報告〉中說道：「除工商、教育、農業出品一百八十餘箱外。尚有國內名人繪畫多幅，係由葉恭綽經手徵集，總計價值在國幣七萬元以上。此種畫件，均係近代畫家精心傑構之作，洵足代表中國之美術，惜因會場佔地不廣，未能盡量同時陳列。民誼為宣揚本國美術起見，爰假比國美術會址，舉行中國美術展覽會，將徵得各家繪畫一百八十餘幅，盡量陳列，以供外人瀏覽，於十月五日正式開幕。民誼偕同代表處全體職員親臨行開幕禮，並柬邀比國各界人士及各國人士之參加比國博覽會者，蒞臨參觀。開幕時，由民誼演說中國美術之價值，及其長處，與各國美術不同之點，外人頗能領略，參觀者甚形踴躍。」

　　為了廣泛宣傳，博覽會上印發了《中國美術》專輯[3.20]（見後頁上圖），列出了173件中國繪畫作品的名稱和作者姓名，其中不乏黃賓虹、高奇峰、高劍父、呂鳳子、狄楚青、陳樹人、王一亭、徐悲鴻、張大千、劉海粟、張善孖等名家大作。褚民誼撰寫了序言，說明本刊所列的中國現代藝術家的作品，屬於中國館的教育部分，由於塲地所限未能全部展出，於此則可窺其全貌。值此機會，對提供這些珍貴作品的原交通部長葉恭綽先生及作者們的慷慨深表謝意。

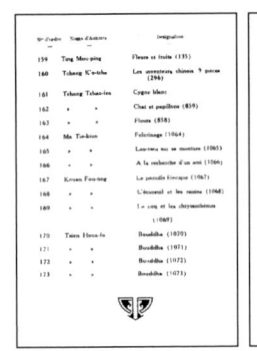

1930年中國代表團為比利時列日國際博覽會印發的中國現代繪畫展品目錄專輯《中國美術》：（1）封面；（右2）褚民誼的序言；（3）作者姓名和作品名稱的目錄首頁和（4）末頁[3.20]（法國里昂市立圖書館）

當時在法國的里昂中法大學，由劉大悲（厚）任秘書長兼代理校長，對褚民誼帶領中國代表團，參加鄰國比利時的國際博覽會十分關切和支持，如：應褚民誼之請，由代表團支付差旅費，擔任該賽會的評獎委員；出借簫、笙等中國古典樂器，為展會助興；利用原中國印字局的設施，協助排印有中國特色的展會請柬和宣傳品等。特別是值此機會，該校於當年雙十國慶節舉辦中國藝術展覽，展出國畫和名人聯對屏以及學生作品240餘件，其中從比國博覽會中國館借得國畫八十幅，連續展出三天後又延長了一天，參觀者不下三千餘人。褚民誼與劉大悲當時的頻繁來往信件，以及有關這次里昂中國藝術展的資料，現保存於里昂市立圖書館。右下圖是褚民誼於10月2日給劉大悲的回信，信中寫道：「諒之借畫事，准照辦，此間可分出八十張，交與周世達兄，隨身帶往貴校陳列。博覽會物品除石膏模型外者，餘亦可請世達兄帶去。請在貴校預備住房一間，世達兄准於陸日晚可到里昂。承寄下請帖式樣，甚佳。惟用dessins字不妥，不如用peinture字為宜，因所有皆係繪畫，而非圖案，尊意以為如何，專此奉復」等語。

作為孫中山「三民主義」的篤信者，褚民誼十分重視利用國際博覽會這個機會，向世界

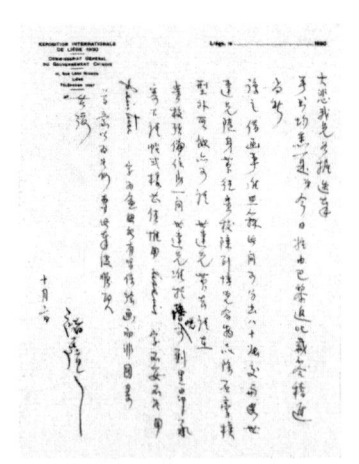

1930年10月2日褚民誼致里昂中法大學秘書長劉大悲信。同意借用博覽會國畫（法國里昂市立圖書館）

宣揚這一普適的救世學說。《博覽會特刊》[1.22]中，全面介紹了中國代表團在黨義、商品、美術和文化四個方面，在展會上所進行的的宣傳。在黨義宣傳一節中記述道：

「本黨之歷史及政策與夫總理手創之三民主義，外人對之有真正認識者殊鮮，是固由於我國缺乏國際通訊機關，對外宣傳不力所致。此次比國博覽會，世界各國均往參加，遠近參觀人士紛至沓來，正吾人對外宣傳之絕好機會。因由民誼向中央提議趕印法譯三民主義建國大綱數千冊，隨同各項賽品運往比國從事宣傳。宣傳之辦法除本國陳列館開幕之日，凡被邀請之外賓以及前來參觀之人士每人均各奉贈一冊外，其後因索取是項書籍者過眾，有供不應求之勢，不得不稍稍加以限制。乃規定各學校教授或大學生或法人團體有相當知識者，方允給予，俾收到實際宣傳之效果。但未及博覽會閉幕，全書即已告罄。效果何若，雖不可知，但觀於讀是項書籍者之踴躍，則知本黨主義之精微，本黨黨義流傳歐洲，當以此為嚆始矣。今後必能引起外人之研究，漸能明瞭本黨之主義可斷言也。」

這裡所說的「法譯三民主義建國大綱」一書，係法國天主教神父德埃列亞（D'Elia.S.J）翻譯編纂，由上海徐家匯漢學研究所出版的法文版專著，《中山孫文三民主義－翻譯、註釋和評價》[3.21]。作者採用1927年出版的《三民主義》普及本（上海太平洋出版社）和《中山全書》第一卷（大一統出版社）這兩個中文版本，將其譯成法文，加以編排並附註釋，其後設有評論部分，引用諸多論文對三民主義進行評述。全書近七百頁，初版於1929年面世。其後應中國赴比利時參加國際博覽會代表團的要求，經修定勘正，其第二版，如後頁左上之兩圖所示，趕在展會開幕前，於1930年再度出版，可稱得上是首部由外國人翻譯，詳盡介紹孫文三民主義的一部宏篇著作。[30]

褚民誼將其帶到博覽會上進行宣傳。鑒于該書篇幅較長，其中的評論部分又難免帶有某些宗教色彩和殖民偏見。為了便於閱讀，使讀者能正確地把握三民主義的要義，褚民誼特撰寫了〈告讀三民主義者〉的附文，插附在書內一並發行。如後頁右上之兩圖所示，在該附文的標題首頁上，註明論文作者為國民黨中央委員、1930年列日國際博覽會中國政府總代表褚民誼，發表於1930年列日。為了滿足眾多參觀者了解三民主義的要求，中國代表團還將此文單獨刊印成冊，冠名《告讀三民主義者》[1.13]在會上廣為散發。這個12頁小冊子的原

---

[30] 該書法文本後被轉譯成英文，於1931年由武昌弗朗西斯出版社出版；1974年又由ASM在美國紐約將此英文版本重印出版。

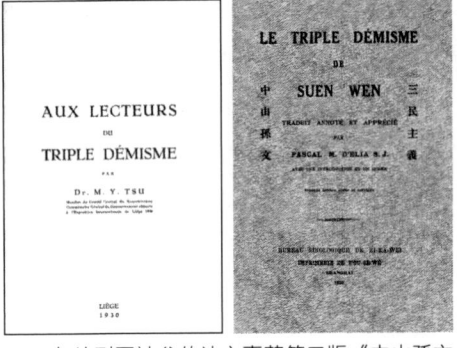

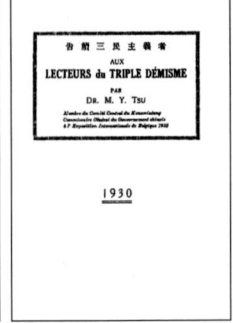

1930年埃列亞神父的法文專著第二版《中山孫文三民主義-翻譯、註釋和評價》（右）；與褚民誼為之撰寫的附文〈告讀三民主義者〉（左）[3.21]　1930年在比利時日列國際博覽會上散發由褚民誼撰寫的《告讀三民主義者》單行本；（右）封頁；（左）帶有著者簽名落款的尾頁[1.13]

件，現存美國哈佛大學圖書館，其封頁和帶有褚民誼簽名落款的尾頁示於右上兩圖。

「孫中山的三民主義由民族、民權、民生三要素組成。」褚民誼在首先闡述民族主義時強調指出：「這裡的民族主義，從字面上看類似於西方的民族主義，但有本質的不同，因為它只是謀求中國人民的權利、國家的獨立不受侵犯，而與平等待我之國家保持良好關係。總之，民族主義是以人類的相互關係為基礎，只要不侵略中國，中國人民就會把他看作朋友和大家庭中的一員。中國愛好和平，當他們繁榮昌盛的時候，也不像現代帝國主義那樣，用軍隊去壓迫弱者，進行經濟侵略，使之得不到發展。西方的民族主義則完全不同，失去了原則的愛國主義，可以墮落成沙文主義和帝國主義。他們以損人來利己，認強權為公理，破壞了和平生活，這正是民族主義所要避免的。」

其次，關於什麼是民權主義，他指出：這「是一個新的政治制度，處於代議制政府和人民直接管理政府之間的一種制度。很久以前，人們就發現代議制政府有很多缺點，但是至今還沒有找到一個制度可以取代它。他們認為直接行使權力的政府適合如瑞士那樣的小國家，不適用於像美國那樣的主要國家。其實代議制和直權制並不相互獨立，可以很好地共存。孫中山提出了「權能之分」的學說，把政府的職能和人民的權力區分開來。雖然權力始終控制在人民手裏，但是人民控制之下的政府職能不受干擾，這是國家繁榮所必須的。該國家的代表由人民選舉產生，人們授權其管理公共事務，對於本地區的局部事務則不加干涉，而由人民通過下述四個權力：建議權、選舉權、否決權和公投權

來加以解決。這樣,就把代議制和直權制的優點結合起來,而避免其缺點。政府可以自由行動,人民的控制權沒有被剝奪,所有因主權至上所產生的問題都將應刃而解。」

最後是民生主義,他寫道:「在歐洲,近年來個人主義的資本主義的發展登峰造極,其後果是爆發了階級鬥爭,遍佈資本主義各國。這個複雜的社會問題擺在了善良人們的面前,亟待加以解決,但還未找到一個合適的辦法。蘇聯俄國人看到資本主義具有個人財產,決定把它廢除,只承認國家是唯一的所有者。結果農民為自己需要的工作受到限制,國民經濟受到致命打擊。俄國人強制實行抑制個人所有權的政策,不是解決問題的方案。我們分析資本主義的來源,發現它包含土地和資金兩個要素,防止這兩個要素的不平衡發展,就可以抑制資本主義的弊端。孫中山提出對國家的基礎產業實行國有化,防止貧富差距過大,土地不為少數人所壟斷,使人人都有工作權利。我相信這樣做,錢和土地問題將得到解決,從而渡過社會危機。」

在扼要闡述孫文三民主義的要點後,褚民誼在讚賞和肯定法國神父埃列亞為翻譯出版該書所作的努力,以及書中表達的對三民主義巨大影響的欽佩之情的同時,對其著作中「評論」部分存在的某些偏見做出了澄清。特別是在對待孫中山所提出的中國受帝國主義經濟壓迫的問題上,埃氏不認為大多數在中國的外國人是對中國的政治和經濟的壓迫者和剝削者。外國銀行家在中國吸取存款,外國商品在中國推銷,是中國人的自願,不應加以抵制。

褚民誼對此說道:「這些論點很容易被駁倒。中國是一個工商業很不發達的國家,市場由列強支配,在上海、天津、漢口等地,各大港口、各大銀行、各大商業機構、各大輪船公司都掌握在他們手中。中國政府對保護國內產業的關稅無能為力,眼看著本國的產業被吞食。列強的商業擁有境外的法律保護和中國所不具備的龐大資金,中國工業顯然無法與之抗衡而幾乎全被葬送……面對民族如此危急的狀況,從而向我們的同胞們提出了不存錢在外國銀行以增強自己的資本和不買外國產品而利用國內產品的號召。「外國人來中國的目的是發財致富,他們嫉妒中國的繁榮,反對中國海關自治的主張和廢除在中國的治外法權,以使中國的工商業無法與之競爭,而必需購買外國產品,國民經濟陷入了極糟糕的狀態。近年來出現大量失業,成千上萬人死於飢餓。固然這與連年的災荒和內部的不穩定有關;然而中國產業被列強擊敗,使全國陷入貧困則是一個重要的原因,難道這不正是帝國主義的經濟壓迫嗎!」

「最後，我希望閱讀三民主義的目的不是簡單地救中國，而是整個世界。換言之，三民主義可以應用到中國和所有其他國家。事實上，三民主義是以博愛為中心，從拯救中國開始，並最終擴大到全世界。孫中山提出的民族主義旨在實現世界各國的平等，不應該存在種族或國家的壓迫；人權主義承認不論種族人人平等，不承認多數對少數的壓迫；最後，民生主義以均富為目的，不允許富者壓迫窮者，這就是三民主義的崇高目的！」真可謂句句擲地有聲。

此次博覽會的一項重要活動，是對展品進行評獎，故有時將其稱為賽會。國際評獎委員會係由參加各國各聘委員若干人共同組成。各國所聘委員人數，依展品種類多寡以確定。獎憑從高到低分為，最優等獎、優等獎、金牌獎、銀牌獎和銅牌獎五個等級。此外還設有特別獎和紀念獎，以襃獎各國鼎力支持賽會及其辦理人員。由於涉及國家榮譽，各國對此都很重視，力爭取得好成績。

褚民誼在其〈歸國報告〉中寫道：

「本國陳列室開幕後，除每日派定職員到會照料外，其第二步之工作，即為辦理評獎事宜。民誼為保護及獎勵本國出品廠商之利益與榮譽計，因聘請吾國留歐專家，及外人明瞭中國國情者十餘人，為吾國評獎委員，會同各國評獎委員，組織國際評獎委員會，從事共同評判，視出品之優劣，以評定獎憑等次。詎各專家有托故不到者，有委人代理者，致使初級評判，本國出品所得結果，至為不佳。幸中級高級兩次評判，民誼偕同副代表劉錫昌親自出席，據理力爭，並導引各國評獎委員，至本國會場仔細參觀，將各種出品，一一說明其價值，始博得各國評獎委員稱許，由失敗轉為成功。迨高級評判竣事，於十月十日比國博覽會舉行授獎典禮，由比王親臨頒佈，以示隆重。」

據《博覽會特刊》[1.22]中記載，評獎活動於七月初開始，中國評獎委員的名單為：王子琦、張兆（沈宜甲代）、盧芹齋、劉海粟、劉厚、孔勤安和王𨱇。鑒於經費支絀，委員勉盡義務，代表處僅支給往返頭等車費。

按比國政府駐會場監督報告，在《歐遊追憶錄（第二集）》[1.26]上詳細列出了24個參賽國各級別獎項的最終獲獎情況。據統計，獎憑總數前三名依次為，比國、法國和中國，我國名列第三。該三國的分項結果援引如下：

國別	最優等獎	優等獎	金牌	銀牌	銅牌	總數
比國	467	424	483	276	77	1727
法國	624	293	205	91	13	1226
中國	36	61	116	90	7	310

其它各國的得獎總數(括號內)依次為：塞爾維亞（189）、西班牙（124）、德國（123）、意大利（88）、波蘭（88）、捷克（56）、埃及（56）、美國（54）、荷蘭（47）、英國（38）、日本（34）、瑞士（31）、盧森堡（19）、瑞典（18）、烏拉圭（10）、希臘（6）、奧地利（5）、丹麥（3）、挪威（1）、摩納哥（1）、智利（1）。

嗣後，根據1931年11月從博覽會發來的實際授予獎憑的單位和個人名單統計，中國的得獎數分別為：特別獎9、紀念獎47、最優等獎31、優等獎45、金牌獎141、銀牌獎100、銅牌獎6。除前二項榮譽獎外，後五項的展品得獎總計323項。（《申報》1931，11，29；《博覽會特刊》[1.22]）

褚民誼本人除被授予特別獎外，他所發明的太極推手器械被評選獲最優等獎。《申報》於10月2日報道，「中委褚民誼氏為吾國體育專家，近年曾發明太極球、太極棍等科學的太極推手器械，在國內曾一再公開表演，深得中外體育家及拳術家之贊佩，咸認為運動上之莫大工具。氏不欲自秘，擬供之於世，俾人類健康之道，更得一捷徑。故乘此次赴比參加萬國博覽會之便，將各種太極拳推手器械，攜往陳列於中國館內，並有金壽峰先生表演，迺日觀者數千人，均稱道不置。博覽會評獎委員會亦甚注意此種柔術器械，並有專親往試驗，均認為於身體上有益無害，故特給予最優等獎云。」此外，他所參與創辦的「里昂中法大學」和《醫藥評論》雜誌，分別獲得了最優等獎和金牌獎。（《申報》1931，11，29；《博覽會特刊》[1.22]）

「比利時博覽會於1930年11月3日閉幕，計共舉行六個月。」褚民誼在〈歸國報告〉中寫道，「在此期間，我國會場，每日參觀人數甚眾，雖無精確之統計，約略計之，各國人士前來參觀者，每日必有數千人。各種商品，其屬於售品性質者，三分之二皆已售去。各國會場則反是，此則我國出品定價低廉之故。且外人好奇心盛，彼等所習見者，無非機械出品。今見我國工藝品，精巧美觀，多欣賞不已，而以婦女為甚。各種出品中，具以茶葉、綢緞、瓷器、繡花、陶器、銀器、雕刻、地毯、宮燈等，為最受外人歡迎。從可知吾國國貨，非不能向外發展，增進各界貿易，殊非虛語。所望國內商人，高瞻遠矚，目光外移。且有不少廠商，探悉吾國出品定價低廉，深悟直接貿易之利，紛來詢問出品廠商地址，預備直接交易者，吾人皆一一為之介紹。工商品三分之二，既已售去，除將售價匯至國內，預備交付出品人外，其餘三分之一出品，業於會場結束時，裝得五十箱，交由日輪運回，庶幾實踐前言……以維此次賽

會之信譽，而使此後參加國際賽會，商人踴躍出品應徵，不再觀望不前。惟各種教育、農業出品，多屬於各地各級學校之成績品，既無血本攸關，且亦價值不鉅，因由代表處通函出品各機關，徵取同意，是否願意贈與比國政府，使之陳列博物院，或圖書館，以垂久遠。各機關復函允許者，均已悉數贈與比國政府；其不願者，則已將其出品運回。」博覽會則於10月27日舉行餞別宴會招待各國代表團後，落下帷幕。我國代表團成員分批先後回國。」

《申報》11月11日及26日上先後披露，褚民誼鑒於所有我國參加賽會以及附帶出席各種會議之任務，均已辦理就緒，即偕秘書周世達先行於10月22日離歐赴美，乘雄偉（Majestic）號輪，28日到紐約；在美稍事訪問後，11月20日由舊金山乘日本郵輪春陽丸（Shimgo Maru）號啟程返國；12月5日至日本，約停留四日，仍乘原船離日，將於12月12日到達上海。

中國代表團在國際博覽會上的傑出表現，有目共睹；所獲得的空前成果，振奮人心。褚民誼載譽歸國的消息傳來，滬上各界人士紛紛自發行動起來，准備予以熱烈的祝賀和迎接。湖州同鄉會早在11月初就着手進行籌備，推定邵如馨為負責人，擬定如下辦法：設立籌備處於西藏路九江路口平樂里九十二號；歡迎經費完全由邵如馨君向湖州同鄉會籌集，不向外界攤派分文；由籌備處登報徵求各界團體及個人加入；歡迎辦法及地點，由各界代表討論決定；宴會由各團體或個人個別舉行，湖州同鄉會則單獨宴請等。（《申報》1930，11，11；26）

1930年12月2日，《申報》以大字標題，醒目地刊登了〈為歡迎褚民誼先生回國啟事〉（見後頁右圖），全文如下：「國民政府特派中央委員褚民誼先生，為參加比國百年獨立紀念舉行萬國博覽會代表，徵集國產物品，於今春放洋赴比，正式參加在案。竊我國自政體革新以來，提倡國貨一端，政府民眾已一致努力。深知非此不足以振民生，而固國本。於褚公離國時，僉以此行關係國計民生既重且鉅，尤以褚公熱心社會事業，深慶代表得人，故各界歡送者踵接肩摩，矚望之殷，無以復加。茲屆褚公及秘書周世達君回國，聞於十二月十二日抵滬。查此次赴比賽會，不下數十國，各國均收羅宏富，竭全力以赴之。吾國則限於物產財力，愧不逮人，幸賴褚代表之慘淡經營、辦理得當，評獎結果竟能名列第三，獲獎憑三百六十餘張之多，使中外觀聽為之一變。事關國家榮譽，國產進步，爰擬發起組織一盛大歡迎會，以喚起國人對外貿易之注意及奮鬥，不僅為慰勞褚公個人已也。各界團體及個人對於此舉贊同者定不乏人。故除已經加入外，恐未週知，特再登報廣為徵求。凡願共同歡迎者，務請駕臨

籌備處接洽，俾可討論進行，無任盼祈之至。上海歡迎國民政府參加比國博覽會褚代表民誼先生回國籌備處啟。」

1930年12月12日，褚民誼偕秘書周世達，乘日本郵輪春陽丸，於下午六時抵達上海，前往碼頭歡迎的場面十分熱烈。《申報》于14日分欄詳細報道如下：

「歡迎盛況：先是由湖州同鄉等所組織之歡迎國府代表褚民誼先生回國籌備會，嗣得繼續加入者甚多，約團體三十餘，遂大舉籌備。事前由該歡迎會，在黃埔碼頭紮掛牌樓彩燈，計彩色牌樓一所，橫書「歡迎褚民誼先生回國」字樣，旁綴一聯曰：「博望聲名留絕域，神皋富庶震寰瀛」。並於橫額之下，懸一大汽油燈，異常燦爛，生輝不少。另挂萬國旗幟，隨風招展。此外尚有彩色綢旗數十面，上繡歡迎國府代表褚民誼先生回國字樣，尤覺悅目。此外，如新藥業公會、藥劑師公會、東南醫科大學、中法國立工業專科學校、中法大學藥學專修科等，均有白布大旗及三角小旗甚多。

歡迎人數：前往碼頭歡迎者，團體方面，計有市商會、衛生建設委員會、醫藥評論社、上海市國術館、寰球中國學生會、大華醫院、上海平民醫院、勞工醫院、中華衛生學會、時代青年社、同德醫學會、中華國產聯合會、新醫藥公會、藥劑師公會；學校方面，有中法國立工業專科學校及藥學專修科、勞動大學、東南醫科大學、中興兩級小學；個人方面，有王曉籟、王一亭、林康侯、薩連奎、邵如馨、袁良驥、姜俠魂、宋梧生、農汝惠、田守成、陳公魯、張舍我，及徽寧學校江派華、徐寰仁、許德臣、江鍾義等二千餘人。褚君之尊人杏田先生，年已八十[31]，鬚眉

1930年12月2日《申報》上刊登的〈歡迎褚民誼先生回國啟事〉

---
[31] 時年76歲。

皆白，及褚君夫人及其女公子等，亦均到岸迎接云。

歌聲樂聲：當春陽丸將近碼頭時，軍樂隊高奏軍樂，中央學校學生大唱歡迎歌，雜以揚帽舉手招呼聲，攝影公司之火炬聲，停船時之水手繫纜聲，一時畢呈耳鼓。

大攝影片：明星影片公司特攜活動影片機，帶同火炬，前往攝影。由褚民誼氏立於船沿時起，舉凡過艤也、下躉船也、歡迎者一一握手為禮也，莫不攝入片中。他如報館、照相館之前往攝片者尤多。即褚君登岸之頃，亦手攜照相快鏡，褚君沿途攝影之良伴也。

代表登船：輪既泊定，歡迎代表中，原擬推出十人登輪歡迎。但艤既排定，褚君即行下輪；且以人多不易排眾而上，故雖經推出代表，並未上船云。」

自褚民誼本月12日回國後，「湖州同鄉方面，發起開會歡迎。」《民國日報》於12月27日報道，「事先由邵如馨、董天涯等積極籌備，於昨日（26日）下午假大西洋菜社，舉行公宴。到各公宴代表團暨徵集物品委員會各委員，及各團體之代表，以及湖州同鄉王一亭、潘銘之、邵如馨等，並來賓共二百餘人。」六時開歡迎會，「首由眾來賓先表示拍掌歡迎禮，即請褚代表報告赴比經過，原詞甚長，略謂此次赴比參加博覽會，幸不辱使命，實堪下慰，並希望我國農工商業更加努力以後之改良，及政府方面當注重國際貿易，創辦遠洋航海公司、國際匯兌銀行等，並注意商品之宣傳云云。繼由主席團周林俊致歡迎詞畢，即由籌備處主任邵如馨報告籌備歡迎會之經過，次由徵集物品委員會委員林康侯、王曉籟等，以及國術館代表葉良暨來賓等相繼致詞後，即行聚餐。並有神怪八仙團義務參加演劇，散會時已十時矣。」後頁上圖是歡迎宴會後的合影，會場上佈滿鮮花和錦旗，「為國增光」四個大字的匾額高懸正中，氣氛莊重熱烈。九旬高齡的馬相伯親臨歡宴，就座前排中央。趙晉卿、褚民誼、王曉籟、林康侯、邵如馨、韓有剛、王一亭等人圍座前排。邵如馨在其上書寫的圖題，簡述了活動之盛況。最後說明，「會後爰留是影，以誌鴻爪，惜為時過晏，各團體代表多數散去，致未能一同攝入為憾。」[32]

與此同時，滬上他所任職的學校、民間社團和有關各界，先後以各種形式舉行歡迎活動。中法大學藥科全體學生於12月17日開會歡迎褚民誼歸國，師

---

[32] 該歡宴照片原件由韓一飛收藏，曾展出在現今杭州西湖博覽會博物館內。

1930年12月26日上海各界暨湖州旅滬同鄉歡宴同赴比參加國際博覽會代表團歸國及徵集物品委員會。前排就座右起：趙晉卿（1）、褚民誼（2）、王曉籟（4）、馬相伯（6）、王一亭（7）、韓有剛（8）、邵如馨（9）、林康侯（10）等（照片原件曾展示在杭州西湖博覽會博物館內）

生濟濟一堂，備極熱烈。褚氏於1929年創立該校並任學長，借此機會，他在會上對在吾國設立藥學專科的意義及發展設想，從國內到國外，詳加闡發（演講內容詳見本篇第七章之第五節「醫藥並重，培植人才」）。（《申報》1930，12，19）

由褚民誼創辦並任主編的《醫藥評論》半月刊，在這次比國賽會上獲金獎。該社同仁於12月24日晚，在白克路功德林蔬菜館張盛宴，為他洗塵。（[2.15]No.49，1931，1，1）

《申報》12月28日報道，留比同學會，以褚民誼在比利時效勞殊多，又適前比使王景歧回國就任勞動大學校長，中比庚款委員會委員赫斯（Hers）由比來華，乃假太平洋西餐社舉行歡宴，到會來賓同學三十餘人，公推該會名譽理事長蔡子民為主席，來賓相繼發言，以表歡賀之意。褚氏及王氏相繼致謝詞，並希望同學同心一致，為國家社會努力，以增高國際地位等語。

第四章　中比庚款，比國博覽

褚民誼注重基礎教育，時任上海「中興小學」主席校董。該校師生繼到碼頭迎接之後，於12月27日邀請褚氏到校訓話。《民國日報》（1930，12，29）上報道，校長吳祈益在歡迎詞中略謂三點：「一、褚氏此次赴比，為國爭榮；二、圖謀國產發展，努力經濟建設；三、為維持本校，設法擴充。褚民誼的訓詞，在感謝同學們歡迎歡送之熱忱後，以此次國際博覽會上的佳績，鼓勵學生們從小立下求學的決心，重科學、遵教師、強身體。

上海勞工醫院是一所專為工友們服務的福利醫院，院務、財務兩委會暨全體醫生職員，於12月29日晚，假四馬路一枝香，歡宴本院院長褚民誼。由上海社會局長潘公展主席，報告褚院長出國後院內的一切經過情形後，褚院長起立演說，對於歐美諸國近來之新發展，吾國醫藥方面的改進和提高，以及該院將來如何謀發展之計劃，發揮頗為詳盡。（《申報》1930，12，30）

上海市的國術團體，市國考同志會、上海青年會、上海武學會等，12月31日下午在青年會歡迎褚民誼，到會四十餘人。褚氏繼發明太極推手器械之後，在從比利時轉道美國的歸途航行中，又發明了易於推廣的「太極操」。他在歡迎會的演說中提出，國術要以健身為目的，用簡易之手法，造就普遍人才。並當場表演他新發明的太極操，在眾國術高手面前首次公開亮相。（《申報》1930，12，31；1931，1，1）

值得指出的是，上述對褚民誼赴比凱旋而歸的讚譽和熱烈歡迎，完全出自民間的自發行動。褚民誼在博覽會上作出的傑出成績，除受到國人的高度評價外，展會剛一結束，比利時國王阿爾貝一世即於1930年11月22日簽署命令通令嘉獎，授予他「利奧波德司令勳位勳章」（詳情見前述本章中之第一節）。

這裡需要說明的是，褚民誼抵滬後，即於12月22日上午，在中央黨部第九十一次總理紀念週上，報告了他參加比國博覽會之經過和感想。會議由胡漢民主持，中委暨來賓與黨部職員共四百餘人出席。《時事新報》於次日進行了報道。褚氏的報告著重說明了本次參會特點、徵品經驗、獲獎分析和今後努力之方向。略謂：

「國民政府參加外國博覽會，此次尚係第一次。從前中國參加博覽會之觀念：（一）等於敷衍應酬，視如婚喪喜慶，故雖派人參加，實與工商業無關；（二）參加後，雖得到獎品，但與工商業上，亦無何等影響；（三）與賽物品徵取價值不等，至少者亦在數十元，但俱有去而無回。以是之故，此次赴比賽會徵求賽品時，工商界對出品展覽，初不甚踴躍。嗣在上海組織出品委員會，

對於赴賽物品，首即預先聲明。」將其分為三類：凡賣品，即為代賣。將價交回；非賣品即代為陳列，仍將原物交回；贈品即為代贈國際間與出品上有關係之人物。最後結果，徵得出品一百八十餘箱。內分工業品、農業品、教育品三類。」因場地、成品數量等原因，合列於一館。「出品中佔大部者，即磁器、漆器、書畫、教育標本及各種成績品。在國際出品之中，吾國出品皆係舊有品物，並無任何新發明造作。而比賽結果，頗獲良好之成績……甚出吾人意外。日本出品比較我國為多，陳列館比我大數倍，出品俱係分類陳列。我國此次會費合華金不過十二萬元。日本此次會費則約合華金四五百萬元，超過吾國數十倍。然而所得獎數，尚不能如我國之多。蓋此中亦有原因，如（一）日本出品，皆係以同類之品列為一類。若茶，日本以各出品人合為一類，所得之獎自僅一數。而吾國則分類，如出品人有三家，即分為三種，所得之獎亦即三起。（二）吾國瓷漆品及手工品均佔優勝。因各國機器發達，對手工品減少，故對手工品反以為新奇罕睹。上述二原因，即可知吾國獲獎雖多，然實僥倖而已，非能即此滿意也。「切不可因多得獎品，而遂忽於製造之改良。」

他更進一步指出：「實業貴有新發明，如指南針、火藥等事，本係中國發明。外國人得之日加改良，及今中國乃反，悉皆向外國購求矣。故中國仿製外貨，亦必鼓此勇氣，以求發明改良，則安知今日中國所購於外國者，將來外國不轉求於中國。語云事在人為，亦在吾國有志工商事業者之自謀而已。此次赴比賽會，中國新發明出品，僅得兩種。（一）商務印書館之華文打字機；（二）兄弟之體育新機械。頗蒙各國稱贊，故皆獲得最優獎。惜最聰明之中國人，此次僅有此二發明，究太難看，希望來次博覽會中，吾國陳列新發明之出品，比此次為多，此為吾人所馨香禱祝者也。」

褚氏在上述紀念週報告的第二部分，簡略地報告了出席國際聯盟第十一次大會的情形，重點談及中國在國際聯盟行政院落選及其原因分析，以及我國立法院院長王寵惠當選為國際法庭法官之一的喜訊。該報告以〈出席比國博覽會及國聯大會情形〉為題，刊登在1930年12月29日出版的，黨內刊物《中央週刊》[2.12]第134期上。

1931年比國博覽會全部獎憑到達後，於11月28日在天妃宮橋上海市商會，舉行發給獎憑典禮。到比國方面，正副領事、中比庚款委員會五委員；中國方面，行政院、實業部、外交部和教育部代表、駐比代辦、赴比與會總代表褚民誼、徵集委員會主席及委員數十人，出品人及來賓共計三百餘人。駐比代辦謝

壽康主席，褚民誼報告經過，行政院代表張群（潘公展代）宣讀出品人得獎名冊，中比來賓致詞後發獎，攝影而散。

《申報》次日對此次頒獎活動進行了詳盡報道，全文刊登了褚民誼和比領事的講話及全部得獎名冊。褚民誼在會上詳述了博覽會的籌備和展出過程，在談到中國此次獲得獎憑總數名列第三的好成績時，提醒國人不應為此自滿，指出：「立國於今日之世界，非科學發達，不足以圖存。中國今日所陳列者，屬於科學方面之出品甚少，如茶葉、綢緞、瓷器、景泰藍、雕刻、繡花等，雖久已馳譽海外，但均無甚進步，此同仁所自覺慚汗者，又安能滿意，而固步自封。」

他在談到參加賽會的重要性時指出，積極參加國際博覽會，既可宣揚國貨，有利於國際貿易競爭；還可通過與各國出品的比較，促進本國的進步。歐美各國不但政府願意參加賽會，即商人亦樂意參加。而我國對於國際博覽會的目的和利益，還普遍認識不足，冀望加以扭轉。最後他提出，1933年將在美國芝加哥召集的萬國博覽會，以及1935年在比京再次舉辦的國際博覽會，其規模比這次大，建議我國均須參加，對此應事先積極籌備，俾能為國爭光，獲得良好之榮譽。

這次派出以褚民誼為國府代表參加在比利時舉辦的國際博覽會，可謂是有史以來我國出席國際博覽會規模最宏、影響最大，也是最成功的一次。為了將獲得的寶貴經驗流傳下來，供後繼者參考，在褚民誼的主持和親自擬稿下，國民政府參加比國博覽會代表處編輯出版了《中華民國參加比利時國際博覽會特刊》（本書中簡稱《博覽會特刊》）[1.22]，於1932年9月由上海大東書局出版。如後頁上圖所示，封面書銘由時任行政院院長汪兆銘題寫。褚民誼於1931年11月18日撰寫的序文，在其結尾部分點明了編寫本書的用意，謂：

「夫事過境遷，則淡焉若忘。欲有所借鏡，而期能永久，則非有記載，曷足流傳。爰搜集此次比國舉行國際博覽會之各種章則，並將我國參加該會之經過情形以及會場概況，一一筆之於書，篆成特刊，備流覽焉。」

全書合計228頁，內含照片20頁31張，分為「中國陳列館」和「比國博覽會」兩大部分。中國陳列館部分，共計7章20節，詳細收錄了籌備和參加這次博覽會的有關來往公函、各種章程制度、重要講話、活動和通訊等等，是一本難得的紀實資料，本文中多有引用。該書的目次、褚民誼的序文及他在徵集出品委員會成立大會上的演辭全文選登於本節附錄中。

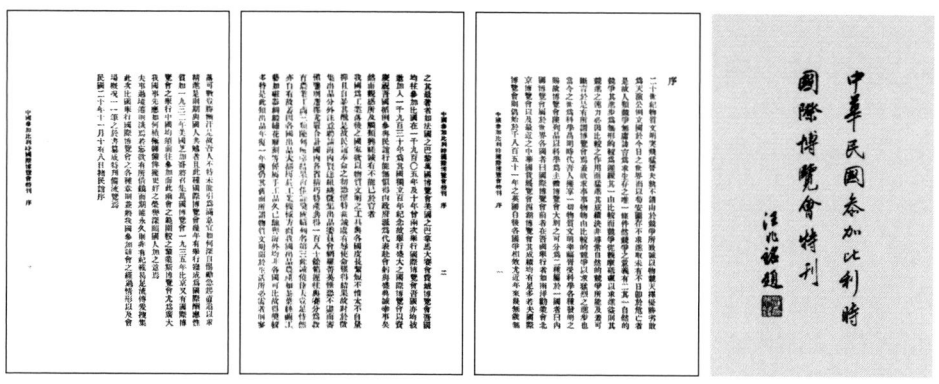

1932年9月出版的《中華民國參加比利時國際博覽會特刊》。國民政府參加比國博覽會代表處編輯，封面見右1圖，主編褚民誼之序文見餘圖[1.22]

　　這次在比國博覽會上的大獲成功，喚起了社會各界，從政府到民間廠商，對參加國際博覽會的興趣和重視。1933年美國在芝加哥市建立百年之際，以「科學對社會之服務」為主題，舉行國際博覽會。中國政府在1930年2月收到請柬後，在褚民誼等人的積極建議下，於1931年3月議決組團參加，1932年6月成立籌備委員會，預算經費四十萬，由實業部長陳公博擔任委員長。為吸取當年參加比國博覽會的經驗，提前近一年即開始徵集產品。而且，除普通商品外，還組織中國政府專館，以展示中央政府歷年來的建設和施政成績。[3.60]（1932，12，31訓令）經過近一年的努力，1933年2月18至3月5日在上海中央研究院，展出所得徵品，擬請專家審查合格後，放洋赴芝加哥，參加6月1日的開幕展出。然而，正待3月底裝箱發運之際，日滿軍隊入侵佔領熱河，政府以國難緊急，於2月28日經長時間商議，決定停止參加。後由出品人自行組織，政府略撥補助，以協會名義參加。有關詳情見《科學》[2.4] Vol.17，No.5（1933，5，1）及《申報》（1933，2，19；3，1）。

　　嗣後，法國政府定於1937年5月1日，在巴黎舉行近代文藝技術國際博覽會。世界各國包括中國均被邀請參加，我國政府以種種原因業經婉辭。世界文化合作法國協會，認為這次展會對加強中法兩國的聯繫和合作甚為重要，迭次請求中國參加；同時法大使來華，建議不妨由社會團體發起組織參加。為此，「世界文化合作中國協會李石曾、吳稚暉、蔡子民、張靜江、褚民誼等人發起，召集文化、教育、工商各界領袖王曉籟、杜月笙、林康侯、張嘯林、錢新之等，在世界社經過數度會議，大家認為此事非常重要。因為巴黎是世界人文

第四章　中比庚款，比國博覽　179

薈萃之區,此次舉行這樣盛大的博覽會,各國人士,必多前往觀光。現在各國都已參加,獨中國不去,與國際地位頗有關係。而且我國年來文化教育以及工商實業各種建設事業,都有長足進步,正可利用機會,從事國際宣傳,使得各國人士明瞭新興中國的情況。所以議決,由世界文化合作中國協會、上海市商會、全國商會聯合會、銀行公會四團體,及文化、教育、工商各界領袖,共同組織「中國參加巴黎國際博覽會協會」,推選褚民誼、趙志游、劉符誠、謝東發、劉錫昌五人為代表,攜帶文化、教育、工商各種賽品,赴法國參加,並以褚民誼為首席代表,負責籌辦一切。」1936年12月15日代表團辦事處成立,開始辦公。借鑑參加比國博覽會的經驗,為集合全國力量,徵集和選擇優良賽品,特邀集國內文化、教育、工商界領袖,於1936年12月23日在上海舉行「中國參加巴黎國際博覽徵集出品委員會」成立大會。會上褚民誼主席報告上述籌辦經過後,推選李石曾、褚民誼、王曉籟、林康侯、潘公展五人為主席團,並討論通過了徵集物品規則。(《申報》1936,12,24)

此時褚民誼已卸任行政院秘書長,以民間身份盡心竭力投入工作,並聘請劉錫昌為代表團辦事處處長,農汝惠、田守成為秘書,他們均曾是協助褚氏辦理參加比國博覽會的得力熟手。為了徵得政府的理解和支持,徵集出品委員會在開成立大會前,委託褚民誼於12月20日專程赴京向行政院孔祥熙代院長,陳報發起參加巴黎賽會經過和代表團成立事宜,並請外交、財政、交通、教育、實業等有關各部予以協助。(《申報》1936,12,20)

這次展品的徵集原則,重質不重量,必須經過審查方能運法與賽。為此,褚民誼於1937年1月4日在其寓所召集徵品委員會主席團會議,決議推選並成立文化教育品和工商技術品兩個審查委員會;請上海商會撥空屋為徵品臨時儲存所,並於該會商品陳立所內,設立徵集物品辦事處,分別派定專員擔任徵收物品及保管事務。該徵收物品辦事處於1月5日成立,通函全國各界,選擇精巧物品與賽。(《申報》1937,1,6)

巴黎賽會將於5月1日開幕,國內展品必須在3月間完成徵集工作,時間十分緊迫。褚民誼於1月17日在市商會召開全體出品人大會,反復說明參展的意義,並再三強調展品的安全、保險和保值以打消疑慮。各業代表三十餘人出席,分別報告了各類出品的準備情況。(《申報》1937,1,18)

此外,據《申報》(1937,2,5)披露,籌備處正着手編譯《新中國》一書,該書內容十分豐富,材料「由中央黨部宣傳部、各部會、以及各行政主管

機關供給,並旁搜博採,各界最新之著作,選擇精密而譯述謹嚴,故該書頗有價值……以期屆時出版,攜往法國,作國際擴大之宣傳,俾外人明瞭新中國之進步云。」

在政府各部門和社會的積極支持下,各業參加異常踴躍,徵品中以玉器搜羅最為宏富,大小共計一千八百餘件,玉石之名貴、雕琢之精良,均為平素之罕見。其中以珠玉公會代表張文棣提供的「翡翠三絕」最引人矚目。如後頁上圖所示,它由寶塔、宮燈和牌坊三項組成。中央七級寶塔,高1.2公尺,造型與龍華塔相似,由整料挖鏤而成,配以前端龜鶴左右對峙、直徑0.25公尺的兩罩宮燈,和前置一面高0.41公尺、寬約0.5公尺的牌坊,各件均精雕細刻,色澤艷麗,渾然天成。據《申報》(1937,3,24)報道稱,此物原料係1905年在緬甸翡翠山深處發現之巨大玉石,經數年解剖而得。張家購得其中部分後,網羅良工百十人,經十年之久,始琢成如此稀世之珍。該件曾於1933年赴美國芝加哥博覽會展出,觀者莫不驚奇,讚嘆東方藝術之高超。但因時間忽促,當時未能在國內展出,此係首度向國人公開亮相。據稱該玉器後來轉輾到了美國,其主體部分曾在2010年上海世博會(EXPO)美國館內展出。

如此之多精美絕倫的玉器雕刻、名貴首飾齊集上海,實可謂網羅全國之精華。值此難得機會,我國參加巴黎國際博覽會協會,在玉器業的大力支持下,在滬舉辦「參加巴黎博覽會玉器藝術預展會」,假地點適中的大新公司四樓大廳展出。展會於3月5日開幕,展期十天。代表團辦事處發出請柬千餘份,敦請林主席、蔣委員長,各部會長官,以及黨政軍警當局、本市中外聞人、工商領袖,蒞臨參觀。(《申報》,3,5)褚民誼特由京來滬,主持開幕,張文棣臨場招待。《申報》次日報道了開幕盛況,並刊登了賓主們在展廳中央,高興地與大型翡翠寶塔組件合影的照片。如後頁上圖所示,褚民誼站在前排正中玉制宮燈之右[33]。第一天開幕後,即向公眾開放。3月6日,立法院孫科院長,監察院于右任院長,偕同眷屬,蒞臨參觀,詢問甚詳,備極讚揚。由於展廳場地所限,未能一次將全部玉器陳列,特定逐日更換,俾愛好者無遺珠之憾。(《申報》,3,7)連日來,購卷參觀者,殊形踴躍,每日約達萬餘人。因展品大都將運法與賽,包裝費時,而無法展期。(《申報》,3,12)

---

[33] 該照片的原件由韓一飛提供,曾展出在現今的杭州西湖博覽會博物館內。

1937年3月5日「中國參加巴黎國際博覽會玉器藝術預展會」在上海開幕，賓主們在展廳中央與大型翡翠寶塔組件的合影，主席褚民誼位於前排正中玉宮燈右側（《申報》1937，3，6）

　　正當參展籌備工作全面推進之際，國內外時局劇烈動盪，經費困難日顯突出。3月底展品業已齊集，又接法國大使顧維鈞來電稱，經與法方接洽十餘次，法政府特予優待撥給國際陳列所房屋兩間，為中國賽品陳列之用。至此，籌備工作基本就緒，人員整裝待發，但因經費問題，無法將展品發運。為此，在世界社舉行發起人、徵品委員暨出品人聯席會議，由褚民誼主席，一致認為必須力爭參加。議決：一、由各發起人、各委員暨全國出品商一千餘人，聯名電請蔣委員長、孔副院長及外交、實業、教育各部長，請仍維持行政院303次議案，予以贊助；二、推王曉籟、林康侯、褚民誼、張文棣等八人為代表，往見蔣、孔，陳明不能不參加之理由。電報發出後，於4月1日往中央銀行見孔副院長。結果孔表示允予贊助，並在呈文上批示照准。（《申報》，4，2）蔣委員長亦從溪口復電到滬。謂「已電行政院何處長辦理」等云。（《申報》，4，8）但此後經費仍遲遲得不到落實。《申報》5月13日披露了蔣氏致政務處長何廉的電文，在表示給予補助和贊助的同時，做出了「惟係社會團體參加性質，而非政府正式參加」的表態。由於經費問題最終未獲解決，而使該項活動無奈夭折。

　　1937年5月24日巴黎現代生活藝術技術博覽會開幕，法總統致開幕詞，希望借此促進國際間之諒解。計有42國參與，惟不見中國身影，殊為憾事。（《申報》1937，5，26）

《附錄》《中華民國參加比利時國際博覽會特刊》摘登[1.22]

一　目次

攝影

外交部王（正廷）部長
工商部孔（祥熙）部長
教育部蔣（夢麟）部長
褚（民誼）代表
劉（錫昌）副代表
代辦處職員
徵集委員會林（康侯）主席
徵集委員會王（曉籟）副主席
會場全圖
中國陳列館
各國陳列館

序文

第一編　中國陳列館

第一章　籌備及組織
第一節　緣起
第二節　提議
第三節　任命
第四節　籌備機關聘委職員
第二章　徵集
第一節　組織徵集出品委員會
第二節　各項規章
第三節　徵品方法及手續
第三章　經費
第一節　工商部最初之預算
第二節　代辦處之預算
第四章　本國陳列館
第一節　本國陳列館租地經過
第二節　本國陳列館佈置情形
第三節　本國陳列館開幕盛況
第五章　宣傳
第一節　黨義宣傳
第二節　商品宣傳
第三節　美術宣傳
第四節　文化宣傳
第六章　評獎
第一節　辦理評獎之經過
第二節　本國出品所得獎憑
第七章　結束
第一節　會場閉幕
第二節　代辦處結束

第二編　比國博覽會

第一章　比國博覽會舉行之動機
第二章　昂維斯（安特衛普）博覽會
第三章　黎業斯（列日）博覽會
第四章　各國陳列館
第五章　黎業斯博覽會之組織
第六章　黎業斯博覽會之經費
第七章　參加國數
第八章　黎業斯博覽會章程
第九章　黎業斯博覽會評獎章程
第十章　參加各國得獎等級及數目

一　褚序

　　二十世紀物質文明突飛猛晉，夫孰不謂由於競爭所致，誠以物競天擇、優勝劣敗為天演公例。立國於今日之世界，而以苟安圖存、不求進取，未有不日即於危亡者。是故人類競爭，無庸諱言，為求生存之唯一條件。然競爭之意義有二：其一自然的競爭，其進步為無形的，較為遲緩；其一由比較而競爭，從觀摩砥礪以求進益，則其競爭之速力，必因比較之作用而猛進，其成績決非尋常自然的競爭所能及，蓋可斷言。於是有所謂博覽會焉，蓋欲求事事物物由比較的競爭，以求猛烈之進步也。當今之世界為科學昌明時代，吾人獲享一切物質文明幸福，胥受科學各種發明之賜，故博覽會陳列品以科學為主體。博覽會大別的可分為二種：屬於一國者曰國內博覽會；屬於世界各國者曰國際博覽會。前者在吾國舉行者，如南洋勸業會、北京博覽會以及最近之中華國貨展覽會、西湖博覽會，其成績均有足多。若夫國際博覽會，則倡始於千八百五十一年之英國。自後各國爭相效尤，近年來幾無歲無之。其最著者，如法國之巴黎萬國博覽會、美國之巴拿馬大賽會、費城博覽會，吾國均往參加。比國在一千九百零五年及十年，曾兩次舉行國際博覽會，吾國亦均被邀加入。一千九百三十年為其國獨立百年紀念，故舉行盛大之國際博覽會以資慶祝，吾國循例參與。民誼行能無似，得由政府派為代表赴會，躬與盛典，誠幸事矣。然而觀感所及，觸類興嗟，誠有不能已於言者。

　　我國為工業落後之國家，欲以物質文明之工具與各國度長絜短，不惟太不自量，抑且自暴其醜。是故民誼奉命之初，恐懼特甚，誠虞有辱使命，難得結果。故對於徵集出品分外注意，聘請海內賢達組織徵集出品委員會，網羅菁英惟恐不盡，而審慎鑒別，選擇尤嚴。合計國內各省精巧特產，共得一百八十餘箱，運往與賽。分為教育、農業、工商三類陳列。所幸結果尚佳，評獎成績列名第三，此誠僥幸。夫豈足恃然，亦自有故。蓋因各國出品大都屬於工業機械方面；我國出品農產如茶葉、絲繭，工藝如瓷器、綢緞、繡花、雕刻等，係屬手工品，久已馳譽海外，均非各國可比，故得獎較多。特是此類出品年復一年，猶仍其舊。而所謂物質文明關於生活所必需者，則寥落可數，豈勝慚汗。是故吾人不特未能引為滿意，宜如何深自惕勵，急起直追，以求精進，是則期與國人共勉者。且此種國際博覽會幾年有舉行，寖成為國際酬應性質，如一九三三年美國芝加哥將召集萬國博覽會，一九三五年比京又有國際博覽會之舉行，中國均須前往參加。而此兩會之範圍較之黎業斯博覽會尤為廣大，我國事

先應如何積極籌備，俾獲更好之榮譽，深願國人加之意焉。

夫事過境遷，則淡焉若忘。欲有所借鏡，而期能永久，則非有記載，曷足流傳。爰搜集此次比國舉行國際博覽會之各種章則，並將我國參加該會之經過情形以及會場概況，一一筆之於書，纂成特刊，備流覽焉。

民國二十年十一月十有八日褚民誼序

一 第一次徵集出品委員會開會褚代表演辭（1929，11，13日褚寓）

諸位先生：今天兄弟請諸位到舍間來，承諸位不棄惠然蒞臨，實深榮幸。兄弟請先將請諸位來底目的簡括底說一下，便是為明年比國獨立百年紀念在黎業斯（列日）舉行萬國博覽會，請我國政府參加，經工商部呈請行政院在第四十次會議議決，派兄弟為代表，並負責籌備徵集教育工商出品。關於徵集方面，雖曾經劉錫昌先生等到杭州西湖博覽會選擇過一次；但是認為有赴比賽會價值的出品不多，所以今天請各位來討論一下。各位都是上海工商兩界的領袖，必有宏謀碩畫，足供我們參考。並且赴比賽會是國際性質，非比尋常國內展覽會屬於對內的。諸位對於本國展覽會尚且踴躍參加，對於此次赴比賽會，必蒙格外熱心幫助。所以兄弟請諸位來，預備組織一個國民政府參加比國博覽會徵集出品委員會，就請在座諸公擔任徵集出品委員，並請公推一位主席，即日組織成立，分頭進行，向各商家、各廠家徵求出品。不過要請諸公注意的，就是要注重物品的質，不必注重量。換句話說，物品不在乎多，而在乎精。兄弟覺得一個國家財政的裕絀和人民經濟力的強弱，完全關係一國實業的發達與否。但是實業如何能發達呢？必須努力對外貿易，每年計算起來作一比較。試看今日列強各國，他們的計算大都輸出超過輸入；而中國則反是，所以弄得這樣貧弱。因為輸出貨品多，輸入貨品少，可將外國的金錢吸收進來，所以富了；反是未有不窮的。在座諸公都是工商兩界領袖，當然早已明瞭此理，毋庸多述。從前中國對外貿易不過絲綢、茶葉、瓷器等類。其初銷場還好，現在不但沒有進步，似乎反不如前了。試就茶葉言，現在歐美各國大都用錫蘭茶了，日本茶的銷路也不惡，中國茶的銷路幾於一落千丈。至於絲綢在歐美各國的銷路比前差得很遠。至於瓷器，日本在歐洲市場的銷路也很廣，中國竟未能與他競爭。所以中國年來出產物品，運往外洋的日漸減少，而舶來貨品則逐漸加增。照這種樣子下去，長此不圖補救挽回，於國家的經濟前途實在危險得很。明年比國舉行萬國博覽會，正是予我們國際貿易對外宣傳的一個絕好機

會。所以我們應當很踴躍的參加，很努力的宣傳，將我國好的國貨盡量陳列起來，同時將他的優點加以宣傳，使得外人明瞭我國年來國貨進步到如何程度，而相率採用，未嘗不是中國國貨的一個復活之機。至於國際博覽會與本國博覽會性質是不同的。本國博覽會在使國內工商家彼此比較以求進步，對外貿易關係很少。國際博覽會則有兩大目的：（一）我們貨物運出去陳列可以與各國貨物比較，有不如人家的地方或不合人家的需要，那末我們就可迅速設法去改良；（二）我們將國貨送往國際博覽會陳列，使外人見之，可知中國所有的物品是外國所無的或不及的，那末才知買我們的物品，而增進我國的國際貿易。所以，參加國際博覽會，不僅國家體面，而關係實在於推銷國貨，發達工商實業有莫大利益。講到這裡，因連帶想起我國商人對外貿易的情形。我國商人貨品往往不能直接與外人交易，都由在中國的洋人經手，因而一切價格的高低操諸此輩之手，出品人是很吃虧的。最好中國各大實業家商家能與各國外人直接交易，免去中間的一層隔膜，那末借着這個國際博覽會的機會去宣傳一下，是再好沒有了。所以兄弟可以說，參加國際博覽會實有很多的利益。但是，現在聽說有一些商家鑒於以前參加博覽會辦理不善，致獲不良之結果；所以對於博覽會有觀望不前態度。關於這層，兄弟可以鄭重聲明一下，這次參加博覽會是由兄弟主持的，兄弟當負全責，必用全力矯正以前的弊病。凡運出去的物品以及會場陳列種種必需的安全方法都盡量採用。如往返運輸保險以及會場陳列保險等都一一辦妥。所以兄弟敢在諸公前斷定一言，這次參加比國獨立紀念博覽會，回國後所有出品人之物品，決不使有一絲一毫損失。倘若各商家能派人出去那最好了。如因派人需費過鉅，那末將出品交與我們運往陳列，如係屬於賣品的，賣後定將原價繳還；其屬於非賣品的，將來閉幕後運回，仍舊將原物交還原主。所以這層請諸位轉告各商家各實業家無須過慮，兄弟可負全責的。現在擬就徵集物品章程一份，請諸位加以研究，有不妥處賜予修正。

第四節　文化使者，國際合作

　　1930年比利時國際博覽會上，褚民誼著力利用這個國際平臺，向世界介紹具有悠久歷史的中華文化。已如前述，在精心設計具有中國建築風格的中國館內，展出了我國工業、農業和教育等方面的出品和成果。與此同時，還特意帶去了百餘幅我國現代名家國畫精品，陳列會場，並先後在比利時和法國舉辦

「中國美術」和「中國藝術」展覽會。為了宣揚我國武術和推廣新編太極推手器械，特邀國內武術高手在現場進行表演。為了助興，在展會上組織留學生演奏和演唱中國古典音樂和戲劇，有時他還即興親自登台演出，等等。

展會歷時半年，期間褚民誼多次應邀出席在歐洲舉辦的國際會議，並到各地進行學術講演。在《博覽會特刊》[1.22]的文化宣傳一節中，概述了褚民誼在博覽會期間從事的一些重要的文化活動。

1930年6月27日至7月7日在比京佈魯塞爾召開「國際育養兒童第三次會議」（「萬國家庭教育會議」），教育部與衛生部會商，以「褚民誼先生對於健康教育學理及發展國民體育均深有研究與發明」，請他就近出席。（《衛生公報》[2.16]Vol.2，No.5，衛生部函（1930，4，26））接聘函後，褚民誼在列日國際展覽會中國館開幕後不久，即作為代表偕農汝惠為副代表屆時赴會。他在《博覽會特刊》[1.22]中稱，「該會議議決案甚多，大都關於保育方面。民誼在此會中曾將我國關於兒童教育之載籍譯成法文，為文化之宣傳。」

接着，1930年7月20-26日「國際微菌第一次大會」（「萬國微生物學會議」）在法國巴黎召開，衛生部聘請褚民誼作為正式代表，會同中央防疫處處長陳宗賢前往出席，開幕式上褚民誼致賀詞，代表中國對該會提出希望。（《醫藥評論》[2.15]Vol.31，1930，4，1；《博覽會特刊》[1.22]）

回到比利時後，衛生部又派他參加在博覽會所在地列日，于7月30日召開的「第九次萬國保赤會議」。（《醫藥評論》[2.15]Vol.32，1930，4，15；《衛生公報》[2.16]Vol.2，No.5，衛生部函（1930，4，16））

嗣後，褚民誼又赴比京偕同副代表劉錫昌出席「國際商業會議」。（《博覽會特刊》[1.22]）並由教育部會同中央研究院聯合聘請他為代表，出席在該市於9月21-29日舉行的「第十二屆國際美術歷史大會」。（《申報》1930，9，10）

此外，《民國日報》（1930，4，25）上報道稱，「國際聯盟會體育教育會議，定本年五月在日內瓦開會。該會來函請褚民誼氏出席。」惟褚君已啟程赴比，由比國賽會代表處轉電褚君屆期前往出席。褚民誼出國前即為此做好準備，曾事先於3月22日晚在中國寰球學生會上應邀發表了他擬在會上所作的題為〈體育之方法與目的〉的演講（《時事新報》1930，3，18），《時事新報》並以「運動革命－太極拳有三大優點，時間經濟、金錢經濟、力氣經濟」的醒目標題，從3月29日到31日，連續三天刊登其演講全文。該報道的引言中

1930年比利時博覽會期間，褚民誼（右）偕秘書農汝惠（左）訪問巴黎，游覽公園時的攝影[2.9] No.60

稱，「中委褚民誼氏此次赴比參加博覽會後，將於五月中轉赴日內瓦出席萬國體育會。褚氏以平日運動太極拳之經驗並證以體育原理，著為〈體育之方法與目的〉一文，譯成英、法文字，擬在萬國體育大會中發表，以供世界體育家之研究，闡揚國術，以廣流傳。」回國後，褚氏於1931年4月10日在北平師範大學演講體育之三不主義（不費時、不費錢、不費力）時亦曾透露，「年前國際聯盟會正在舉行的時候，我和各國代表討論關於提倡體育問題，曾在席上演講過三不主義」。（《華北日報》1931，4，11）褚氏的上述〈體育之方法與目的〉演講的中文全文，嗣後收集在1931年8月出版的《太極操》[1.16]專著中。

上圖示出的是，在比利時國際博覽會期間，褚民誼偕秘書農汝惠訪問巴黎時在公園內游覽時的攝影，嗣後發表在1931年的《良友》畫報[2.9]第60期上。

作為文化交流的使者，褚民誼在《博覽會特刊》[1.22]中寫道，除參加上述一系列國際會議外，「又參加比京大學開幕典禮，亦致頌詞一篇。後又赴巴黎大學、里昂大學、國際聯盟會、瑞士雷桑（洛桑）大學及比國各大學巡迴演講衛生、醫學、體育各種學術，兼為黨義之宣揚，頗引起各國人士注意云。」

褚民誼與比利時、法國等歐洲國家素有密切聯繫。得知他訪歐的消息後，佈魯塞爾大學校長以及巴黎大學等單位紛紛邀請他前往講學。褚氏上次1928年赴歐考察時，國民政府初始奠都南京，他的演講主要是介紹中國革命的發展歷

史，從政治角度上幫助外界了解新中國。兩年後的國民政府業已由革命全面轉入建設，此次再度盛情應邀講演的主題，則著重於談論中國的科學復興，以介紹他那時重點關心和從事的醫療衛生事業的發展狀況為主要內容。

1930年10月14日在比利時根特（Gand）皇家醫學會，以及17日在比國首都比利時大學基金會，由佈魯塞爾自由大學會同中比大學聯合會，先後舉辦了兩場報告會。邀請褚民誼博士，以中國中央委員會委員、中國衛生建設委員會主席、上海藥學院院長具名，做題為〈中國醫藥問題和衛生建設的過去和現狀〉的演講。報告全文刊登在嗣後於1931年6月出版的《中比大學聯合會報告書》第四期[1.15]上（見下圖）。

「中比大學聯合會」是由中比庚款委員會資助於1927年在比利時建立起來的，其目的在於促進中國和比利時的文化交流合作，每年總結工作發佈報告書。如下圖中1931年報告書封面上的目錄所示，除第二篇登載了褚民誼的講演全文（本書作者在圖中用紅筆指示）外。其他三篇依次為：中比大學聯合會活動項目向董事會的報告；中比大學聯合會圖書館情況報告和1930-1931學年度比利時中國留學生情況報告。該報告書中還刊登了褚民誼的大幅肖像，從背景上看是訪問當時所攝。在這些對外交往的場合，褚民誼喜著具有鮮明民族特色的服式，一展中華文化的風采。

| 封面及其上的目錄（本文著者用紅筆指示褚民誼的報告題目） | 中國衛生建設委員會主席褚民誼博士肖像 | 褚民誼報告〈中國醫藥問題和衛生建設的過去和現狀〉之首頁 |

1931年6月出版的《中比大學聯合會報告書》第四期[1.15]

第四章　中比庚款，比國博覽　189

中國過去沒有衛生這個行業，褚民誼在報告中說道：經其倡議，國民政府成立了衛生部，管理與衛生有關的事宜，這在中國是一個成功的創舉，得到了中央和地方的一致贊成，開展了包括每年兩次由政府機關帶頭在街頭進行大掃除等衛生宣傳活動，各種衛生制度正在逐步制定。但是，由於財力問題，至今成績還比較有限。為了協助衛生部的工作，建立了由他擔任主席的衛生建設委員會。不久，又成立了中國衛生協會，下設省分部，他被推舉為會長。由於缺乏經驗，國聯衛生部以及比利時來華專家等給于了有益的幫助。

文中詳細介紹了自神農氏嘗百草以來中國醫藥發展的歷史和特點，解說了以哲學為基礎的陰陽五行學說，敘述了種類繁多的中國藥典以及針灸、推拿、拔罐、放血等多樣性的治療手段。長期以來中國的傳統醫藥為解除眾生的疾苦而發展起來，凭實踐經驗代代相傳。問題是缺乏科學驗證和持續創新，也未有效地找到病痛的外來原因。近六十年來，西方醫學傳入中國產生重大影響，舊醫相形見拙，由盛轉衰。鄰國日本先師中醫，後學西醫，發展迅速。中國赴歐、美、日本等地習醫回國的人數不斷增多，出現了舊醫和新醫兩派間的紛爭，以及從不同國度留學的醫學人士使用語言和意見的分歧。他在此之間，極力進行調解。一方面在上海成立中西醫藥研究所，並計劃籌建中西治療比較的專門醫院，力圖用事實解決中西醫之間的矛盾；另一方面由教育部和衛生部組成全國醫學教育委員會，負責建立統一的醫學教育體系。他所提出的各校停止使用互不相通的語言，統一使用中文進行教學，外語僅作為補充的建議，已得到大多數人的同意，但要制定和統一醫學術語，還需進行不懈的努力。

此外，為了發展中國的藥業，在中國創建了第一所藥科學校，由他擔任學長。全國醫師協會年來業已成立，將有關各學會統一起來的全國醫藥學會及其活動場所，在他的倡議下，也正在籌建中。他所創辦和支持出版的各種醫藥雜誌，發揮了積極作用，等等。所有這些，推動了中國衛生社會化和醫藥科學化的進程。

最後，他說道：「不論昨天還是今天，不論西方還是東方，以醫學和藥學來減輕痛苦造福人類，是全世界的共同主題，科學的曙光給我們帶來了無限的企盼！」

10月22日褚民誼從法國乘郵輪繞道美國返回中國。在巴黎停留期間，除接受法國政府授予的勳章外，還應邀在巴黎大學中國高等研究院，以〈中國醫藥問題的過去和現狀〉為題發表演講，其全文刊登在1930年第四季度的《里昂中

法大學季刊》[2.11]第16期上。

　　正當褚民誼在歐洲積極開展文化交流活動之際，國內政治風雲突變，爆發了蔣介石與閻錫山、馮玉祥的「平原大戰」，雙方出動兵力逾百萬，以汪精衛為首的國民黨擴大會議派在北平另立政府，國家難得的統一局面再度陷入嚴重的戰火紛亂之中。褚民誼對此痛心疾首，溯本窮源，認為欲阻止野心武人與政治家的肆意妄行，唯有培植民智、提高民力，才能獲得國家的長治久安。

　　1930年9月國際聯盟在瑞士日內瓦召開第11次會議，國民政府特派伍朝樞（駐美國公使）、蔣作賓（駐德奧公使）、高魯（駐法國公使）為代表。常駐日內瓦的瑞士公使吳凱聲，擔任國聯中國代表辦事處秘書長。褚民誼作為代表團的高等顧問也列席其間。（[3.60]；《民國日報》1930，10，13）中國的內亂損害和降低了我泱泱大國在國際上的形象和話語權。褚民誼對此痛定思痛，深感中國的和平與國際和平息息相關，必須立足於民、振作自強、加強國際合作，才能不為他國所覬覦，避免列國在我國土上因經濟爭奪的衝突而引發太平洋戰爭。為此，在日內瓦期間，由他動議，與從美國前來的李公樸、駐英國倫敦總領事楊光洎、吳凱聲以及國際友人康耘德世（美籍）、施牧人（英籍）、雷爾士（奧籍）、載裴士（歐籍）等人一起，醞釀建立一個非政治性的促進國際和平的文化合作組織，取名「中國國際合作協會」。經9月22日下午在吳凱聲寓所和26日在日內瓦家庭旅社兩度會議，確定了協會的宗旨和進行方針，制定了憲章，推舉出職員，公開發表宣言，昭告協會成立。會後於1931年初由褚民誼編寫出版的《中國國際合作協會概況》[1.14]專輯中，刊登了該協會的緣起、宣言、兩次籌備會議記錄和憲章等內容（見後頁上圖）。

　　褚民誼在「緣起」中寫道：「時在一九三〇年九月間，國際聯盟會開第十一屆會議於瑞士日內瓦，各國代表濟濟蹌蹌，聚首一堂。民誼以本國代表團高等顧問資格，亦得參與其間，甚盛事也。不意國內政局突告緊張，閻馮相繼叛變，戰事異常激烈。吾人樽俎折衝，因之頗受打擊。各國報紙，對我國內戰消息，莫不爭先紀載，甚有冷嘲熱諷，恣意譏評者。吾人痛心之餘，追念癥結所在，乃不得不歸咎於頻年內戰之非，致使外交不易進展。因是深思卻慮，謀所以消弭之道，而有促進和平之主張，此本會發起之動機也。同時歐美人士，亦多有以世界戰爭為可慮者，同人等相與交換意見。各國熱心和平運動領袖者之主張，以為和平運動，應由民族自決，宜組織純粹不含有政治作用之國際集團，使各個民族間有相當之聯絡與結合，以蘄世界之和平。而欲求世界和平，

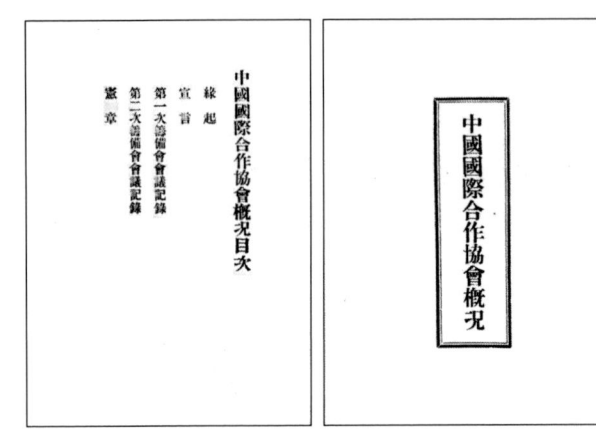

1931年初由褚民誼編寫出版的《中國國際合作協會概況》專輯：
（右）封面；（左）目次[1.14]

應自先免除中國內亂始，於是詢謀咸同。斯時李君公樸適自美來，與吾人之主張不謀而合，乃共同發起而有中國國際合作協會之組織。

「本會之工作，約可分為對外對內兩種。對外擬先發行一種不定期刊物，以中英法三種文字，與歐美亞非各國之和平團體，互通聲氣。開始為民族間之聯絡，期由文字之合作，漸進而為實力之團結，聚全世界之和平運動者於一堂，組成一大規模之國際和平促進團體，造成世界強有力之輿論，以左右大局，而奠定世界永久之和平。對內着手之初，除利用最新發明關於國際及本國社會問題之圖畫及科學教育，為啟發民智之工具外；並將輔助政府，努力於促進地方自治之教育工作，發揚人民團結之精神，與自衛之能力，以期提高民眾之智能，造成真正之民意，然後擴大其組織，俾成為堅強之民眾團體。誠如是，則民智民力已具，然後足以運用民權，雖有野心禍國者流，亦不得逞矣。從此國內政治必能趨於穩固，所謂長治久安之道，其在斯乎！」

經9月22日第一次籌備會議，中國國際合作協會公開發出了成立「宣言」，在全面剖析國內外時局的基礎上，著重闡發了其為保障世界和平，培植民智之目的，全文如下：

「欲求世界永久之和平，不僅恃各國少數政治家之覺悟；必也，各個民族間，有相當之聯絡與結合，本人類親愛互助之天性，泯除一切猜疑，相維相繫，共圖生存。一旦雖有利害衝突發生，以平素民族感情融洽之故，自不致趨於嚴重而難於溶解。誠如是，則殺機末由而起，戰爭無從發生矣。

吾國不幸頻年內戰，迄無寧歲，國家元氣，人民財力，均已凋敝。偶一念及，輒為痛心。溯本窮源，固由於武人攬政，軍閥肆虐，政客宵小，挑撥播弄之所致。然而人民自身無組織，無團結，整個民族，不啻一片散沙，雖有民意，而無民力，以是不能從而制裁之，遂令此輩獨獮坐視，莫如之何。是故，揆厥主因，實由於民眾智能淺薄，混混噩噩，未能運用其天賦之民權之所致。是故，欲求國家長治久安，必自培植民眾智能始。民眾智能高超，雖有野心武人與政治家，欲圖作惡，亦有所忌憚而不敢。顧培植民眾智能之方法亦多矣，如最近中央有識字運動之舉行，各省亦有義務教育之創辦。此其目的，僅求灌輸人民以淺近之常識。若夫採取國際之消息，與夫世界之大事，貢獻於國人，使一般民眾能明瞭國際之情形，而對國際問題有相當之認識，以引起其研究之興趣。此等宣傳與組織，則未之前聞。有之，自同人之組織國際合作協會始。本會之目的，在以最新發明之圖書科學教育，為啟發民眾之工具，發行定期及不定期之刊物，以倡導和平。對內則求提高民眾之智能，力謀免除武人政客循環禍國之戰事；對外則謀求各個民族間之聯絡與結合，以期促進國際永久之和平。

今國內已臻於統一而和平矣。然如何鞏固統一與保障和平，使吾民眾永永不再罹鋒鏑之禍，則非武力所可恃，亦非少數政治家之力所能勝。根本之道，仍在吾民自謀之。是故培植民智，實為切要之圖。抑吾國處於次殖民地之地位，人為刀俎，我為魚肉，大好土地，闢為列國經濟競爭之戰場。設猶不自振作，則愈啟人之覬覦。他日列國間因利害關係之衝突，而引起太平洋戰爭，非不可能之事。顧欲圖振作，必先求國內無戰機，方能日臻治理。是故中國之和平，亦即國際之和平。欲免除國際戰爭，應先免除中國之內亂始。此同人所為有中國國際合作協會之組織也。在昔　總理主張世界大同，以和平奮鬥為唯一進行之方法，同人蓋奉斯旨，以相從事。迺者本會已於國際聯盟會第十一屆會議時，開第一次籌備會。各國名流，相率加入者，頗不乏人，此後進行，端賴國人，群策群力，共底於成。海內賢達，匡予不逮，進而教之，曷勝大願。」

在9月26日第二次籌備會上通過了協會的憲章，確定「本會為純粹無政府作用之國際組織」。憲章內容包括：宗旨，方針，組織與對外關係和會員四個部分。規定本會之幹部設於上海，歐洲分會設日內瓦，美洲分會將設於老斯愛格納城之國際大學。

會議決定，為達到協會宗旨，開始工作以發展圖書教育入手，注重喚起國民對國內外政治、經濟、社會問題之注意。透過互相比較，希國人對中國在世界上之地位，有具體簡明而深切之認識。將以奧京維也納雷爾士博士，及其他四十專家所編成國際問題之百頁圖冊（外三十頁說明書），為本會進行圖解教育和平運動之根據。

本會會員不分國籍，凡贊成本會之宗旨者，無論何種族與國籍之人民，均能入會。會員分為名譽、責任、團體和贊助會員四種。以每年出席日內瓦國際聯盟會之中國代表，為本會之當然名譽會員。

為負責開展工作，推定如下職務分工：會長褚民誼，副會長康耘德世，執行幹事李公樸，司庫吳凱聲，教育幹事楊光洰，研究幹事載裴士，歐洲通信員施牧人，專門顧問雷爾士。施牧人允任本會與世界勞工局一切問題之接洽人，又康耘德世亦允為與國際聯盟會之事務接洽者。

關於近期工作及開辦經費與基金問題，推定教育幹事楊光洰和會長褚民誼，即日負責編成一冊合乎中國民眾思想程度之圖解十餘種，以維也納雷爾士之圖解表為參考，並說明此種教育運動，將與晏陽初先生平民教育運動合作進行。本會一部分基金，將藉此樣冊，徵求預約籌募之。楊光洰和康耘德世二先生擔負印此樣本之印刷費用，各人以百元美金為限。上海開辦費由褚會長負責籌集。歐洲日內瓦分會之少數費用，由在歐洲各委員負擔。自願資助本會及預約樣冊作本會基金者，非必須加入為會員。

協會成立後，褚民誼暫留歐洲繼續主持比利時國際博覽會，李公樸則先行歸國開展工作。《民國日報》於1930年11月8日，以〈褚民誼發起組織國際合作協會－增進全國的民眾對國際問題之認識〉為題，報道了上述「中國國際合作協會」成立之經過及其憲章全文。

嗣後，該報於1931年4月6日刊登的〈中國國際合作協會近訊〉中謂，「中國國際合作協會，自去歲在日內瓦籌備成立後，會長褚民誼、執行幹事李公樸相繼返國，負責籌備幹部事宜。數月來，頗得黨政商學各界人士之贊助，加入為會員者頗眾，茲將該會最近進行概況，探誌於下：

一、該會因數月間，迭接歐美各促進和平學術教育團體來函詢問進行情形，特印中國國際合作協會概況小冊一種。分中、英、法三種文字。中文者現已印就，分發各會員。至於英、法文之小冊，亦將於日內譯成付梓。

二、該會執行幹事李公樸氏,曾於上月下旬,應上海滬江及大夏兩大學之邀請,演講「第十一屆國聯會中之我國外交」,並於下午分組討論中國和平與國際和平等問題,成績極佳。滬大國際問題研究會,已加入為該會團體會員,並擔任為該會負責研究日內瓦國際聯盟會中之問題。大夏大學政治學會,亦將加入為團體會員,擔任國際問題研究之工作。

三、該會之主要工作,為利用維也納某世界問題統計學會四十專家最新發明,關於國際及本國社會問題之圖畫及科學教育,為啟發民智之工具。目的在鞏固國內之和平,增進國際之諒解。現該圖表已寄到二十餘頁,尚有七十餘頁(共為百頁,外有三十頁為說明書)不日即將寄到。此圖在中國祇有此一份,該會已計劃研究翻印該圖之辦法,並將呈教育部立案。該協會之一部份基金,即將賴此種圖冊徵求預約籌募之也。此種圖表統計準確、樣式美觀,李公樸氏曾携之赴各校演講討論,極受研究國際問題者之贊許,無不希望該圖之能早為出版也。該會會長褚民誼氏即將於本月四日首途赴北平,轉往新疆視察黨務,所有該會會務,則仍由執行幹事李公樸氏負責進行云。」

其後不久,「九・一八」事變爆發,日本軍國主義者悍然入侵我國東北,國內外局勢急劇惡化,新成立的中國國際合作協會的作用未能充分施展,便被迫中斷。然而,從該協會發起的緣由和宗旨上明顯地表達出,以褚民誼為首的這批發起者們,放眼世界、憂國憂民的博大情懷。他們對國內頻繁動亂,造成國力凋敝,使侵略者有機可乘,並進而引發太平洋戰爭的前瞻隱憂,隨着事態的發展而不幸言中。褚民誼着眼於民,努力開展文化教育和國際合作,力圖從根本上解決國內和國際爭端的理念,是一脈相承的,並在他接續的活動中一再體現出來,這是後話了。

褚民誼結束了他先後七次訪問比利時之行,回國後於1933年在《旅行雜誌》第七卷上連載發表了《歐游追憶錄(第二集)》[1.26],集中講述他歷次訪比的情況和感想。實際上,這也是他最後一次走訪歐洲。褚民誼一生從1906年起到1930年,二十餘年來,在從事革命活動、旅歐教育和嗣後的考察和工作訪問中,足跡踏遍歐洲數十國。為了溝通中西文化,他擬通過《旅行雜誌》[2.10]這個窗口,向國人陸續一一介紹,分享其所見所聞和心得體會。但無奈由於日軍侵華後國事紛繁,在分別追憶法國和比利時的遊歷後,便無暇繼續撰

稿。該刊主編趙君豪，特偕熟悉歐洲和法文的家兄，訪褚氏於其寓所，長談後，在《旅行雜誌》Vol.9，No.11（1935，11）上，發表了〈褚民誼先生訪問記〉，並以〈歐洲行腳〉為題，用銅版精製，刊登了褚民誼攝影集中的部分作品二十餘幀（見後頁圖），扼要介紹了他對南歐和北歐的先後兩次遊歷。

關於學生時代的南歐之旅，褚氏說道：

「在民國十三年（1924年）的夏天，我在學校畢業，有一回長途旅行。這一次旅行的主體，是法國Mulhouse（米盧斯）中學，他們利用暑期的光陰，組織一個遊歷團，我和法國的同學便加入他們的團體，還有斯特拉斯堡大學學生一人在內，教職員、學生和我一共就有很多的人。我們的行程，是從法國到瑞士、塞爾維亞、保加利亞、土耳其，過黑海，至羅馬尼亞、匈牙利、奧地利等處，再回瑞士而重返法國。

「這個時候塞爾維亞和保加利亞的衛生程度很不高明，他們所穿的衣服，都是土人裝束……可是他們有一個民族館，把古時候的服裝、鞋、帽和一切日用的東西，甚至於很細小的東西，都陳列起來，單是鞋子一項，形形色色，就有幾千雙，這一種民族的觀念，極其應該欽佩的。我想，我們中國，也應該有這一種組織，方足以引起一般人的民族觀念。還有幾個博物館所陳列的，是破舊不堪的爛銅碎鐵，在中國，大可以拿來換糖吃，可是他們還是像寶貝似的將這些東西陳列起來。我們仔細一想，真是有深長的意義！

「中國人如果不看戲，中國古時代的服裝，恐怕就難以懸揣。」他感慨道：「然而這些戲裝也不過是一點意思，古代的裝束，是否如此，真教難說。我想中國幾個大城市，應該有這種組織，把幾千年來的服裝用具，一一陳列起來，豈不是洋洋大觀？更進一步講，就縱的方面說，應該把古時到現在的服裝搜羅起來；橫的方面，應該把各地的裝束陳列一處，於是乎古今風俗人情，不難在一室之內，加以研察。至於首都、上海兩個城市，因為國際觀瞻所繫，除了以上所說的縱橫兩方面應該搜羅外，世界各國服裝也應搜羅陳列。」

趙君此時插話謂，「在目前情況之下，中央與地方，均無暇及此，只好徐以圖之了。」褚氏則以一笑應之。

接著，褚民誼等人一路周游回到瑞士，共計二十幾天。由於那時正值暑假，各地學校多已放假，旅行中借住校內，費用大為節省。他在歷述各地見聞後，特別談到，在羅馬尼亞首都布加勒斯特，當地大半說法文，旅行團一行受到那裏法國學堂的歡迎，在茶話會上他結識了一個朋友，至今還常常通訊。

1935年11月《旅行雜誌》主編趙君豪撰寫的〈民誼先生訪問記〉之首頁（右圖），以及褚民誼的攝影集選登〈歐洲行腳〉（左側諸圖）[2.9]Vol.9，No.11（1935，11）

他留學歸國後所作的北歐環遊，則是在1930年被委派參加比利時博覽會期間進行的，他說道：

「游程是這樣的，自比國的列日出發，到科隆、柏林、漢堡，均是德國的地方。從德國到丹麥的京城哥本哈根、瑞典的京城斯德哥爾摩和里加（今拉脫維亞首都）及德國的屬地柯尼斯堡（今加里寧格勒）。」柯尼斯堡是大哲學家康德的故鄉，因為和約的關係，雖然屬於德國，但是和本土是截斷的。在康德的故鄉停留後，又去游華沙和捷克的京城布拉格。自捷京到德累斯頓，經過法蘭克福，從此城可以坐船沿萊茵河到德國的科隆，又回到出發地。

「我過德累斯頓時，地方上剛開一個衛生展覽會，去參觀了一回，見到各種模型和圖表，非常之有興趣……我這一回旅行，除維也納和德國是舊游之地外，其餘地方，均是第一次遊覽。」

在談到遊歷的感想時，其中他對瑞典京城的印象十分深刻，稱讚道：

「斯德哥爾摩真是好極了，連舊房子都沒有。並不是完全是新建的，因為舊房子每年都油漆一次，所以渙然如新。門和窗子都作紅色，樹木也很繁茂，家家門口還插一面旗，真是一種昇平氣象。瑞典已經有二百多年沒有戰事，固然無內爭，同時也沒有外患，所以一切發達。可惜人口少，但是人口又何必多呢？人工不夠，就可以利用機器。在瑞典的東方人極少，南歐的人也不多。」

他在比利時博覽會結束回國時途經美國，談及觀感時說道：

「美國的情形，可以說各處是一樣的。試問紐約和芝加哥有甚什麼分別呢？幾十層的房子，流水般的汽車，忙忙碌碌的人，紐約和芝加哥，簡直是相同的。歐洲是古色古香，不用說南歐和北歐是不同，就是各地也不同，城內和

鄉下也有分別的，所以在歐洲旅行，是比較有興味的；美國，只須看幾個大城市就夠了。」

趙主編的訪問到此結束，抱著一大堆褚民誼收集的風景畫冊，在秋日的黃昏下，驅車滿載而歸。如前頁圖所示，在《旅行雜誌》上發文〈褚民誼先生訪問記〉，配以〈歐洲行腳〉之精美圖照，生動地展現給讀者。

此外，長期以來，褚民誼是我國留學事業的積極倡導者，熱情鼓勵和指導有志的中國青年學子走出國門，到先進國家學習科學文化知識，成長為具有真才實學的國之棟樑。積數十年之經歷，他於1930年，發文〈留學方針與責任〉，發表在《湖北教育廳公報》（第1卷第5期）（見右下圖），以及《中央週刊》[2.12]（1930年第106期）等刊物上。時值他作為國府總代表，率隊赴比利時參加國際博覽會，畫家許士騏等人協助同船前往，此文是褚民誼演講許士騏記錄之作。文章開始的按語中稱，「中委褚民誼，鑒於年來赴歐留學者日眾，在國內時，曾應各大學暨環球中國學生會之請，作數度之演講和指導。月前赴歐，同行有中國學生二十餘人，褚委員除每日詳述歐洲語言文字、風俗習慣外，並作有系統之演講，關於科學、衛生、體育等重要問題。本篇記錄，對於留歐之歷史與求學之方針，言之縈詳，可供國內有志留學者之參考。」其正文如下：

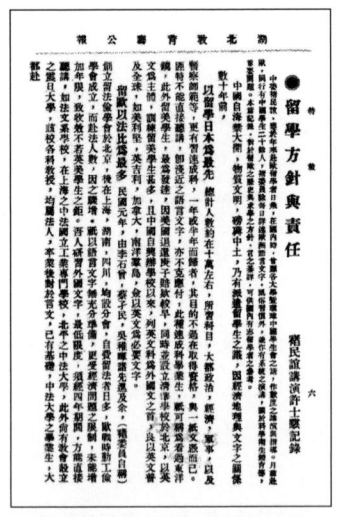

「中國自海禁大開，物質文明，磅礡中土，乃有派遣留學生之議，因經濟、地理與文字之關係，數十年前，**以留學日本為最先**，總計人數約在十萬左右。所習科目，大都政治、經濟、軍事，以及警察、師範等。更有習速成科，一年或半年而歸者，其目的不過在取得資格，與一紙文憑而已。匪特不能直接聽講，即淺近之語言文字，亦不克應付，此種速成科畢業生。祇可稱為看過東洋鏡。此外留美學生，最為發達，因美國退還庚子賠款較早，同時並設立清華學校於北京，以英文為主體，訓練留美學生甚多。且中國自興辦學校以來，列英文科為外國文之首，良以英文普及全球，如美利堅、英吉利、加拿大、南洋群島，簽以英文為

1930年發表在《湖北教育廳公報》（第1卷第5期）上，褚民誼演講許士騏紀錄的特載論文〈留學方針與責任〉之首頁

必要文字。

留歐以法比為最多，民國元年，由李石曾、蔡子民、吳稚暉諸先進及余（褚民誼自稱），創立留法儉學會於北京，後在上海、湖南、四川，均設分會，自費留法者日多。歐戰時勤工儉學會成立，而赴法人數，因之驟增。祇以語言文字無充分準備，更受經濟問題之限制，未能增加年限，致收效不若英美學生之鉅。吾人研習外國文字，最低限度，須經四年期間，方能直接聽講。如法文系學校，在上海之中法國立工業專門學校、北平之中法大學，此外尚有教會設立之震旦大學，該校各科教授，均屬法人，卒業後對於言文，已有基礎。中法大學之畢業生，大都赴**法國里昂中法大學**。而中法工專之畢業生，先後赴比留學，已有三批。是等留學生，觀察研求，進步較易。教育部曾有留法、比、瑞，預備科之籌設，擬附屬於中法國立工業專門學校內。以前勤工儉學之學生，大都富於冒險，與克苦耐勞，但無相當準備，雖至農場工廠，以言文隔閡，殊難運用其能力，而解決其生活問題，欲求半工半讀機會。歐洲向無此種辦法，且做工後，精神非常疲乏，未克再用腦力，故成功者不過十之三四耳。國人每據此以批評勤工儉學會辦法之不善，受不能耐苦與中途輟學者之反宣傳，而不知因勤工儉學之制度，於無形中，**造就許多工業人才**。

官費留歐學生之派遣，始於清季張之洞、端方二氏，首先派赴比法，並派員率領監督。迄至一九〇六年，余與趙志游、趙子靜、唐鏡元、厲汝燕、陸悅琴諸君，同時赴法，是年四月十五日起程，五月十六日抵馬賽[34]，乘法國郵船亞孟班伊克號，僅六千噸，船票三等為四百佛郎，此為留歐學生之嚆矢。厥後並在巴黎、北京，設立華法教育會，與法國郵船公司，訂立契約，以七五折付值。是年李石曾先生，畢業於蒙德齊之農業專門學校，學膳等費，年僅八百佛郎，（當時墨銀一元值二佛郎半），儉學會介紹之學生，初至蒙德齊留學。

並有居家儉學之組織，是時有張靜江、汪精衛、李石曾、曾醒、齊竺山，均係携家留學。嗣後赴歐人數，按年增加，先後由西伯利亞，或地中海來者，余有四五次，親自招待，赴歐人數，約二千餘人。

中國地大物博，以農立國，然千百年如一日，無絲毫之進步與改良，其最大原因，在工業不振，工人無相當智識與技能，大都缺乏道德觀念，目光短

---

[34] 起迄日期均係農曆，其間間隔了一個閏四月。

淺，因吃飯而工作。殊不知工業問題，關係國家命脈，影響至鉅。未有一國工業不發達，而能改良農業者。余主張中等學校，**必須增加工場實習**。每日兩小時工作無論金工木工，均可列入，以訓練學生之技能，兼可促進體魄之健康，庶可腦手相長，以收兼施互用之效。若魯濱孫之漂流荒島，倘無做工之技能與智識，其不淪為異域之殍者幾希。吾人留歐學習科目雖有不同，而吸收學問之共同目的則一也。歐美物資文明，不過二三百年，日人崛起，即以六七十年而追縱之。吾人倘能信仰科學，積極研究，只須三四十年，亦可趨於發展之途，又何患不能與白人並駕齊驅乎？

當前之途徑有二：一為進取，一為保守。進取云者，即盡量吸收世界之文明，向維新方面以發展。保守云者，即承認中國精神文明，可以駕馭一切，而實行閉關自守政策，作義皇上人。金城湯池長城萬里，然時至今日，科學法寶，能取而代之，堡壘堅固，又焉能禦飛機之翱翔，炮火之轟擊。由前之說，則進取為吾人唯一之途徑。唐僧取經，不遠千里，我等遠涉重洋，何止萬里，宜如何努力，以求科學之法寶。

語言文字，為研究學問之工具，工欲善其事，必先利其器，耳聰目明，然後可以盡量擷取，否則徒慕虛榮，耽於奢侈，正如吳稚暉先生所謂，看西洋鏡者。此種留學情形，無俾實益。吾人不能妄自菲薄，畏難退縮，要知道有志竟成，今更舉以下三大條件。

深望諸君加以注意。一、充分預備，二、堅其志氣，三、摒除躐等。

凡百事業，欲速則不達，無充分之準備，則乏良善之效果，倘見異思遷，更換學校，或中途輟學，是志氣之不能堅定，而流光如矢，時不再來。他如程度懸殊，而不悅就低級預備學校，必入大學而後快，是謂躐等，無補實益！經濟時間，倍蓰損失，同人宜力矯斯弊，事先慎重考慮，事後堅持耐性，此為根本切要之圖。國家建設，百端待舉，尤賴運用科學之頭腦，以應付一切困難問題，吾人當堅其志氣，百折不撓，認定方針，與明瞭所負之責任。

第五章　建設西北，鞏固西陲

第一節　跋涉新疆，艱辛考察

　　新疆地處中國西北邊陲，古稱西域，與俄國、印度、阿富汗等國接壤，曾是通往歐洲絲綢之路的重要通道，西漢時正式列入大中華版圖，清乾隆年間改稱新疆。這裡是少數民族聚居之地，地廣人稀，資源豐富。清末列強入侵，妄圖瓜分中國，東南沿海首當其衝；西北廣袤之地亦受俄、英等國覬覦，是獨立王國滋生之地。清光緒年間，曾由力主加強西北塞防的左宗棠率軍入新疆，粉碎阿古北的獨立陰謀後，于1884年將新疆建制為省，委任都督，定迪化（今烏魯木齊）為省會。此後，清廷衰敗自顧不暇，民國以來內戰頻仍，中央對新疆的事務和邊防鮮有顧及。

　　沙漠橫貫，路途遙遠，交通阻隔，曾使中樞對新疆鞭長莫及。歐洲第一家商用汽車公司，法國的雪鉄龍（Citroen）汽車公司，最早開發出的履帶式汽車（時稱爬行汽車），于1923年成功穿越了非洲的撒哈拉大沙漠，為通達新疆提供了新的交通工具。從1929年開始，在法方的建議下，中法雙方便有聯合組團赴新疆旅行學術考察之議，原定於民國十九年（1930年）實施，故該團曾簡稱為「一九學術考察團」。此行涉及兩國邦交，深入邊疆旅行更是一個敏感的問題，中國方面派中央委員褚民誼為中方團長。他曾于1929年9月為視察西北綏遠中比庚款資助項目，路經北平時，與李石曾作詳談，並與法國使館商議該次聯合考察事宜。（《申報》1929，9，28）後因雙方預備不及，褚氏又赴比利時參加國際博覽會，而推遲至民國二十年（1931年），相應地該團也改稱為

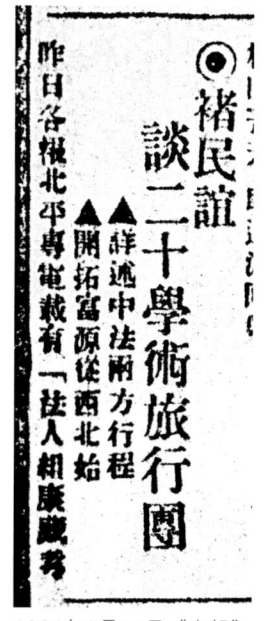

1931年2月14日《申報》上發表褚民誼談中法學術考察團（二十學術考察團）的專訪報導

「二十學術旅行團」[35]。

褚民誼從比利時繞道訪問美國，歸國後即對此進行準備。1931年2月14日《申報》上，以〈褚民誼談二十學術旅行團：詳述中法兩方行程，開拓富源從西北始〉為題，發表了對中方團長褚民誼的專訪（見前頁右上圖）。

「褚氏云：先是中法雙方學術團體有一九學術考察團之組織，係由中國學術團體協會代表李石曾先生，與法國西托安Citria汽車公司（即雪鐵龍汽車公司），及法國政府代表未安（卜安），雙方定立合作辦法十六條，雙方委任團長各一人。中國方面由余謬承其乏，法國方面團長名哈特Haardt。該合作辦法內言明，中法各委團員若干人組織之。法國團員須經本國學術團體協會審核後，予以委任。

其經過路線，法國方面，用爬行汽車Wituhmille七輛，由歐洲出發，經小亞細亞、土耳其斯坦，而至新疆之伊犁；中國方面，亦用由法國運來之爬行汽車，由天津出發，往北平、張家口、綏遠、寧夏、蘭州，而至迪化，然後與法方團員相會合。因新疆之邊界，頗多高山峻嶺，爬行汽車不易通過，故法人至此，須舍車步行，越過新疆邊境後，改乘由天津出發之汽車，返至北平，然後折而南下，沿平漢路至漢口，再沿粵漢路出龍州，而至安南。於是中國方面旅行團告一段落，法方則仍繼續前進，由安南至印度，回至歐洲。其時間在中國境內，不過五個月，僅經過而已，實無暇採發古跡也。

中國方面，利用此機會，能以爬行汽車試行西北各地，從事視察，必有所得。蓋可預卜，則將來西北富源之開闢，當以此次旅行為嚆矢。猶憶前年，余曾至綏遠、張家口一帶視察，已知中國之富源，在於西北。西北不開闢，恐中國長此貧弱；若能努力經營，必可富強。故吾謂今日中國實業之前途，亦猶前次之美國，應自努力拓殖西方始……現本團已更名為二十學術旅行團，雙方預備皆已就緒，出發之期當不遠矣。」

這裡道出了，褚民誼意欲借鑑美國西部大開發興國的歷史經驗，不避艱險長途跋涉，赴新疆實地考察的用意所在。

中法學術旅行團基本落實後，吳敬恒和李煜瀛即聯名於2月16日向中央提出「委請褚民誼視察新疆黨務工作提案」，謂「新疆道遠黨務恐未能十分發達，中央派人視察，亦頗不易。今褚民誼同志將往新疆為學術上之旅行，如中

---

[35] 在各種報道中有時仍沿用舊名「一九學術考察團」。

央能委以視察黨務之工作,必能多所宣達,是否可行伏乞公決。」(戴)傳賢、(于)右任、朱家驊和丁惟汾贊成附議(「臺黨史館」一般230/3058)國民黨中央於2月19日第132次中央常會批准了該項提案,並於次日發文下達。(「臺黨史館」會33/156.3)這樣,褚民誼就肩負了學術和黨務兩項考察重任,向大西北進發了。

中方考察團的組成,由團長褚民誼、秘書鄭梓南、軍政部姚錫九、參謀本部焦續華、北平研究院植物學家劉慎諤、北平地質調查所地質學家楊鍾健、北大生物學家郝景盛和中央通訊社北平分社周寶瑞等八人組成,總名為中國學術團體協會。(《申報》1931,4,1)

據《科學》雜誌[2.4]Vol.15,No.9(1931,9,15)事畢後報道,法國方面組織來華科學考察團,「籌備已達三年之久。法國外部、海部、陸部、航空部、郵電部、教育部及國家經濟部,均參加此行,故其組織頗為廣大。中國與之合作,曾定科學考察團辦法,及詳細之組織。考察科目以地質學、人種學為限;考察期間約五六個月;所經路線須繪圖說明;法人攜帶之槍械,須減少至防衛上必要之數。法國團團長為哈特,團員有外交部特派員、文學家、古物地質學家、氣象學家、動物植物學家、外科醫生、報學家、國立地理學會訪員、美術畫家、工程師、雪鐵蘭汽車公司技術工程師、無線電師、海軍上校、測量師、電影師等。」分為東西兩隊,西隊由哈特親率,從歐洲出發,進入我國新疆,帶有爬山大汽車七輛,輕汽車六輛。東隊則與中國團隊一起,乘法方提供的爬行車,從北平起程考察。

《申報》於4月14日,全文披露了中國學術團體協會與法方訂立的在中國境內之合作辦法,共十六條。除確定聯合學術考察的組織、內容和日期外,為了防止和限制法方可能的越軌行動,做出了一系列的嚴格規定。包括:本協會請求參謀本部特派專員加入,凡直接或間接對於中國國體國權上有關係之事務,一概不得考察,如有違反者,應由參謀部特派員隨時制止;旅行中外人不得測繪地圖;考查時不得有任何藉口損壞關於歷史美術之建築物,不得以私人名義購買古物;考古學研究不做發掘工作,小規模發掘得由中國團長商同法國團長執行;考古學、地質學或生物學收羅或採掘所得之物,須交與中國團長或其所委託之中國團員,運歸本協會保存,將來運回北平經審查後,贈與法方副本一份;考察所得各項成績,包括照片、自然科學之圖線記錄、筆記圖畫或日記等均須交本協會審查,並交存一份;至於攝取電影,須由中國團長特派中國

團員隨時監視，如認為不得攝取時，得陳明團長隨時制止，如認為有疑義時，須將該影片寄回北平交本協會審查，攝得的影片須存副本二份於本會；最後在附件中補充說明，允許團員購買小品古玩，如有疑義時，仍須由中國學術團體協會審查。

　　中央委員褚民誼帶隊赴新疆考察的消息傳出，深受國內各界關切。我國早年著名教育家馬相伯（1840-1939）曾以毀家興學著稱，百折不撓培植人才，眾多弟子中不乏如蔡元培、于右任、邵力子等民國時期的要人。繼他於1930年底，親涖上海市各界歡宴褚民誼為國爭光，作為團長從比利時國際博覽會凱旋歸國之後，又於1931年3月底，以九十二歲的高齡，興致勃勃地為褚民誼赴新疆的壯舉，設宴餞行，並攝影留念（見下圖），《圖畫時報》[2.7]No.747（1931，3，29）對此次活動及時予以報道。圖中馬老先生前排正中端坐，鶴髮美髯、笑容可掬；褚民誼精神抖擻、整裝待發，傍於其左；右側是外交家王景歧；身後站立者左起依次為陳樂素、朱炎之、葉藻廷、顧守熙、宋國賓和朱子堯。

　　褚民誼先期偕秘書從上海到南京辦妥考察團護照等一干手續後北上，4月7日與全體中國團員在北平匯合。原計劃中法團員共計27人，齊集後於10日左右啟程向張家口進發。（《申報》1931，4，4-5；8）然而，法方所提供的七輛爬行汽車及其它車輛從天津出發時，途中在沙河過橋墜水受損。為此，褚氏于4月9日率團前往視察，見車輛已無大礙，惟該汽車每輛前面均懸法國國旗，

1931年3月底馬相伯設宴為褚民誼赴新疆考察餞行。左起前排：褚民誼、馬相伯、王景歧；後排：陳樂素、朱炎之、葉藻廷、顧守熙、宋國賓、朱子堯[2.7] No.747（1931，3，29）

並無我國國旗蹤影，此間學術界極憤懣。褚民誼回平連夜與徐炳昶、馬衡商議決定，根據原定合作辦法，與法方交涉，如無結果，即取消雙方合作成議。（《申報》4，10）遂於11日致函法考察團代表卜安，提出爬行車上加懸我國國旗，拒絕車上裝設手提機關槍等數點要求。（《申報》，4，12；14）由於這一事件的交涉，以及爬行車損壞，所用皮帶需等待從法國運來等原因，致使出發停滯。

　　中法考察團赴新疆考察，受到當時北平各界的關注，褚民誼在此停歇期間，應邀到各處演講。4月19日星期天上午，北平西北公學及附屬第一二兩部小學、成達師範及公立二十小學、中才小學等，在牛街西北公學大禮堂，歡迎褚民誼先生來平，發表演講。除各校學生外，來賓殊夥，多為回教名流。在北平出版的《月華》旬刊，是當時回族知識界頗具影響的重要刊物，在其第3卷第14期（1931，5，15）至第17期（1931，6，15）上，連續四期，以專件〈歡迎褚民誼先生記錄〉為題，詳細報道了這次會議的盛況和會上褚民誼的演講以及其他來賓的講話內容。會議主席馬振吾的歡迎詞中，希望褚民誼在體育方面給學生以指導之後說道，「今天歡迎褚先生為西北公學、成達師範及宗旨相類似之各小學。各校之宗旨，莫不以「到西北去」為原則，希望為黨國，為社會有所建設。現在褚先生是大有志于西北者，對於西北，早有相當之規劃，望褚先生，就其見解，來指導一下。」

　　臨近出發前的褚民誼，在其演講中暢談了這次赴新疆的目的，略謂：

　　「我國幅員廣大，兄弟很願意在國內遊歷，不過交通太不方便，結果事與願違。比如我國人到雲南去，不能取道於內地，反繞道于安南。到新疆去，不能直達西北，反繞道于西伯利亞。所以我這次到西北去，對于交通方面，是非常的注意。在最近歷史裏，左文襄公對于西北，也非常重視，很有些設施，不過止在政治上着想，範圍未免狹隘。現在所切要的，不止政治，比政治還有重要的，就是經濟。換句話說，就是怎樣來解決民生問題？解決的唯一的方法，就是『通新疆』。西北各地近數年來，旱災饑荒甚鉅。推其所以致此之由，就是因為交通不便，各省不能自由暢達，雖有相當之救濟，終究是杯水車薪於事無濟。假若交通便利以後，彼此相互往來，所謂各種災荒，無形中即因之而減少了。新疆出產的豐富，那是人所共知，如礦產、農業、森林等……現在陝甘晉綏等省連年荒旱，若交通方便以後，以遣西北之出產，即可濟延西北之災荒，何致於死亡枕籍，人獸相食呢？

「試觀俄國鐵路和新疆所生的關係，較我國內地到新疆所生的關係，要密切的多。他們利用鐵路的功效，吸收我國原料，開什麼紡紗廠、織布廠等；又利用機器的功效，造成成物，再運回我們中國來，他們一轉手，得着的利益很大。而我國辛辛苦苦所產得的原料，得的利益絕少，以此點而論，也足見利權外溢之一斑了！若交通方便以後，西北許多人，可以到內地來，內地許多人，到新疆去，彼此不斷的發生交際，精神上無形中自歸于統一，換句話說，那才是中國的真正統一……使邊遠廣大之中國，精神上完全統一，這也就是注重西北交通的意思。兄弟這次到西北去，希望大家要認識清楚，兄弟絕不是考古家，採些古物，尋些化石；我唯一的希望，為的是西北要從交通上建設起來。換句話說就是我絕不注重過去的考古，而注重現在及將來的新建設。」

接着他諄諄教導同學們，自幼起要根據生理堅持日常的體格鍛煉，切忌為了錦標作猛烈運動。這樣有了好的體格，才能求健全的學問。最後，他說道：

「我們中國有兩種病，一種是『窮』，怎樣來解決『窮』？那麼，『通新疆』便可由『窮』而致『富』；還有一種就是『弱』，怎樣來解決『弱』？那麼，有了健全的體格，和健全的精神，便可由『弱』而致『強』。這是我們大家極要注意的！。」

繼而，成達師範校長劉柏石發表感言，略謂「今天我因褚先生的講演，而所要說的有兩點：第一，西北公學也好，成達師範及其他各小學也好，他們共同的宗旨，莫不以西北為依歸。但若到西北去，卻有一大大的障礙物，就是交通梗塞的幾萬里路。而褚先生的大任務，就是打開西北大路，真可稱得為我們的『急先鋒』，更可說是我們的『導師』。第二，褚先生的強壯身體和勇敢精神，真是令人十分欽佩。現在一般人，都擁擠于東南繁華區域，而荒涼廣漠之西北大路，卻無人過問。先生卻能為黨為國的精神，到西北去工作，洽合孫先總理所謂：『立志作大事，不可立志作大官』的論調，相臍合。」會議結束後，全體來賓和同學們與褚民誼合影留念，照片刊登在該專文的最後。

此外，褚民誼還曾率中法科學考察團部分團員，應邀到北平中法大學講演。如後頁右上圖所示，在該校大禮堂的講台上，褚民誼正站在那裏作報告，講壇正中高懸孫中山肖像和總理遺囑，台上坐着考察團的團員，牆上左右兩側挂著中國和歐洲的大幅地圖，再現了出發前，在該校園內介紹這次中法聯合科學考察團活動的熱烈場面（照片得自2012年3月在北京原中法大學舊址內舉辦的「1912-2012中國・法國百年對話」展覽會）。

其時，冀平津諸地之國民黨組織，經去歲閻馮之亂後，正進行整頓，相繼成立了河北省和北平市黨務整理委員會（簡稱「整委會」）。1931年4月8日河北省新整委王樹常、何玉芳、馬愚忱舉行宣誓就職典禮，中央監誓員張繼偕褚民誼出席並訓話，提出要實現「黨政合作，使黨深入民眾」之期望。（《華北日報》，4，9）15日北平報社公會執監委會，進行宣誓就職典禮，張、褚亦應邀聯袂出席。褚氏在講話中介紹了國際上記者之活動情況，強調新聞報道之客觀真實和迅速及時的重要性。（《華北日報》，4，16）20日上午，北平市整委會在該會大禮堂舉行總理紀念週，並舉行北平市各小學校黨義演說競賽會，褚民誼在會

1931年春褚民誼（台上左第一人）在中法學術考察團出發赴新疆前，於北平中法大學大禮堂內作關於該項活動的講演。照片來自「1912-2012中國・法國百年對話」展覽會

上深入淺出地對三民主義之要意以及如何正確處理勞資問題發表了演講。接着是清華大學校長吳南軒之就職典禮，張繼監誓，褚民誼出席並致詞訓勉。（《華北日報》，4，21）22日上午平綏鐵路特別黨委三委員行就職典禮，中委張繼監誓。褚民誼偕同出席，他在致詞中結合他即將進行的考察新疆之行，強調整理平綏鐵路黨務，並進一步將鐵路向西延伸至新疆，對開發大西北之重要意義。下午褚氏在市立師範學校作題為「師範與黨義」的講演，要求未來的教師們，要對三民主義有明確的認識。（《華北日報》，4，22）

自平原大戰結束後，國家實現了和平和統一。張學良被委任為陸海空軍副總司令後，於4月18日從瀋陽入駐北平設立行營。張氏到達後即晤張繼及褚民誼，表示決意參加即將在京召開的國民會議，並與在北平之文化和黨政軍各界頻繁接觸。（《華北日報》1931，4，20）21日晚北平軍政界要人于學忠、胡若愚等設晚宴歡迎張副司令及重要隨員，有省市黨委學商銀行各界代表共一百二十餘人出席，中委張繼、褚民誼、吳鐵城被邀作陪。27日上午，河北省與北平市整委會聯合，在市黨部大禮堂舉行「各界擴大總理紀念週暨歡迎陸海空軍張副總司令大會」，主席台前懸挂大字標語「歡迎篤信主義遵行　總理遺教的張副總司令」。會議由張繼主席，來賓及省市兩黨部工作人員，及各機關代表，共五百餘人到會。褚民誼應邀出席了大會，後頁上圖是會後中委張繼、褚民

1931年4月27日河北省與北平市整委會聯合舉行「各界擴大總理紀念週暨歡迎陸海空軍張副總司令大會」的合影。右起：商震、褚民誼、張學良、張繼和吳鐵城（《華北日報》1931，4，28）

誼、吳鐵城和江西省主席商震與張學良的合影。（《華北日報》，4，28）是晚褚民誼在開明戲院演義務戲，京劇飛熊夢。據媒體事前報道稱，「張學良購包廂，付價五百元」。（《申報》，4，23）「屆時聞張副司令及在平黨政軍學各界領袖，均將前往觀賞。」（《華北日報》，4，24）隨後，褚民誼於4月30日與張學良以及朱光沐、張繼、李石曾、吳鐵城等，乘同一飛機南下晉京參加國民會議。褚氏按前述「中國國際合作協會」的宗旨，對這次國民會議提出了實現「鞏固統一，保障和平」八個大字的希望。在南京開會期間，他在繼續關注赴新疆考察事宜的同時，積極推廣他新創編的太極操。不久爬行汽車修復，法方函催出發，他便向會議請假北上，于5月15日回到北平。臨行前致國議代表告別書，籲請一致對開發西北給予特別注意。報界對褚氏此次進京活動，有連續的跟蹤報道（《申報》，5月1，7，9，12和16日）

褚民誼因即將遠行，在南京期間曾抽身攜夫人返鄉短暫探視父病，不意這竟成永別。6月19日上午尊人褚杏田在南潯逝世，享年77歲。「褚氏既不在滬，已由其夫人趕往，料理喪務；一面並電至北平法國使館，轉達中法學術考察團，促褚氏從速返里。」（《申報》，6，21）6月22日褚民誼正率考察團在沙漠中行進，深夜得電，家父病故，中法團員力勸，在沙漠中無法獨歸，乃忍痛繼續前進。（《申報》，7，17）對其父的治喪事宜，只能待他完成此項考察任務，回京復命後辦理。嗣後《申報》（1932，1，14）上報道稱，1932年1月15日褚民誼回故里「為乃父安葬，16日在南潯原籍開弔。「連日各方代表

紛紛前往弔唁，中央特派吳委員稚暉，國府林主席特派前駐法公使高魯代表致祭……頗極一時哀榮。」褚民誼在葬禮當日鄭重發表《褚杏田先生訃告》[1.19]以鳴哀悼。（訃告內容簡介於第一篇第一章「世業儒醫，家訓疏考」中）

這次遠涉新疆考察的特點是乘用法方提供的爬行汽車，作為穿越荒漠的主要交通工具。吳紹璘著《新疆概觀》（南京仁聲印刷局1933年出版）[3.27]一書，對該考察團的裝備和乘車等情況介紹甚詳。據稱，考察團所用之爬行汽車，如下圖所示，係法國耶伐埠之雪鉄龍（Citroen）廠所特製，數凡七輛。車身係以鋁質製成。車之外觀，堅強肥碩，式皆一律，惟內部結構，視裝置物之需要而異。全車分三部：前部即客室，可乘五客；後部為廂櫃，專置器械物品；至拖車則為裝載行李之用。該項汽車，分載各部人員及應用物件，佈置清楚，不相混雜。七輛車分別為一號指揮車、二號科學車、三號輕電影車、四號重電影車、五號無線電車、六號廚車、七號醫藥及機械車。每車之載重可四噸，有四十匹馬力六汽缸之發動機，裝置於能爬行之車盤上，速力每小時自八公里至三十三公里。該項爬行制車盤，係用Kegresse式。車首前部，置有長圓形滾輪一具，專以應付崎嶇之道路及跨越溝渠之用。拖車頂部，疊折幕帳，停駐時，可張懸成棚，床鋪、椅、桌，即可陳置其中，供人臥息。且車廂皆有活動之壁，中具電燈及水等物，應用至為便利。途中所需汽油，以阿富汗及中國西北境內事先須按站預為存儲，始無困難。此外還有雪鐵龍普通汽車二輛，福特普通汽車一輛。團員組成，汽車夫十人，法方十人，中方八人。法方隊長卜

1931年中法學術考察團赴新疆乘坐的法國雪鐵龍公司製造的新型爬行汽車[3.27]

安,係一海軍軍官,曾在四川長江法艦上住過兩年。車位分配,除伙食車無華員外,中方八人與法人混搭於六車中。中法兩團長褚民誼與卜安同乘一號車,地質學家楊鍾健乘二號,記者周寶瑞和軍政部姚錫九乘三號,焦績二為便於監視攝照電影計乘四號,郝景盛與劉慎諤因同作植物採集和考查同乘五號,秘書鄭梓南乘七號。

　　此行新疆考察並不一帆風順,邊陲隔膜、道途險隘、生活之艱辛自不待言。且中法團員一起生活,語言不通、習慣迥異,誤會磨擦在所難免。特別是法方某些團員傲慢跋扈,一再試圖按其意願自由行事,違約事件屢屢發生。中法考察團在張家口齊集後,于5月17日正式出發,車上按中方要求懸以中法國旗各半。行進中卻又發現法人曾攝製中國小腳婦女及乞丐影片,「褚民誼已與法方交涉,遵約交華方檢查。」(《申報》1931,5,19)

　　此後事態不斷發酵,竟致釀成法國代表卜安毆辱中國團員的嚴重「打人事件」。6月29日《申報》上,刊登了褚民誼6月18日自肅州致法使魏爾登(韋禮德)的抗議電文,謂:

　　「出發以來,事無大小,悉由卜安擅專,且時稱新疆來電,單獨歡迎法團員,絕對不准我方團員入新,並告尊意,擬棄我方團員於甘境。在此我國土,出此無理之舉,殊屬遺憾,尚且違犯中法合作條例。本月一日,卜安藉故毆辱我團員郝景盛,不准我團員周寶韓通訊,脅該兩團員即日在沙漠中退出,至今生死未卜。加以法團員斐文明等跋扈蠻橫,常令人難堪,惹起我方團員公憤,要求全體退出。民誼忍無可忍,只得暫止中法合作。」

　　褚氏在回京後向中央的報告[1.17]中,對該事態的進展回敘道:

　　「當時華方團員大為憤怒,乃於6月15日全體人員同至肅州齊集後,開始向法方交涉,並請地方政府,停止此次考察進行。當時郝君暨周寶韓君,業已退出。然吾方一面亦致電國府報告,詎以來電過遲,致內地人士,發生誤會。實則當時本人等亦已不願再與法方合作。後以甘省主席馬鴻賓之斡旋,始與法方訂立七條件(即將卜安撤換等七件),始行繼續進行,於6月21日離肅州西行……7月7日抵迪化後,始接國府第一次停止考察明令,旋復接禁止考察並保護法方團員之令[36],乃即遵令,停止考察。本人暨華方團員,旋由俄啟程返國。僅中央研究院所派的植物學家劉慎諤,以抵新疆不易,決稍留多加考察。」

---

[36] 停止中法考察團考察令(指令第1877號)和保護法方團員出境令(訓令第397號),先後由國民政府于7月7日和8月1日頒佈[3.60]。

1931年7月16日褚民誼率考察團抵新疆首府迪化（烏魯木齊）之專電（《申報》1931，7，17）

1931年9月5日褚民誼在北平報告西北考察經過（《申報》1931，9，9）

　　該「打人事件」發生在考察團進入荒漠的途中，由於通訊遲誤而使內地人士產生誤會。考察團出發後中方與內地的相互聯絡主要靠拍電報。「有時用有線電，有時用無線電。無線電必借助於法團；而有線電又必行抵有電局之處，始能拍發。無線電快，而有線電慢。中間相差，遂誤大事。又有時用洋文拍發，而翻譯容易錯誤」亦會造成誤解。「電報如此，函件更難，民誼曾在肅州寄發一信，遲之又遲，始到內地。」褚氏在北平古物保管委員會歡迎會上，對此行做報告時解說道。（《申報》1931，9，10）

　　事情是這樣的，在北平的古物保管委員會一直關注此次新疆考察，從褚民誼6月18日發出的電報中，得知法方蠻橫違約，但未能及時獲知後續事態進展的具體情況，即於6月30日召集臨時會議，做出了取消中法考察團予以制裁的決議。與此同時，在法國巴黎舉行的殖民地博覽會上，稱中法考察團為黃種巡察團，與法人巡視非洲殖民地之黑種巡察團並為一談。對此會議也一併決定，電告法公使就近調查，提出抗議。（《申報》1931，7，1）後據《申報》9月3日報道，經駐法大使交涉結果，巴黎殖民地博覽會黃種陳列部分已全部撤除。

　　褚民誼此行同時肩負考察新疆黨務、溝通中央與地方關係的重任，在排除萬難終于抵達新省首府迪化後，向南京發出電文（見左上圖，《申報》1931，7，17），謂：

　　「民誼等艷抵哈密，五日抵吐魯番，偕姚、焦二君，七日來迪化，承金主席（金樹仁）盛意優待，各界歡迎，九日在省府大禮堂，舉行握刀禮，並陳列蔣主席送金主席禮物，典禮隆重，全疆大慶。」

第五章　建設西北，鞏固西陲　211

他接着報告道：「法方違約事，曾擬中止合作。法方之撤裁卜安，由蒲魯代理，備文向華團員道歉，訂繼續合作辦法，擔保以後不再有違約事及無禮舉動，以前種種，途中不提，保留到平交涉。民誼等委屈求全，仍繼續前進。」在沙漠中得電家父病故，忍痛前行。抵迪後新省當局奉令查辦，已不許卜安前進，等云云。

至此，中法聯合學術考察結束，法方團員在原地等待，與從歐洲前來的西路分隊匯合後，一起出境回國。褚民誼則在迪化從事黨務視察，停留三十五日後，於8月11日離迪，15日到塔城，21日出巴克圖入俄境，乘火車於25日到阿牙古斯，經由土西鐵路到斜米，28日搭西北利亞萬國通車，9月1日到滿洲里，換乘中東路車，2日經停瀋陽，於4日晨抵北平。5日北平古物保管委員會在團城會所舉行歡迎會，到會長張繼及委員李煜瀛、徐炳昶、劉復等。褚民誼在會上詳細報告了西北考察經過（見前頁右上圖，《申報》1931，9，9-10），略謂：

「本擬於抵瀋陽時，逕返上海奔喪，特以張副司令及李石曾、張浦泉先生及諸位知好都在北平，故來平留一二日。昨於抵平後，在友人處閱及關於一九學術考察團事件之報紙紀載，有不少誤會之處，今日又承貴會相招，給予報告機會，更為感幸。」

他在報告西行往返路線，並詳陳電報誤事的原委後說道：

「吾人原知西北之不易交通，始立志去通西北。今因函件之難達，消息之不靈，遂使神經過敏者懷疑民誼於國人認為關係重大處，獨無聲響，不以為怪，甚且訕為異國人。民誼個人之委屈，原可不必計較，真像自在，日久即明。惟好事者張大其詞，不惜欲以種種方法，破壞本考察團之進行，則亦另有作用也。

「此次考察團在未出發前，已多波折，民誼承中國學術協會推為團長，未敢固辭，願任其難。同時又受中央之命，視察新疆黨務，故亦必達到目的地，始可復命。至學術考察團，雖未能中法合作到底；然於去時，我國團員在途中作各種考察者，亦不乏其人，在新疆亦能盡量視察，在華方亦不得不謂一種成功。」

他在談到此次利用爬行汽車通途新疆的收穫時稱：

「在未出發前，民誼亦曾發表言論，謂去西北重在交通，故有通新疆與昔時左宗棠重新疆之比喻。在新疆與各方討論此等問題，亦咸以民誼之主張為

不謬。今由新疆東返,深覺新疆問題仍以交通為首要。交通之事,重在利器。今之交通利器,惟有汽車、汽船、飛機、飛艇,然此均不適用於沙漠之地。沙漠既無鐵路,又無汽車路,故必於汽車、汽船、飛機、飛艇之外,另創交通器具。故一聞有爬行汽車為專行沙漠之利器……不覺躍躍欲試。誠以此種器具果能成功,則視為中國西北一大問題之交通問題,即可由此得一解決,於國計民生所關甚大。器械之發明,為人類與學術界之公共貢獻,初不問其發明者之為中國人或外國人。故當法人欲宣傳其爬行汽車之能事,而吾人尤希望其爬行之成功。老實言之,民誼當時固未忘學術考察與黨務視察之使命;然考察、視察為時甚短。私意以為如果能使爬行成功,交通既便,西北即通,一次考察何如多次考察,少數人視察何如多數人視察。現在所敢欣然奉告者,爬行汽車確為通行沙漠之利器,中國西北交通,必因有此利器而開一新紀元。故以此次中法合作言為失敗;而以華方之學術考察與黨務視察言,則不得不謂成功。故民誼一見西北交通之可以解決,一見新疆之可望開發,涉想前途,不覺有無窮之希望與愉快。於是個人體魄上所受之辛苦忘之矣,因函電遲誤,而致一時之誤會,亦忘之矣。途中有人故意挑撥,不但使中法兩團之間,感情不睦,由懷疑而生惡感,由惡感而起口角,由口角而甚至鬪毆,即中國團員間亦復如是。郝君之被毆,卜安之揮拳,亦不過為此種離間挑撥者之傀儡。民誼睹此,精神上雖亦時感不快,然其事亦必有水落石出之一日。此種痛苦,亦因西北可以爬通,新疆可望開發之一念而忘之。」

最後,他略述了西北交通的三大幹路:一、從歸綏經蒙古沙地到新疆的駱駝大道;二、由北平經西安、蘭州、肅州、哈密到迪化的通道;三、南通新疆和闐、于闐而至哈斯的古陽關大道。呼籲:「政府亟應注意,於最短期內,完成此三大幹路。否則無論西北交通與新疆之開發無望,即蒙古新疆,勢亦難免不入外國版圖。」

全篇報告傾吐出他,忍辱負重,以新疆開發為己任的肺腑之言。

褚民誼離北平,於9月8日晨抵達南京,勾留半日,蔣主席未往晤,即晚車返滬,擬料理校事家事後,再回京在中央黨部紀念周上,詳細報告中法考察團經過。《申報》(1931,9,10)上同時還發表了,他向中央黨部轉各委員的致電,除補充中法糾紛實況外,對此次爬行車的通行進行了分析,謂:

此次「由北京出發,經西安、蘭州、肅州、哈密而抵迪化,共計五程,每程十八站,每站約九十里許。普通每站滿行一日,計自張家口起抵迪化,應需

時四個月。但因利用爬行車,在五月十七日,於張家口啟行,於七月七日,即抵迪化,為時僅五十日。除去途中担擱十五日,實際共計三十五日,實開赴新疆交通之新紀元。」

他認為現時的爬行車笨重,在沙漠中雖可以自由行駛,但在內地行駛時速度過緩。對此他在後來草擬的〈新疆事件與開發西北〉的提案[1.29]中提出,以之作為「擺渡」通過沙漠的解決辦法。

對於他出使新疆的收穫,電文中略謂:

此番考察「對西北情形,頗得其大概情形。黨務方面,中央雖未正式承認,然黨務之工作頗多,三民主義之灌輸亦頗久。社會方面人民可謂樸實之至。政治則新省府之組織,與中央編制一律,有民政、財政、建設、教育四廳,及一秘書長。惟自有省府以來,從無一次省府會議,不免與各處稍異。交通一事,最應注意,而俄方之謀侵新疆,尤為可慮。蓋新省與內地之交通,殊極阻滯。平日均由俄方輸出,致率被俄方壟斷。今蘇俄又擬計劃一鐵道支線,由土西鐵路之阿牙古斯至塔城,一旦完成,則朝發而夕至,不特商業盡被吸收,即邊疆問題,亦頗可慮也。目下欲挽救新疆之一切,必須從交通入手」,等云。

褚民誼剛一回到上海,恰逢「中華全國道路建設協會」成立十周年之際,在上海舉辦第一次路市展覽會,於9月12日舉行開幕典禮。政府和中外各界對此項活動均十分關注。國府主席蔣介石委託上海市長張群為代表,該協會的會長外交部長王正廷、實業部長孔祥熙等到會並致詞。中央委員褚民誼也風塵僕僕地應邀趕赴盛典發表演講,值此機會大聲疾呼,建設交通,特別是通往邊陲交通的重要性和迫切性,略謂:

「道路與國家民生之關係,已由王會長、孔會長說得很詳細,毋容贅述。不過中國交通之不便,是實在的事實。兄弟在三天前剛從新疆回來。在從前要到新疆去,最少要一百餘日,且道路不平,旅行大感困惑。但是坐了爬行汽車,只有三十餘天,即可到達。然兄弟尚有一種感想,就是要去自己國內的地方,需假道外國,這是很悲痛而且很痛心的一回事。譬如往新疆,要假道西伯利亞鐵道;往雲南需假道安南。所以我們要一決積極提倡築路,然後政治方面、經濟方面,以及其他種種問題,才有發展之希望,此為兄弟之一點感想,貢獻於諸位云云。」(《申報》1931,9,13)

這裡再次表露出他着眼全局、憂國憂民的情懷。值得提出的是,此次新疆

考察六年之後，在1937年全面抗戰爆發前夕，褚民誼再度受國民政府委派出使邊關，率「京滇週覽團」近廿輛車隊，浩浩蕩蕩從南京出發，首次沿剛建成連接起來的公路，透迤萬里直達雲南昆明，並前往中緬邊境視察，加強了中樞與南方各省的聯繫，實現了直通西南邊陲的夙願（詳見本篇第六章之第七節「京滇週覽，通途西南」）。

褚民誼此行在迪化逗留月餘，與當局交往頗為歡洽，努力溝通長期阻隔的中央與地方的聯繫。新疆省主席金樹仁特向中央政府主席蔣中正和褚民誼等饋贈禮品，並於褚氏臨行前贈送旅資四千金。褚民誼卻之不得，乃聲言全部予以捐輸。返回上海後，他向金樹仁的致函（見下圖）中寫道：

「此次民誼赴貴省視察黨務，得與台從把晤，暢聆偉論，欣幸奚如，並承雅意殷拳，招待週至，尤為感篆，承贈蔣主席及弟等禮品，當分別轉致。弟於本月九日安抵上海，擬於下星期一出席中央黨部紀念週，晤蔣主席時，先為致意口頭報告，俟下屆總理紀念週，即當正式報告此行赴新疆視察之感想及中法考察團之糾紛情形……弟臨別時，承慨贈四千金。當時卻之不得，然受之總覺有愧，弟原意以全數捐入貴省新辦之平民醫院。到滬後，見內地各省水災異常殘酷。現擬以半數（二千元）捐給各省水災急賑；其餘半數，仍捐入平民醫院。該款即交貴省駐京代表張鳳九先生收轉。至水災會之捐款，當將收據寄承台覽也。」（《申報》1931，9，17）

褚民誼從新返回後致函新疆省主席金樹人致謝並決定捐獻其所獲贈金均分與新省平民醫院和內地賑災（《申報》1931，9，17）

第五章　建設西北，鞏固西陲　215

褚民誼完成新疆考察任務後，以書面形式向中央提交了《視察新疆報告》[1.17]，全面匯報了此行的情況和收穫。如下圖所示，報告書的封面由蕭瑜題寫，32開本，正文32頁，似為內部報告未公開發表，原件現存重慶圖書館。該書開篇寫道：

「民誼前經中央執行委員會常務會議議決，派往新疆考察黨務，同時中國學術團體協會與法國學術團體，有中法學術考察團之組織，民誼被推為中國方面團長，會同中法兩方團員出發。故此行除奉中央視察黨務外，又負有連帶為學術考察的使命，計往返費時四閱月。茲將此行視察所得，分為黨務、政治、軍事、財政、教育、實業、交通、習俗諸端繕具報告。至中法學術考察團不幸在中途發生糾紛，其糾紛情形與始末，亦有附帶報告。又民誼由新省返至北平，係取道西伯利亞，故關於俄國最近狀況，亦有簡略報告，其他關於開闢新省交通之辦法，亦擬具管見，咨貢蒭蕘，以備採擇，統希鑒察。」寥寥數語扼要地介紹了該報告的主旨及內容梗概。

關於新疆當時的情況，至今早已事過境遷，這裡不作詳述。鑒於此次西行路途崎嶇曲折，返程繞道蘇俄，特別是赴新疆時發生中法學術團糾紛事件，由於當時通訊不暢鬧出諸多誤會，他在報告中著重予以梳理，並將當時他在途中發回有關糾紛事件致各方的電函全部九件附上，以正視聽。為此，本書將報告書中相關此熱點問題的段落摘要登載於本節後面的附錄中。

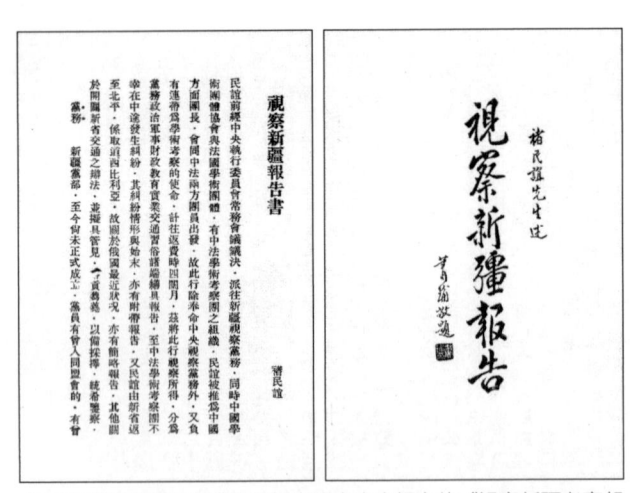

1931年褚民誼奉命完成任務歸來後向中央提交的《視察新疆考察報告》書：（右）封面，蕭瑜題；（左）內容首頁[1.17]

已如前述，褚民誼此次艱辛跋涉考察新疆的目的，在於為日後制定規劃，並動員國內各界開發大西北打下基礎。鑒于國人大都對西北，特別是新疆十分陌生，褚民誼於1932年1月在《旅行雜誌》[2.10]（Vol.6，No.1）上撰文〈新疆人民的生活〉（見後頁上圖），以親身考察和經歷介紹該地區的風土人情。該期雜誌的封面上，還配以他在旅途中拍攝的「蒙古沙漠」景觀，作為烘托。一群當地人民賴以生存的交通工具，被譽為「沙漠之舟」的駱駝，在旖旎的晚霞輝映下，徜徉在一望無際的沙漠中。他的文章娓娓道來，全文如次：

　　我這次到西北去，負有兩重使命；一是由中央派往視察黨務；一是擔任中法學術考察團中國方面團長，從事科學的考察。關於這兩件事，另有正式報告。現在把連帶看見的新疆省人民的生活寫點出來，以餉貴刊的讀者。

　　新省從好的方面說，從比較國內受天災、兵災、人禍各省看去，可以稱為世外桃源。民國二十年來，內戰不息，獨新疆未曾捲入漩渦，未受天災，所以人民能夠安居樂業。並且因為生活簡單，多數人民，從事農業牧畜，所以也沒有失業的恐慌，謀生的困難。講到新疆省的面積，有十四個浙江省大。而人口卻成一個反比例，僅有浙省四分之一。其中多數是纏回[37]哈蒙民族，漢人很少，人種複雜極了。漢人中又分為甘肅、陝西、河北、雲南、兩湖數省，就中以甘肅人為最多，語言各不相同，不過漢人說的大都普通話，至於風俗那就相差遠了。漢人與其他民族是不能通婚的，但是下流社會私相結合的也有。回民大都早婚，女子十一二歲便要出嫁。嫁後意見不合，可以隨便離婚，離後仍可結合。結後再離，視為尋常，但不得過三次。回民夫死必嫁，所以沒有寡婦，生殖甚繁。漢人大都移殖而來，本來男多女少，加以禮教的束縛，又不能輕易與異族通婚，所以生齒日減，人口格外相形見少。並且漢人的惡劣嗜好太深。新省對於鴉片煙禁種而不禁吸。種煙的要槍斃，吸煙的無罪，所以漢人大都吸鴉片的。並且賭博之風甚盛，因此他們的身體，遠不及回民。回民不食豬肉，不吸煙，不飲酒，故生活非常衛生化。尤其喜早起、善騎馬，因此他們的體格，異常強健，工作效率，當然隨之增加。漢人懶惰自安，不免要受天然的淘汰。

　　新省政治，仍採閉關主義，與內地各省很少往還，並且交通太不方便。所以內地各省的人民，不想前去，也不容易去。去後不想出來，也不容易出來。

---

[37] 1934年12月14日新疆省政府通告，將清朝以來的「纏回」族，改稱「維吾爾」族，沿用至今。

1932年1月《旅行雜誌》（[2.10]Vol.6，No.1）封面上刊登褚民誼新疆考察途中的攝影「蒙古沙漠」（左）；該期中同時發表了他的撰文〈新疆人民的生活〉（右二圖）

因此內地人民知道新省人民生活狀況的很少。而新省雖屬我國版圖，因為邊遠閉塞，幾等化外。講到文化，更是瞠乎其後。全省沒有一個大學。省會僅有省立法政學院，師範學院，中學及小學數所。可是地大物博，蘊藏至富，各種礦產都有。不過利棄於地，尚未開採。其他農產品，如五穀、葡萄、棉花之類甚多，不能運銷內地，而可以向俄國銷售。牧畜品如羊皮、羊毛都是大宗出產。即羊腸而論，出口年以數百萬計。所以新疆的人民，很足以自給。境內無盜賊，便是土人交際往返，都很有禮貌，非常客氣，沒有爭奪鬥毆的事，這皆因生活安定之故。纏回之民，團結尤堅。他們出外旅行，不用帶乾糧，可以隨便到同教的人家去住宿。這種互助之風，真不易得。總之新疆省人民的生活，比較內地，可說是世外桃源了。

我這次長途旅行，精神上、肉體上雖都感覺不少的痛苦，而能看到這種生活狀態，也很愉快。結果覺得開闢西北交通，實是不容再緩的事。我已擬定辦法，寫在報告書內。倘使計劃實現，西北交通，從此開闢，在我個人是不虛此行。而西北各省實業，可從此開發，內地各省人民，亦可移往實邊，邊圍可望日益鞏固。否則長此固循下去，外人覬覦日深，總有一日外患不堪設想，要步東三省的後塵。」

民國成立二十年來，國民政府首次派出褚民誼，以中央大員的身份，長途跋涉赴新疆視察。文中細緻入微地描述了新疆人民的真實生活狀況，高度評價

了那里少數民族的純樸民風，充分體現了他深入體察民情，盡心竭力倡導西北大開發的滿腔熱誠。

最後，值得說明的是，中法學術考察團中法雙方團員各自返回後，分別發表了許多回憶性的報道和書籍。中國方面比較有代表性的是，1932年10月北平地質圖書館出版的《西北的剖面》[3.26]一書，著者是當時在北平地質調查所工作的楊鍾健。作為中方團員中的地質學家，他偏重從個人學術考察的角度，描述了這次新疆之行的艱苦歷程。近年，該書由甘肅人民出版社於2003年8月重版發行。

至於法國方面，比較有代表性的是由倫敦Victor Gollancz Ltd出版社，於1935年出版的《東方探險：哈特[38]和歐端－迪布勒伊的第三次遠征》一書，長篇介紹的是，中法學術考察團考察過程中，法國單方面的活動情況，充斥了殖民主義色彩。

《附錄》褚民誼《視察新疆報告》摘登[1.17]

「<u>由北平到新疆往返路程</u>　從前到西北去，由北平經過陝西西安、甘肅蘭州、肅州，然後入新疆哈密而到迪化，要經過五個十八驛站，即九十天，中間倘若停留，那末時間更要延長。倘使不走驛站，而由蒙古沙漠草地進行，那又非常的不方便。路程比較可以縮短，但是生活很苦，因為沙漠中不易得到飲料。這次中法學術考察團作此長途旅行，係由法方備爬行汽車七輛，尋常載貨汽車三輛，於五月十七日由張家口啟程。中方團員於五月二十日始聚齊，乘尋常汽車三輛前進，二十四日與法方團員會合，同乘爬行汽車西行。六月一日抵合頁哈莫兒，二十八日到哈密，逗留三天，因當時哈密附近有纏回之變，所以七月一日才動身前進。五日到吐魯番，住一日，七日到迪化。計由張家口到迪化，乘爬行汽車及尋常汽車，共費時四十六天。途中總共停留十五天，實際走了三十一天。從前由北平到迪化走驛站，不停留尚且要走九十天，現在只要三十一天。假使途中有汽油站，那末二十二三天便可到達。到迪化後才接到行政院冬電及古物保管委員會馬電，始知政府有停止與法方合作之意。以後陸續接到行政院議決案，禁止考察保護出境。此電到後，遂與法方中止合作，至今法人尚在迪化等候西方團員會合後，才由新省保護出境，仍然回到北平。民誼此

---

[38] 哈特為中法考察團的法方團長。

次留迪化三十五日，備受新省當局及各界之熱烈歡迎與優待。金主席且贈蔣主席及民誼等禮物。離迪化東返時，又承金主席贈民誼等以旅費四千金。民誼已將此款指定用途，捐辦公益。因當時新省有創辦平民醫院之舉，民誼本想將此款全數捐入平民醫院。回滬後聞各省災情奇重，因改變初意，以二千元捐給各省水災急賑會，二千元仍捐給平民醫院。民誼這次到新疆去，本想到南疆去視察的，不幸因發生糾紛，中止合作，未能前去。遂於八月十一日離去迪化，八月十五日到塔城，住六日，八月二十一日入俄境，乘大車至阿牙古斯。由此處乘土西鐵路火車，一日兩夜到新西比利亞車站，然後乘西比利亞通車，於九月一日到滿洲里，四日抵平。計自迪化至北平，共費時二十三日。

<u>俄國一瞥</u>　民誼於八月十五日到塔城住六日，二十一日入俄境。俄國所築的土西鐵路，離新疆邊境僅有三百公里。在這三百公里內，築有長途汽車路，所以交通仍甚方便。現在俄國對於新疆不用武力的侵略，因為他自己國內多事，自顧不暇，無有餘力；也不用主義侵略，因為新疆信仰回教特多，共產主義與回教宗旨不同，格格不入。俄國對新疆既不能用武力侵略，又不能宣傳主義，於是只得竭力採用經濟侵略政策。將新省的原料出產，用賤價儘量吸收；同時推銷他的消耗奢侈品。倘使新省與內地交通辦好，那末蘇俄的經濟政策，不免要受打擊，而新省每年於原料上外溢的金錢當能縮減不少。這次民誼道經俄國，見他們的人民生活非常困苦，可稱食不飽，衣不暖，而居不安。而延土西鐵路一帶，秩序亦很紊亂。但是他們建設的精神，很能令人欽佩。所謂共產主義、新經濟政策、五年計劃，其實不過要使得俄國工業化，用最新的機器增加生產。所以人民的生活，雖然感受痛苦，而希望很大；雖不能飽衣足食，而無怨恨，以為五年計劃完成後，他們的痛苦便從此解決了。這次旅行精神上、肉體上，都感覺痛苦，尤其不幸的發生雙方團員糾紛情形，但皆因當時組織不好的原故。一則中法兩方有多數團員，語言不通，並且受人挑撥和利用，要破壞本團進行，所以極容易發生誤會，由口角而致於用武；二則中方團員係由數機關推薦，（如軍政部、參謀本部、中央研究院、地質調查所、北平研究院等）平素性情彼此都不曉得，其中也有性情很陰險的或很暴躁的，所以本團團員中亦有衝突的事發生。不過這次就試行爬行汽車言，可說成功；即就民誼箇人視察新疆言，亦可謂成功。以後希望倘有長途旅行團，對於組織方面，要特別注意。

<u>中法學術考察糾紛情事始末</u>　民誼於五月二十二日抵貝林廟，於五月二十

四日與法方團員會合,同乘爬行汽車西行,經過烏尼烏蘇,於六月一日抵合頁哈莫兒,不幸即在此處,發生法隊長卜安毆辱郝君景盛事件。此事發生後,我方團員均憤慨。民誼以當時在沙漠中無法加以制裁,必於抵肅州後始可提出交涉。當時郝君景盛與周君寶韓,不願繼續前進,故即行退出。二君到北平後,將被毆情形報告國人,思雪被辱之恥,固是正當辦法。惟郝周二君有一通電,雖是二人意旨,而列入姚錫九、焦績華、楊鍾健、劉慎諤四團員之名。當時四團員遠在甘肅,自未與聞其事。而此電當然無民誼及鄭梓楠之名,於是遂引起各方誤會,以為為什麼團長不列名,獨對此事毫無聲響,漠不關心。不知民誼於六月十五日到肅州後,即與法方交涉,與焦績華君同一主張,即在肅退出。而領銜通電之姚君錫九,反無表示,主張無條件西進。當時中方團員會議,半數主進,半數主退,後鄭梓楠君亦主退出,於是始得多數,遂決定退出,向地方當局要求,使阻法方前進。一面並用六人聯名,有銑電(六月十六日在郝周二君到北平前)致中央黨部及各主管機關;並以民誼箇人名義,致電法使,蓋不獨對卜安毆辱郝君一事加以指責,關於法方擅自收發無線電報,及聲稱新省歡迎法人不歡迎華人入境各節,均多詰難,蓋此時已抱定不合作主義。不意法人前進之意非常急迫,乃直接與地方當局馬步芳師長交涉。其初馬師長聽我們的話,未予允許。後法方電甘肅主席馬鴻賓,請求必需西進。馬主席允予單獨前進,意如華方團員不前進,設法保護東退。民誼等當時得此消息,異常焦躁。因向馬師長說,法方單獨前進,絕對不可以的,我們已向中央請示,得復後始定進止,並用書面提出,以示鄭重。但此時法方累與馬師長交涉,結果馬師長恐怕惹起交涉,乃向法人說實話,謂「非我不讓你們前進,只要中方團員允許,你們便可前進」,於是法人才覺悟,轉過頭來向華方團員道歉,要求一同前進,從前有對不住的地方,均好商量。當時我們本想抱定初衷,等待中央命令的;但是知道交通太不方便,這電一來一去,不知要多少時候才可收到。而地方當局不能堅決阻止法方前進,倘讓法方單獨走了,那不更糟了嗎。現在法方既有覺悟,願意認罪,續訂條約,我們只得提出條件,同他談判。於是有肅州條件之重訂。條件七項中最重要的有三條:(一)撤換隊長卜安以蒲魯代之,途中發生糾紛,暫時保留至北平交涉;(二)無線電報消息,一律隨時公布,在中國有電報局地方,不得使用無線電;(三)如有一方不能入新疆者,兩方均不入境。條件既已訂定,即於六月二十一日繞安西直赴哈密。當時因電訊不靈,所以消息隔閡。民誼等曾有銑電請示中央,又有哿電詳述交涉經過,

未見報紙刊載，所以內地一般人，不知道我們在肅州與法方交涉；而我人亦不知內地各界為此事鬧得落花流水，至於什麼巴黎殖民地博覽會有黃種巡察團的陳列品，那更不得而知。民誼於離肅州時，曾有一長函致上海友人，報紙雖已披露，惜為時已晚。總之因為交通太不方便，電報過於遲緩，所以有各種誤會。民誼這次受各界輿論的攻擊，可說無妄之災。但求我心無愧，毀譽本不足惜；但因這番打擊，愈覺趕辦西北交通為迫不容緩之事。

六月二十八日到哈密，肅州到哈密中途，半夜間得到無線電，才知先父病故。此時已深入沙漠，得此噩耗，慘痛萬狀。民誼即欲退出，奔喪回里。經兩方團員力阻，謂此時走沙漠東歸，騎駱駝或乘大車，不獨危險異常，而且欲速反不能達，不如前進至新疆，然後經由俄國乘西比利亞火車回去的快。那時新甘邊境早已發生變亂，要想立刻奔喪回里，事實上亦不可能。但是想到家中，既無伯叔，終鮮兄弟；而且伯道無兒，除內子外，僅有兩箇小女，所以當時極人世間之淒慘悲痛，亦是沒法。只得忍痛成服，趕程前進，一路思潮起伏，莫非酸辛痛苦，念及生而不幸，六歲喪母，當時髫齡無知，不知哀痛。今老父棄養，路入關山重阻之境，身在長途跋涉中，病時既未能親侍湯藥，歿後又未能親視含殮，不孝之罪，如何可言！總理以忠孝仁愛、信義和平，垂訓吾人。而民誼對於孝字，實未做到，真是非常慚愧、非常痛心的事。」

在後續「開闢西北交通辦法」一段中，歷述了直通新疆三大幹路的修築建議之後，他總結道「右述各事，係以短暫時間從實地考察得來，雖不十分詳細，但是很忠實地報告。雖末後附以管見，亦係實事求是，為開闢新疆最低限度的要求，再不容緩的急務。民誼之愚，認為立國於大地，國防最關重要，新疆為我國西北的屏藩，實不容加以忽視。現在亟應急起直追，積極經營。倘猶以為無足輕重，仍舊因循下去。那末，覬覦者大不乏人。我自不謀，人必起而代我謀之，必有一日，禍患不可收拾。試看今日東北發生的慘劇，這種奇恥大辱，雖發生在今日，而種因已很久，皆因不知防微杜漸所致。真是前車之鑒不遠，願我國人發一猛省！中央高瞻遠矚，或已見及於此。則如何善自區處，必當擘畫周詳，迅速將事。願為未雨綢繆，毋俟臨渴掘井，幸甚幸甚。

第二節　執掌建委，繪製藍圖

褚民誼1931年9月剛從新疆返回，便連續爆發了「九‧一八」日軍入侵我國

東三省和1932年「一・二八」日軍進犯上海的嚴重事件。緊急關頭，國民黨內各派聯合組成政府，2月底褚民誼被任命為行政院秘書長。為了避敵鋒芒和決心長期抗戰，國民黨中央和國民政府由南京遷駐洛陽辦公，於1932年3月四屆二中全會上做出「以洛陽為行都、以長安為西京」的決定，相應地組織了「西京籌備委員會」，任命張繼為委員長，褚民誼等廿餘人為委員。接着，為了動員全國各界共商禦敵之策，於4月在洛陽召集國難會議，褚民誼任國難會議秘書長。會後，張繼、褚民誼、覃振等人，為籌建「西京」前往西安實地考察。（關於他在這一段時期內的活動，在後續本篇第六章之第一節中另有詳述）。

通過這一連串波瀾起伏的變故，更增添了褚民誼力主開發大西北的決心和緊迫感。當時由於交通阻隔、道途艱險，對這一人煙稀少的廣袤荒野，內地人們鮮有涉足，從官方到民間對該地區的實情均很陌生。褚民誼通過屢次赴西北的親身實地效察，收集和掌握了不少寶貴的第一性資料，在大力向各界介紹宣傳的同時，積極擬定提出建設規劃，力促其開發大西北的「強國夢」早日實現。

褚民誼的這些積極活動經常見諸報端。《申報》於1932年6月6日刊登了題為「褚民誼演講開發西北問題」的來件專文，略謂世界社的上海總部，地處滬西福開森路393號，遠離城樓櫛比的商場鬧市，日光空氣吐納極佳，圖書文體設備頗周，乃與中國農工銀行於該處合組工餘學會，每星期日自上午十時至午後六時止，招待世界社社員及農工銀行行員，將來更將延請各界人士加入，以為工餘存養之地。世界社與農工銀行在社會上承文化和經濟之重要使命，兩者相互溝通合組工餘學會，「期於交換新知、共同娛樂，而謀工作效率之增加。」該社活動，每周日上午請名人演講及徵文；下午從事各種有益身心之遊戲。第一次演講會（5月15日）請世界社創辦人中央委員李石曾介紹世界社的歷史及其使命，第二次（5月22日）請農工銀行常務董事張公權解說銀行行員

1932年5月29日褚民誼在上海發表〈開發西北問題的演講〉（《申報》1932，6，6）

第五章 建設西北，鞏固西陲 223

的責任和要求。接着於5月29日由中央委員行政院秘書長褚民誼作題為〈西北開發問題〉的演講，如前頁右下圖所示，向滬上文化、金融等各界廣為宣傳動員。

「農工事業為諸君切身任務，而開發西北尤與農工銀行關係至鉅。」褚民誼開宗明義地說道：「數年前鄙人即注意西北之拓展。最初曾有綏遠之行，惜為時甚暫，但其地廣人稀，已見一斑。去年復至新疆，經張家口、蒙古而至迪化，嗣經西伯利亞鐵路而歸。此次國難會議，有人提議以洛陽為行都，西安為陪都，改稱西京。議既定，鄙人乃與張溥泉先生等同往西安，並前之綏遠、新疆，則三至西北矣。然有遠的西北，與近的西北之分。蓋中國版圖凡九部，曰中部，曰東、南、西、北，曰東北，曰東南，曰西南，曰西北。西北佔地最多。近如陝西、寧夏、綏遠、甘肅。遠如新疆，幅員極廣，竟等於浙江之十四倍。即陝西一省，亦較浙江土地為多。大凡近者人口較盛，遠者人口稀少。浙江人口達三百餘萬，新疆僅五六十萬，而往返不易，亦其一因也。」

他在述說赴新疆考察對交通問題的切身體驗後，著重談論了西北地區的自然災害問題，謂：

「抵西安後，對開發西北尤感重要，因該地土高水少，時有水、旱、凍等災，且五六月之交，輒颳冷風，稻麥生機，盡被摧殘，如近日陝西之黑霜，並非從天而降，實以冷風大作，麥秧俱死，一片黑色，如降黑霜。此水、旱、凍三災，均亟待徹底解救。吾國人民嘗有靠天吃飯之思想，祈神禱鬼，求雨求晴，各盡迷信之能事。」

他在歷述應採取植樹造林、築堤蓄水、開渠疏流等抵禦自然災害的科學方法後說道：這些措施古已有之，「蓋非不能也，懶於從事耳。鄙人返滬後，聞西安得雨，當地人士視若甘露。邵力子抵甘肅，聞雨色喜。故政治家亦靠天吃飯，以其年豐始有政可為。人民有賴於天不待言矣；但完全靠天吃飯，社會永無進化。」

為了鼓勵和引導民間資本參與西北開發，他在這裡舉了一個現實的例子，給大家算了一筆帳稱：「如有人在涇惠渠購置五十萬畝至一百萬畝之田地，加以農工計劃，必獲厚利。最近華洋救濟會，曾在該處開闢溝道，用款一百萬元。據聞此溝未築以前，其田地每畝祇值一元；築溝後每畝值洋八元。因有水可以耕種，地價隨時激增七倍以上矣。大資本家如以一百萬元買田，一百萬元開渠，得利奚當三倍。最好人民與政府合作，輕而易舉，事半功倍，即開發西

北任何地方，其結果亦有如此者。抑有進者，開發富藏，不患不能行，而患不肯幹，或不知為。吾人不知則已，知之即應去幹。限於資本，可用集資辦法補救，要知資本愈大，獲利愈多……資本小，則效率亦少。」

他在談及通往西安的交通路線和問題後說道：「陝西無自來水，雖以產煤名，煤價每噸竟須三十八元，可謂奇事。蓋此亦受運輸不便之賜。距西安一百三十八里之北同官，煤價每噸僅須四元，其如車運不易何。他如延長之汽油，用於汽車最佳，惟渣滓較多，一經提煉，即可應用。此項黑油即不提煉，亦可作郵船電機代煤之需，且手續簡便，無煤屑四飛之患。

今言開發西北宜注意：（一）交通（道路、電話、電線，一切包括在內），（二）水利，（三）畜牧，（四）森林，始可以言工農。而工的方面，則有賴於原料之製造。蓋必如是，人民衣食住行，方可足用。如政治不安定，百業凋敝，匪患滋多，解決民生，亦非易事。故非中央政府與地方政府，通力合作，屬行建設，不足以言和平統一。必其能建設農工，則和平統一，不召自至。語云，衣食足而後知榮辱也。蓋世界繁榮之事，均須民生問題解決後，方可談到……吾人今日切要之圖，一方造林；一方築路。資本家亦宜分工合作，共謀祖國人民之福利。西北地大物博，與俄國相距最近，難以保證無東北淪陷之危。但蘇俄不若日人採用武力政策，國人遂亦漠然視之耳。至西北全部，僅駐防軍二萬。萬一有事，馳援不及。如運十萬部隊前去，須經一年之久，始可到達。國人漠視西北與東北同，東北交通運兵甚便，西北則挽救較難。新疆外表似在中央節制之下，實則隔閡殊深。前之電訊，均須由西藏、印度等處轉達，或由大北公司寄發。最近中央電台，可與新疆直接通電，方便不少。總理之三民主義，以民生為中心，蓋亦求政治安定，人民得以安居樂業也。諸君對於農工，關心至切，鄙人今特提出開發西北問題相與商榷，至為慰幸。中央近擬遣派一百人分十組，前往西北考察，以視究竟。本年中國科學社將在西北舉行年會，殆亦欲知西北實在狀況也。東南人民，豐衣足食；西北苦瘠特甚，並樹皮草根，亦不可得，蓋已陷於十室九空之境。吾人深思常念，耿耿於心。頗望諸君有暇，一作西北之行。藉瞻古文化之遺跡，暨如何從事救濟及開發也。」

演講語重心長，催人奮起，演講會至正午十二時始散。該講詞後被選錄在《中央週刊》[2.12]1932年210期上，並以〈開發西北問題〉為題[1.20]，發表在1932年9月1日創辦的《海外月刊》Vol.1，No.1上，以擴大影響，吸引海內外投資。

從關內進入內蒙古的張家口大境門。褚民誼攝於1929年10月（[2.10]Vol.4，No.5，1930，5；[2.7]No.610，1929，11，6）

需要要補充的是，如前所述，褚民誼曾於1929年9月25日到10月10日從上海出發，經北平到張開口、綏遠等地進行考察。回滬後不久，他即在《圖畫時報》[2.7]No.608－610（1929，10，30-11，6）上，連續三期刊登了他此行沿途拍攝的照片廿幅。其中一幅，如上圖所示，是張家口的大境門，「大好河山」四個大字十分醒目，為清代高維嶽所書，出此門為口外，進入內蒙古地區。嗣後，他還在《旅行雜誌》[2.10]Vol.4，No.5（1930，5）上發表了〈西北遊記〉一文，對該地區的風土人情，以及社會、經濟、文化狀況，進行了圖文並茂的介紹（詳見本篇第六章之第四節「興修水利，賑災濟民」）。

在南京的「勵志社」始建於1929年，社員主要以軍警人員為對象，蔣介石親任社長。該社社址是一所為國民政府首腦及官員提供後勤、生活及娛樂服務的場所。首都的許多重要活動大都在這裡舉行。褚民誼在上海世界社講演開發西北問題後，緊接着又於1932年6月12日應邀在「勵志社」發表演說並放映電影，著重從國家安全的角度，闡述開發西北之緊迫性。《中央日報》於次日對此進行了報道，如後頁右上圖所示，在大標題「褚民誼講西北問題」之後，特以「該地受俄侵略無異昔日之東北，亟應闢交通與水利等以謀發展」為小標題，突出其講話之重點，文中稱「行政院秘書長褚民誼，於昨日下午二時在勵志社大禮堂講演〈西北問題〉，略謂：

西北土地廣闊，人民稀少，礦產甚富，亟應闢交通、興水利、辦實業，以謀開發。現以交通不便，原有之產物，每不能運銷內地，而只就近銷於俄國，

致受俄國之操縱，不能得相當價值而出售。此種經濟侵略，實有很大之危機。要知今日之西北，無異昔日之東北。當東北受日本經濟侵略時，因交通便利，尚能使吾人覺得。而今彼以經濟侵略猶不足，實行其武力佔據矣。然而西北頻受鄰俄之侵略，因交通不便，每不引人注意。設不幸西北遭遇如最近東北之事變，豈非因交通之梗阻，欲援救而無從乎。所以開發西北，實為當務之急，吾人切莫單顧東北之危險，而忽略西北亦有同樣之嚴重性也。是以吾人於西北問題，應有深切之注意。

褚氏演講畢，「開映其去年旅行西北考察所得之影片，並展示他近來發明之種種健身運動器具，中有褚氏踢毽子一幕，更為引動觀眾之興趣。來賓達千餘人，五時始散。」

1932年6月12日褚民誼在南京勵志社演講「西北問題」（《中央日報》，1932，6，13）

此後不久，《中央日報》於8月3日報導，「中委褚民誼，年來考察西北，遠至新疆迪化、塔城等處，對於邊防情形，均極有心得，昨日下午五時，特假教育部大禮堂，將自攝之視察新疆（二本）、參加西安涇惠渠典禮（一本），以及吳鑑泉與其高足推手、吳鑑泉女公子之舞劍（單雙）、褚氏之全套太極拳及踢毽子等影片開映，以喚起國人注意開發西北及鍛煉身體。褚氏還告本社記者，俟渠由平回京，即將在國民大戲院公映云云。」

對於上述涉及國計民生的重要問題，褚民誼的宣傳可謂不遺餘力，不僅在寧滬中樞之地，而且還抓住出差外地的短暫機會，廣為宣講。例如，為了接洽退還比利時庚款事，他赴北平，於8月6日晨訪問比利時大使，即於當晚在師範大學放映他所攝的西北考察影片（《申報》1932，8，7）。

這裏值得指出的是，褚民誼赴西北考察，於1931年9月返回京滬不久，即發生日軍肆意侵佔我東三省的嚴重事件。如前所述，他以此為鑒，在當時嚴峻的國內外形勢下，從國家的安全大局出發，大聲疾呼開發西北之重要性。並以褚民誼講、沈家樞記為署名，如後頁右上圖所示，在戴傳賢主編的《新亞細亞》（1932年第3卷第4期）上，發文〈西北與東北〉[1.23]，在揭露日本帝

第五章 建設西北，鞏固西陲 227

國主義長期以來蠶食東北直至悍然發起併吞滿蒙之陰謀的同時,以親身的考察經歷和深入的調查研究,從歷史、人文、政治、經濟、軍事等諸方面,系統地闡述開發西北,以免遭東北近禍之覆轍。其前瞻之意、愛國之情,躍然紙上,全文示於本節之(附錄1)中。

如上所述,西北開發,地域遼闊,涉及面廣,是一個龐大的系統工程,需要中央統一領導、地方通力合作和民眾廣泛支持才能奏效。經過一段輿論準備和全面的建設計劃考量,褚民誼於1932年12月15-22日在南京召開的國民黨四屆三中全會上,提出了〈開發西北案〉並附以詳細的「開發西北之計劃大綱」(「臺黨史館」會4.2/16.4.8;4.2/20.15)。提案全文如下:

1932年發表在《新亞細亞》(第3卷第4期)上,由褚民誼講陳家樞紀錄的論文〈西北與東北〉之首頁 [1.23]

「為提議事,竊維國家當前急務,無過東北問題,舉世皆知屬目,不知西北問題比之東北問題關係尤為重大,及今不圖,數年數十年後恐亦將一發不可收拾,其禍或更烈於今日。民誼去年奉命視察新疆,道經西北各地,歸途復經過毗連西北及中國北部之俄境。目擊西北地方物產蘊藏之豐富、山林原野之廣漠,而乃人口稀少、文化衰後、田畝荒蕪、水泉涸竭,生產之事可謂百無一舉。起觀邊境,因外力日迫,國防空虛,萬里神皋,幾同甌脫,真覺惕然心傷,不能自己。今歲復因籌備陪都建設事宜,循隴海鐵路以至西安,沿途所經,皆為腹地,乃亦觸目凋敝,儼同西北,災民游匪所在成群,人民生活之困苦、社會經濟之衰落,非東南人士所能想見。從此益知開發西北以解除吾民之痛苦,增進國家之富力,實為今日刻不容緩之圖。惟茲事涉及西北各省,包含事業太多,自非由中央設置西北拓殖委員會專管其事,不足以專責成,而收實效。所管之事,先將西北交通線路修整完成;次及金融貿易、農田水利、造林開礦、畜牧紡織諸端;而促進教育、發展文化,亦應為同時並舉之事。至地方行政事務,則仍由地方官吏管理,以免權限混淆。值此國難方殷,萬端待理,中央為開發富源,抵禦外侮起見,對於西北問題,實應舉全力以赴之,萬不容再托空言,徒糜歲月。民誼既有所知,自難緘默,謹此提議,敬候公決。

附陳開發西北之計劃大綱一件」

提議人：褚民誼

附議人：蔡元培、張繼、李煜瀛、吳敬恒、蔣作賓。

在當時的四屆三中全會上，開發西北是一個備受關注的話題。與褚案同時，從西北來京赴會的中央委員劉守中，與張繼、吳敬恒、張人傑、于右任、居正等六委員也聯合提出了有關設立西北建設委員會等內容的〈開發西北案〉（「臺黨史館」會4.2/20.15）。下圖是會前12月13日，在首都建設委員會招待所門前，在京的中央要員們與來京出席全會的劉守中和林義順的合影。此外，甘肅省府主席邵力子電請辦理陝甘工賑，陝西省府主席楊虎城呈請救濟陝西等共計四案。經全會「併案決議，開發及救濟西北，至為重要，案內所開各節，交政治會議妥籌辦理。」國民政府訓令第48號（1933，2，11）稱，中央政治會議函開，「經本會議第三四三次會議決議，責成全國經濟委員會於最短期間內召集西北各省長官及各專家在京開會，擬定開發西北計劃。」至於陝甘的賑災兩節，則按三中全會決議事項，由國民政府迅速切實辦理，相應函達行政院照辦。（[3.54]1933，2，14）1933年《中華圖畫雜誌》No.16 [2.18]上，以全版多幅照片報道了國民黨四屆三中全會的盛況。後頁上圖是全體與會執監委員的合影，林森、蔣介石、汪精衛等均出席，褚民誼位在前排左6。

1932年12月13日在首都建設委員會招待所門前的合影。右起：居正、褚民誼、張人傑（坐）、吳敬恒、林義順、張繼、劉守中、覃正、戴傳賢、于右任

1932年12月國民黨四屆三中全會合影。第一排右起有張靜江（1）、吳稚暉（3）、張繼（4）、林森（5）、于右任（6）、劉守中（7）、宋子文（8）、居正（10）和褚民誼（11）等。二排正中是蔣介石，蔣後排之右側是汪精衛[2.18]No.16（1933）

    一個時期以來，在中央的支持下，開發西北成為黨和政府以及社會各界關心的一個熱門話題。赴西北各地考察者紛至遝來，各種相關組織相繼成立。例如，國民政府訓令第三一六號（1932，11，5）（[3.60]1932，11，7）謂，前准戴傳賢等提出的建設西北專門教育之初步計劃案，經第三二七次中央政治會議決議，「原則通過，推戴傳賢、于右任、張繼、朱家驊、王陸一、焦易堂、沈鵬飛為籌備委員，籌備會由戴委員傳賢召集，並交行政院飭教育部負責計劃進行。」茲又於第三二九次會議復決議，「加推吳敬恒、李煜瀛、褚民誼、楊虎城、王應榆、辛樹幟為籌備委員。」

    此後不久，卻發生了轟動一時的「新疆事件」。自1928年底金樹仁接替被刺殺的楊增新擔任新疆省主席以來，對待回族等少數民族錯誤地採取高壓的盤剝政策，激化了民族矛盾。更有甚者金氏私通蘇俄、妄圖獨立的陰謀敗露，至使新疆局勢陷入嚴重危機。直至1933年4月新疆省主席被盛世才取代，才使局面緩和下來。針對當時新疆的動盪局勢，褚民誼在前述三中全會提案的基礎上，向中央具文提出了〈新疆事件與開發西北問題〉[1.29]的提案（「臺黨史館」一般449/30，1933年），於是年7月31日晨國民黨中央總理紀念週上進行了報告（《時事新報》1933，8，1）他強調指出：「今天講新疆事件，所以一

定要和開發西北問題一同講，就是因為要鞏固新疆，一定要開發西北。開發西北，即所以鞏固新疆。開發西北，不但是鞏固新疆，並且是為全中國開一生路。」

他結合自己實地考察的切身體驗，對如何以正確的民族和宗教政策治理新疆，發表了中肯的意見。為了統一領導全面開發大西北，他提出了在中央成立「西北建設委員會」，下設國道局、勸業局、採礦局、墾殖局的建議；並對這四個局之設置與計劃以及西北之水利，分五部分提出了具體設想。該規劃所涉及的範圍，包括陝西、甘肅、新疆各省全境以及外蒙古西部；其開發項目以不妨礙各地方政府行政之施行，而特由中央政府計劃出建築事業之一部，用中央的政治及經濟之力量經營之。該演詞隨後發表在《農村復興委員會會報》（1933年第1期）上。嗣後，又以〈新疆事件與開發西北〉為題，收錄在1935年秋，由黑山徐正學編纂，國民印務局出版的《中國農村建設計劃》[1.29]一書中。下圖示出的是，1936年6月1日再版的該書中，選登的褚民誼的這一提案。本節(附錄2)中摘登了該文的主要內容。

為了促進經濟建設，全國經濟委員會進行了改組。國民政府令（1933，10，12）（[3.60]1933，10，13），除已明令特派汪兆銘、孫科、宋子文為委員，並均指定為常務委員外，特派政府各部負責人以及社會各界名流代表32人為全國經濟委員會委員，褚民誼也名列其中。在10月18日的首次常務會議上又增添蔣介石和孔祥熙為常委。（《申報》1933，11，19）

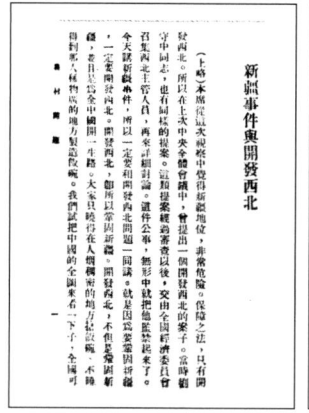

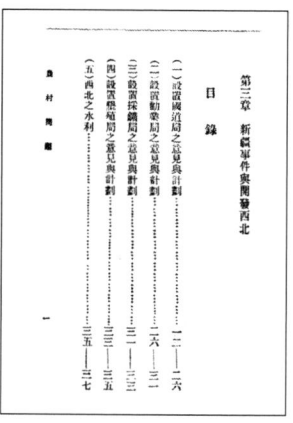

《中國農村建設計劃》中刊登的褚民誼1933年向中央提出的〈新疆事件與開發西北〉的提案：（右）目錄；（左）首頁[1.29]

第五章 建設西北，鞏固西陲 231

國民黨四屆四中全會由於國內局勢動盪等問題，推遲到1934年1月20-25日召開，褚民誼作為中央監察委員出席了會議。下圖是1月26日在南京召開的中國國民黨第四屆中央監察委員第一次全體會議的合影（引自《蔣介石與國民政府》[3.68]）。全會上做出了，應即速實行關於開發西北之各種決議案的決議，內容包括：令全國經濟委員會特別注重西北建設，對於三中全會交辦之西北工賑、開發、救濟、建設各案，及政治會議決議修黃帝陵道案，迅速籌擬實施；以及關於西京市經費撥款和防止獸疫等三項決議。隨後，國民政府於1934年2月7日以備忘錄形式，向行政院和全國經濟委員會發佈了貫徹四中全會決議的第42號訓令[3.60]。

　　四中全會的決議和國民政府的令達，使一度沉寂下來的西部大開發又大張旗鼓地開展起來。首先經行政院議決，委任褚民誼為主任，在行政院內籌建成立「新疆建設計劃委員會」（以下簡稱「新疆建委」）。褚氏於1934年2月27日晨在南京與中央社記者談新疆建委組織情形時稱，「該會用意在集合對於新疆夙有研究之人士，共同研究盡善之建設。計劃委員均為名譽職，已經院長聘定。會中辦事人員，均由行政院職員調兼……至本會章程，已由汪院長核定公佈。」（《申報》1934，2，28）他受命籌備該委員會事宜後，即分函各院部選聘熟悉新省情形者充任委員。（《申報》1934，3，1）

1934年1月26日在南京召開的中國國民黨第四屆中央監察委員第一次全體會議的合影。前排右起：邵力子、張靜江（坐）、李石曾、褚民誼、吳稚暉、張繼、林森、薛冀紅、楊虎、蔡元培；張學良在二排右6 [3.68]

3月13日下午在行政院召開新疆建委成立大會。《申報》於次日報道,該委員會聘定委員52人,到會43人,褚民誼主席致開會詞,略謂:

「新疆地廣物富,居民少而複雜,交通阻塞,政治、文化、經濟落後,防務空虛,時在強鄰窺視之下,異常危險。本人曾赴新考察,覺新疆之重要與寶貴,關係整個國家生命,非一隅之事。近來政府對生產建設、內政整理,日在努力奮鬥。對東北之收復,西北之經營,更為緊張。新疆騷亂原因複雜,為討論進行計劃,求政治、文化、教育、宗教、實業、交通、經濟諸問題之改善,特在本院設新疆建設計劃委員會,集富有學問經驗、而熟悉新省情形人士,從事研究,編成計劃,以為政府對新省設施之依據。諸君必能發抒偉見,貢獻政府,將來新省能造成一科學化的新建設,為國家邊疆保障,皆諸君之賜,云云。」

次各委員發表意見,推劉揄英、陳曾亮草擬計劃大綱。

3月15日下午召開新疆建委第二次大會,到47人,褚民誼主席,行政院汪精衛院長出席致詞謂:「政府鑒新疆問題極重要,特設立建委會,集熟悉新疆情形人士,共同研究建設新疆。首要在開闢交通。建設鐵路,固為根本辦法,但需款費時。初步辦法為闢汽車道。其次,新疆財政極紊亂,亟需整理,民族複雜,尤應扶助其發展,培養其能力,凡此種種,均望諸君詳細研究,盡量貢獻意見。至中央對新疆之軍事與政治,正籌有效辦法解決,不以武力為唯一之工具。惟外交權應集中,中央已將省府在蘇聯所設各領館接收,云云。」旋討論建設計劃大綱及工作程序。決定分為四組,並由各委員認定組別。主席指定召集人分別為:政治組唐柯三、張西曼;經濟組陳曾亮、羅靖;文化組王曾善、劉揄英;交通組李景樅、馮有真。(《申報》1934,3,16)

3月17日下午召開新疆建委第三次會議,褚民誼主席,討論通過工作程序,定各組每週開會一次;並通過新疆建設計劃大綱,對各組工作,規列甚詳。(《申報》1934,3,18)

4月18日開第四次會議後不久,由於新省再次爆發內亂,建設工作嚴重受阻,新疆建委也因此多時未再開會議,直至馬仲英亂被平息後,才得以逐漸恢復。(《申報》1934,8,19)

是年12月4日下午新疆建委召開第五次全體會議,《申報》於次日報道,該次會議到三十餘人,由褚民誼主席,並報告召集第五次大會之意義及過去的工作。常委會及各組相繼報告後,討論議案。決議將各組草擬之新疆建設大

綱，連同艾沙臨時動議提出的速安定新疆辦法，指定由唐柯三等三委員整理，一星期內完竣，呈報院長，作為五中全會提案，付印分送各出席委員。[39]

開發新疆涉及面廣，意義重大，「行政院新疆建設計劃委員會」於1934年12月將擬定的《新疆建設計劃大綱草案》[3.33]編印成冊（見後頁上圖），呈行政院長審批，然後作為提案提交中央全會議決。該草案內容翔實，全書連同地圖、表格共計343頁。開篇登載的是，行政院新疆建設計劃委員會主任褚民誼向行政院長的呈文，扼要地報告了整個草案的形成過程和內容提要。略謂：

「竊本會遵照本年（1934年）二月二十日第一四八次院議籌備組織，爰於三月十三日召集第一次全體委員會，正式成立，先後計共開會五次，中經議定建設計劃大綱，分為政治、經濟、文化、交通四類。」依此分設四組委員會，籌擬建設方案，於本月（十二月）四日第五次全體委員會上，分組報告工作及所通過的提案：

「政治組報告，在規定工作期中召集組會十一次，通過提案為（一）民族問題、（二）省區問題、（三）地方自治問題、（四）整頓省政計劃、（五）移民計劃、（六）王公制度問題、（七）廢止新蘇商約計劃、（八）整理邊界計劃、（九）外人居留及入籍處理問題、（十）籌設法院分期計劃、（十一）維護教律及養成法官計劃等十一篇；

經濟組報告，召集組會九次，通過提案為（一）整理賦稅計劃、（二）整理省鈔計劃、（三）發展商務計劃、（四）提倡工業計劃、（五）農業建設計劃、（六）振興水利及墾殖計劃、（七）振興林業計劃、（八）開採礦產計劃、（九）調查地質計劃、（十）改良畜牧計劃等十篇；

文化組報告，召集組會七次，通過提案為（一）教育計劃、（二）宗教計劃、（三）禮俗問題、（四）衛生計劃、（五）出版計劃等五篇；

交通組報告，召集組會九次，通過提案為交通整個計劃，內分鐵路、公路、航空、郵政、電信等項。

據各組所述理由，咸謂係根據原定計劃大綱，先擬細目，次商原則，後集多人建議，慎加整理，始製成本組整個之提案。民誼與各委員悉心審議，僉認新疆問題繁重，同人識見有限，各組提案，雖皆按切事實，可付施行，究以編

---

[39] 國民黨四屆五中全會預定於1934年12月10日在南京召開。

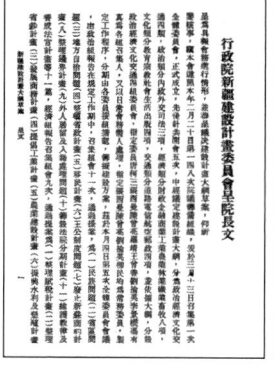

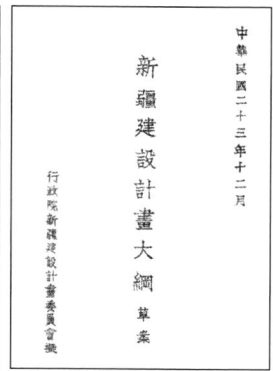

1934年12月行政院新疆建設計劃委員會提出的《新疆建設計劃大綱草案》（右）封面；（中）主任委員褚民誼的呈文首頁；（左）新疆省全圖[3.33]

擬過於倉卒，調查庸有未周，只能將上列全部提案，作為草案通過……此本會在工作程序中會務進行之大概情形也。」

接着，他疾呼道：「復按新疆壤地邊廓，距離國都最遠，一切言語風尚，概與內地懸殊，歷任長官更緣之以行所謂鋼蔽政策，遂致視等要荒，勢成隔絕。就歷史言，則曰但可羈縻，就地理言，則曰本為異域，於前代稍勤遠略之君，反多譏為窮黷，故步自封，恬不為怪。不知現代國家，人民、領土、主權三者，皆為立國之要素，不能有絲毫之放棄。新疆地鄰中亞，實處歐亞中心。土地既極廣延，民族復甚複雜，赤白帝國主義者逼處其傍，眈眈虎視。倘吾棄同甌脫，絕不經營，越俎頻來，噬臍何及。故居今日而言新疆不易治與不亟治者，皆昧知乎當前之理解也。」

這本廿餘萬言的建設大綱，為建設美好的新疆，詳盡地繪製出一幅雄心勃勃的藍圖！

行政院新疆建設計劃委員會任務結束後，主任委員褚民誼於1935年1月10日下午三時在行政院邀全體委員茶會話別，並攝影紀念。《時事新報》於次日報道稱，「到唐柯三、張西曼等五十餘人。褚致詞，感謝各委員之努力。旋由王曾善提議，委員會結束後，另組民眾團體機關，定名新疆建設促進會等一類之名稱，由出席各位為發起人。經一致同意，推王、唐等為召集人，另行定期開會籌商進行。」通過這次規劃的制定，也為建設大西北匯聚和培育了一批骨幹力量。

《附錄1》〈西北與東北〉（褚民誼講、沈家樞記）全文[1.23]

我國西北與俄交界，東與朝鮮為界。自朝鮮歸並日本後，東北即介處日、俄兩國之間。日北侵、俄東進，喧賓奪主，岌岌可危。從前帝俄建築西伯利亞鐵道時，即為預備侵略我國東北之張本。朝鮮屬日後，日本依其預定計劃逐漸北侵，與俄國在東北之勢力發生衝突，致釀成日俄戰爭。蘇俄革命後，情形大變，蓋蘇俄不亟亟於東進，暫時斂跡；而日本則變本加厲，積極進行以武力、文化、經濟、政治肆力北侵，遂成我國東北近日心腹之大患。

東北危險如是，西北情形或有為國人所未知者。余前次奉命赴西北時，負有視察黨務、考察學術二大使命。到彼以後，覺西北交通之不便，非特養成俄人侵略之機會，且為發展西北前途之障礙。從前由北平至新疆，最速亦須四個月。其路線是由北平至西安、由西安至蘭州、由蘭州至酒泉、由酒泉至哈密、由哈密至迪化，每處相距十八站，每站約計百里，共有九千里。每行十八百里需休息數日，故約計非四個月，萬難到達。前清大員蒞任時，多遵由此道，取其沿途食宿供給較便也。若趨捷徑，乘駱駝或大車，經歸化、奇台至迪化，雖可縮短旅程四分之一強，約七八十日可到；然須經過沙漠，往返殊艱，苟未攜帶充分之水，必至渴死。依生理學言，七日不食尚可不死，七日不飲水則必死也。昔有一愛爾蘭縣長被囚，決意絕食，日惟飲少量之水，後來竟延至四十五日始餓死。水較食物更為重要，於斯可見。沙漠中嘗有數日不睹水草者，故不得不防患未然。西北交通困難如此，故除商人、官吏略有往來外，鮮有涉足者。

漢人之大批流入新疆，實始左宗棠之出征。

左宗棠平定回亂後，創屯田法，湘軍士卒之流寓新疆者，殊為不少。其後滇、甘、鄂、贛、江、浙等省人民，漸有移入，中以滇、甘兩省為最多。現在漢人中，推甘人為巨擘焉。該處雖有江浙會館，然以人數甚少，故與江西、安徽人士共用之。

新疆土人有纏頭、韃靼、哈薩、蒙古等數種，占全省人口十分之九強，漢人不及十分之一。其幅員比浙江大十倍，而人口祇及浙江五分之一。其人口稀少原因：雖由於戈壁沙漠橫亙東部，阻礙交通所致，然沙漠祇占全省面積十分之三，山占十分之二，可耕之地尚多，即移民五六百萬墾牧，亦無虞不給。土人尚不脫游牧風氣，物產以羊毛、牛皮、棉花（本國種與美種）為大宗，葡

萄、米麥次之，礦產儲藏量亦豐。惟以交通不便，未能運銷內省，致盡為俄人以低值收買而去。土人皆食米麥，生產雖不發達，生活狀況殊佳，有飯吃、有事做，為內地各省人民所不及。余在哈密、迪化、塔城等處居留多日，從未見土人有所爭鬥。蓋土人皆奉回教，篤信教義，以慈愛互助為懷，決不肯以小故而傷同族感情，可見宗教感人之深也。其教義與耶、佛等教及孔子哲學同具偉大精神；且不食豬肉，暗合衛生，以豬實較他畜不潔也。回人每日祈禱五次，起身甚早，向太陽禮拜。禮拜雖屬迷信，然能促身體之發育，與吾人體操同其作用。土人屏絕嗜好，故體格皆魁梧異常；漢人則嗜鴉片者多，瘦弱殊甚。新疆向不種烟，其鴉片盡由甘肅等省運入。因馮玉祥軍隊在甘時，曾勒種罌粟，按畝抽捐，捐率奇重，除種烟外，必致虧折，雖欲耕牧，亦勢所不能。邇來各省多患水災，而新疆則以河道稀少，反患無水。故欲發展新疆，於水利亦須格外注意。水利交通，實同其重要也。

　　新疆自改為行省後，以地瘠民貧，度支不敷，年由各省協濟三百萬元。民國以後，停止協餉，財政甚困。楊增新治新時，乃縮小縣區，剔除中飽，收入上竟增加甚多；又發行紙幣，以資調劑，經營數年，已粗能自足矣。新疆紙幣價值，南疆與北疆不同，南疆一兩之票可以十足通用；北疆則低至二三折；又有油布小票，則十張值一兩。省立銀行紙幣最有信用，故能流通北疆，且竟遠至俄境。故土人與俄人交易，於匯兌上亦損失不少。新疆物價奇廉，羊毛、牛皮尤顯，市值只及俄國數十分之一，至數百分之一。譬如俄幣一羅卜（盧布）值新省票七八兩。新省每一羊，值八九兩，而在俄則值五六十羅卜。一羊之價，出新省，入俄境可增至數百倍矣。以交通不便，不能運至內省，致此大宗價廉原料品，悉為俄人捆載以去。俄國利賴新疆土產殊深且切，而我國則物價上損失，年已不少矣。

　　新疆交通之不便，吾人已知之矣，如假道俄境之西伯利亞鐵路，則便捷多多，與赴雲南假道法屬安南相同。國內連年戰爭，而新疆未被牽入漩渦，未始非受交通不便所賜，此或聊足解嘲耳。俄國經營土西鐵路，頃已照預定計劃先期完成。並擬自伊犁河威爾尼附近築一支路，直達伊寧，不久即可實現，以二處相距祇三百公里也。此路與西北關係極鉅，且現已通行汽車，吾人若不急起直追，改善西北交通，則將來新疆經濟受俄人侵略，更有甚於今日者，蓋俄人現暫不能揭破面具，以武力侵略中國，又兼回人篤信宗教，富於守舊心，無法宣傳其共產主義，使之赤化。觀於鄰近新疆之俄國，回教徒，以不肯改變

其信仰心而入籍中國者，可概其餘矣。俄既不能使回族赤化，暫又不能利用武力，則除以經濟力侵略新疆外，別無他法。且新人畜牧耕植之所得，俱售之俄商，價值高下，漫無標準，由俄人任意訂定，以羅卜票購買之。故新人之畜牧耕植，不啻皆為俄人生產，經濟上受侵尤易。土西鐵路完成後，往返愈便，升堂入室，形勢日迫，十年後西北最大之患焉。吾國如欲防患未然，鞏固邊圉，必須敷設鐵道，先謀交通上之便利，減少俄人窺伺野心。然軌道車輛，在在需費，目前安有此鉅大資本，此則不得不設法利用從前驛道，築汽車路，由潼關至西安，再由西安至蘭州，由蘭州至肅州，由肅州經哈密至迪化；現除西安至蘭州，由哈密至迪化，已可通行軍用汽車外，其餘路基，如能積極鋪築，必收事半功倍之效。況沿線多係平原，無山河之阻，修築更易。惟自歸化經奇石至迪化，中須經過沙漠，長度約佔全路十分之二三，風起時路基有被流沙淹沒之虞，且亦無從鋪築，此種缺憾，如能採用法國爬行汽車，即可解決，以爬行汽車有橡皮帶，行駛沙漠中，無陷落之患也。將來此路告成，於西北交通上、國防上，關係極鉅；新疆局面。亦可煥然一新矣。

　　西北交通便利後，發展新疆極易，各省亦可互受其益。蓋內地人口稠密，謀生殊艱，而新疆則地利未開，富源甚多，苟能前往墾牧，不但自身生活極易解決，而為新疆增出產，即為國生利，青年如有意於此，亦一大發展機會也。昔美國東部人口過多，謀生不易，與我國內地各省近狀相同，乃紛紛移往西部盡力開墾，其後不特東部人口問題因之解決，而西方亦竟成為豐裕之區，此則成績昭著，大可為吾人師法者也。

　　吾國養兵百萬，除供內戰外，一無所用。此次日本以一二萬人入寇，東北有兵二十二萬，竟不能與之抵抗。任其長驅直入，如落無人之境，此等兵士，究有何用，不如悉數裁去，實行先　總理化兵為工、化兵為農之遺訓；屯墾新疆，建築道路，仍用軍隊編制部勒，優予給養，其生活既較當兵為佳，而國家亦可年省數萬萬，一旦邊圉有事，更可以資緩急。現在新疆人民謀生甚易，民多不願當兵，此即地廣人稀，缺少勞工之證也。新疆幅員遼闊，可供耕牧之地又甚多，雖移民數百萬人，亦絕無人滿之患，故除兵士化為工農外，尚可容納不少也。

　　余此次南返時，由塔城坐大車（非汽車）至阿牙古司，假道西伯利亞鐵道返國，見阿牙古司之人民與新疆土人同一民族，當係哈薩。最可注意者，厥惟沿路火車站多建積穀倉，而火車中滿載農具。蓋俄屬中亞西亞一帶，亦多

未闢荒地，人口稀少，滿目蓁蕪，故蘇俄正積極籌劃，設法開墾。將來該處逐漸發展，則吾國西北邊患，必與今日之東北同，殊深悚懼！俄國現雖以共產相號召，而實際則集中生產，實行新經濟政策，即國家資本主義耳；俄人秉性沉毅，皆願犧牲個人之目前幸福，完成國家革命之目的，其艱苦卓絕之精神，非我國人所可及。帝俄時，人民不識字者占全國人口百分之二十，事業亦不如歐州各國遠甚；革命後景象一新，不識字者日漸減少，實業非常孟晉。吾國不識字者之多，與俄國當時尚成反比例，革命後，亦無任何成績可言，事業則依然故我，較之蘇俄，自慚不如也！

自滿洲里至哈爾濱，沿途車站，多破損不堪，蓋皆上次中俄交戰時所毀壞，至今尚未修復也。及換乘南滿車，則景象丕變，車站建築物全數完整，日人商店觸目皆是，車站報紙亦為日文，華文報則遍覓不得，髣髴身歷日境，途經扶桑矣；當時賭此狀況，悵觸殊深，知東北之禍，亟於西北。然不料九月三日離奉後，只十五日形勢忽已劇變，日竟蔑視公理，不顧一切，悍然出兵侵占東北三省，預備實行其所謂第三步驟，希圖併吞滿蒙矣。

日人外交，向以陰險狡詐著，比見我國革命軍有打倒帝國主義、廢除不平等條約等口號，深為列強所忌，即藉此四出離間，使我國外交上處於孤立地位。一面復籠絡各國，以防制俄國赤化東方自任，庶出兵東北，不致有所掣肘，可以乘機囊括滿蒙而有之。列強方注意歐洲經濟問題之不暇，自無餘力顧及遠東，胥墮其術中。故東北事起時，無一國出而仗義執言。乃日人侵遼時，橫暴凶狠，陰謀畢露，遠出各國預期之上，始稍稍改變態度，注意視之，然東北同胞，已慘遭蹂躪矣。

經濟絕交，實一抵抗日人有效之方法也，即此已足制日人死命。蓋日本貨物，十分之四五銷售中國，一旦失此絕好商場，安得不困。前日余自浦濱歡迎粵方代表來滬時，見數日輪貨，仍有國人為之上下，此則國人團結力不堅，可為痛心！吾人之對日經濟絕交，國家存亡所繫焉，必須如香港、廣東及南洋各埠之有決心，方有效果。否則徒以呼口號、貼標語為能事，而不注重實際工作，則必蹈歷次失敗之覆轍。前日上海學生代表，晉謁胡漢民先生時，胡先生諄諄以不輕洩氣、注意實際工作為囑，吾人當能回憶。蓋不輕洩氣即所以充實力，實力充，然後方能發揚蹈厲，互相勉勵，團結一致，實行對日經濟絕交，而博最後之勝利也。

《附錄2》褚民誼〈新疆事件與開發西北〉提案摘登[1.29]

　　該文開篇道:「本席(褚民誼)從這次視察中覺得新疆地位,非常危險。保障之法,只有開發西北。所以在上次中央全體會議(四屆三中全會)中,曾提出一個開發西北的案子。當時劉守中同志,也有同樣的提案。這類提案經過審查以後,交由全國經濟委員會召集西北主管人員,再來詳細討論……今天講新疆事件,所以一定要和開發西北問題一同講,就是因為要鞏固新疆,一定要開發西北……開發西北,不但是鞏固新疆,並且是為全中國開一生路。大家只曉得在人煙稠密的地方搶飯碗,不曉得到那人稀物廣的地方製造飯碗。」

　　他在詳述西北的地理位置及交通的困難後指出,「開發西北最要緊的問題就是交通。「新疆的礦藏及農牧產品豐富。」但是「現在都是運銷蘇俄,貨多價賤。而以交通關係,不能夠運到內地來救濟西北的災荒,是非常可惜的。」將來鐵路和公路交通修好後,就大便利了。

　　接著,他總結過去治理新疆的經驗教訓,結合自己考察獲得的切身體驗,對如何處理當前發生的新疆事件,提出了中肯的意見和建議,略謂「從前左宗棠克服新疆以後,也就上了一個奏議。奏議裏面之一句話說:『重新疆即所以保蒙古,保蒙古即所以衛京師。』在那大家漠視西北的時候,他已經以為新疆是京師之屏藩。所以他建議把新疆改為行省,每年籌三四百萬協餉,去供給新疆發展。在這些事上,我不能不承認左宗棠是新疆功人。而前清政府,在經濟上也算對得起新疆了。只可惜當時政治方面,派到新疆去的人,都是不慎重,甚至於把犯人充軍到那裏。又因為離開內地太遠,官吏到了那裏之後,也是無惡不作,任意敲剝。所以官民感情,總不融洽。民國以來,協餉斷絕,而楊增新也居然能渡過難關。是用甚麼方法呢?是一方面增加關稅,就是增加與蘇俄貿易的關稅;一方面杜絕中飽。如從前一個大縣,他分為兩個,使從前各縣裏頭的中飽統統解到省城裏來。但是難關雖然過去,而地方建設仍舊是沒有。教育方面,也甚不注意。尤其是對於宗教問題沒有好好的方法處理,反而引起惡感。所以最近金樹仁失敗,也是錯用了楊增新故策,閉關自守,對於新疆人民,無論政治上、宗教上,都沒有得到好感。實在新疆人民,所謂纏頭、哈薩、韃靼諸族,非常之誠樸、勤慎。他們誠樸、勤慎,都是從回教上來的。「但是他們既然有了誠、樸、勤、慎四個字的美德,為甚麼要變亂?本人可以說,這都是一般漢人做官的激成功的。因為漢官在政治上不好好管理,在宗教

又不尊重他們的信仰，所以才引起他們的反感。我們要曉得，他們對於宗教上既然信仰得非常之誠，人家侮辱了他們的宗教，他們當然為宗教犧牲，而來奮鬥的。他們終日勤勞，把血汗所得的自己省吃儉用，當然不願貪官污吏無理的敲剝。終日勤慎尚不免於虐待，自然要相率起來反抗了。本人在哈密二天，吐魯番二天，在迪化三十五天，在塔城五天，常常到街上去察看社會的情形，從沒有碰到它們有動拳打粗的事情，連口角都沒有。「像這樣的人民……而造起反來了，反對省政府，一定是有不得已的原因在裏面。由此看來，傳聞方面與種種電報所說金樹仁種種罪惡與錯誤就恐怕不是完全虛構。」為此他「向中央貢獻意見：主張關於軍事、外交、財政歸中央，教育、建設、民政歸地方，與中央意旨相同……只要中央有整個計劃，新疆是可以無問題。不過這是目前治標的辦法。治本辦法，還是要開發西北。」作為本文的重點，接著他對所提出的開發西北的計劃進行了簡要說明。

首先他對該計劃涉及的範圍作如下界定：一、所謂西北之範圍，包括陝西、甘肅、寧夏、新疆各行省全境，及外蒙西部等處；二、所謂開發之範圍，以不妨礙各地政府行政之施行，特由中央政府計劃出建築事業之一部，用中央之政治及經濟之力量予以經營的項目。

在組織上，於國民政府行政院直轄之下，設西北建設委員會，置委員十五至十九人，除西北範圍內之各省主席為當然委員外，由政府任命專門委員六至八人，技術委員三至五人，並選任常務委員五人，負一切事務進行之責。

整個西北建設委員會的構架，如後頁右上圖所示，下設國道、勸業、採礦、墾殖四局。文中編列四節，分別說明各局的設置意見、進行計劃及經費預算。

一、**國道局**，辦理道路工程，經營汽車運輸，以及養路、護運各事。（鐵道）

略謂：「任重道遠之交通利器，本以建鐵路為佳，無如蒙古、新疆、青海等處，版圖極廣，各城鎮相距恆數百千里，沿途多荒原大山，或沙漠泥澤。若築鐵路，工料兩艱，需款必巨，費時亦久……非現時國家財力所能負任，故在此時求其便捷，易於實現之交通計劃……即以汽車公路為宜。「去年鐵道部召開國道會議，於西北路線，曾徵集各方意見，討論規劃。現擬依據此項路線，並斟酌緩急，略有增省，將西北範圍以內各省道路線，均劃歸委員會所設之國道局，負責修治，管理購車通運。「各路所用之汽車，因經行路段之不同，當分別採用：如行沙漠山區之地，則用爬行或六輪汽車；路甚平坦，無大坡度之

處，即擬用木炭代油汽車，或黑油汽車，以節耗費；或相距甚短，隔絕山川之處，即可用駱駝代運。」

該構架圖中示出，列入計劃的線路有：西安－伊犁、西安－漢中、包頭－蘭州、蘭州－疏勒、包頭－塔城、塔城－疏勒、漢中－白河、西寧－玉樹、西安－包頭、蘭州－漢中，共計十條。前八條線路為國道計劃中的一部分，圖中括號內標出其相應的序列號；後兩條原不在國道計劃之內，但因在經濟上實有價值，輔助地方政府經營之。文中對所有路線的經過情形，工程概況及預算等問題，分別一一詳加敘述。

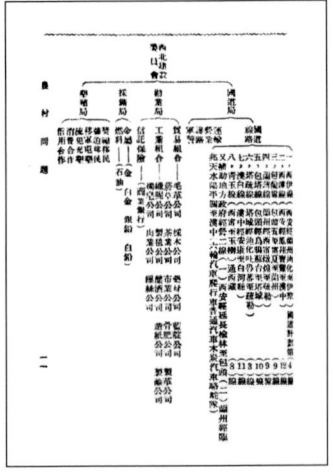

褚民誼建議的「西北建設委員會」構架圖[1.32]

二、勸業局，辦理應由政府獨營，或官民合營之各種企業，及國際貿易與信托保險等事業。（實業）

略謂：「吾國今日國民生計，陷於極度恐慌之狀態，原因雖多，然在經濟學理上概括言之，不外二者：即一、為生產與消費之不平衡；二、為現金偏聚於通商口岸。所以致此之由，即因內地土貨不能運銷出口，而同時消費所需之入口貨品又不能遏止。於是現金遂源源流入外邦及通商口岸而不返。由是人民生產愈薄弱，而消費又需繼續。所以雖有廣大之土地民眾，與豐富之天然產品，而全國仍陷於飢寒迫切之呼救也……此等現象在西北而尤為顯著。「惟有用政府力量經營設立一西北貿易機關，即所謂勸業局，內分貿易組合、工業組合、及信用保險各部。係由政府投資獎勵，召集華僑，及國內富商，前往合力營販。並設立信託銀行，以供小資本營業之借貸、保險之需。「惟政府設局召商，須有先決之條件：即（一）為減輕捐稅；（二）為減少運費（由政府經營交通自可辦到）；（三）為保障安全（由護運軍警保護運輸安全）。」

前述構架圖中示出了該局下設的三個機構：「貿易組合部分，係設立各種公司，收集販運現有之出產品物，各以行銷內地及出口；而將國產出品可以供西北之消費者，輸入銷售。現擬為毛革、烟草、採木、骨肥、棉布、麵粉各種販運公司之組織。工業組合部分，係在西北各種原料出產之處，興工業製造出品，再行運銷內地及出口。現擬為藍靛、製鹼、造紙、制毯、造革、織呢、釀

酒、罐頭、燭皂、繅絲各工廠公司之組織。」為開展信托和保險業務，設立商業信托銀行，並預算所需資本二百萬元。

對此，他一一列出了上述各公司的應需資本及經營地點，例如，規劃毛革公司設在寧夏、西寧、涼州（武威）三處（販運寧夏、西寧等處牛羊皮革毛及甘涼等處駝毛），資本約五萬，官商各半，經營歸商人經理，如此等等。

三、**採礦局**，辦理國營各種燃料及金屬，或化學原料之各礦業事務。（實業）

略謂：「西北區域廣大，地質隆厚，各種礦質，無不孕藏。而且產量豐富，毫無採發。「現在國家需要石油、金、銀至為迫切，若委棄於地，不予採用，不惟可惜，抑且易致強鄰覬覦之心。故政府極宜投資開採，歸國家經營。」

接着，他列舉出據各方調查所得的，有關石油、白金、黃金、銀和鉛等，在西北各省的蘊藏情況。「但各礦產量約數均未經探測，所需開採之資本若干，亦無從估計。故擬設一採礦局，負責辦理一切探測、設計各事。惟現應準備一百萬元，以為進行查核事實之費。」

四、**墾殖局**，辦理移民、墾荒及屯墾，獎勵引治水利等事。（內政）

略謂：「西北範圍所屬，陝、綏、寧、青、新，以及外蒙之土地」，幅員廣闊，而人口稀少，平均每方里尚不及二人。「而且僅此居留之民，亦因生活枯窘，或以宗教關係，生殖極不繁昌，並以不知衛生及災害頻生之故，其死亡率年見增加。恐長此以往，即令外人不來侵佔，亦將土地日化榛杯，民族日即銷亡。回顧內地如浙江燕魯人口繁密，平均每方里多至五百人以上。自東北事變之後，不特吾民東行移殖之途已斷。反因日人肆虐之故，多數國民，回歸關內。而內地隙地已罄，生活不敷。於是人口過剩，四民失業，遂成今日社會上之嚴重問題。吾人為謀民族出路，及保全疆土起見，主張移民西北，實為兩利之法。故建議政府辦理移民開墾，且與便利交通、流通經濟二事，同時並重。據吾人所知，新疆綏寧一帶，如黃河兩套，及塔里木河……諸流域皆地廣人稀，土壤肥腴……皆吾民卜宅托命最良之區，並無絲毫不便生活之處。前此地方政府雖曾提倡宣導，招民往墾，惟以交通未便，獎勵無方，終無卓著之成效。故現在辦法，應由中央政府投資一千萬元，辦理殖墾銀行，並設立墾殖局，直接負責辦理。於西北各處宜墾之區，劃立農牧地段，築屋、闢路、鑿井、通渠、設立警衛、製備農具肥種，廣事招徠，由銀行貸款獎勵。則凡失業

無告之民,自必聞風景從。其有安土重遷,或有他項關係,不能自動前往,則頒移民條例,強迫移殖。如移兵屯墾,流犯充邊各計劃,俱由墾殖局調查情形,擬具辦理。」

以上四項,「共計三千八百四十四萬元,內國道經費二千四百萬元;勸業經費三百四十四萬元;採礦經費一百萬元;墾殖經費一千萬元。」

文中下述的最後一節,針對西北特點,專談水利問題。

五、西北之水利

略謂:「言西北之墾殖者,莫不以引水利為先。」該地水旱災害,山洪暴發,頻頻發生,大好平原,多為磧盆地,墾殖者多視為畏途。然苟能講求水利,即可使瘠土變為沃壤。治理之道,當為利用地面之水和地下伏流之水兩個方面,對此分別列出了種種具體辦法。

對此他着重提出,「地面之水,經見所及,易於利用;伏流之水,恆以地層之結構而各處深淺大小不同」,需有翔實地質資料,方可有效利用。「西北各處,以地高流急,土質多沙之故,地層伏流,必較表面河川為多。故以特為設置水利機關聘用專家,從事考察計劃。」經過全盤籌劃之後,「凡重要工程,非地方政府所能任者,由中央辦理。其餘重要計劃,簡明工事,皆由其指導督率地方辦理也。」

「計劃之大概如此」,他最後說道,「剛才講過,左宗棠對於新疆是很有功的一個人。我們現在無論如何,要繼續他的志願,把新疆鞏固。如果不去鞏固,而使新疆淪亡,我們就是新疆的罪人。不但對不起新疆民族,並且還對不起地下的左宗棠!」

第三節　團結蒙藏,培植人才

西藏為藏族聚居之地,位處我國西南邊陲,北連新疆,東接青海、川康(四川和西康之統稱)和雲南。相鄰的國家,西有喀什米爾,南有印度、尼泊爾、不丹等國。自蒙古族入主中原,建立元朝開始,即把原屬藩邦的西藏地區納入大中華版圖,隸屬中央管理。清康雍乾時期注重與蒙藏修好,正式以「西藏」定名。長期以來藏民篤信佛教,其黃教始祖宗喀巴去世後,由他的二個主要弟子達賴和班禪傳承。達賴喇嘛居前藏拉薩,為全藏之所尊;班禪額爾德尼世居後藏日喀則之扎什倫布。兩者相沿相互為師徒於「轉世」。延至清末光

緒年間，達賴和班禪，先後傳至第十三世之土登嘉措和九世之曲吉尼瑪。時清廷腐政，國力衰敝，西方列強競相入侵，力圖瓜分中國。進佔印度之後的英帝國主義，垂涎西藏已久，積極插手和支持藏獨勢力，在我國西南邊陲引發了動蕩不安和國家分裂的危險局面。當時的十三世達賴掌握了西藏政教兩大權力，為進一步實現其藏獨野心，曾不惜投靠英國，與中央對抗。然而九世班禪則始終慇向祖國，與之政見完全相左，遂成冰炭。「民十二（1923年），達賴為排除異己起見，乃稱兵進犯後藏。而班禪一本佛教慈悲之旨，不忍兵戎相見，殃及眾生。遂離後藏，退居於蒙古之烏蘭扎布。民十三（1924年）前來內地，呼籲中央，以待藏事之解決。」鑒於班禪在蒙古有較大影響，「民二十（1931年），中央授班禪以「西陲宣化使」之名義，達賴則試圖予以阻攔。（《華北日報》」1933，4，8-10）

1932年12月15-22日國民黨四屆三中全會在南京召開，據《南京晚報》（1932，11，29）報道，「班禪自經中央任命為西陲宣化使後，因在平講法，迄未就職。茲三全會將於下月在京舉行，中央為咨詢西陲情形起見，特請班禪來京，出席會議，同時在京宣誓就職。」班禪為此派代表，赴漢口「晉謁蔣委員長，接洽要公，結果殊為圓滿。」（《華北日報》1932，12，1）此外，為宣撫蒙藏，調解矛盾，這次中央全會還邀請了西康昌都地區以及內蒙古地區藏傳佛教的活佛首領諾那和章嘉，以及各蒙古王公十餘人列席會議。

三中全會於12月15日上午九時在中央大禮堂舉行開幕式，《南京晚報》於當晚報道，「計到中央執委46人、候補執委33人、中央監委10人、候補監委13人，共計102人。並有班禪、諾那、章嘉、蒙古各王公參加，暨各機關來賓、中央黨部全體職員都七八百人。由于右任主席，致開幕詞。詞畢，在黨部門前攝影而散。下午三時在中央第一會議廳開預備會議。」褚民誼在會上提出了〈開發西北案〉，並對蒙藏問題十分關切。會前，他曾於12月8日，為增進與晉京蒙古代表的聯繫，在中央體育場跑馬場進行騎馬競技（詳見本篇第八章之第五節「毽子風箏，與民同享」）。會議期間他與蒙藏代表們積極聯絡，後頁上圖是《中華圖畫雜誌》[2.18]No.16（1933）上報道全會盛況的照片中，褚民誼等人在會上與班禪大師的合影。

全會結束後，12月24日在國府大禮堂舉行護國廣衛大師班禪額爾德尼就職「西陲宣化使」典禮，《蘇州明報》次日報道，略謂「行禮如儀後，即行授印式。由林主席授印。班禪受印後，即舉行宣誓禮，由中委張繼監誓。班禪以右

1932年12月15-22日國民黨四屆三中全會期間，褚民誼（右2）與班禪大師（中），及楊虎（右4）、陳策（右1）和薛冀紅（右5）的合影[2.18]No.16

手用漢文宣誓。「宣誓畢，先後由張繼致詞和林主席致訓詞，強調在此內憂外患交逼之際，遵照總理遺訓，團結國族、共同奮鬥之重要意義。末由班禪致答詞，略謂，本日宣誓就職後，嗣後當遵奉以忠誠宣揚德意，冀以宗教之力，效命中樞，振發人心，挽回頹亡。」

1933年2月7日班禪乘中央預備之專車，離開南京赴北平。中央往送行者有張繼、賀燿祖、居正、褚民誼、石青陽、戴傳賢、趙丕廉、黃慕松、王用賓、克興額、白雲梯等，及各機關代表、各民眾團體代表約千餘人。預計在平勾留一二日，即赴綏遠，至伊蘇兩盟及寧夏講經。擬待達賴有正式邀請後再赴西藏。（《時事新報》1933，2，8）

然而，達賴在英國的唆使和支持下不斷向西康和青海在軍事和經濟上挑起事端。正當康藏糾紛緊急之際，達賴突於1933年12月17日被毒物藥斃，藏事暫由財政大臣司倫和政治大臣噶廈代理。出現了班禪回歸西藏，改善中央與西藏之間關係的良好機遇。然而由於英國勢力插手，西藏內部矛盾錯綜複雜，加之中央迫於內憂外患，解決西藏問題的前景仍不容樂觀。（《華北日報》1933，12，21）

1934年1月20-25日國民黨在南京召開四屆四中全會，應中央邀請，班禪一行由北平乘專車於1月24日抵達南京，《華北日報》於次日報道，「石青陽、王用賓，及林主席代表呂超、蔣代表賀燿祖、汪代表褚民誼，暨蒙藏會班禪辦

事處全體職員、國府文官處、參軍處、監院、司法院、司法部、考院考選會、內蒙古代表、青海旅京學生、及民眾代表等二千餘人，蒞站歡迎。」專車抵站時，「戴、褚、黃、石等俱登車與大師握手，並各贈哈達一方，旋相偕下車。」班、戴同車至班禪行館後，林、汪來訪，略談辭出。班禪下午分謁林、汪、蔣。25日晨列席全會。班禪在行館語中央社記者曰：「余離京瞬逾一年。去春因華北事起，奉平軍分會電令西行宣化，並接各盟旗電迎前往講經。前後至烏伊叢、錫林烏勒盟等處講經，歷五閱月，嗣即駐錫百靈廟。近奉汪電召來京，商邊事，並列席全會。又因達賴圓寂，林、戴等設壇追薦，囑來主壇，故起程來京。內蒙自治問題發生之初，余即曉喻各王公遵崇中央意旨。嗣黃部長來廟與各王公晤商，余竭力幹旋，各王公深明大義，故自治問題得以解決，各盟旗均派員晉京感謝中央德意。至達賴圓寂，余得京電報告始知。聞耗不勝悲痛。余與達賴前此雖略有誤會，近已冰釋。達曾表示迎余回藏，遽聞逝世，個人深至哀痛。除令蒙、藏、青海各喇嘛寺頌經追荐，並著一書，祝達賴從速轉世，俾政教主持有人。外傳西藏近發生變亂，余尚無所聞。余對全會無何項建議。余是否入藏，一切悉聽命中央。現甫抵京，今後行止亦尚未定云。」

據《時事新報》（1934，1，27）報道，西藏駐京辦事處接拉薩來電稱，達賴佛之職權，在佛未轉世及轉世後未登基期間，現經西藏僧俗官民大會公推全藏政教大權由熱振呼圖克圖代理總攝，至軍事、政治一切事宜仍由司倫、噶廈負責辦理。1月30日行政院第145次會議決議舉行褒崇達賴大師典禮，並照准前述西藏僧俗官民大會的決定。追悼達賴大會於2月14日在考試院考場舉行，《時事新報》於次日報道，考試院門首及會場寧遠樓等處，均紮柏彩。「八時起分班開始行禮。中央汪兆銘代表主祭，葉楚傖陪祭，林主席派參軍長呂超致祭，並讀祭文，班禪九時至祭堂行禮。國府由魏懷、行政院由褚民誼領導致祭，立法、監察、考試、司法各院暨所屬各機關，及各省府駐京代表先後致祭。」道場分設於考試院之寧遠樓和雞鳴寺之觀音樓。班禪率領喇

1934年2月14日汪精衛（左）與褚民誼（右）赴達賴追悼會致祭時的攝影 [2.28]Vol.1, No.3（1934, 2, 24）

嘛十五人在寧遠樓誦藏經，連續三日。前頁右下圖是《新生》周刊[2.28]第一卷第三期（1934，2，24）「中央追悼達賴」專欄上刊登的，圖注為「汪院長與褚民誼赴達賴追悼會致祭」的照片。

與此同時，據《時事新報》（1934，1，31）披露褚民誼之談話稱，「赴藏致祭達賴專使黃慕松，定日內首途。藏方來電表示歡迎。致祭禮節由國府典禮局參照從前舊制，擬定秩序，交黃專使帶往辦理。」國府於2月16日向黃慕松頒發「特派致祭護國弘化普慈圓覺大師達賴喇嘛專使」象牙印章和相應的銅質關防印章各一枚。（《時事新報》1934，2，17）經過一段時間的準備，黃氏於4月26日由京乘中航飛機經漢口飛重慶、成都，由成都轉雅安，定於5月14日啟程經西康從陸路轉輾入藏。（《時事新報》1934，5，13）

班禪在京悼念達賴的誦經活動結束後，據《時事新報》（1934，3，2）披露，「班禪活佛因久慕滬杭名勝，決定於本月二十日左右，由京來滬，赴杭暫住。行政院秘書長褚民誼氏於前日由京來滬，與本埠佛教界接洽。「褚氏並謂，中央方面因漢蒙關係密切，蒙人南下者甚多，而招待之處，尚付缺如。且因旅館飯店，不宜喇嘛駐錫。故決定先在京滬等地，建築喇嘛廟宇，以便蒙人居住云。」

為乘班禪南下訪問滬杭之機，開展一次漢藏佛教交流活動，如後頁右上圖所示，《時事新報》（1934，3，4）報道，由戴季陶、褚民誼等人發起組織之「時輪金剛法會」，經褚氏聯絡，「在本市（上海）雲南路仁濟堂設立籌備處。現本埠慈善家王一亭、黃涵之、關絅之、屈文六等，均已加入，公請班禪於本月二十邊赴杭啟建該法會。」褚民誼於3日致仁濟堂屈文六（映光）之電文謂，「時輪法會在京已徵求發起人戴傳賢、居正、林翔、石青陽、趙丕廉、黃慕松、謝建等，並已致電浙省魯主席及杭市周市長」，等云。緊接着，戴季陶與褚民誼等，為討論該會事務及進行計劃，於3月7日由京抵滬舉行會議。（《時事新報》，3，8）9日晨八時褚民誼從滬返抵南京後，即於十時半往訪班禪大師，敦促赴杭誦經。（《蘇州明報》，3，10）3月17日時輪金剛法會在上海辦事處，召開第一次常務理事會，《時事新報》於次日報道。略謂，「出席者計褚民誼……等二十餘人，褚民誼主席。行禮如儀後，首由主席報告班禪致段（祺瑞）理事長函。」繼而討論並決議：公推理事赴北平購辦法器；組織南京、杭州分辦事處；函請啟建法會時班禪的翻譯；推定理事分赴各處募捐；並由常務理事簽定分工負責總務、經濟和弘揚各組工作等事項。

4月26日班禪由京乘京杭國道赴杭。28日（陰曆三月十五日）晨，由班禪主壇之「護國消災時輪金剛法會」在靈隱寺啟建（見右下圖）。《時事新報》於次日報道，是日九時前，班禪由法會理事張載陽、趙炎午、王一亭等，及靈隱寺僧，共二百餘人，至朱莊迎迓班禪。班禪乘黃轎，隨往靈隱寺，於九時許，著法衣到法座設法。十時，班禪偕喇嘛二十人，到二殿法壇誦經。一時後仍誦經。男女信眾前往靈隱者達二千人。

　　這次原由戴季陶、石青陽、褚民誼等人發起的杭州金剛法會，用意在慰勞班禪，聯絡漢藏情感，並予西藏民族以宗教上之同情，徵得了廣泛的支持和贊助。但當時卻被一些人指責為迷信，不但在新聞上進行誹謗，而且鼓動少數不明真相的學生進行鬧事，一度造成不良影響。據「臺國史館」檔案002-080200-00163-006-001a及002a中記載，浙江省長黃郛曾於4月30日將上述情況，以特急電，呈報時在南昌的蔣介石。蔣氏當即於次日批復：「電（浙江）省府查照前電妥為接待，並制止一切詆毀行動，毋得違延，並覆。」予以堅定支持。據《時事新報》5月13日報道，在活動進入尾聲之際，「蔣委員長派員來杭，向班禪致意：一、希望班禪接受中央意旨及藏民公意，早日回藏，主持政教；二、希望班禪回藏後，使漢藏關係密切云。」12日晨十一時班禪接見黎元洪之夫人及褚民誼、楊虎等。楊呈吳鐵城函，歡迎班赴滬。」該報於次日報道，「13日下午二時至五時，金剛法會開始舉行灌頂禮。明後日續行灌頂法會，至17日完功。」

　　關於班禪回藏問題，達賴在去世前曾有歡迎他回藏的表示，為此班禪派遣安欽回藏聯係。據記者於4月28日訪問行政院秘書長褚民誼之談話稱，「西

1934年3月4日《時事新報》上關於發起「時輪金剛法會」的報道

1934年4月28日護國消災時輪金剛法會在杭州靈隱寺由班禪大師啟建[2.28]Vol.No.14（1934，5，12）

第五章　建設西北，鞏固西陲　249

藏代表安欽等一行五十七人，已於日前乘坐吉生輪抵滬入京[40]，並曾謁汪院長等，對於西藏情形，詳加報告。安欽等此來，曾攜有達賴生前親筆致班禪函一封。蓋當安欽等離藏時，達賴尚健在，故親筆修函托安欽面致班禪。該書內容，無從知悉其詳，惟悉其大意係歡迎班禪，早日入藏。安欽等現仍留京，專俟班禪由杭返京後，再從長計議。」（《時事新報》，4，29）

　　杭州金剛法會圓滿結束後，班禪大師應上海市長吳鐵城之邀，由杭搭乘專車，於5月22日下午抵滬，《時事新報》於次日報道，「本市軍政各界，以大師護國宏化，功德卓著，且法駕行將返藏，將來漢藏感情必能自臻親密。」故紛紛派代表，都千餘人到站歡迎。當法駕赴楓林橋外交部駐滬辦事處大樓卓錫時，「沿途民眾翹首參觀者，萬人空巷，盛況得未曾有。」班禪抵達卓錫處後，即由吳市長介紹，向本市各報記者發表談話，袒露其回藏後宣揚德政，以增強民族團結的意願。對於達賴主政時發生的康藏糾紛，他說道，「本人以為此種糾紛，雖有發生，但係屬局部的，當不至於擴大。漢藏感情，以前確頗隔膜，本人離藏原因，亦與此舉有關。故本人既至內地，每以恢復漢藏情感為己任。數年以來，力持此義。回藏而後，更當致力於此。而關於藏中建設交通，則尤當積極進行，使漢藏情感，可以由此溝通也。本人感覺我國之漢回蒙滿藏五族原屬一家，故返藏而後更當使五族真正達於一家，實行五族大團結。過去藏中對我國民黨之三民主義，雖亦相當信仰，但並無若何表現。本人返藏後，當將三民主義之真諦，向藏民剴切宣化。而於黨部等等之設立，尤當力促其成。此外，對於藏中建設，更需積極開發，俾達於五族真正一家之途。此次本人應各善信之邀，在杭舉行時輪金剛法會，其意無非宣傳佛諦，祈求國內之和平，以及世界之和平而已。蓋佛法宏化，首在改善人心，無爭無殺。所以，本人摒棄塵務，樂為參加，區區之意，亦為我國及全世界均能登於和平之域而已。」

　　6月3日晨十時，《蘇州明報》於次日報道，「上海政黨軍農工商學各界，以班禪返藏在即，「在市中心區市府前廣場舉行歡迎會，到一萬餘人。吳鐵城致歡迎辭後，請班禪演講，大意謂返藏後，希望內地人員前往考察，西藏亦當多派學生至內地求學，使中藏關係益趨密切，感情益洽，實現精神團結。演講畢，全場三呼萬歲。班禪即升座誦咒，祈禱全國和平統一，為全市市民祝

---

[40] 走的是當年比較快捷的從西藏繞道印度入京的路線。

福。」

關於班禪的活動情況，褚民誼於6月9日晨由京抵滬對記者暢談政情時透露，「班禪大師現在滬參觀各工廠，返京日期尚未決定。因大師牙疾時痛時愈，須在滬就醫診治。」至於入藏困難問題現已完全解決。據路透電前傳西藏總司令遇害，而全藏人士又熱烈歡迎班禪入藏主政，故班禪入藏，不久即可啟程也。（《時事新報》6，10）

班禪牙疾痊愈後，於6月30日由滬抵京，7月1日訪汪院長。（《蘇州明報》，7，1）蔣介石7日離京赴贛前，午宴汪（精衛）、戴（傳賢）、石（青陽）、何（鍵）、班禪、安欽等。下午並與戴同訪班禪，商談回藏事。（《實報》，7，8）

據《時事新報》（7，11）報道，班禪為答謝上海各界熱烈招待起見，於7日特派南京辦事處主任羅桑堅贊會同駐滬辦事處主任李靜愚，代表班禪向吳市長及上海各界答謝。羅氏語記者稱，大師將於本月13日赴平避暑，已派安欽等先期赴平佈置行轅。「至於大師創辦「菩提學會」，刻已在進行籌備中。蒙藏學院，則請楊嘯天、杜月笙二先生負責計劃，不日亦可告成等云。」該報還報道，「菩提學會，於8日成立籌備委員會，推舉羅桑堅贊、李靜愚、圓瑛、大悲、褚民誼、史量才、許靜仁、王一亭、王曉籟、杜月笙、張嘯林、楊嘯天、聞蘭亭、屈文六、黃涵之、關絅之……等二十三人為常務委員，並定於12日開第一次常務委員會。」

在籌備委員會會議上，會議主席屈文六報告了菩提學會的發起情形，略謂「菩提學會迭在北方發起，迄未成立。此次班禪大師在外交大樓宴客，特以此事相囑托，望滬上人士，務努力完成之。蓋此會宗旨，在溝通顯密二宗，所以宣揚佛法，普利眾生，而作救國救世之基礎。」（《時事新報》，7，9）

7月14日晨六時，班禪大師乘機飛赴北平，《南京晚報》於當晚報道：「汪院長、戴院長等要員，及各機關代表五百餘人俱於晨光曦微中，在機場歡送。」臨行前，大師語記者謂，「本人應伊克昭盟之請，故前往宣化。今日到平後，將勾留一星期，然後由平轉赴伊盟，再由該處往青海，將來或將逕由青海返藏，不再來京，云云。」

1935年11月11日，由佛教名流組織之菩提學會，在上海覺園舉行成立大會，《時事新報》於次日報道，計到吳市長代表李大超、班禪代表榮增堪布、段祺瑞、許世英（靜仁）、王曉籟、屈文六等二百人。由榮增堪布、段祺瑞、

許靜仁主席。「該會籌備委員屈文六報告籌備經過。湯住心報告譯經處已譯經六種，藏字典亦在編纂中。馮仰山報告蒙藏學院情形。隨選舉班禪為正會長、諾那及印光為副會長，段祺瑞為理事長，褚民誼、吳鐵城、王一亭、屈文六、關絅之等一百另八人為理事，許世英、丁桂樵等四十八人為監事。」

在上述籌組菩提學會的同時，按照班禪大師的倡議，在上海設立蒙藏學院的籌備工作也在順利進行。1934年8月1日《申報》上報道，「本市士紳及班禪大師子弟等為訓練邊疆服務人才起見，特設蒙藏學院，業已開始招生，定下學期開學」。經教育部蒙藏司來滬調查後，業已立案批准。

該校校址設在上海南郊的龍華寺內，在上海教育局長潘公展和蒙藏委員會的參與下，組成了籌備委員會。歷經不數月，籌備工作完成，於11月16日蒙藏學院校董會成立，召開第一次校董會議。《申報》於次日報道，會議由褚民誼主席，籌備委員會向董事會交接工作，並報告學院的整個計劃。會上討論通過了校董會章程、學院組織大綱和工作程序，研究了籌措經費等議題，並推選出杜月笙、潘公展、褚民誼、性空、王伯元、吳鐵城、張公權、石青陽、俞佐庭為常務董事。這所蒙藏學院是我國首創的一所專門招收漢族學員的學校，目標在於培植諳熟蒙、藏等民族語言文字，服務於邊疆的人才。在校董會上報告的整個計劃，共分三期工程進行。其主要內容，第一期：1）蒙藏文師資訓練班，完全免費四十名，膳宿自費生三十名，定期二年畢業；2）出版部編輯發行刊物；3）建築教室宿舍三十幢及購置校具，此期共需洋十萬零五千元。第二期：1）開辦附中，招生一百六十名，四年畢業；2）建築蒙藏圖書博物館及購置物品和圖書；3）蒙藏考察團，派遣畢業生二十名，分赴蒙藏二地實地考察，給以津貼生活費及路費，此期共需洋二十萬元。第三期：1）開辦專修科；2）舉辦公益事業，此期共需洋三十萬元。三期工程連基金共需洋六十一萬五千元。

是年12月12日《申報》上披露（如右圖所示），龍華蒙藏學院「業於九月一日

1934年12月12日《申報》公告褚民誼任蒙藏學院院長

正式授課，所有各科課程均係適合蒙藏環境之需要，尤以特別注重蒙藏文字語言，並聘請蒙藏地方教育專家擔任教授，學生方面管理異常嚴格，以期養成刻苦耐勞精神，異日為邊疆服務，學生均感興趣濃厚。近聞該董事會已公推常務董事褚民誼兼任院長，全體教職員及學生等聞訊，特請陳肇端（蒙藏委員會科長），赴京歡迎，聞褚氏熱心蒙藏教育，不日即可就職。」

自月前蒙藏學院董事會上，推舉杜月笙氏為主席董事、褚民誼氏為院長後，杜、褚兩氏於12月22日同赴龍華舉行就職典禮。《時事新報》於次日報道，到吳鐵城、潘公展、王伯元、性空、屈文六，以及市黨部和警備司令部代表等，暨該院全體員生共二百餘人。由潘公展主席，報告籌備經過。旋即請杜、褚二氏就位宣誓，就主席董事及院長職，由吳市長監誓，儀式至為隆重。禮成後並由吳市長致詞，勖以本五族一家之旨，團結民族，溝通文化，本諸所聞所學，共同努力奮鬥，以臻國家興盛富強云云。末由杜氏致答詞，略謂受班禪大師之托付，勉力籌辦此學院。以後望褚院長及各院董與全體同人，共同努力，以期發揚善舉，達到建設西北之目的云云。詞畢奏樂攝影而散。」

蒙藏學院係一所集資興建的學校，建立基金會是保證其正常運轉的重要舉措。《時事新報》（1935，7，8）上披露，「昨據該院負責人云，該院基金，除去年時輪法會所餘二萬餘元外。日前杜月笙氏捐洋一萬元、吳鐵城氏捐洋八千元。」與此同時，由學院董事吳鐵城、褚民誼、杜月笙、王震等人出面，於7月14日致函各界領袖，勸募基金。《時事新報》於次日，刊登了該勸募函的全文。嗣後，在7月20日菩提學會第七次籌備常會上，通過了由該會接辦蒙藏學院的要案。（《時事新報》1935，7，21）

1936年5月8日，蒙藏學院舉行第一屆畢業典禮，《申報》於次日報道，「畢業學生計四十五人，到有教育局長潘公展、賑務委員會委員長朱慶瀾，暨來賓屈映光、傅映光、釋能海、榮增堪布等數十人。由校長褚民誼主席，行禮如儀，旋由主席暨各代表各來賓，向全班畢業生，相繼致訓詞」等云。

幾乎與成立蒙藏學院同時，一種以建設西北為主旨的《天山》月刊，由南京天山月刊社於1934年10月15日出版問世，其第一卷第一期示於後頁右上圖。該刊同時使用漢族和維吾爾族兩種語言，除刊登有關文章外，每期後部設有「邊事日誌」專欄，按日登載前一個月內有關西北邊陲建設和發展的要事和新聞。褚民誼予以積極支持，為之親題刊頭。

在《天山》月刊第一卷第五期（1935，2，15）上，發表了一篇褚民誼視

察蒙藏學院時的講話記錄，題為〈建設西北之要點〉。

講話開始，褚氏作為院長首先感謝：「龍華寺方丈性空法師，慨將寺東旁餘屋讓借蒙藏學院，充作院址，俾我人在龍華，能開始從事於救國的工作……助成本院之功，實永不敢忘。」

接着他寄語學員們道：「各位程度，均已大學畢業，來此苦幹，志在開發西北，深堪嘉慰。開發西北之論，倡之頗早。及九一八東北事件起，其說始為一般人所注意。有專門刊物作文字上之積極鼓吹者；有組織團體親往考察，製成報告，以供日後開發之南鍼者。本人於此兩方面，皆參與相當之努力。惟本人似覺「開發」二字微有不妥，西北人聞之，必不滿意，以彼輩決不肯自認文化較低，而需人予以啟發也。故不若改「開發」為「建設」，「建設西北」一詞，似較悅聽。惟二者意義實仍相同。茲依本人心得，一述建設西北之要點。」

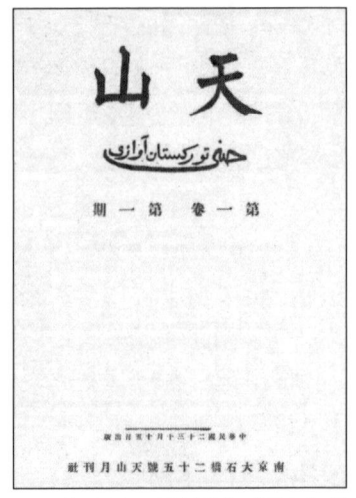

1934年10月15日創刊的《天山》月刊。漢語和維吾爾語並用。刊頭由褚民誼題寫

他指出：「建設西北首要之著，為向該地大批移民。我國版圖雖廣、人口雖眾，惜各地分配太不平均，南北寒暑相差懸殊。」以浙江與新疆為例進行比較，問題十分明顯。「故非大批移民西北，不足以言建設。最良善之方法，即為移殖東南災民於西北各地……彼等必表樂從。邊疆人口增多，即國防亦可因之略形鞏固。惟略有困難者，即此筆移民費不易籌措耳。」

「其次，即須學習西北各地語言文字。蓋雙方語文不通，感情易起隔膜，凡有所舉，即不易施行無阻。漢人之為疆吏者，常因不諳伊人語文，而百事棘手。是種困難現象，本人曾親見之。邊民以不習漢語，對內地事亦多不了解，甚至不知有所謂中央政府者。新省境內，漢、回兩族常起衝突，如不久以前之南疆獨立。此中固有其他原因，要亦因乏人調解之故。設有熟諳漢、回文者，能居中秉公判解，自可減去不少糾紛。我內地人士，雖有能操各種語文者；然如蒙、藏、回……各種語言猶未見有特設機關以專習之者。過去雖設有若干蒙藏學校，惟均限於招收邊民之優秀子弟來習漢文。實則非但邊民應知漢人語

文，即漢人亦宜知邊民之語言文字，方可收團結民族，溝通文化之功效。本院設立，即以蒙藏文為主要課程，實為漢人學習邊地文字之濫觴，望諸君勉之！」

他諄諄地教導說：「現在西北是一塊苦土，我人想去，就要吃得起苦，所以須有健強的身體……我自認本人所提倡的太極拳，是最適合於大眾身體的鍛煉的。「除了堅強的體格之外，在困苦中奮鬥之人，尚須養成紀律化的生活習慣。年來盛行的童子軍，確乎很好……諸君在校，宜力求生活之簡單；則將來置身荒原，自可免去許多困苦。

「更次，諸位既抵邊地，即須從事於建設事業。「建設西北」範圍甚大，包有移殖人口、革新政治、充實金融……等多項事務。而西北建設之最急要者，即為交通事業。其實何祇西北，即全國亦然。」

他在列舉我國交通不便，到達邊疆甚至還需仰仗取道國外更為便捷的窘境後指出：

「試想如此情形，一旦邊陲有事，真是束手無策。故西北交通如不發達，就沒有和東南打成一片的日子。其較適合於中國現狀之交通工具，惟汽車一項。「但欲使消息靈敏，莫如無線電報為便，且較有線者，輕而易舉。故諸君在校，最好能略諳駕駛汽車與收發無線電之技術，並其修理法，以便將來涉身西北時之用。」至於通往邊疆的鐵路，「則工程浩大，殊非今日之中國所能負擔。」

他感慨地說道：「因交通之閉塞我國損失甚大。譬如新疆盛產皮毛、棉花……等極好原料，均因無法運至內地，祇得賤價售予蘇聯；然彼赤色帝國主義者，尚不願付現款購此等廉值之物，而以煙、酒等消耗品與我交換，其居心之兇險惡毒，聞之令人不寒而慄。俄人既易去我所不能用之原料，經一番製造後，即以高價仍售返我國。一轉手間，鉅額利益，全落入伊等口袋中。更就礦產言，如近世工業、軍事之要素，煤、石油……等。據歷來地質學家考察中原之儲藏量並不多，而西方面則甚豐富。亦祇因交通不便，運費昂貴，販至內地，成本加重，不能與泊來者競爭。我人目下所用火油，完全屬於外貨……這是一個多麼嚴重的問題呀！

「在地勢上，西北更形重要。新疆與蒙古唇齒相連，為中原之屏障，為邊陲之第一道防線。「新疆不固，蒙古不安；則華北各省皆呈動搖。西北實如臂腕相連之不可破。」

最後，他激勵學員們道：「我們的建設西北，是去創造飯碗，而非與人搶奪飯碗；同時為求中華民族的生存，我們須到西北去建立起我人的生命線。這種工作是為國家效勞，為邊民造福的；而且解決了個人時刻憧憬著的飯碗問題。中國的復興，就在諸位肩上，深望諸君勇敢地擔負起來，抱著堅決的志向，具有強健的體格，與建設的技能，回到我們祖先的策源地西北去，替中國重新另闢一個生存之大道。」

除了培育蒙藏建設人才外，褚民誼還十分關心回民的教育問題。據《申報》和《華北日報》於1933年5月17日報道稱，教育部為提高回民教育、鞏固民族團結，特應回民之請求，准予設立「回民教育促進委員會」，並選定馬鴻逵、邵力子、馬麟、褚民誼、唐柯三、孫繩武……等十三人為該會委員，於1933年5月12日下午三時，假首都勵志社召開成立會。會上討論通過了組織大綱、預算及宣言等案，並互選褚民誼、孫繩武、唐柯三為常務委員。宣言略謂：「我國回教民眾，聚散邊圍各地，散處內地各省，凡四五千萬。祇以宗教習俗迥有不同，普通學校多未充其設備，以廣招致。各處回民自設之校，又復寥寥無幾。遂使此全民十分之一而強之回民……教育偏頗，生產落後，國家蒙其損失。「本會為回民教育之調查設計及建議機關，所負使命，在促進國民教育之普及與健全。是以進行程序，首重義務教育，培植根本，俾易普及；次在提倡人才教育，設定方案，完成健全。「凡各地已成立回民學校之合於部定規程者，當力促發展，宏其功效；其有基礎粗具，未盡合於規程者，當謀維改進，期以完整；至於回民眾多之區，教育未興，則學校之計劃籌設，本會當惟力是視。同時建議政府，提倡邊遠纏回及回漢子弟相互溝通，樹為政策，混合作育，用期民族精神融於一貫。更以補助及獎勵方法，鼓勵升學，俾多深造而進於人才教育之養成。一切籌措，務求實際，不尚空談。本會之自期如此，尚冀海內賢哲，錫以教言，共匡不逮。」

褚民誼謀劃西北建設，團結國族，殫心竭慮，國人有口皆碑。當時著名的攝影社團「上海中華藝學社」，出版發行的《中華攝

褚民誼身著穆斯林阿訇服飾的肖像。莫天祥攝（1934年《中華攝影雜誌》第九卷）

影雜誌》，於1934年第九卷上，以全版面刊登了一幅他的肖像特寫（見前頁右下圖）。照片中，褚民誼懷著對邊疆民族的尊重和熱愛，身著穆斯林式的服飾，右手扶腮陷入沉思，從深邃的眼神中透出他的睿智和執著。攝影家莫天祥這一精心之作，將他的形象惟妙惟肖地展現在世人面前。

第六章　團結奮鬥，共赴國難

第一節　國難當頭，國府任職

　　國民黨內部的紛爭此起彼伏，1930年發生的蔣閻馮平原大戰，以張學良入關、北平國民政府和中央黨部擴大會議的解散，剛告結束。1931年又出現了汪精衛、孫科等人在南方與李宗仁、白崇禧、張發奎和陳濟棠等聯合，於5月間在廣州組成中央執監委員非常會議，宣告成立廣州國民政府，寧粵雙方呈劍拔弩張之勢。

　　已如前述，褚民誼1930年在「中國國際合作協會」成立宣言[1.14]中所表達的，中國內亂不斷必將引來外敵入侵的憂慮不幸發生了。覬覦我國多年的日本軍國主義分子，乘張學良大軍進駐平津，東北防務空虛之機，悍然於1931年9月18日，在瀋陽發動攻擊。張學良部放棄抵抗，瀋陽迅速失手，東北危在旦夕！

　　此時，褚民誼剛從新疆考察歸來到滬，即獲上述消息，「對日本此次暴行，異常憤慨，主張當此國事危急之際，應團結各派實力，舉國上下，同德一心，以謀對策」，立即於9月21日向在廣東、北平和南京的諸中央委員發出通電，申明大義，「主張開緊急救國會議」並「盼京粵要人捐嫌為國」，《申報》於次日對此進行了詳載（見下頁上圖），其電文分別如下：

　　「**致廣東古汪孫電**　湘芹、精衛、哲生（古應芬、汪精衛和孫科）三兄，並轉各同志鑒：弟甫從西北奔喪回滬，始悉各省水災，已成空前巨刦。當全國一致營救之際，而兩粵有出兵三湘之舉。消息傳來，方深駭嘆。嗣悉石曾、浦泉、鐵城三公，有電呼籲和平，入湘之軍，即行撤退，又佩公等和平初衷，始終不渝。今日軍佔領瀋陽，實行武力侵略，國家存亡在此旦夕。全國民意，一致主張息爭對外，尤望我黨中間分子，捐棄夙嫌，團結一致，共禦外侮。弟意公等此時，亦必感覺國難方殷，不容再有意氣之爭，而事機危迫，當千鈞一髮之際，黨內結合，尤不容再議條件。盼即棄置小怨，共赴國難，即日命駕來滬，與此間諸同志，開一緊要救國會議，共謀挽救之策。弟已電在平李、張、

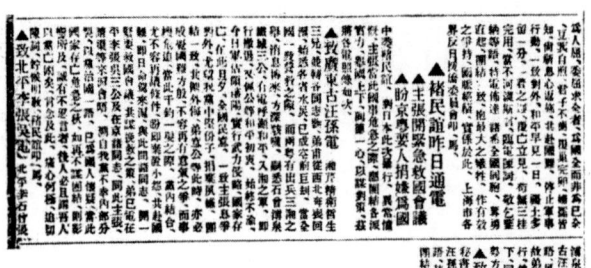

《申報》（1931，9，22）上刊登九一八事變發生後，褚民誼於9月21日向國民黨各中央委員發出，呼籲各派捐嫌為國，召開緊急救國會議的通電

吳三公及在京諸同志，同此主張，請渠等來滬會晤。溯自我黨不幸內部分裂，以黨治國一語，已為國人懷疑。當此國家存亡危急之秋，如再不謀團結，則影響所及，誠有不忍言者，後人必且謂吾人以黨亡國矣。言念及此，痛心何極，迫切陳詞，竚候明教，褚民誼叩，馬[41]。

致北平李張吳電 北平李石曾、張溥泉、吳鐵城三兄，並轉漢卿先生均鑒：頃致粵方古、汪、孫三先生一電，文曰，（同前從略）等語。凤仰公等主持和平，粵方聞已退兵，故弟有更一部之主張，仍盼公等大力進行，俾底於成，使黨內重復團結，舉國上下，同赴國難。倘公等能先行來滬，竚候粵方同志會晤，尤所盼禱，褚民誼叩，箇[41]。

致中央各委員電 南京中央黨部秘書處轉中央各委員均鑒，頃致粵方古、汪、孫三先生一電，文曰，（同前從略）等語。請公等一致主張，俾黨內同志，重復團結，救此國難，盼切禱切，褚民誼叩，箇[41]。」

通電發出後，褚民誼即於9月24日晨趕到南京，進行活動，努力促成其所提出的「立時團結，無條件請粵方諸同志來滬，召集緊急會議」的主張。黨內抱有相同意見的其他同志也積極行動起來，李石曾到南京訪胡漢民，「促其銷假視事，共濟時艱。」張繼和蔡元培等迅速赴粵磋商，帶有胡漢民親筆函，「致粵中諸領袖，即捐棄一切成見，同心禦侮，免召覆滅之禍」，等等。（《申報》1931，9，25）

---

[41] 電文末尾的「馬」「箇」等字均為電文中「21日」之簡語。

與此同時，褚民誼聯名蔡元培等學術界名流，通電全世界各學術團體，促各國當局注意日兵暴舉。《民國日報》於9月21日報道，「昨日蔡元培、褚民誼等，已決將此事草就詳細文稿，通電全世界各國，懇請用國際眼光，公平裁判此事是非曲直。該文聯署者有李石曾、謝壽康（駐比公使）等。惟以學術界領袖出面，據褚民誼氏語記者，「對於此種舉動，實較其他有力。因世界上公理尚存，決不能任強權霸逞。而歐戰時德國亦曾有學術界領袖，發一極有力量之通電，致世界各國，當時頗得一般人之同情。」

為促進全民抗日救亡運動，褚民誼、劉穗九等人發起組織「國民救國協會」。《時事新報》（1931，9，24）上報道稱，「茲有東北大學教授劉穗九、中法國立工學院院長褚民誼、陸海空軍副司令秘書王維新、吳滌愆、監察院委員田炯錦、齊魯大學主任余天休、北京大學丁肇青……等百餘人，在滬組織成立「國民救國協會」，以期實行各種重要救國任務。聞已開始工作，並發行國民救國報云。」

在褚民誼的推動下，上海教育界積極行動起來，「各大學校長於9月28日正午十二時假中國科學社開談話會，討論對付日本此次暴行辦法。」次日《民國日報》報道，「到褚民誼、張壽鏞、黎照寰、鄭洪年、顏福慶、褚輔成、劉湛恩、何世楨、歐元懷、蕭友梅、范爭波（代王景岐）、朱應鵬（代潘公展）、陸希言、曹惠群、金通尹等十六大學校長。對於此次日本暴行，異常憤慨。各校長相繼發言，咸謂值此嚴重時期，上海教育界宜堅強團結，加緊組織，為政府後盾，不宜分散力量，各自為謀。而進行步驟，尤當整齊，始克收效。褚民誼並謂：

此次滬上青年，對國事尤形激憤，頗有願效死疆場為國血恥者，殊堪嘉尚，吾人自應與之合作，共救危亡。現各大學對於教育部所頒之救國辦法七條，已切實奉行。其中有一條，欲學生照常上課。現雖因學生赴京請願，各校暫時停課。但仍希望讀書不忘救國，救國不忘讀書。此次請願，得有圓滿之結果，即日恢復上課。因加緊用功讀書，即是無形救國。此時各種救國運動，是治標的臨時救急辦法。欲求治本的永久有效，實非全國學生加意用功刻苦不可。嗣經議決，用上海大學聯合會名義，通電歐美各大學，宣佈日本暴行，俾引起世界學術界之注意，起而為公正之主張，以裁判日本之橫暴。

茲將電文譯錄如下：

日本軍閥破壞東亞和平，不顧公理，橫施強暴，占據我東三省城池，殺

戮我人民。今軍事行動仍繼續不已，沿我海岸各地，均派有軍艦示威，殘忍橫暴，甘為戎首。我國民忍無可忍，必將起而為正當之防衛。國際聯盟最近對於日本暴行，已有表示，顧猶未能解裂。吾人深望貴校長與貴國教育界，本人道主義，起而主持公道，免致戰禍蔓延為幸。上海各大學聯合會感。」

在日軍恣意擴大侵略，國聯持姑息政策，民眾日益激憤的情勢下，為了保護和引導青年學子的高漲愛國熱情，上海各大學聯合會於9月30日下午開二十九次談話會，聯合發表宣言。《民國日報》於次日報道，「到會者中法國立工學院褚民誼、法學院褚輔成、大夏大學歐元懷、暨南大學謝循初、滬江大學劉湛恩、中國公學潘公展和朱應鵬、復旦大學金通尹、光華大學胡長炳、同濟大學陸希言、東吳法學院盛振為、法政學院朱佛定、交通大學黎照寰、大同大學曹梁廈，決議發表宣言，原文如下：

慨自暴日突犯東北，侵占吾國土，屠殺吾人民，蹂躪吾主權，摧毀吾建設，不但遼吉淪亡，已迫眉睫，抑且國亡種滅，不待旋踵。吾人愛好和平，出於天性，全國上下，初猶希冀公理正義或存於天壤，國際聯盟將有公道之處置，維持世界之和平。乃消息傳來，亦無非盼望中日之直接交涉。試思暴力之下，何有談判，欺軟媚強，已成慣例。國際之公道，既早無存，國人之自救豈容再緩。用是全國民氣，憤慨沸騰，抗日救國，一致奮起。青年學子，血氣方剛，秉其一點之天良，發為熱情之衝動，廢學宣傳，進京請願，雖方法儘有可議，而宗旨未必有他。誠知普法戰爭，巴黎之弦歌不輟；日俄啟釁，東京之黌舍常開。第彼邦政府，當時於外敵之來，固嘗身負其責，盡力捍衛，未屬敵來我走，絕不抵抗者也。此次東省事變，突如其來，在暴日久蓄陰謀，舉棋早定。而在吾國則何如，事前則外交之情報未聞，事後則軍隊之抵禦未見。一若負責長官，盡屬尸位素餐之流。當負責者而竟不負，則當安心者其何能安。故於民情憤激之秋，政府猶豫之際，青年學子，不惜犧牲學業，以請求吾革命政府之當機立斷。其事固未可為訓，而其情要有可原。惟數日以來，工作緊張，言宣傳則抗日救國幾已家喻而戶曉，言請願則政府人民實已殊途同歸。今後救國之道，端在人人具必死之心，作持久之鬥。政府則宜簡練師徒，捍衛疆土；人民則宜整齊步伐，受命中央；吾青年學子，為全國之優秀，愛國熱忱，不僅求其形式上之表示，尤宜持以實際之恆久。故政府最高當局既已表示負責官吏之必處分，失陷疆土之必恢復，辱國之條約必拒簽。則往日吾人所憤激惶惑而惴惴不安者，今已盡有相當之解答，青年學子萬不可自忘其救國之大任，忽略

其學業之修養、軍事之訓練、最後犧牲之準備。若徒以消極之方式，表示愛國之熱情，無疑自殺。故為圖民族生存計，應為積極之表示，加緊工作以救亡也。同人等辦學有年，愛護青年，愛護國家，自問曾不後人。丁此國難當頭，不容推波助瀾，苟安姑息，用特掬其誠悃，發為宣言。所願師生合作，重復弦歌，鍛鍊體格，增進學識，齊一意志，抵抗強鄰。而在政府亦更宜早決大計，昭告國人。俾失職者知所警惕，忠良者得以效力，挽救危亡，胥惟是賴。僅此宣言，敬祈公鑒，邦人君子，進而教之。」宣言最後由上述參會的十三所大學依次共同具名。

值得指出的是，正如本編第九章第三節「胸懷全局，厲行教育」中所述，褚民誼曾是滬上教育工作，以及上海大學聯合會的主要負責人，對組織領導當時學校的抗日救亡活動起重要作用。

至於黨政領導決策層，經過各方勢力的協商和博弈，1931年12月15日蔣介石宣佈下野，月底，寧、粵、滬三方在南京共同召開國民黨四屆一中全會，實現了黨的統一。褚民誼前於11月9日第三屆中常會第67次會議上，從候補監察委員遞補為監察委員。（《時事新報》1931，11，10）在這次四屆一中全會上他繼任中央監察委員。與此同時，國民政府也相應進行改組，在一中全會第四次會議上推選林森任國民政府主席，孫科任行政院院長。（[3.60]國民政府文官處公函，1931，12，29[42]）1932年1月7日，上海新任市長吳鐵城舉行就職宣誓典禮，中央派中委褚民誼、國府派孔祥熙為監誓員。（《民國日報》1932，1，7）

不久，日軍變本加厲，於1932年1月28日在上海製造事端，尋釁進犯。我原粵軍調防守衛上海的十九路軍奮起抵抗，淞滬戰爭爆發。緊急關頭，孫科辭職，汪精衛出任行政院院長，重新組建國民政府內閣。（國民政府文官處公函，1932，1，31[42]）在此期間人員任免變動頻繁。行政院秘書長一職，開始由曾仲鳴擔任。（國民政府令1932，1，31[42]）嗣後，鐵道部長葉恭綽辭職，一時無合適人選，由汪精衛暫兼。（國民政府令1932，2，9[42]）接着，曾仲鳴被調任鐵道部常務次長，改任褚民誼為行政院秘書長。（國民政府令1932，2，23[42]）

褚民誼在此國難當頭之際，毅然突破進德會「不當官」之約定，在國民政府內出任要職，對此他在其〈答辯書〉[1.62]中有如下記述：

---

[42] 所引資料均刊登在《中華民國國民政府公報》[3.60]1932年2月29日洛字第一號上。

「本人於中日事變以前，專致力於黨務、教育、醫藥諸端。至『一・二八』國難臨頭，不得不應汪先生之邀，而出任行政院秘書長。若無國難，本人極願遵守吳稚暉先生之囑，不參加政治工作，以本人與各方面關係太多也。故『一・二八』以前，蔣、汪二先生之幾次分合，如廣州之中山艦事件也、寧漢分立也、擴大會議也、非常會議也，本人均不與聞，且不參加。迨至國難嚴重，若不起來共赴，是直無人心耳。故汪先生自南京來電，邀本人擔任行政院秘書長後，即商諸張靜江先生，彼亦以為可。次日即由上海南站偕張靜江、吳稚暉、李石曾諸先生同赴南京，本人即就行政院秘書長之職。迨民國二十四年（1935年）底，汪先生受傷辭職，本人亦即引退。」

在9月18日日本入侵我東三省的緊要關頭，時任國民政府主席、行政院院長的蔣介石及東北軍司令張學良，採取「不抵抗」政策，消極依賴國聯的「公理」調解。經向國聯報告，得聞「22日國聯行政委員會對於停止軍事行動及撤退軍隊已有決議」後，蔣介石即於9月23日簽發「國民政府告國民書」，稱「政府現時既以此案件訴之於國聯行政會以待公理之解決，故已嚴格命令全國軍隊對日軍避免衝突。對於國民亦一致詰誡，務必維持嚴肅鎮靜之態度……以文明對野蠻，以合理態度顯露無理暴行之罪惡，以期公理之必伸」等云云。（[3.60]1931，9，24）對於這種消極政策，黨政內外掀起一片責難之聲。為此，又由政府於10月2日發出第480號訓令[3.60]，謂「查自瀋陽事件發生以後，中央與政府已決定應付方針，凡屬政府機關人員，自應遵照中央及政府意旨」「不應自為主張」「不得任意對外發表言論」，以壓制不同意見，而一意孤行，直至蔣介石宣佈下野。

對於這種「不抵抗」政策，褚民誼一直持否定態度，並在不同場合公開予以譴責。早在九一八事變爆發初期，褚民誼即明確反對當局實施的不抵抗政策。如前所述，早於9月30日，經褚民誼等院校長共同商議，由上海十三所大學聯合會具名發表的宣言中，就明確指出，期望國際聯盟之公道處置，已為事實所否定，國人抗日自救刻不容緩。又據《民國日報》（1931，11，8）報道，11月7日南洋商業高級中學校，請中委褚民誼發表演講。「到全體男女學生六百餘人，外界慕褚氏之名，到該校旁聽者，亦有十餘人之多。講題為『抗日救國方法』，痛詆不抵抗主義之謬誤。」嗣後，他在1933年發表的《歐游追憶錄（第二集）》[1.26]的連載長文中，對這種錯誤政策公開進行了淋漓盡致的批駁。文中寫道：

「試一洄溯比國立國迄今，僅有百年，而能僑於德法兩大強國之間，卓然有以自立，雖強鄰逼處而勢不可侮。以視廣土眾民具有悠久文化歷史之我國，自身不求長進，則亦已矣；而乃勇於內戰，怯於對外，橫逆之來，不加抗禦，一經敵人襲擊，不崇朝間，喪地千里，能無愧死。夫比國之小，不過當吾數府之大，其常備兵僅有十餘萬人，顧能不屈不撓，抗禦強敵。當歐戰激烈時，以一枝孤軍，堵於要塞，挫敵鋒銳，使不得逞。雖一時敗北，然眾寡懸殊，強弱不侔，戰而敗，猶不屈辱。其立國之精神，不可磨滅，故能搏得世人之同情，而恢復亦易。反顧吾國以不抵抗為主義，誠屬空前之荒謬。立國精神已喪失無遺，又安能搏得世人同情哉。」

已如本篇第四章之第三節「精心組織，博覽爭光」中所述，該文回顧早在九·一八事變之前，褚民誼作為國民政府代表出席1930年比利時國際博覽會時，就識破日本企圖通過會展上的殖民地展廳，向國際上宣示將我國滿蒙劃屬其殖民地的陰謀，經過嚴正交涉，取得撤出其不良展品的勝利。在敘述這段鬥爭經過之後，他話鋒一轉地說道：

「於此可見日人處心積慮，久以滿蒙為其囊中物，故瀋案一發不可收拾。所痛恨者，負守土之責者，事先既無弭患之方；事既發生，竟不加抵抗，不崇朝間，以三省土地，拱手讓人，真千載之罪人也！」

其滿腔的憤慨和強烈的譴責之聲躍然紙上。

褚民誼就任行政院秘書長後，首先面對的是政府西遷和召開國難會議的要務。中日淞滬之戰爆發，首都南京直接受到戰火威脅。為了安全和表示抵抗的決心，國民黨中央黨部和國民政府決定西遷內地古都洛陽。由國民政府主席林森、行政院長汪兆銘及各院院長聯合簽署，於事變發生的次日，發佈「國民政府移駐洛陽辦公宣言」。（[3.60]洛字第一號，1932，2，29）原擬在南京召開的國難會議也因此展期並轉移到洛陽召開。1932年3月8日國民政府令，特派褚民誼，接替吳鐵城，任國難會議秘書處主任；彭學沛接替鄭洪年，任國難會議秘書處副主任。在同日發佈的國民政府令中，特任蔣中正為軍事委員會委員長，馮玉祥、閻錫山、張學良、李宗仁、陳銘樞、李烈鈞、陳濟棠為軍事委員會委員。至此，正式確立了蔣介石與汪精衛的聯合執政。在國民政府內形成，蔣主軍事，汪主內政、外交的格局；對日本的入侵，轉而採取「一面抵抗、一面交涉」的方針。

為集中全國意志共定救國大計，國民政府依據國民黨第四次全國代表大會

決議，召集國難會議。1932年3月17日發佈國難會議組織法大綱，議員由政府就全國各界富有學識經驗資望之人士聘任之，於1932年4月1日（後延至7日）在洛陽舉行。（[3.60]洛字第三號，1932，3，31）通過國民黨四屆一中全會，黨內嚴重的政治紛爭得以平息，《申報》（1932，4，4）上發表的行政院長汪精衛在上海對記者的談話中稱，在一中全會上確定，這次國難會議的權限將針對以當時國家面臨的緊迫問題，「禦侮、救災、綏靖」作為議題。

4月2日會議秘書處正副主任褚民誼和彭學沛赴洛陽籌備一切。行前褚氏動員平滬地區的國難會議會員屆時踴躍赴會，語記者曰：

「日前平滬會員代表到京，林主席、汪院長延見，接談甚洽，代表意見亦多容納。中政會及行政院已通過取消政治犯通緝，趕辦民選立法監察委員、籌組各級民意機關、准許言論出版自由、不准黨員干涉地方政務等案，皆為尊重民意力求政治上之平允，且為訓政時期籌備憲政之基礎，政府決毅然實行。想會員諸公必能共體時艱，相率赴會。故本人對會議前途，實為樂觀。」（《申報》1932，4，2）

4月7日上午國難會議在洛陽西宮國難會議議場開幕，到會員陶孟和等144人，中委汪精衛等14人，各機關代表、各團體來賓七百餘人，汪精衛主席並致開會詞。下午舉行預備會，會議秘書處主任褚民誼首先動議，請會員中年齡最高之戴任先生為本次預備會議臨時主席，全場鼓掌通過後，報告本會議之經過。接著按國難會議組織法大綱的規定，選舉主席團，由會員自由投票，按得票多寡選出王曉籟、張伯苓、高一涵、劉蘅靜、童冠賢五名成員，負責主持會議；最後抽定出席會員席次，會議在濃厚的民主和諧的氣氛中進行。8日開第一次大會，出席會員151人，中委12人，汪精衛報告禦侮、救災、綏靖，外交部代表報告外交。會議相應設立禦侮、救災、綏靖三個審查組，將會員提出的議案，經審查後提交大會討論議決。由於提案內容豐富，9日大會休會，由審查委員會繼續審查。晚上國民政府宴請會員，汪院長主持並演說，強調正當國家嚴重危急之際，在具有五千年文明歷史的中華腹地古都洛陽，聚全國優秀分子於一堂，共商大計，對決心長期抗戰、促進西北開發，具有重要意義。10日和11日上下午以及12日上午連續召開五次大會，討論通過了一系列提案，其中包括：改革政治制度案、保障自由案、軍制改革案、儘快設立民意機關（國民

代表會）案、請政府撤懲張學良案等。大會在通過並發表國難會議宣言，以及通電嘉慰上海民眾、海外僑胞（捐款救國）以及勖勉顏代表（國聯中國代表顏惠慶）和全國將士後，於12日上午10時閉幕，11時舉行隆重的閱兵典禮。《申報》等媒體從4月7日起到14日，對每日大會進展情況進行了詳細的跟蹤報道。

為了準備以西北為後方實行長期抗戰，在1932年3月國民黨四屆二中全會上通過了，「以洛陽為行都、以長安為西京」的提案。國民政府遂於3月7日做出了組織「西京籌備委員會」的決定，「特任張繼為委員會委員長，居正、覃振、劉守中、楊虎城、李協和、陳璧君、褚民誼、王陸一、何遂、戴愧生、石青陽、李濟深、李次溫、李敬齋、賀燿組、鄧寶珊、恩克巴圖、陳果夫、焦易堂為委員。（《實報》1932，3，8）4月12日洛陽國難會議上午剛一結束，張繼、褚民誼、覃振、黃吉宸、蕭瑜等十餘人，即於是夜動身到西安實地考察，並與養病中的陝西省府主席楊虎城面商。（《時事新報》1932，4，13）在此考察期間，他們不忍見到始建於明代的杜甫祠堂（工部祠堂）摧頹特甚，遂倡導捐款重修。事畢立碑《重修工部祠堂記》，由張繼題額、蕭瑜撰文、褚民誼書石。碑文詳述了視察西安、發現並重修該祠的經過。此碑今已失，如右上圖所示，臺北之國家圖書館內藏有其墨拓照相影印帖冊，尺寸34×21.1厘米（24.2×16.7厘米），系統號MA000241073，碑之全文刊於本節附錄中。

1932年在西安建立的《重修杜甫祠堂碑記》拓片（「臺國圖」MA0002412073）

褚民誼赴西安視察後，於4月20日返回南京，次日記者往訪，《中央日報》22日上發表了他的談話，略謂：

「余此次赴洛陽，出席國難會議，閉幕後與中委張溥泉、覃理鳴（覃振）等赴西安，其任務有二：（一）余前被推為籌備西京委員，此次乘便赴西安，視察西安，覺該地規模宏大，如再加以修葺，更為可觀，現正由籌備委員張溥泉先生長住該地，積極籌備；（二）陝西省政府楊（虎城）主席患病前往慰

問，現楊主席病已痊愈，並不如外間所傳之甚。此次入陝，見沿途災情奇重，哀鴻遍地，十室九空，如今歲秋收較豐，尚可補救。現該省政府已會同華義賑會籌劃，自五月一日起實行灌溉西安附近田五十萬至一百萬畝[43]。此事成功，亦可使陝民得一賑濟之方云。」

不久，國民政府於1932年5月3日發佈了西京籌備委員會組織條例。（[3.60]洛字第三號，1932，5，10）接着，國民政府訓令第71號（1932，5，21）批准了張繼和褚民誼兩人提出的，規定西京籌備委員會每月三千元的經常開支費用，自4月份起撥支，以便開展急待進行的籌備事宜。（[3.60]洛字第九號，1932，5，31）隨之，國民政府正式發佈組成西京籌備委員會，據臺國史館檔案記載（001014162008-042），褚民誼從1932年6月13日起任該委員會委員，直至1939年9月12日止。

淞滬戰爭在中方抵抗和國聯調解下，以中日雙方於1932年5月5日簽署停戰協定而告結束。至於東北方面，則於該年3月在日本扶植下成立了「滿洲國」。7月，日軍又進而入侵其鄰省熱河。行政院長汪精衛電令北平綏靖主任張學良揮軍自衛。張則索要軍款，作無厭之求，拒絕執行中央命令。汪氏曾於當月親赴北平與張相商收復失地之辦法，亦未得要領而返。在敵軍節節進逼的形勢下，汪精衛為了顧全大局，在要求張學良辭職的同時，自己也主動提出辭職，「一以激發負有守土責任者之天良；一以促進各方速謀禦侮之具體辦法。」（見《申報》1932年8月8-9日，曾仲鳴關於汪氏辭職原因的談話）汪去意堅決，以養病離開南京，後出國療養。張學良被迫之下也於8月16日辭職。從9月份起，行政院長由財政部長宋子文代理，直到1933年6月汪氏養病回國復職。

淞滬停戰南京威脅解除，鑒於首都交通便捷，國際周旋較為順適，中常會四屆47次會議（1932，11，17）議決蔣中正等25委員（含褚民誼）的提議，將中央黨部、國民政府及各院部會遷回南京。[3.70]遂發公告並於12月1日上午在南京舉行回京典禮。（《申報》1932，12，2）

這裡值得提出的是，我國的古物承載了中華民族的悠久歷史文明，東臨日本早已垂涎三尺，在日寇大舉入侵之際，如何妥為保護，是國人極為關注的問題。在這次國難會議中，就聘請了首任故宮博物院院長易培基等相關人物為會員與會商討。此前，曾於1928年在北平成立有古物保管委員會，為了加強和規

---

[43] 即「涇惠渠」灌溉工程，褚氏後於6月20日應邀出席其放水典禮

範該組織，於1932年5月16日發佈了「中央古物保管委員會」組織條例。規定中央古物保管委員會直隸於行政院，計劃全國古物古蹟之保管、研究及發掘事宜。（[3.60]洛字第八號，1932，5，20）嗣後，由於華北中日問題日趨嚴重，為安全計，中央決定將薈萃在北平故宮等地的文物南下轉移。時任行政院秘書長的褚民誼，對此尤為關切。

　　南遷的古物，包括北平故宮博物院、古物陳列所[44]、頤和園等處的古物，最後還增添了天壇管理處所存的樂器多種。經精心挑選、包裝和加封後，分五批運出（共計近二萬箱）。據1933年《華北日報》（2，8）和《時事新報》（2，10）報道，南遷之第一批古物，內含文獻檔案、四庫全書及古玩字畫等，計2118箱，分裝二挂專列，於2月7日晨從北平啟程，9日午後五時半到達南京浦口。行政院接到浦口車站報告后，褚民誼即邀張繼及翁文灝於六時出城，渡江視察，調令軍警嚴密保護。關於南來古物的保存地點，曾有遷至內地洛陽開封和遷至上海租界區內的二種意見。古物到京後，中央最後研究決定遷滬，保存在租定的天主堂街26號仁濟醫院舊址內，每月租費三千餘元。3月6日，首批暫存南京的南遷古物轉運到達上海。（《時事新報》，2，19；3，7）嗣後，從北平南遷的各批古物之專列到達南京浦口後，即轉由招商局的專輪直運上海。第二批南來的1527箱古物連同第一批留京之古物共2550箱，於3月21日抵滬。（《時事新報》，3，22）第三批南來古物3922箱於4月5日抵滬存儲。（《時事新報》，4，6）接著，據《華北日報》於其次日報道，第四批約6000箱和第五批5844箱古物，分別於4月19日和5月16日，從北平啟運南來。至此緊急從北平南遷古物的繁重任務暫告一段落。

　　故宮博物院理事會，為討論在滬古物安置問題，及整理北平博物院事宜，於1933年7月15日上午在南京勵志社召開全體理事會議。《華北日報》和《時事新報》於次日報道，「到汪兆銘、褚民誼、于右任、張繼、蔡元培代表葉恭綽、張群代表趙叔雍、王世杰、馬衡、江瀚、吳敬恆、沈兼士等十餘人。」由代理事長江瀚主席，討論要案為：一、院長易培基辭職照准，以理事兼古物館長馬衡代理；二、准理事長李石曾辭職，公推張人傑為理事長；三、加推孫科、朱家驊、顧孟餘、吳鼎昌、袁同禮、葉恭綽、劉中、錢新之、褚民誼、史量才、周作民、葉楚傖、朱啟鈐、蔣伯誠、張家璈、蔣夢麟、任鴻雋、徐鴻

---

[44] 所內貯藏和陳列的是清庭曾從北京分移至奉天宮和熱河避暑山莊陳列，後於民國三年全部移回的古物。

寶、周紹民為理事；四、設理事會（上海）分會案，擬先派員視察後再定；五、決定設立臨時監委，由行政院、軍委會、中央研究院各派代表一人，故宮博物院二人，上海參事會二人，上海地方法院一人組成；六、影印四庫全書通過；七、派員至滬視察古物，有無受損等情況。為了加強監察工作，繼而於1934年3月21日舉行的第400次中政會議議決，「故宮博物院增設監事十一人至十五人，執行監察事務。」次日《華北日報》報道稱，會議由居正主席，「到汪兆銘、林森、葉楚傖、邵元冲、褚民誼、孔祥熙、甘乃光、周啟剛等三十餘人。」

1934年5月8日故宮博物院，假行政院召開首次常務理事會會議，《時事新報》於次日報道，「到蔡元培、王世杰、羅加倫、黃紹雄（傅汝霖代）、葉楚傖、傅斯年、李元鼎、李濟、褚民誼、馬衡（王士鐸代），蔡元培主席。議決：挽留葉楚傖繼續擔任秘書職務；故宮博物院（民國）23年度概算暨在京建築保存庫經費案；以及存滬之文獻館物件移京案，請傅斯年擬具詳細辦法，提交下次常務理事會。嗣後，據《申報》（1934，6，10）報道，故宮博物院秘書長一職，由中央黨部秘書長葉楚傖擔任，但葉氏因事務繁多，由褚民誼兼任。近日故宮博物院院長馬衡晉京，即由褚氏面晤，對該院事宜詳加談及。褚氏語記者稱：「該院當局，鑒於古物存儲上海，月需開支不菲，故均主張在南京陵園內建造博物院。又因博物院建造經費浩大，擬先建博物保存庫，然後再擴充。關於選址和經費問題，現尚在商酌中等云。」

1934年7月12日中央古物保管委員會在南京召開成立會，到褚民誼及委員傅汝霖、葉恭綽等十人。由傅汝霖主席，褚民誼代汪院長致詞後，由傅汝霖說明該會改組成立之經過。會議討論決定推葉恭綽等六委員審定修正保管古物各項法規章則，及推傅汝霖等三委員起草辦事規則及會議規則。繼開首次常委會，商討該會經費及尋覓會址等問題。（《申報》1934，7，13）

據《時事新報》和《華北日報》（1934，7，27）報道，行政院「現已決定在南京陵園附近建一大規模之保管庫，將所有古物悉數保存其間。此庫完全保管性質，預定該庫建築費為一百萬元，刻已派員勘地，一俟地址決定，即行興工建築。同時並擬在該庫旁，建築一博物院，預備將所有古物，分類陳列，以供各界參觀。」7月26日下午故宮博物院在行政院開第三次常務理事會，「到陳立夫、羅家倫、王世杰、傅汝霖、褚民誼、馬衡等，由王世杰主席。「關於在京建築古物保管倉庫案，經詳討結果，決由內政、教育兩部會同故宮

博物院，先擬具詳細計劃及規定建庫適當地點，提交下次會議商討。至點收平滬古物事，決先行接收，然後再詳細查點。」

1935年底汪精衛遇刺受傷。蔣介石兼行政院院長後，褚民誼雖不擔任行政院秘書長，但仍繼續參與文物保管事宜。1936年3月17日經行政院議決，國立北平故宮博物院理事二年屆滿，改聘王正廷、朱啟鈐、李書華、李煜瀛、李濟、吳敬恒、吳鼎昌、周作民、周貽春、陳立夫、陳垣、翁文灝、傅汝霖、張人傑、張伯苓、張嘉璈、張繼、傅斯年、褚民誼、葉楚傖、蔡元培、蔣夢麟、羅家倫、顧頡剛、蔣廷黻、馬超俊、張道藩為理事。（《申報》1936，3，18）行政院於4月15日下午召開故宮博物院第三屆理事會，《東南日報》於次日報道，到新任理事念餘人。翁文灝主席，除由馬衡報告工作概況外，並討論工作計劃，議決要案多件。此外，該報還報道，「故宮博物院在南京朝天宮建古物保管庫，15日晨行奠基禮，到蔡元培、褚民誼、蔣廷黻、馬衡、袁同禮等多人。由蔡元培主席，及舉行奠基，並作簡短演說。」下圖是在保存庫工地舉行的「國立北平故宮博物院建築南京分院保存庫奠基典禮攝影」，右起第2人為褚民誼（照片由「如鴻歲月」數據庫提供）。

該故宮博物院南京古物保管庫建成後，於1936年9月26日晨進行驗收，《時事新報》次日謂。「蔡元培、翁文灝、蔣作賓、褚民誼、段錫朋、滕固、羅家倫、李濟等共約卅餘人，均往參加。晨十時開會，由理事長蔡元培主席，報告工程經過情形，並行授鑰禮後，即由審計部稽察安淮泰，會同該院院長馬

1936年4月15日晨國立北平故宮博物院建筑南京分院保存庫奠基禮攝影。褚民誼位於右2（「如鴻歲月」數據庫提供）

衡驗收。該保管庫全部皆用鋼骨混凝土造成，一切設備均采用最新方法，並調節空氣設備，以調和庫中之冷暖燥濕。」嗣後不久，南遷到上海的古物，便陸續運至南京保存。據《申報》1936，12，18）報道稱，存滬之北平古物陳列所之重要古物，「計自本月14至17日，先後分兩批裝運5417箱，已一律寄存南京故宮博物院保存庫內，連日並已將所有存庫箱隻號碼，查抄造冊，報部備合。」

褚民誼對我中華古物的珍惜和保護是一貫的。嗣後，他在淪陷區1941至1945年間擔任南京政府外交部長的同時，於1942年起兼任行政院文物保管委員會主任，為保護文物繼續做出不懈努力，這是後話了。

《附錄》《重修工部祠堂記》碑銘全文（「臺國圖」MA0002412073）

重修工部祠堂記

滄州張繼題額、湘鄉蕭瑜撰文、吳興褚民誼書石

民國二十一年四月，政府開國難會議於洛陽。會畢滄州張君、吳興褚君約遊西安。時方議以西安為陪都，主其事者為張君，褚君則先遊西北各省，周行極邊，惕然於其地之危，而欲舉全國之力以經營之者也。同遊者十餘人，至則周視城郊內外，謀吾民奠居之所。一日予從張君褚君及潮陽黃君吉宸、桃源覃君振，循于潏水而行，求可以供吸飲者。歸途得杜公祠焉，趨入展拜，則棟宇墻墉，摧頹特甚。蓋祠建於明嘉靖間，清康熙時嘗一修葺之，至今又三百年矣。杜公以文章雄唐，天寶大歷間，值安史之亂，流轉江湖，高吟滿天地，其篇章今猶重譯布四國，稱詩聖弗衰。予等生千餘年後，所遭值略與公同。誦公之詩歌，哀公之志行，固有流連慨歎，不能自己者。在因謀重新公之祠堂，以永思慕。同遊五人，各捐款以為之倡，和之者彌眾，不數月而蕆事。西安為自昔建都之地，川原廣博，民俗敦厚。在唐時文物尤盛，哲人髦士接踵相望，其所遺留，雖一木一石，亦足以資感發，何況杜公憂時念亂之誠，度越千古，則凡經由祠下者，入瞻遺像，出覽山川，其慷慨激動又何如也。祠既新，因刻石以記之。（此中標點為本書著者所加）

第二節　救國之道，全面推行

1933年1月16日，行政院秘書長、中央委員褚民誼在中央黨部第61次總理

紀念週上，作題為「救國之道」的報告，全面闡述了在國難當頭之際，如何救國的主張。會議由葉楚傖主席，到中央委員及全體工作人員四百餘人。(《申報》1933，1，17）請他在中央紀念週上作報告，是事前於1月12日召開的國民黨中央第四屆53次常務會議上作出的決議。[3.70]嗣後，該演講以〈什麼是救國之道〉[1.34]為標題，刊登在蔣冰心編輯、軍事新聞社出版的《國難文選》[3.32]上，後頁上圖所示，引自其1934年12月第二版。該文選分設演講、論說、宣言、電文、書讀、詩歌六類，共計131篇，作者涉及各界名流70餘人。第一部分演講類七篇，講演人除褚民誼外，還包括司法院長居正及副院長覃振，考試院長戴傳賢，監察院長于右任等國府要員。前述國難會議上的宣言也收入書中的宣言類欄目中。

在外患日亟，國家危亡之際，褚民誼深明「落後必挨打，禦敵必自強」的道理，講演中以實現三民主義為綱，提出了富國強民提高綜合國力的基本對策和全面推行的有效措施。究竟如何救國，他開頭大聲疾呼道：

「現在正是強鄰壓境，國家危急存亡的時候，全國人民無論在朝在野，都覺到非常危險。大家同聲相應道，救國！救國！究竟國是要怎樣救法呢？有的說，要用科學救國；有的說，要建設救國；有的說，教育救國－就是讀書不忘救國，救國不忘讀書的口頭禪；有的說，大家去組織義勇軍，用武力來救國，這是一般青年最好唱的高調；最近又有新口號，說航空救國。這種主張，雖個個不同，而目的大家都是要救國。實在在現代的世界，救國不是一椿很簡單的事情，無論什麼事，都有相聯的關係，不能專靠那一件事的。好像一架機器，是用種種大小齒輪互相連帶去動作，不能說只要一個輪子動了就算數。從前打仗，只要大將指揮，兵士能上戰場，是與老百姓不相干的。現在不同了。一個國家，到了危急存亡的時候，是要大家總動員，無論農、工、商、學，都要加緊工作，努力奮鬥，齊向救國的路上走。不能說不要那個，只要這個的。所以在歐戰的時候，士兵們雙方在前線作戰，在後方的人，各自作種種的準備和接濟，不使有一樣東西缺乏。如果有一樣東西缺乏，不能接濟補充，就馬上發生崩潰……所以現在救國不能專重一門。

「然則不專重一門，究竟什麼是救國之道呢？救國之道就是總理的三民主義。三民主義包括很廣，個人能實行三民主義就成一個完全的人；國家能實行三民主義，就成一個完全的國家。」他在闡述三民主義是根據古今中外的學理，針對中國的特點而創立起來的救國主義後說道：三民主義既是救國主義，

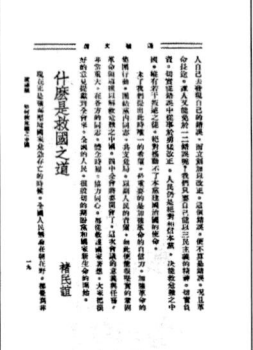

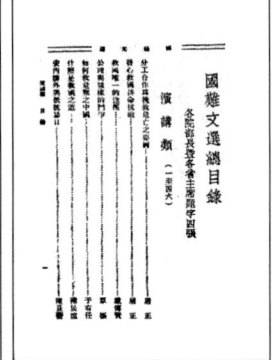

1933年1月褚民誼發表的〈什麼是救國之道〉的演講，刊登在《國難文選》上：（右）文選總目錄的首頁；（左）褚文的首頁[1.34][3.32]

「我們就已經有了救國的道路了。現在只要我們大家共同信仰，發生很大力量，促其實現，則國家一定可以由貧弱而富強，人民可以由貧、懶、愚而變得足、勤、智了。」

如何付諸實施，他分析道：「我們講民族主義，首重健康。人能健康，然後能勇。健康是怎麼樣得到的呢？就是要消極方面，講究衛生；積極方面，提倡體育。衛生所以避免夭傷，卻除疾病；體育是用種種運動方法，去鍛煉體魄。所以兄弟常說，運動二個字的定義，是暢運血脈，活動筋骨。體魄鍛煉健全了，精神自然健全……而有勇氣了，無論求學服務，都可得到加倍的效能……全民族就自然會強盛。所以講民族主義，就是講勇，也就是講體育。

「講民權主義，首重知識。專制時期，因為要保其帝位，以愚民為上策。共和時代，則以開民智為急務，不但要使人人能識字，還要人人有知識、有技能，使能相安相守，共信共治。「我們現在是要努力教育，使民智日開。民智開了，地方自治才容易辦，民權才能實現。所以講民權主義，是要講知，也就是講智育。

「講民生主義，首重生產……『衣食足而知禮義』為我們幾千年的古諺。人人有飯吃，而後才能安居樂業，道不拾遺，夜不閉戶。現在的中國，是個什麼樣子呢？是民不聊生，土匪四起，水旱交災，國困民窮，到了極點。如果再不講求救濟之法，那就沒有外侮，也會亡國滅種，何況當此強鄰壓境，十分嚴重之時咧，所以我們現在非努力講求救濟不可……這就全靠事業了……而開

發西北，尤為當務之急，培植開發實業人才，又為事業之根本辦法，中國號稱地大物博，如果用科學方法，使生產加倍，一定可以於短期間由貧窮達到富足……民生問題解決，才是仁義，才是德育，所以講民生主義，就是講仁，也就是講德育。

茲把以上的理由概括的說起來：講衛生，提倡體育，是屬於民族主義的；辦教育開發民智，是屬於民權主義的；興實業增加生產，是屬於民生主義的。所以我們要實行三民主義，是要大家集中力量，在衛生、體育、教育、實業幾種事情上的加倍努力，使牠逐漸實現。這幾種事情，逐漸實現了，國家就富強了，我們救國的事業，就成功了。

但是有人說靠衛生、體育、教育、實業去救國，是很慢的方法，不能救現在目前危急。話固然不錯，照現在這種講衛生、開民智、興實業的辦法，的確是太慢，是要想出一個新的好的又可以見效很快的方法來才行。

比方民族主義，是要人民健康……講衛生不是說把生活提高，一定要住洋房、吃大菜、穿西裝，算是衛生，只要清潔二字……就能把種種致病的原因與機會排除……無論窮富都做得到，只要大家能勤勞一點就是。提倡體育，是要鍛鍊我們的體魄，使我們有抵抗力量……然後可以不怕冷熱、不怕燥濕，不怕氣壓的高低，能耐勞苦。不是像現在各學校的體育，只要球打得好、跳得高、跑得快，去同人家爭勝比賽的。這種體育，不僅無益，而且有害，有許多人因此弄壞身體，犧牲性命，至於所用的器具，是歐美傳過來的，費錢很多。「我們所要提倡的體育，是要認體育是一種必需的事情，同吃飯睡覺一樣，不是消遣的，亦不是培植少數人來出風頭的，是為全民著想，要大家健康，不但能生存於現在，還要能繼續生存於將來。所以這種體育，是要人人能夠幹，無論有錢無錢，無論年老年少，無論男的女的，事情忙的，都可以來運動，要用很簡單而見效很快的一種方法。」

他在研究和總結了國內外的各種運動方法（包括國術和體操等）的優缺點後，提出：「我現在想出一種體育，有太極拳與體操之好處，而沒有其壞處，成功一種太極操。這種太極操是很可以普及的，因為他是不要設備－不要設場所、不要做衣服、不要用機械－又不要費許多的時間，每天有十分鐘與二十分鐘，就很可以把全身的筋骨活動，更不要費許多力氣。無論男女、老少、強弱，都可以練習。簡單地講，就是又不費錢、不費時、不費力的三個原則。有這個三原則，才可以普及。尤其是現在的中國，因為人民很窮，是不能在體育

上耗費很多的金錢。而在這個時候,我們要求學問,要做種種的建設事業,也不能在體育上,耗費很多的時間與力量。所以我敢說太極操,對於實現體育救國的口號,是有很好而又很快的能效。

其次,比方開民智,當然從教育着手,所以中央對於識字運動與改良種種的教育,在三中全會[45]有很多的提案。中央現在正在研究,使教育重於實際,不要像從前之偏於文、法等分科的學問上去。所以對於農、工、理、醫藥等科特別注重……教育部又有短期義務教育,及改進小學的設施,這是很可以增進中國知識程度的辦法。」[46]

再次,比方增加生產,在農業、工業、製造業、進出口、以及墾荒等諸方面,「現在實業部已有種種計劃,在中央方面亦有造林運動、合作運動等提倡。這次三中全會,本席同劉委員守中等,對於開發西北的計劃,也有很詳細的提案,」等等。

他充滿信心的總結道:「從這樣說起來,用衛生運動及體育運動,使大家身體健康,能耐勞苦;用識字運動,推廣義務教育,改良學制,使國民知識增進,技能發展;用造林運動、合作運動,以及種種實業的計劃,開發西北的方案,使全國生產加增,一定可以由貧弱而致富強,中國之國際地位當然增高!」

最後他提出,要充分利用電影這個形象化的手段,作為「救國的利器」,喚起和教育民眾,以促進上述種種運動和計劃的早日實現。對此下節將作專題敘述。

縱觀全文,他在這裡和盤托出了他對貫徹實行三民主義、拯救中國於危難之中的主導思想和行動綱領。他在開發大西北方面的努力在前述本篇第四章中已作介紹,關於他在衛生、體育、教育、文化等諸方面的活動,將在本篇後續第七到第十章中分別詳述。

第三節　三民主義,電影促成

二十世紀初葉電影自國外傳入,我國的電影事業於二、三十年代取得顯著

---

[45] 指1932年12月份召開的四屆三中全會。
[46] 褚民誼一直很關心普及教育,曾於1930年與朱家驊一起向中央提出〈厲行本黨教育政策〉的提案 [1.11],並長期擔任中法國立工學院院長和中法大學藥科學長等職。

發展。其中，褚民誼是我國教育電影事業的一位積極開拓者。他從早年旅歐留學時起，便愛上了攝影，其作品在國內書刊雜誌上多有發表，並曾多次在全國美術展覽會和美社攝影展上展出（詳見本篇第十章之第一節「提倡美術，酷愛攝影」）。他還特意從國外帶回一台小型手提膠片攝影機，那時國內還很罕見，經常用以記錄家事和國事的精彩片斷，間或向家人和國人映演，直到老年仍然樂此不疲，在本書作者幼年心目中有比較深刻的印象。右圖展現的是，年近六旬時的他，仍饒有興致地手持那台伴隨多年的攝影機進行拍攝的姿態。

年近六旬的褚民誼正在使用從歐洲帶回國的便攜式膠片攝影機進行拍攝 [3.67]

　　褚民誼的父親褚杏田，1931年在家中病逝。褚氏是位孝子，昔日回鄉探父時，常作攝影。2007年本書作者赴南潯老家調研，訪問當年常到褚杏田家串門玩耍的同鄉，年已八旬仍很健談的退休教師陸郁珠。据她回憶，褚杏田行醫，與鄰里關係融洽，去世那年她自己還是個五六歲的小孩。褚民誼從新疆考察歸來，次年回籍補辦喪事。「每位參與弔念的人胸前，佩帶着印有褚杏田頭帶瓜皮帽肖像的鐵皮製像章。」陸女士至今仍記憶猶新地說，褚民誼在舊居內放映他曾拍攝的小電影，「我和大人們一起觀看，當杏田老人被人攙扶着出現在銀幕上時，在座的親友們哭成了一團。」

　　1929年南京中山陵落成後，孫中山靈柩從北平移京，於6月1日進行奉安大典，褚民誼積極參與組織各項慶祝活動，並用自己的攝影機記錄了有關的盛況。事後，《民國日報》（1929，7，15）上報道，褚民誼在南京，於7月15日下午六時假勵志社表演太極拳和他新發明的太極推手器械的同時，「加演總理奉安影片，特邀中央黨部全體人員參與。」

　　1931年褚民誼帶着攝影機遠涉新疆考察。那時，通途未開，對於這片人跡罕至的西北廣袤之地，國人還很陌生。已如前述，為了大力推行他所提倡的西北大開發的計劃，歸來後他將沿途拍攝的紀錄片，在南京、上海、北平等地放映，配合宣傳，取得良好效果。

　　褚民誼所攝錄的許多珍貴影視資料受到人們廣泛重視。例如，1932年褚

民誼因與比利時大使接洽中比庚款等公務，於8月5日到10日訪問北平，受到當地教育界和體育界人士的熱烈歡迎。（《華北日報》1932，8，6）據8月7日《實報》上報道，「華北戲劇學會因褚民誼定十日返京，特定九日白天，假開明戲院演褚氏自製各種影片，略收票價（一律四角），以示限制，並有舊劇助興。」右圖所示，是刊登在同日該報戲劇欄目內，開明戲院公演「褚民誼先生自製各種影片」的告示。

為了充分利用電影這個形象化的現代工具，1931年2月，褚民誼與吳稚暉聯名，向中央提出了組建「中央電影文化宣傳委員會」的提案，全面闡述了電影在宣傳三民主義，促進文化、教育、衛生、工農業生產建設等方面的重要功效。經是月5日舉行的第126次中央常會議決，交宣傳部審查在案。（《華北日報》1931，2，17-19）

1932年褚民誼與段錫朋、郭有守、羅家倫、彭百川等人發起組織「中國教育電影協會」（後詳）。接着，在中常會四屆68次會議（1933，4，27）上通過了，吳稚暉、褚民誼、朱家驊、陳果夫四委員提出的，「於教育部內設立國立教育電影局，擬具組織法草案及經費籌集辦法大綱，請公決施行」的議案。[3.70]從此，在政府的組織領導及社會各界的積極支持和配合下，我國的教育電影事業便蓬勃地開展起來了。

教育電影事業的興起，在國家危急之際，更顯其迫切性。褚民誼在1933年1月16日中央紀念週上發表的「救國之道」的報告，如前節所述，後來以〈什麼是救國之道〉[1.34]為題，收錄和發表在《國難文選》[3.32]上。該文（見前節）從三民主義的民族、民權、民生三個方面，全面闡述了當前救國所需採取的有效措施和計劃。為了促其實現，他在報告末尾強調了電影這個工具的積極推動作用，響亮地發出了「利用電影是目前救國之道！」的號召。講演後即以《利用電影促成三民主義之實現及輔助各種事業之進行》為題，由剛發起成立不久的「中國電影協會」，於1933年4月以單行本廣為印發（見後頁上圖）[1.28]。文中詳細闡發了他對提倡電影教育的理念，在分析和提出了種種救國

1932年8月7日《實報》戲劇欄目內，開明戲院於九日白天公演褚民誼自製各種影片的告示

褚民誼著《利用電影促成三民主義之實現及輔助各種事業之進行》單行本，「中國教育電影協會」1933年4月印行：（右）封面；（左）文章首頁[1.28]

的運動和計劃之後他說道：

「但是以上種種運動，種種計劃，千頭萬緒，枝枝節節，使民眾很不容易感覺到實行之必要，因之推行的時候，常發生很多困難；所以要想一個很快而又有效的方法來解決這個困難。我以為惟有利用有聲或無聲電影，做一個總發動機，使各種運動及計劃，能深切印入民眾心內，人人感覺到需要，本黨的主義及政策，自然很快的實現。

何以言之，比方講到增進健康，現在沒有許多衛生專家和體育指導員，來訓練全國人民。有了電影，到處可以宣傳種種衛生的方法，如怎麼打掃、怎麼洗滌、怎麼撲滅蚊蠅及致病微生物。體育方法，怎麼練習太極操及其他有興趣而不耗費的各種運動。講到開發民智，現在也沒有許多學堂及教員，來應全國的需要。有了電影，到處可以教人識字讀書。小學有小學的電影，中學有中學的電影，大學有大學的電影，都用他來補充教科書之不足。因為教科書雖然有圖表，還是不如活動電影表示之清楚而有興趣。比方小學講動物植物，中國沒有植物園和動物園，去收羅多種的植物動物給學生觀覽，只有在書上畫一只老虎一棵樹，是不及銀幕上活演一只老虎的形狀與他的奔走跳撲的姿勢，表示一棵樹的生長繁茂開花結果，給學生看的有味。講歷史地理，也可以利用電影。尤其是講生理學及解剖學，種種形態的區別，細胞的組織，機能的功用，都可實地演出。地理的山原江湖，也可由飛機俯攝地形大勢，比紙上畫的地圖好得多了。其他如社會教育方面，怎麼樣待人接物，怎麼樣起居動作，以及怎麼

第六章　團結奮鬥，共赴國難　279

樣治家養育子女，怎麼是正當生活，都可以用電影表演，去使一般識字與不識字的人領會。所以現在的國家，如意大利等就有電影學院。我們中國在這個教育幼稚民智不開的環境中，更應該用很大的經費來從事這種事業。北方可以利用車子，南方可以利用船去遊行，輪流放映於各城各市各縣各鄉村，教人民識字，灌輸普通知識與技能，這是最快而又最有效力的開通民智方法，並且可將民權主義，直接的自治和保安等意義，從人們的眼簾印進去，使他們由事實上去表現出來。

講到增加生產，尤其可以用電影把外國種種科學生產及製造的方法，一件一件的表演出來，怎麼改良耕種、牧畜、漁獵的方法，以及如何開採礦產、墾闢荒地、疏導河渠、培養森林，如何用原料而製成種種色色關於人生日用的物品。這樣講起來，人家的電影，當為娛樂的東西；我們把他作為救國的利器。人家的電影，其結果不外殺盜淫；我們把他應用到正路上去，其結果可得到智仁勇，可以說化朽腐為神奇了。兩年以前，本席曾同吳稚暉先生擬過一種電影宣傳黨義的方案，經中央通過了，是專講黨義宣傳的。現在本席以為電影，不僅是可以宣傳黨義，擴充其功用，是可以成為中國種種新建設之推動機，實行三民主義的原動力。所以我膽敢提出一個口號，利用電影是目前救國之道！」

關於發起組織教育電影協會，在《教育與民眾》第5卷第7期（1934，3）上刊登的〈中國教育電影協會的沿革〉一文中，詳載了其成立的過程。「溯自電影事業發達以來，歐美各國莫不利用電影以為輔助教育、宣揚文化之工具。國際聯合會之國際文化合作委員會接受意（大利）政府之提議，於羅馬設立國際教育電影協會，辦理國際間教育電影事業之合作、交換、提倡、宣傳等事，專以教育電影消除民族隔膜，倡導人類和平為職志。各會員國應聲而起，分設協會以謀合作。」在此推動下，「我國爰由發起人褚民誼、段錫朋、羅家倫、錢昌照、謝壽康、徐悲鴻……郭有守、彭百川等（共41人，名單從略）發起提議組織。並徵得列名發起者有吳稚暉、戴策、曾仲鳴、朱家驊……陳立夫、袁同禮、陳布雷……葉楚傖、張廷休、何思源、葉恭綽等五十餘人（名單從略）。旋推定郭有守等（共18人，名單從略）負責籌備，共開籌備會三次。「該會籌備就緒後，遂分別徵求會員，應徵者殊形踴躍。乃呈由中央民眾運動指導委員會核准設立，教育部核准備案。遂於二十一年（1932年）七月八日假南京教育部開成立大會，宣告正式成立，請由中央民眾運動指導委員會派員指導暨教育部派員監選。大會結果，計通過會章等要案，並選出褚民誼、陳立

夫、段錫朋、錢昌照、彭百川、郭有守、羅家倫、曾仲鳴、高蔭祖、張道藩、徐悲鴻、楊君勵、李昌熙、謝壽康、田漢、洪深、方治、陳泮藻、吳研因、歐陽予倩、楊銓等二十一人為執行委員；鍾靈秀、宗白華、陳石珍、顧樹森、羅明佑、鄭正秋、孫瑜等七人為候補執行委員；蔡元培、李石曾、吳稚暉、汪精衛、陳果夫、朱家驊、蔣夢麟等七人為監察委員；陳璧君、葉楚傖、胡適等三人為候補監察委員。並於執行委員中互選郭有守、徐悲鴻、彭百川、李昌熙、吳研因等五人為常務委員。常務委員會下暫設總務、編輯、設計三組。各組設正副主任各一人，幹事若干人；並推彭百川為總務組主任、楊君勵為副主任，程樹仁為編輯組主任、王平陵為副主任，褚民誼為設計組主任、戴策為副主任。」嗣後，於1933年4月應國際教育電影協會之邀，經教育部第2843號訓令批准，認可中國電影協會為該會之中國協會，因加稱「The National Committee of The I.I.E.C」，正式代表中國參加國際教育電影的交流和合作。

從上述的介紹中可見，中國教育電影協會得到了國內外的廣泛支持，組織完善，陣容強大。據《申報》（1932，7，9）報導，成立大會由蔡元培主席，到褚民誼等百餘人。次年5月5日在教育部開第二屆年會，由褚民誼主席並報告一載會務經過，彭百川報告三個組的工作經過，在各代表致詞和演說後，對擬定工作計劃書、分會組織通則以及組織國產影片評選委員會等提案進行了討論，交執監委會與專家詳細研究和辦理。（《申報》1933，5，6）

1933年7月9日中國電影協會第一個地方分會－上海分會成立，褚民誼代表總會到滬致詞，略謂：

「兄弟代表總會來參加，希望將來各地分會都能成立，使電影事業發展走上正當途徑。目前電影事業勢力很大，兄弟在中央常會曾有提案，電影事業需有專門機關來辦。蓋社會上最大勢力計有三種；第一是學校，給青年以知識技能，來推進社會；第二是報館代表輿論，改進社會；第三即是電影，其力量比學校報館尤大。」他在闡述電影的重要作用，各種事業均可以利用後，指出，「但欲辦大規模之教育電影事業，資本需數千萬之鉅……關於此案中央議決交內政、教育兩部辦理。最短期內即大資本之影業亦可始爾。「在貧窮萬分之今日中國，有志教育電影者，希集合力量、打成一片，消滅目前不正當之淫盜殺影片。吾人深信，積極之建設必較消極之取締，其成果有效云。」（《申報》1933，7，10）

1934年1月5日，中國教育電影協會進行二屆六次常會，《時事新報》

（1934，1，8）報道，「到陳立夫、褚民誼、吳研因、郭有守、彭百川、戴策等，陳立夫主席，決議設立濟南分會，編輯中國電影年鑒目錄，及函聘朱英代表參加國際教育影片會議等要案。」

上海分會成立，且會員較多，經該分會要求，中國教育電影協會於1934年4月30日在上海舉行第三屆年會，褚民誼主席，他在致詞中指出：

「電影是教育的工具，惜國家尚未用大資本以發展。中國目前僅城市有學校教育，鄉村則幾等於零。而學校費用較多，貧苦子弟即無力求學……在此情形下，普及教育殊感困難，而電影實為普及教育之重要工具。惟國家至少有幾千萬之資本才能謀整個電影事業之發展，大批製造教育影片，運輸各地映演。」他進一步強調，「立國條件不在人民之多，而在人民之有知識與技能為根本，欲使不識字者有科學知識，無能力者有生產技能，則教育電影為唯一有效之方法。「中國教育電影協會即要用電影方法以團結中國，增加人民知識技能，介紹各地風俗人情、出產物品，積極研究攝影材料，以抵制舶來品，並設法消滅不良影片，創造適合我國民族之影片，其所負使命甚大，希望加強努力，前途有偉大希望云。」（《申報》1934，5，1）

接著，他於7月13日在南京主持了三屆第一次常務理事會，揭曉二次國產影片評選結果。（《申報》1934，7，16）

1935年5月5日，中國教育電影協會，在杭州舉行本屆年會，《時事新報》（1935，5，1）報導，教部已令派浙教育廳長就近代表教部致詞，會前徵集論文及提案。截至4月底，共收到論文五篇，提案十四件（題目從略）。其中包括有褚民誼和戴策就協會內部新增的兩個機構而提出的「增進本會推行組及教課組案」。

接着於5月30日下午五時，在京召開第四屆第一次理事會。《時事新報》於6月2日報道，「到程天放、魯覺吾、戴策、楊敏時、盧蒔白、方治、吳研因、羅剛、王平陵、陳劍翛、彭百川、褚民誼、陳立夫（另有羅家倫、曾仲鳴請假），由褚民誼主席，王湛記錄。通過決議事件如下：一、年會交辦各案除有交設計、編輯、總務等組擬具辦法再提會討論者外，計有四案轉呈中央（案文附後），又擬請本會下屆年會同時舉行國產教育影片展覽會案，通過照辦。二、選舉陳立夫、褚民誼、張道藩、郭有守、方治為常務理事。並推郭有守為總務組主任，魯覺吾、吳研因為副主任；陳立夫為編輯組主任，王平陵、羅剛為副主任；褚民誼為設計組主任，戴策、張冲為副主任；魏學仁為教課組主

任，范德盛、余仲英為副主任；方治為推行組主任，魯覺吾、楊敏時為副主任。三、推請皮作瓊為本會代表在比（比利時）主持農村影片國際競賽事宜。四、決議凡一次交會費二十元者得為永久會員，於會章中修正條文提交下屆年會追認。五、通過新會員皮作瓊……等二十餘人為新會員。

「年會交議轉呈中央四案如下：一、呈請中央通令全國，凡六歲以下兒童，不得進普通電影院案，修正案由為六歲以下兒童，非因電影院映放兒童教育影片特准入場觀看外，平時不准入普通電影院。二、呈請中央電影片經檢查核准時，得視其內容如何，於必要時分為限於成年觀看與大眾觀看兩種，分別發給不同之執照。凡未滿十六歲之青年，不得觀覽成年之影片。三、再請本會建議中央電影行政機關選擇國產影片中有教育趣旨者，盡量縮製十六公厘或八公厘影片，以謀推廣電影。四、我國應舉行國際教育電影展覽會案。」

據《申報》（1936，4，14）報導，中國教育電影協會為推行教學電影，已選擇適合中等學校學生觀覽之生物、物理、化學教學片，先在京滬、滬杭、京蕪、淮南四路沿線之中等學校舉辦，每學期映放三次，收費極廉，並可分期付款，於4月15日開始派員前往放映。各校自願報名參加，至該年秋，採用映演者，有三十餘校。1937年春季開始繼續舉辦。（《申報》1937，2，21）

1936年11月27日舉行第二次常務會議，《時事新報》於29日報導，「到理事陳立夫、張道藩、方治、褚民誼（張道藩代）、郭有守，組主任羅剛、戴策、魏學仁、潘澄侯、范德盛、魯覺吾、吳佑人、葛偉永等，中宣部代表出席指導張北海，由陳立夫主席，王子深記錄。會上對教育電影的推廣工作有詳細的報告和討論。在報告事項中謂「秋季推行教學電影，經減收費用每校十元後，採用者計三十校。本季第一期教片已開始巡演，第二期片在準備中。委托廣東省市黨部放映「防毒」影片共十六次，觀眾達四萬人。又交由本會上海分會在上海公映自製之防毒、陶瓷、蠶絲等片。此外，教育部購買了防毒等片拷貝十種各十份。」接著，對籌設首都民眾教育電影放映台案，以及推行教學電影之經費、購置攝影設備、攝片內容計劃審查等問題進行了討論和議決。最後通過了新會員四十七人。

中國教育電影協會，自1932年7月成立起，每年召開一次年會，直至1937年5月召開的第六屆年會。作為發起人的褚民誼，一貫重視該協會的工作，歷任各屆理事（執行委員）和常務理事，長期兼任設計組主任之責。此外，他還身體力行地親自拍攝與國計民生密切相關的記錄影片。

如前所述，褚民誼為開發西北富源，不畏艱險，多次親往考察，沿途拍攝記錄影片，用電影形象地向陌生的國人展示，以推動他極力主張的建設大西北之宏偉規劃得以實現。嗣後，如本章第七節「京滇週覽　通途西南」所述，1937年為了打通和開發大西南，他作為團長，在京滇週覽的全過程中親自手攝了長達四千尺的十大本影片，歸來後向公眾播放，為開發大西南提供了生動的珍貴資料（詳見本章之第七節「京滇週覽，通途西南」）。

　　此外，為了普及健身運動，向國內外推廣有中國特色的體育項目，中國教育電影協會於1935年請褚民誼親自進行國術表演，攝製了題為「中國體育」的中德文影片，參加國際教育電影協會於是年9月在柏林舉行的「國際運動影片比賽會」。為此，褚民誼曾在百忙的政務中，抽身於7月27日晨為拍攝該影片，專程從京到滬，親自進行表演，攝畢於次日晚返京。（《東南日報》1935，7，28）接著，他又於8月8日到滬對該體育影片進行檢修，並於8月11日上午在大上海戲院試映，前往參觀者計有中委李石曾、行政院秘書長褚民誼，及德領署人員多人。（《時事新報》，8，9；8，12）影片寄往德國後，《時事新報》8月16日發文謂，「第一次國際教育電影會議認為，獎勵體育及運動影片攝製與推行，效力極為宏大，並以1936年第十一屆奧林匹克運動會為良好時期，爰提議創辦運動影片國際比賽會，以達獎勵及推行是項影片之目的。該比賽會由國際教育電影協會主辦，於本年9月10日至20日在柏林舉行。為求此項計劃之有效起見，國際會議提議請由奧林匹克國際委員會，於1936年舉行運動會時，頒給一金質獎章與最優良之影片。國際協會特函請中國教育電影協會參加。電影協會，以提倡體育為健強民族之基，極願協助。當經製成提案，提請中央宣委會召集之全國電影公司負責人第二次談話會討論通過，徵集各電影公司或私人攝製之運動影片參加。一面請由理事褚民誼攝製德語有聲運動影片一部，片名《中國體育》，內容大部係述我國固有體育方式，由褚民誼親自表演太極拳、太極操、踢毽子、射箭等，並附以其他各項運動之表演，頗為精彩。經於本月11日在上海大戲院公演，攜京由中央電影檢查會發給出國執照，已於昨日寄往柏林，並由電影協會函請駐德大使館參事韓伯羽為代表，就近主持比賽事宜。」

　　該片為了在國內推行，亦製成中文版。如後頁上圖所示，片頭標明由中國教育電影協會出品、明星影片公司製作、褚民誼博士表演，攝製而成。影片內容依次為：傳統的太極拳和雙人太極推手，褚氏發明的供單人練習的太極推

1935年中國教育電影協會出品的《褚民誼博士表演中國體育》電影專輯，由明星影片公司代製：
（右）片頭；（左）褚氏表演太極拳之截圖（湖北電影製片廠1982年復製）

手棍和推手球，對身體柔韌度的簡易測定，以及踢毽子和射箭等項目的示範表演。該片保存至今，經湖北電影製片廠1982年復製，在《优酷》網站上發佈，列為「舊中國的體育資料」項目。

此外，在1936年柏林第11屆奧運會上，褚民誼為了在國際上宣傳和推廣中國式的體育運動項目，在會上發佈了《中國太極操：圜形體操》[1.40]和《中國體育－想像力和創造力》[1.41]兩部外文專著。並與之相互配合，向主辦方提供了以太極操和太極推手器械及其在我國的推廣情況為主要內容的德文影片。會後，該電影經德國體育專家保羅·沃肯（Paul Walken）編輯成教育電影專輯，取名《太極操：中國體育運動系列》，在其國內予以推行。該影片近來亦出現在《Youtube》網上（詳情見本篇第八章之第四節「奧林匹克，國術揚威」）。奧運會結束後，《時事新報》（1937，7，12）上一則消息稱，「上屆世運會時，我國教育電影協會，曾以褚民誼氏個人表演太極操影片寄德，用以交換體育影片。今該國體育協會寄來影片二大本，名『體育民族』，現趕製字幕，將頒行各地放映。」

綜上所述，褚民誼對於我國的教育電影事業，不僅是一位重要的倡導者和組織領導者，也是一位積極的踐行者，被推舉為歷屆中國電影協會理事兼設計組主任，可謂實至名歸。

第四節　興修水利，賑災濟民

在中國大地上頻仍發生的各種水旱災害，長期以來是使廣大民眾致貧的一個重要原因。那時社會上迷信和靠天吃飯的消極思想盛行，面對天災束手無策。褚民誼對這個重大的民生問題十分關切，積極提倡采取興修水利、植樹造林等方法，力圖從根本上加以解決。

已如本篇第四章之第二節「運籌策劃，善用庚款」中所述，作為中比庚款委員會委員長的褚民誼，經停北平處理一九中法科考團等事務後，於1929年10月間，赴內蒙古之綏遠和察哈爾，考察比利時人士在那里興辦的庚款資助慈善項目。

1929年10月褚民誼考察西北後撰寫的〈西北遊記〉[2.10]Vol，4，No.5（1930，5）

這是他在國民政府進入建設時期所作的首次西北考察。褚民誼臨行前即帶上了地理測量儀器，試圖為開墾西北作必要的準備。經過此番考察，他認為工程巨大，必須引起政府重視，作出全面規劃，方可實現。在他結束訪問離開北平前，於10月15日向記者發表的談話中，明確提出「察綏今年災荒頗大，極待救濟。治標方法，為辦理賑務，治本在開發水利，其道唯提倡人造湖」的建議。（《華北日報》，10，16）由平返滬後，他在10月21日所發表的〈北上感想〉的談話中，再次強調「調節水利造林尤可救災患」的意見（《民國日報》和《時事新報》，10，22）。嗣後，如右上圖所示，他在《旅行雜誌》[2.10]Vol，4，No.5（1930，5）上發表的〈西北遊記〉一文中，詳述了當地的災情和整頓西北水利的救災之策。

「余此行先赴綏遠，得偕李涵礎主席（新上任的綏遠省主席）同車，方便殊多。」褚民誼在該文中寫道：「後乃折回張垣（察哈爾省會張家口）。在綏停留兩天。於十月六日到，於八日晚離。此行携有測量器械，由北平西上，地勢逐漸增高，由平至綏，以十八里台為最高，計高出北平一千七百米突，綏遠則高出一千一百米突。「車經各地，荒漠一片，童山濯濯，罕有森林。但此處高原，田上龜坼，雖無河流，其為水衝擊而成，可無疑義。即此以觀之，覺內蒙一帶之水利問題亟待整頓。如舍水利而言開墾，則如緣木求魚，必無所獲。

囊時未赴西北，理想中恆以為集少數之資本及人才，即可赴西北作小規模之墾殖，以謀發展。今始知此種理想為不可能，必須有大規模之計劃，使水利調節有度，方能灌溉耕種。然此種久遠計劃，決非人民之局部力量，所能勝任，全賴政府以整個計劃，督促進行，使克有濟。以言整頓水利之道，不外開湖浚河，而二者尤以開湖為重要。蓋如不開湖澤，則河雖濬疏，而無蓄處。一旦大雨連綿，山洪爆發，河內不能盡容，勢必泛濫四溢。溢出之水，因無湖澤可以容納，又必一流無遺。如是則天雨時水量雖多，而天旱時依然滴水難求。故上古時代，治水之道，亦不外開渠作池，導水以蓄之。天雨蓄水有所，則天旱水源不致盡絕，或不致釀成巨災。「今日之內蒙古，有不可避之天災，即旱災水災是。此蓋因天雨時既無湖流可以蓄水，使水橫決四溢，由高下流，低處則積潦成患，窪地則盡成澤國。天旱時低處之水，既無蓄積，自無餘滴。則無論高處低處，無不農田龜裂，禾苗枯槁。此種靠天吃飯之生活，焉得不坐以待斃。而去年綏遠於以上兩種天災之外，更多一凍災。在七八月間，氣候忽驟形嚴寒，堅冰不解，故居民愈益困苦。此種天災，雖為氣候關係，然非人力所不能抵禦。余以為補救之方法，在興水利。水利問題既已解決，即可廣植森林。森林可以儲蓄日光，調節氣候，未始不能減輕凜冽之苦。且森林又可容納雨水，亦足調劑水量，更可避免風災。今內蒙地廣數千里，因不注意於水利，每年必釀成數次天災，其人民生計之困難，概可想見。衹以綏遠一省而論，去年中人口出售者，有十五萬人之多，盡屬孩童。賣子鬻女，若是其眾，實足駭人聽聞。人類一若豬仔，言之殊堪痛心。且除去出售之人口外，尚有流為餓莩，轉乎溝壑者，更不可以數計。吾暖衣足食之同胞，讀此不知作何感想！」其悲憫西北災民之心和力促水利建設的迫切之情溢於言表。

　　作為開發西北整頓水利之先聲，陝西省的涇惠渠第一期工程，經時一年，全部竣工，於1932年6月20日進行大規模放水典禮，褚民誼對此十分重視。據《時事新報》（1932，6，23）報道，時任行政院秘書長的褚民誼，聯袂中央黨部代表吳稚暉，河南省主席劉峙以及立法院、監察院、內政部、鐵道部、實業部、建委會諸代表出席典禮以示隆重，引起了國人廣泛注意。典禮結束，褚民誼返京後於7月6日晨抵滬，《時事新報》記者即往訪於其寓所，並於次日在該報上詳載了涇惠渠初期工程之落成經過及褚氏之感想。該文後以〈涇惠渠初期工程落成經過－沃壤之起因〉為題，刊登在《中央週刊》[2.12]1932年第219期上。

從歷史上看，秦始皇時期在陝西興辦水利，曾造堰引涇，名鄭國渠，澆灌關中廣大田畝，計四萬頃，使之成為富強秦國之沃土。厥後浚毀渠塞，灌田功用漸趨廢弛。至漢武帝時，重加修浚，移渠口以接納涇水，名白渠，雖其灌溉範圍顯著遜於秦時，但亦為民眾所歡迎。「漢代以後，荒於浚導，渠口高而涇水低。該渠遂完全淤廢。從此西北水利不興，旱則赤地千里。潦則洪水為災。直致民國十七年（1928年），陝省大旱，顆粒無收者三年，陝省人民九百萬，災民幾達七百萬。」大災之後，引起中外慈善家之嚴重注意，咸認為水利不興所致，尤以引涇工程為重要。「乃由華洋義賑會捐助洋五十萬元，復由朱子橋將軍捐助洋灰二萬袋，折現合十五六萬元，再由陝西省政府主席楊虎城，撥助五十萬元，按月籌墊洋四萬元，以作開鑿涇惠渠之基金，劃分全渠為上下兩部工程……於一九年（1930年）十一月間開工。二十年（1931年）春二月，成立釣兒嘴水利協進委員會，聘孫紹宗（省水利局總工程師）為引涇工程師。」進行實地勘察劃定渠線，開始興工修築，首期工程經時一年，方全部告成。新定之引涇計劃，以恢復昔日之白渠為主，灌溉遍及五縣。渠成之後，貧瘠之地變成水田，可收地價大漲、收穫大增之利，並可在灌溉流域內廣植樹木蔬果，其經濟效益十分可觀。

　　該文最後報道了褚民誼參加涇惠渠放水典禮後之感想，略謂：

　　「往觀涇渠各口水閘工程，頗為完善。涇渠水由兩山夾峙之深谷中，一瀉而出，閘可啟閉，實有益於水利之增減，農田則受惠匪淺。此第一期工程，足

1932年6月褚民誼參加陝西省涇惠渠放水典禮時拍攝的「涇惠渠石閘」之攝影（南京美社第三回展覽上展出）

可灌田一百萬畝,自此之後,陝省各縣,當無慮荒旱之弊,等云。」下圖是褚民誼當時所拍的「涇惠渠石閘」之攝影,曾在美社第三回展覽上展出。

已如本篇第五章之第二節「執掌建委,繪製藍圖」中所述,褚民誼為動員社會各界積極參與西北的開發建設,於1932年6月6日在上海世界社與農工銀行聯合舉辦的系列演講會上,發表了題為〈開發西北問題〉的演說。此時前述的涇惠渠業已順利竣工,他在強調交通建設對開發西北之重要性的同時,歷述了應採取植樹造林、築堤蓄水、開渠疏流等科學方法,以抵禦嚴重的自然災害。特別是以陝西省政府與民間合力,修建涇惠渠取得巨大效益的成功範例,動員資本家與政府合作,籌集資金,協力開發西北。(《申報》1932,6,6)

1931年夏季,長江流域因降雨量超高,爆發了歷史上罕見的特大洪水,沿江堤防到處潰決,洪災遍及四川、湖北、湖南、江西、安徽、江蘇、河南等省,其中以兩湖災情最重,武漢三鎮被洪水圍困達一月之久。褚民誼在此災情最嚴重的時期,遠在新疆考察。返回時他曾計劃將新省主席金樹仁臨別時贈與的旅資四千金,全部捐贈給該省新建的「平民醫院」。然而,當他9月上旬回到京滬得知災情後,立即做出了「以半數(二千元)捐給各省水災急賑,其餘半數仍捐入平民醫院」的決定。(《申報》1931,9,17)嗣後不久,相繼爆發了日本入侵東北的「九‧一八」事變和次年的「一‧二八」淞滬之戰。為了一致對敵,國民政府改組,汪精衛任行政院院長主政,蔣介石任軍事委員會委員長主軍。褚民誼此時出任行政院秘書長,在百忙的政務中,繼續關注民生所繫的賑災和水利事業。

為了應對1931年這場洪水造成的巨大災難,政府與民間通力合作,在急賑救濟災民的同時,為修復沿江各地的堤埂付出了大量的資金和努力,取得了顯著成效。在經歷了1932年洪峰考驗之後,據《蘇州明報》(1932,11,29)報道,「國府救濟水災委員會,為建築長江堤防,邀請中外人士及各界團體,組織工賑修理堤工察勘團(後稱「堤工察勘團」)」於廿八日下午三時,在江新輪上舉行成立典禮。該專輪由滬啟程赴京,沿途勘看後,於廿八日晨二時抵達。「中午宋子文(時任行政院代理院長)邀全團人員,在勵志社設宴。對堤防工程,宋有極詳報告。略謂去年災情損失奇重,堤工今年告成,可彌後患。防災堤工有七千四百公里,公費共七千萬之鉅」,等云。典禮畢,察勘團隨即於當日乘該輪崑赴沿江,視察長江堤岸工程。

《時事新報》（1932，12，2）上刊登了題為「西行途中之堤工察勘團，江新輪上名流薈萃，駛過皖省視察詳況」的報道。文中謂「國府救濟水災會察勘堤工團一行，乘坐之江新專輪，於（十一月）二十八日下午七時，離京駛往上游，國府特派衛士二十二名，隨輪保護。此次參加察勘堤工委員，由南京登船者，計有行政院秘書長褚民誼、內政部代表陳湛恩、鐵道部代表周稚棠、賑務委員會會長許世英、察勘團籌備主任李組紳暨夫人、上海市商會聞蘭亭、揚子江水利整理委員周象賢、實業部代表胡博淵、陝西省政府參議柳民均、慈幼協會吳維德、羅運炎博士、諸文綺、勵志社黃仁霖，暨水災工賑處職員……等，合由上海下船參加者共七十餘人，並由勵志社黃仁霖，在船上任總招待之職。」

　　為便於在長江兩岸勘察，「國府特派利湖小輪一艘，自南京出發，隨江新（輪）上駛，以備於視察堤工時，作渡輪之用。」堤工察勘團在沿江勘查堤防工程的同時，對堤工和災民們的生活亦十分關心。船行經江蘇進入安徽，「念九日上午，皖省府特派長江水上安平巡輪，至江新保護。省主席吳忠信並致函褚民誼氏，表示歡迎察勘團。」下圖是12月1日安徽省主席吳忠信歡迎堤工察勘團時的攝影，刊登在1933年6月《一年來之安徽政治》刊物上。」

　　堤工察勘團沿江西行，12月1日抵江西九江，2日至湖北黃石港一帶，於3日到達漢口。《華北日報》於次日報道，「褚民誼、許世英、李晉（組紳）等七十餘人，三日晨乘江新輪抵漢，各要人均在輪埠歡迎，當至揚子江飯店休

1932年12月1日安徽省主席吳忠信歡迎國民政府救濟水災委員會堤工察勘團之攝影。前排右起，吳忠信、李組紳、褚民誼、周象賢、許世英、胡博淵等（1933年6月《一年來之安徽政治》）

息，上午視察沿江堤，至姑嫂樹茶會，褚民誼有演說，並參觀孤兒院，李晉講述該院成立經過。下午渡江視察青山堤、武泰閘、武豐閘，晚返漢。」鄂省府及水災善後會，於晚七時半假金城銀行二樓，歡宴堤工察勘團，全體團員均到。「夏斗寅（湖北省主席）首致歡迎詞，略謂「去歲全國水災，鄂尤奇重，賴水災會培修堤防，鄂民受賜實多，特代表三千萬湖北人民致謝。」次由褚民誼答詞，略謂：「堤工完成，係政府與人民合作成績。但堤防僅為治標之計，希望政府人民更切實合作，積極於治本之圖。」

當時蔣介石總司令正在漢口，是晚褚民誼偕許世英謁蔣商談。然後，褚氏為出席行政院例會及參加三中全會，於四日乘江新輪先行返回南京。堤工察勘團則繼續在漢口活動後，換輪分組出發，赴長江上游視察。《時事新報》（12，7）上，對此有詳細報道。

據該報報道，「四日午後四時，蔣總司令假金城銀行大樓，舉行茶話會，招待察勘堤工團暨豫鄂皖三省災區籌募臨時義賑會視察團，及首都北平上海各界組織之匪區視察團。「席間由蔣致歡迎詞，略謂，在此國難與剿匪期間，得與察勘堤工團及匪區視察團中外人士，聚首一堂，至為愉快，希望各位指教，貢獻意見。言次對於各團員不辭跋涉，長途視察，深致謝意。致詞畢，由許世英、全紹武（北平各界視察團代表）、暨水災會委員辛普森，相繼演說。後蔣氏再度致詞。六時許，賓主盡歡而散。」接着，當晚七時漢口市政府吳國楨市長，假鹽業銀行二樓，歡宴察勘堤工團。

賑務委員會會長許世英，在蔣氏茶話會的致詞中，概述了災後重建的情況，謂「去年大水，江淮漢運各流域之堤岸，幾乎全被沖毀，武漢三鎮，所受的損失，尤其重大。在坐各位，都是知道的。大水發生之後，政府立刻就派人來辦理救護、防疫、衛生的工作。同時特組織國府救濟水災會，由宋院長擔任委員長，分設工賑、急賑、農賑各處，籌備各種救濟工作。對於堤圩修築一層，在事人員，始終異常出力。到了現在，江淮漢運各堤工，已經全部落成。同人等此回沿江勘察，雖然看的僅是堤工之一部，而一般的表示，認為堤工工程，都極堅固。本年夏季雨水很多，可是最高水位，距離堤面還有一二公尺不等。沿江的田畝，得到很好的屏障，結果都沒有被淹。本年的年成，很是豐盛，百姓們都是感謝政府的恩澤。世英以勘察團員的資格，認為此回堤工，能以最經濟的方案，於最短的時間，成就如此有效的偉大工程，實令我們非常佩服。此回經過蘇皖贛鄂四省，所有江岸農村的經濟，比較去年，確已恢復不

少……等云」

作為外賓代表的辛普森，在其致詞中稱，「兄弟來華，參加救濟水災工作，異常榮幸……此次建築三千英里之堤工，而於最短時間，完成此種驚人成績，為兄弟第一次見。過去民眾，祇知政府是收捐納稅的，自國府成立後，民眾屢得政府救濟，以及此次水災救濟，當更進一步地信仰政府……農村金融，不久即可得到根本解決，相信今日所到外賓，一定十二萬分的同情，並積極願意贊助。」

褚民誼回到南京後，如右圖所示，《時事新報》（12，7）上以「褚民誼談視察印象，長江堤工堅固，疏浚長江為治本辦法」為題，刊登了該報六日的南京來電：「褚民誼談視察堤工印象云，沿江一帶堤工，均甚堅固。所築堤圩，有沿江修築者，有離江二三里者。因江岸曲折，水流疏急，江畔沙岸，每為衝去，故建築堤須離江岸較遠。長江形勢誠有滄桑之感，小姑山前在江心，近已附距江岸，焦山亦有此趨勢。言水利者，築堤係消極辦法，疏浚長江使順導水勢，方為治本辦法。余在漢三日晤蔣，言四日內決返京。」

褚民誼視察長江堤工後發表的察勘印象（《時事新報》1932，12，7）

抵禦自然災害，是一件警鐘長鳴的民生大事。經歷1931年洪災，長江江堤緊急修復加固後不久，1933年夏季長江流域又出現水漲災象。《江蘇明報》（1933，6，22）上報道，據全國經濟委員會委員秦汾談，近來「長江水勢，仍奇漲不已，將達六十年來同月新紀錄。」褚民誼對此水勢，發表談話謂：

「連日江水暴漲，幸去年所築之長堤，異常鞏固，距水尚有五六尺。漢口水勢距岸亦有四尺左右，長沙尚差尺許，九江及南京則僅差六七寸耳。二十年（1931年）之長江水災，由於十九年冬季雨雪太多，迨至二十年春夏之交，冰雪溶化，急流無法排洩，乃至成災。去冬雨雪較少，希望今夏天氣不致暴熱，可使冰雪逐漸溶化，而得洩流。更望今夏之東南風較少，可使江流排洩較易，則可望不致成災矣。惟此係天時，非人力所能左右。是故中央業已嚴令主管機關，對於完好之堤岸，務必嚴密防備，對於衝毀之堤岸，應速急予修理，

俾能竭盡人力以防天災。蔣委員長亦已嚴令湘鄂贛三省當局嚴密防災，準備搶險。」等云。該報稱，為了預防長江水患，長江防泛會於6月22日在京召開，有湘鄂蘇皖贛等省參加，防泛之中心乃在於搶險。

曾幾何時，繼上述長江水患之後，1933年初秋，作為我國第二大河的黃河下游發生特大洪水[47]。國民政府於1933年9月成立了黃河水災救濟委員會，據《蘇州民報》（9，14）報道，其衛生、工程、和賑災三組主任，劉瑞恒、周象賢和習德炯乘專機、於9月13-14日，「詳察沿河被災各區實地情形，及人民被災痛苦狀況，分別擬定救濟及工賑辦法，報告黃河水災救濟會，着手進行。政府決定救濟款四百萬元，宋部長極力籌撥。災情查竣後，即按災情輕重，分配賑款。」國府黃河水災救濟委員會成立之初，由財政部長宋子文任委員長。嗣後，孔祥熙接任宋子文辭去的財政部長之職，並繼任該會委員長，於11月22日在京召開第三次常會，議決要案多件。（《時事新報》，11，23）

與此同時，上海市各慈善團體也積極行動起來，成立了籌募黃河水災急賑聯合會，一時間各災區的乞賑請求紛至沓來。《時事新報》（1933，9，7）報道稱，該聯合會於9月6日在仁濟堂，召開第一次執行委員會，討論籌款賑濟冀、魯、豫、蘇四省災民及各分區乞賑事宜，議決「本會此次先行籌借賑款五萬元，應如何分配，迅速散發災區急賑案」。接着，該報於9月11-12日報道，由黃金榮等人發起，經邵如馨等籌備，自9月11日起至13日連續三天，在上海大世界舉行上海籌賑黃河水災遊藝大會，邀請藝術家、國術家、名伶、名花，表演義務戲劇、歌劇、武術等，「門票價目照常，場內並不募捐，所得卷資，交由上海各慈善團體黃河水災急賑聯合會轉放災民。」在11日的開幕典禮上，有本市各界領袖、中外紳商等六十餘人出席參觀指導，褚民誼、張鼎丞、吳鐵城、吳醒亞、吳凱聲五人為主席團。褚民誼在會上報告了行政院接得各省來電報告災況情形。此外，會址設在南京的國府黃河水災救濟委員會，為就近與滬上各界接洽聯繫，特在上海外灘設立辦事處。

褚民誼在文藝體育界有廣泛的人脈關係，親自參與和組織名家義演活動，是他在民間籌募善款經常采用的一個平台。其中，有關他自己以及組織梅蘭芳等名伶獻演義務戲之詳情，將在本篇後續第十章之第三節「傳承崑曲，樂為票

---

[47] 據孔祥熙在黃災農賑南京募款委員會開幕典禮上的報告中稱，「查黃河流域，受災之嚴重，實亘古之未有，河北、河南、山東三省災情，最為嚴重，計潰決堤防達三十餘處，被損房屋約五十三萬，被淹村鎮四千，災民人數達三百二十萬以上。」（《華北日報》1934，1，29）

友」中記述。在進入1933年歲末年關之際，《時事新報》（1933，12，16）報道，戰區難民救濟會，為積極救濟東北戰區難民起見，定於本月三十日起至明年一月三日止，先後在湖社、中央大禮堂和寧波旅滬同鄉會，舉行遊藝大會，表演武術、自行車車技、魔術、國樂和歌舞，並放映明星、聯華兩公司及中國教育電影協會之影片，日夜兩場，所得售價，悉充難民賑款。行政院秘書長褚民誼，為聯絡各界，「於17日下午宴請上海聞人，王曉籟、張嘯林、袁履登、朱子橋、杜月笙……等數十人，報告舉行遊藝會情形，並請盡量援助，拯救戰區災黎。」

前述，曾投入鉅資與政府合作，修建陝西省涇惠渠的「中國華洋義賑救災總會」，是國內最大的慈善救災團體，於二十世紀二十年代初為了賑災，由中外合作在北京組建起來，其下設有多個地方分會，與政府關係密切。面對此次黃災，該會在發揮河南、山東兩分會救災作用的同時，努力與政府合作，除辦冬賑、春賑外，再舉辦農賑，以補政府之不足。（《華北日報》1933，11，13）次年1月6日，該會即在山東省菏澤縣，設立第一黃災農賑事務所，開始放貸，擬經試點後，進行推廣（《華北日報》1934，1，16）

在中國華洋義賑救災總會的建議下，在首都成立了「黃災農賑南京募捐委員會」。《華北日報》於1934年1月22日報道，該委員會「分八隊募捐，由朱培德、褚民誼等分任隊長，並舉行各種游藝。該會定二十五日下午七時，召集各募捐隊長開會，八時行開幕禮，並宴請全體中委。」接著，該報於1月29日報道，開幕式在勵志社歡宴全體中委散席後，於夜八時在勵志社大禮堂舉行。到中委蔣中正、汪兆銘等數十人，暨來賓四五百人。行禮如儀後，由該會主席孔祥熙報告籌備經過和災情之後稱，「本分會自在南京開始募捐後，已募得款項二萬元，照原定在京募款之五萬元，猶差三萬元之數。深冀社會熱心人士，慷慨輸將，並希募捐隊員努力勸募以達到五萬元之數。」嗣由總會會長王正廷演說，謂「刻本會之成立，為一種有組織之募款機關，並有孔庸之委員長及各隊長隊員之努力，深信五萬元不但可如數籌足，更可冀超過此數目云云。」王氏致詞畢，「繼以餘興，計有行政院秘書長褚民誼、魏新綠女士空城計，褚氏飾司馬懿，表演異常工穩出色，掌聲不絕。最後有金少山及陶正伯兩君之捉放曹，亦多精彩，直至夜十一時始散會云。」

黃河水災剛消，1934年夏天，江南又發生嚴重旱災，繼7月21日（周六）行政院召開救濟旱災臨時會議之後，接着又於24日（周二）再次召開會議，

「商討蘇浙皖三省府及京滬兩市府所擬之救災工賑計劃」。次日《時事新報》報道，「到汪兆銘、羅文幹、陳紹寬、黃紹雄、陳公博、朱家驊、王世杰、陳樹人、石青陽、劉瑞恒、徐謨、段錫朋、鄭天錫、曹浩森、鄒琳、秦汾、曾仲鳴、褚民誼、彭學沛等二十餘人，江蘇省建設廳長沈百虎、浙江省建設廳長曾養甫、安徽省建設廳長劉詒燕，及南京市政府代表賴璉、上海市政府代表吳桓如等，亦均列席。汪兆銘主席，繼續上次會議討論蘇浙皖三省旱災救濟辦法，經決議：一、關於賑災由各省繼續調查災情重輕，災區廣狹，分別辦理；二、關於農業建設，函全國經濟委員會，並財政實業兩部核議，於下星期二具復。

散會後，據褚民誼語中央社記者謂：

「關於救濟旱災工賑計劃，業由蘇浙皖三省及京滬兩市擬就，今晨行政院會議，前由各該省市提出研討，先由各代表分別報告，計劃內容大都注意於整理湖渠水道及建築倉庫及其他農業建設事業。至於所需經費，則滬市需六十二萬四千元，京市尚無確數，蘇省需一千七百萬元，浙省需二千八百萬元，皖省需一千萬元，合計共需五千數百萬元，再加京市所需，大約總數在六千萬元左右。上星期六本院臨時會議討論救濟旱災事件時，對工賑經費曾估計需費三千萬元，由政府設法擔任。但此項鉅款，中央究將如何籌措，當時尚無具體辦法。今各省市將工賑計劃擬妥，而所需之經費，已超過原擬定數額一倍。故經會商結果，決將各省市所提交之計劃，交由財實兩部，並請全國經委會參加詳加審查，於下星期二具復，再提出討論，依各計劃中所擬之緩急輕重分定進行步驟，然後依次辦理。至各省市來京列席代表，則可不必再來京列席會議，俟商有結果後，由本院電知各該省市。」

褚氏又談：「此外察綏兩省府主席亦因水災電呈行政院請求救濟，今日亦提出討論，決交由財部及賑務委員會負責商定救濟辦法。財部孔部長因身體尚未恢復健康，故今日未來京出席院會，但對救災事有極詳細之電報，致行政院。對於救濟旱災水災之辦法及經費，述說綦詳。大意謂水災與旱災不同，水災後人民田廬被淹，衣物無存，對衣食住均需代為設法。旱災後則僅缺乏食用，其房舍衣用各物尚無問題，故只須準備糧食，貸與災民等語。總之一切救濟計劃及經費，均交由財實兩部及全國經委會詳細審查，提下週院會決定云。」

為提倡節衣縮食度過難關，在10月31日召開的第431次中央政治會議上，做出了「公務員捐薪助賑辦法」。次日《時事新報》上報道，該次中政會「到

居正、葉楚傖、汪兆銘、孫科、陳立夫、褚民誼、朱培德、石青陽、朱霽青、王正廷、黃紹雄等三十餘人。」由孫科主席，議決「通過公務人員捐俸助賑辦法八項，交國民政府通飭實行「等多起要案。該捐俸助賑辦法中規定，凡公務員月俸在五十元以上者，每月捐百分之二，共捐六個月，自民國二十三年（1934年）十一月起，至民國二十四年（1935年）四月止，五十元以下者免捐。關於鹽務、鐵路、郵政、電政等機關，及一切國營公營事業機關人員，教育行政機關人員，國立、公立中等以上學校及學術文化機關人員，軍警機關人員，一律照捐。軍事機關部隊人員之薪俸，已有折扣者，量力捐助，並明確了收捐之責任和具體辦法。所得捐款之支配分撥，由行政院主持辦理。

為了發動民間籌集賑款，以補政府經費之不足。在賑務委員會委員長許世英等人的努力推動下，1934年10月13日在上海成立了「籌募旱災義賑會」。（《時事新報》1934，10，7；13）

1935年春，災情過後，據《東南日報》（1935，5，1）報道，「行政院前據賑務委員會呈報，請頒給賑災出力之杜鏞（月笙）等勳章。經院會決議通過，呈經國府核准予頒給杜鏞、張寅（嘯林）、黃金榮、韓芸根、徐懋棠三等采玉勳章，吳瑞元四等采玉勳章。現國府派褚民誼三十日夜車赴滬，代表授勳。又查杜等捐款數如次，杜鏞86636元、張寅84859元、黃金榮58413元、韓芸根52547元、徐懋棠5萬元、吳瑞元4萬元。定一日在黃金榮宅舉行授勳儀節。」5月3日《時事新報》上專文報道稱，「一日下午一時，在漕河涇黃家花

1935年5月1日國民政府代表褚民誼和賑務委員會委員長許世英，在向賑災有功人士頒授采玉勳章典禮上的合影。右起杜月笙、黃金榮、許世英、褚民誼和張嘯林（《時事新報》1935，5，3；《東方雜誌》[2.1] Vol.32，No.10，1935，5，16）

園舉行了隆重的授勳典禮，受勳的有杜月笙、黃金榮、張嘯林、韓芸根、徐懋棠、吳瑞元諸先生。「授勳典禮的舉行，是在園正中的「四教廳」內，佈置簡潔，先由賑務委員會委員長許世英氏報告今日國府授勳的意義，同時說今日授勳的諸位先生都曾自捐國幣二十萬元以上，或自捐五萬元以上，來救濟災民的大善士。後由國民政府行政院代表褚民誼氏授勳，將勳章一一懸挂在每人的胸前。這隆重的典禮就在這莊嚴盛況下完成。」前頁下圖是許世英和褚民誼與杜月笙、黃金榮、張嘯林在授勳典禮上的留影，登載在該報以及《東方雜誌》[2.1]Vol.32，No.10（1935，5，16）等刊物上。

在那些抵禦自然災害能力甚顯薄弱的年代裏，在中華廣闊的大地上，各種天災或輕或重、此起彼伏，幾乎年年都有，作為行政院秘書長的褚民誼對此十分關心，上述記載了一些災情比較嚴重時的賑災情況，由此可見一斑。

第五節　提倡馬車，應對漏卮

當時的中國內憂外患，執掌行政院秘書長的褚民誼，倍感財政上的捉襟見肘，外貿嚴重入超致使外匯緊缺更是難題。汽車購置連同日常耗費的汽油，完全仰仗進口，眼看都市里的汽車不斷增加，這筆漏卮，年年數目驚人，從而使他萌發出以馬車代替汽車的主意，以暫渡難關。下圖是1930年前後，他站在當時常用汽車旁的留影。那時行政院的高級官員，平日例行汽車費用概由公家負

1930年前後褚民誼在經常乘用的汽車前留影

擔。他首先從自己做起，並要求他的下屬一律改乘馬車，還希望推行到政府各部院。

褚民誼的這個倡議，雖然得到一些響應，但是不免受到平日養尊處優的官吏們的詬病和抵制，阻力重重。為此，他不斷地擇機進行呼籲和宣傳。1934年10月20日中華全國道路建設協會在上海召開第十四週年徵求會員大會，有孔祥熙、王正廷等三百余人出席。財政部長孔祥熙任總隊長，褚民誼任總參謀，上海市長吳鐵城任總指揮。褚民誼代表行政院汪（精衛）院長到會並演講，在肯定交通建設和全國道路協會工作的重要性之後，他話鋒一轉地說道，「關於公路築成後之交通工具問題，本人以為在中國自己不能製造汽車，自己沒有汽油的時候，提倡馬車是唯一補救的辦法。因為在內地鄉村，馬車確是種比較適合的交通工具。不過提倡馬車並不是開倒車，因為這猶好像我們平時吃慣魚翅海參，必要的時候，就吃些青菜豆腐，這一點希望大家要明瞭。提倡馬車，在中國確是有許多優點。」（《申報》1934，10，21）

《新生周刊》[2.28]第1卷第28期（1934，8，15）的封面。褚民誼驅馬車前往歡迎游泳運動員楊秀瓊（右3）從菲律賓第十屆遠東運動會凱旋歸來與家人一起到南京表演，照片上是褚氏（右1）作駕車狀楊氏三姐弟坐在車上的攝影

也就在他積極推廣馬車之際，出現了一件令國人十分振奮的事情。1934年5月在菲律賓舉行第十屆遠東運動會。遠東運動會係由當時美屬菲律賓發起，先後得到中國和日本的響應，於1913年召開第一屆大會。兩年後，第二屆在中國上海舉行，規模大增。第三屆日本正式參加，此後有印度等國加入。1920年被國際奧林匹克運動會承認後，每四年與奧運會間隔舉行，成為遠東最有影響力的運動會。其中，中國和日本之間是主要的競爭對手，並在歷史上屢有波折發生。第十屆遠東運動會在菲律賓小呂宋舉行，有中國、日本、菲律賓、荷屬東印度，安南（今越南）五國參加。會前日本曾竭力活動，陰謀將滿洲國塞入這次運動會，經我國堅決反對而遭挫敗[48]。（《申報》1934，3，6）

由於昔日不重視體育，國人體質普遍羸弱，運動成績較差，曾被外人譏為「東亞病夫」。通過近年來中央政府對體育運動的大力提倡，特別是在褚民誼

---

[48] 在日人的一再干擾和我國的堅決抵制下遠東運動會此後停辦。

的主持籌辦下，相繼於1932年和1933年召開了全國體育會議和第五屆全國運動大會，面貌有了明顯改觀。當我國選派參加第十屆遠東運動會的運動員，尤其是颯爽英姿的女運動員剛踏上菲律賓時，憑藉著游泳曾是菲律賓的強項，菲人竟發出挑釁之評論，謂「中國之女選手係比賽美麗而來，非來作運動競賽」。我國的運動員則以非凡身手的實際行動，給以徹底的批駁。會上，中國女子游泳運動員表現突出，幾乎囊括所有金牌，游泳場上屢升國旗、迭奏國歌。在我國第五屆全運會上嶄露頭角、獲得多枚金牌、有「美人魚」之譽、年僅16歲的廣東香港選手楊秀瓊，更是個人包攬了50和100公尺自由泳及100公尺仰泳三項金牌，並與隊友一起奪得200米接力金牌，其中50公尺自由泳還打破大會紀錄，威震菲島，當地人譽之為「中國小姐」，令海內外華人歡欣鼓舞，揚眉吐氣。（《申報》1934，5，16；19）

運動健兒們在國際上的驕人表現，激發了國人的愛國熱忱，受到各界人士的高度讚揚，同時也帶動了我國游泳運動的開展。那時正當蔣介石提倡新生活運動，其總部設在南昌。1934年7月南昌新生活俱樂部新建的游泳池落成，邀請楊秀瓊前往揭幕並在水上運動會期間作表演。楊秀瓊的游泳自幼得到乃父游泳家楊柱南的培養，她的姐姐秀珍年18也是游泳運動員，弟弟昌華年僅13亦善游泳。接南昌來電後，闔家五人，於7月13日從香港乘船北上，經停上海赴南昌，參加贛上運動會後上廬山，謁見在那裏避暑的林森主席。返程時順江而下，應邀於8月1日到2日在首都舉辦的南京第一屆游泳運動會上一顯身手。

作為體育界的前輩和積極推動者，褚民誼對後起之秀的出師大捷充滿喜悅，倍加讚譽。其時，他正在努力推廣用馬車代替汽車，便親自駕駛他自備的交通工具，首都第一號馬車，前往下關碼頭迎接楊秀瓊一家。他認為這是一個難得的宣傳馬車的機會，遂在記者們的慫恿下，擺出褚氏駕車楊氏姐弟三人搭乘的姿態攝一照片，分送各媒體。如右圖所示，《新生周刊》[2.28]將其作為1934年8月18日出版的第1卷第28期的封面及時予以醒目報道。圖中左下角的標題為，「能者多勞之褚民誼先生，楊家姐妹過京表演褚氏駕自備馬車親往迎迓」。其他報刊，如著名的《東方雜誌》[2.1]，也於9月1日第31卷第17期上，刊登了上述相同的照片。

國內各大媒體對楊秀瓊一行在滬、贛、寧等地受到的熱烈歡迎和活動盛況進行了跟蹤報道。後頁上兩圖分別是楊氏一家抵達上海時在輪船上，以及楊氏姐妹在廬山上受到國民政府主席林森親切接見時的照片，先後刊登在《新生周

楊秀瓊（左2）與她的父母和姐弟到達上海時在輪船上的合影[2.28]Vol.1，No.24（1934，7，21）

國民政府主席林森在廬山上接見楊秀瓊（左）和姐姐楊秀珍（右）時的合影[2.28]Vol.1，No.29（1934，8，25（

刊》[2.28]第1卷第24期（1934，7，21）和第29期（1934，8，25）上。

《勤奮體育月報》[2.23]第1卷第11期（1934，8）上，詳細報道了南京首屆游泳運動會的盛況。賽會8月1日和2日從午後至傍晚在中央體育場游泳池舉行，首都人士不顧39度的酷暑，踴躍參觀，以一睹楊氏之風采。開幕式由籌備組主任褚民誼主席，禮儀後報告開會意義，繼由教育部長王世杰代表行政院汪院長致詞畢，即宣佈開始比賽。連日來，在首都游泳健兒進行各項競賽期間，楊秀瓊全家悉數登場穿插進行表演，或單人或組合，展示嫻熟的自由泳、蛙泳、仰泳、側泳各種泳姿，還上演了拿手絕技，如秀瓊的螺旋轉式游泳、昌華的幛眼蛙泳直行、楊父的倒行自由泳等，花樣翻新，各盡其妙，全場不斷響起雷動的掌聲。褚民誼於開幕當晚在公餘聯歡社宴請楊氏全家，次日則親自在賽場照料（見右圖）。行政院長汪精衛偕曾仲鳴、谷正倫於閉會前到場參觀，接見楊氏父女，並贈汪氏本人所備之銀盃。王正廷及陳樹人夫婦亦到場參觀。賽會和表演均獲圓滿成功。

《旅行雜誌》[2.10]第8卷第10期

1934年8月2日，在第一屆南京游泳賽會上。右起：褚民誼，楊秀瓊及楊弟昌華[2.23]Vol.8，No.10（1934，10）

（1934，10）上載文，着重介紹了優秀游泳運動員楊秀瓊的成長過程。其中披露：「褚（民誼）先生和僑務委員陳樹人以及唐生智等聯名向政府建議，請求官費派遣楊氏姐妹，赴美國留學，可使她同美國的游泳家多得接近切磋的機會。預備將來出席世界運動會，為國增光」等云。

身為行政院秘書長的褚民誼，以身作則，於國家困難時期，在公務官員內大力推廣使用馬車，並在首都南京親自驅車前往歡迎楊秀瓊凱旋歸來，一時傳為佳話。在當時的官場舊習俗和未盡開放的社會環境下，堂堂一位行政院秘書長，驅車行走在大街之上，甚至還去歡迎一位年方16的女游泳運動員及其姐弟，有人讚賞，也有人感到難以理解。1936年9月15日出版的《褚民誼先生武術言論集》[1.37]一書，在其卷前登載蕭瑜撰寫的〈褚民誼博士傳略〉一文的同時，還配以〈附錄名人生活一篇〉。後者係「新聞報名人生活」之一，文中生動地描繪了褚氏的愛好、性格和為人特點，對他提倡馬車之舉更有詳細記述，摘引於下：

「一般人以為做高級機關的秘書長，必須（一）文質彬彬，（二）言行不苟，才能夠保持官場中的體統。褚先生根本就不合這兩箇條件，踢毽子放風箏是小把戲的頑意兒，何況有時畫了一箇大花面，現身於籌賑募捐的游藝會呢？……但是，我們要知道，褚先生是留法先進，法國人是慣於放蕩行骸，不拘細行的，是少有階級意識的。」他做行政院秘書長的時候，在首都發起一所公餘聯歡社。「當褚先生在公餘聯歡社有人稱呼他為『秘書長』的時候，他常常皺著眉頭說：「下了辦公廳，何必再把這箇官銜加到我的頭上呢！叫我一聲社友或褚先生不是很好的嗎？」

「當然，在缺乏幽默材料的我國，一件極平凡的事情，也許讓人們渲染得成為一箇笑話。當二十三年（1934年）首都舉行游泳運動會[49]時，褚先生請游泳選手楊秀瓊女士坐在馬車裏，他自己飾一執鞭之士，在萬目睽睽中攝了一張照片，一般人都認作驚世駭俗之舉。但褚先生當時的用意，是在提倡馬車。他做夢也想不到會有人竊笑的。他常常的想着，都市裏的汽車有增無已，徒然替外國推銷汽油，這筆漏卮，每年有着驚人的數目。行政官吏，雖不能安步當車，何妨用馬車來代替汽車呢？所以他那年提倡馬車，凡是行政院簡任以上的官吏，平日照例是有汽車可坐，而且汽車的費用是由公家負擔的，他忽然傳下

---

[49] 原文誤為全國運動會。

話來，一律改坐馬車。這箇方法，他還想推行到各部院……可是褚先生的馬車運動，曲高和寡，不單是各部院不願如法炮製，便是行政院中人也指為一件「虐政」。褚先生暗暗地想着，一般人趨尚摩登，而摩登風氣之造成，必有摩登士女為之提倡。本人既不摩登，所以想借摩登的游泳女選手號召一下。他把那箇照片，分送給全國著名的報紙登載，以為馬車必可以風行全國了。豈知馬車之不風行如故，反有許多人把這件事當作幽默材料。」

該文後的編者按中予以補充道，褚民誼提倡馬車一事，「固屬曲高和寡，但探索實情，於歡迎楊之家屬，當時徇新聞記者之慫恿，褚公坐於車上，作執鞭之勢，以攝一影而已，安曾實躬為楊秀瓊執鞭哉？然首都私家紅底白字之馬車照會，褚公首先為第一號。迄今風氣竟因而一變，已有數十號之多，自此則不讓白底綠字之營業照會獨步，躑躅於中山路，馳驅於寢園畔，而爭前恐後矣。足徵天下事，在乎擇其善而倡導之、實行之，何患不聞風興起耶？亦何患曲高和寡耶？」

應該說，當時提倡馬車是解決暫時困難的一種權宜之計，雖然未能得到普遍的推廣，但是褚民誼的這種自討苦吃的創舉，和為此提出「必要的時侯，吃些青菜豆腐」的響亮號召，體現的是在國難時期與民同甘共苦的憂國之情，以及打破常規不拘一格的實踐精神，真可謂是：

青菜豆腐馬蹄聲，自討苦吃率先行；
應對國難用心苦，亮節高風青史明。

在事實真相和褚民誼高風亮節面前，那些曾經的肆意歪曲渲染，甚至以所謂的趕馬車「緋聞」進行的人身攻擊，顯得多麼的低俗無聊和不值一駁啊！

第六節　首屆籌備，國民大會

正當1933年初蔣介石率大軍全力在江西圍剿作戰無力旁顧之際，日本舉兵深入佔領我山海關。正在國外養病的汪精衛，聞訊急忙于3月17日返抵上海，重掌行政院院長並兼外交部長之職，努力執行「一面抵抗，一面交涉」的政策，在南京中樞聯絡各方，艱難地維持局面。嗣後，他曾一度於1935年肝病發作到青島靜養，病稍愈即參加並主持於是年11月1日在南京召開的國民黨四屆

合影照左半部，第一排左起：宋子文（3），李石曾（6），孔祥熙（9），林森（12）；四排：曾仲鳴（右3）

合影照右半部，第一排左起：張學良（1），居正（2），蔡元培（3），張靜江（4坐）、于右任（5）、汪精衛（6），張繼（9）；三排：陳立夫（右3）；四排：陳璧君（右1）；五排：褚民誼（右1）

1935年11月1日中國國民黨第五屆六中全會開幕式後的合影（《良友》畫報[2.9]No.111，1935，11）

六中全會，開幕式攝影（見後頁上圖）後，遇刺受傷，無法任重，遂於12月1日電請辭職，並於次年1月17日從上海乘船前往德國就醫。[3.86]

汪精衛受傷後，國民政府曾發出2656號指令（1935，11，8），由副院長孔祥熙代行行政院長。[3.60]1935年11月12－23日國民黨第五次全國代表大會在南京舉行，褚民誼繼續當選為中央監察委員。在12月7日五屆一中全會第五次大會上，議決胡漢民任中央常務委員會主席，汪精衛任政治委員會主席，蔣介石任該兩會副主席，林森繼任國民政府主席。同時選任了各院院長：蔣介石為行政院長，孔祥熙為副院長；孫科為立法院長，葉楚傖為副院長；居正為司法院長，覃振為副院長；戴傳賢為考試院長，鈕永建為副院長；于右任為監察院長，許崇智為副院長。會上還決定成立國民黨中央「文化事業計劃委員會」，陳果夫任主任委員，褚民誼和張道藩任副主任委員。（《時事新報》，12，8）緊接着12月12日國民政府第1920號令，任命了各部新部長。並於12月13日國民政府1921號令，准褚民誼呈請辭去行政院秘書長職務，任命翁文灝為行政院秘書長。[3.60]

原行政院秘書長褚民誼，離職前夕曾主席了12月9日上午舉行的行政院總理紀念週，會上他代表汪精衛和他本人向全體職員話別，道出了他當時的心境。《時事新報》（1935，12，11）上，照錄了他的致詞原文。講話在簡要介紹五屆一中全會的經過和所作的組織調整決議之後說道：

「政府方面，國府主席仍舊，本院院長因汪院長負傷在滬療養，向一中全

會辭職，已決定由蔣委員長擔任。汪院長得了這個身清，非常欣慰，今天報上已有登載，這是汪院長對國事非常關心。自己負傷不能工作，焦慮不已，今知蔣委員長親自擔任本院院務，一切可以放心，所以非常欣慰。

汪院長是很努力的，前次從青島回京以後，病體並未全愈，總是力疾工作，非到不能起立時，不肯休息。受傷之後，在滬冉割，引起膽囊發炎，若不急醫治，蔓延至膽管，則病勢更為嚴重。昨天因為本院簡任職員去信慰問，非常感謝，口授曹秘書作復，親自簽字。本人當時口頭曾代本院全體職員慰問，汪院長也是非常感謝，並托本人代為致意說，「擔任本院院長四年，多承同人襄助，希望各位繼續從前的精神，在蔣院長領導之下，為國家服務。」

本院負責有人，本人得卸仔肩，非常快慰，擬於本日下午四時謁蔣院長代呈各部會署長官彭處長及本人辭呈，並把行政院組織法修正草案、處務規程、會議規則、職員工作分配表及經費預算，呈送院長閱看。

本人自一二八事件發生時，擔任本院秘書長以來，已經四年，自問係學醫藥之人，當此重任，實不量力。好在本院規模素具，各位克盡厥職，尚無太多錯誤。凡在行將離職，應向各位表示感謝。本人個性好動，本與秘書長職務不甚相宜，最近中央把本人列在文化事業計劃委員會，大體也是知道本人個性之故，以後本人能藉此在社會方面稍有貢獻，也是一種快慰的事情。

目前院中公事，除會計庶務兩科須辦結束外，其餘均可照常辦理。汪院長到院以來，對於本院同人很少更動。這種寬人精神，是我們應該感激的。又他因傷不能親自同各位話別，囑本人代表。本人覺得他度量之大，與禮貌之周，真是值得敬仰。故於今天紀念週報告，代表汪院長申述意思外，同時並願與各位向他遙致敬意，祝其早日康復。」

在原秘書長褚民誼和政務處長彭學沛的努力值守下，行政院的院務實現了有序的平穩過渡。12月16日上午在中央大禮堂總理紀念週完畢後，蔣介石等國府正副院長及各部會署長分別宣誓就職，正式到各院部上任視事。（《華北日報》1935，12，16）

身為國民黨中央委員的褚民誼，卸去行政院秘書長之職，正合他不在政府當官的意願。此時，除了上述新任命的中央文化事業計劃委員會副主任委員以外，他的主要職務是長期以來在上海擔任的中法國立工學院院長。身在政府局外，心繫國家興衰，他仍然心無旁鶩地繼續按照所提出的「救國之道」的理念，在各個方面竭盡自己綿薄之力。例如，就在這次國民黨五屆一次全體會

議上，褚民誼等五委員，提出了〈調劑生產以利民生〉一案，當經議決，由國民政府訓令第15號（1936，1，4），下達行政院和全國經濟委員會，轉行各主管機關查照參考。[3.60]國共實現合作抗日後，他又於1937年2月國民黨五屆三中全會上，提出了〈請政府督促改良鹽質以重民食案〉等。（「臺黨史館」會5.2/4.5；會5.2/20，16，42）

召開國民大會是孫中山提出的由「訓政」向「憲政」過渡的一項重要步驟。按國民黨五大決議的要求，為了籌備召開第一屆國民大會，國民政府於1936年5月14日公佈了「國民大會組織法」和「國民大會代表選舉法」。[3.60]組織法中明確規定，國民大會具有制定憲法及行使憲法所賦予之職權。代表按選舉法產生，中國國民黨中央執行委員和監察委員為當然代表。候補中央執監委，國府主席、委員、各院部長官及大會主席團特許人員為列席代表。此外，還規定了大會的召開程序和表決等具體辦法。在選舉法中規定，代表總額1200名，依區域選舉法、職業選舉法和特種選舉法分別選出代表各665、380和155名。選舉以無記名投票進行，得票多者當選。年滿20歲的公民有選舉權；年滿25歲的公民有被選舉權。特種選舉法是針對東三省、熱河和蒙、藏地區，僑民以及軍隊做出的。本法對三種選舉法的代表名額分配、候選人的產生以及投票程序等分別做出了規定。為保證選舉有組織有計劃地進行，專設「選舉總事務所及選舉監督」一章，規定中央設「國民大會代表選舉總事務所」，直隸於國民政府，指揮、監督辦理全國選舉事宜，還相應地依不同選舉方法分別規定出監督辦法。

1936年5月27日國民政府令，特派蔣作賓（內政部長）為國民大會代表選舉總事務所主任，並於29日公佈了「國民大會代表選舉總事務所」（以下簡稱「國選總事務所」）組織條例。[3.60]條例中規定該組織的職務為：

一、關於國民大會代表選舉法之解釋，及各種關係章則之撰擬事項；

二、關於辦理國民大會代表選舉之指導監督事項；

三、關於國民大會開會之籌備事項。

該所的機構設置如下：設主任、副主任各一人，由國民政府特派，綜理全所事務，指揮監督辦理全國選舉事宜；所內分組辦事，設總幹事、副總幹事各一人，每組設組長一人和幹事若干人，承主任副主任之命，辦理本所事務，由主任呈請國民政府派充之；並由主任在有關各機關中聘任參事若干人和調充事務員若干人。此外，為指導調查全國各選舉區辦理選舉情形，設指導員、視察

員各若干人,由主任呈請國民政府派充之。

6月9日國民政府令,特派褚民誼為國民大會代表選舉總事務所副主任,並派葉楚傖為總幹事、張道藩為副總幹事。[3.60]6月23日行政院通過國選總事務所辦事通則。(《申報》1936,6,24)6月30國民政府令,公佈派任各省、直轄市以及僑民和軍隊代表的選舉總監督和監督名單。7月1日國民政府令,公佈制定的國民大會選舉法實施細則,並宣告自即日起國民大會選舉法正式施行。接着,先後於7月20日和8月15日國民政府令,派任國選總事務所第一到第八組各組主任。又於9月5日發出國民政府指令第1861號,備案確認國選總事務所指導員辦事大綱和視察員視察大綱。[3.60]國選總事務所的工作就這樣有條不紊地全面開展起來。由於主任蔣作賓忙於內政部的事務,該所的工作由副主任褚民誼常務處理。為此,他經常奔波於滬寧之間,並不時向媒體發佈代表選舉工作的進展情況。

原定國民大會在1936年11月12日召開,但由於國內局勢動蕩以及其他種種原因,代表選舉工作難於按期完成,經中央常務委員會第23次會議議決,大會延期舉行。([3.60]國民政府訓令第790號(1935,10,22))新聲社記者曾於10月18日往訪國選總事務所副主任褚民誼,叩詢究竟。褚氏謂:至今各省候選人呈報未齊,故會議不得不於展期,何日召開尚難確定。究其原因,他說道:「至選舉手續遲緩,亦不能責各省。緣我國幅員廣大,人口眾多,過去缺乏戶籍調查,近項開始從事,自必費時。而地方自治,尚未完成,以及交通不便等種種困難,均足以影響選舉之進行。者番普選,尚係國府成立以來之第一次,

1936年在國民大會堂建築工地上:褚民誼(左2)在現場指導

自必慎重將事，務求手續完備。再關於大會會場工程，本限十月底全部完工，十一月十二日前裝修竣事。今大會既已展期，不妨從容佈置，更求其美備。本月十五日，曾延林（森）主席、居（正）院長等共蒞第一層大看台，試驗壓力，結果甚佳，所用弓字鐵，可吃重四千人，但預定僅須佈置七百人座位，可見工程堅固之一班，云云。」（《申報》1936，10，19）

關於國民大會的會場，由褚民誼主持籌建的國立戲劇音樂院和美術陳列館項目，已於1935年11月29日在南京奠基開工建造（詳見本篇第十章之第四節「戲劇文化，大業圖宏」）。為了節省建築開支，只需對國立戲劇音樂院的內部設計稍加變化，即可成為召開國民大會的理想會場，兩者得以兼顧。1936年8月行政院蔣介石院長電令將其名額改為「國民大會堂」，並由他具名（中正）題寫。（《申報》1936，8，31）前頁下和本頁右上圖分別是1936年褚民誼先期視察工地的照片，以及他和蔣作賓於6月24日視察會場工程研討工作時的攝影，兩者均刊登於1936年《北洋畫

1936年在國民大會堂建築工地上：6月24日蔣作賓（左）與褚民誼（右）在現場研究工作（1936年《北洋畫報》）

1936年11月12日國民政府主席林森視察新建成的國民大會堂時的攝影。自右至左：張道藩（1），褚民誼（2）、林森（3）和陳立夫（5）[2.9]No.122（1936，11）

報》（吳秋塵主編，天津北洋畫報社出版），並可見諸于《申報》（1936，6，29）上的報道。國民大會堂於10月中旬基本竣工，《良友》畫報[2.9]上登載了在褚民誼的引領下，國府主席林森偕陳立夫和張道藩等人到會場視察時的照片（見右下圖），以及大會堂的外觀和內景（見後頁上兩圖）。該建築係鋼筋水泥結構，連屋面平頂花園和地下室共六層，可以說是民國時期全國規模最

1936年新建成的國民大會堂：（左）外景[2.9]No.121（1936，10）和；（右）內景[2.9]No.122（1936，11）

大，設備最先進的會堂。例如，會場內按裝亮綠燈贊成、亮紅燈反對的新裝置，代表可通過坐席上的按鈕操作，投票和統計均很方便，一改過去舉手表決的方式等。（見《申報》1936年9月21日上對褚氏的訪談）。

嗣後，選舉工作由於12月12日突發西安事變而暫停。當時舉國上下為之震驚，褚民誼對時局的發展十分關切。那時在歐洲養病的汪精衛聞訊後，不顧病未盡痊愈，立即起程回國。

12月25日事變得以和平解決，褚民誼當即於次日致電剛剛脫險西安到達洛陽的蔣介石，密報情況。國民政府軍事委員會辦公廳機要室譯錄其電文（「臺國史館」002-090300-00004-043-001a）如下：「特急洛陽，蔣委員長鈞鑒：密聞鈞座安抵洛陽，欣慰萬狀。精衛兄聞鈞座蒙難，力疾返國，已於二十二日乘德郵船離意，下月十四日可抵滬。汪夫人日前赴南洋省五姑（對衛月朗的稱呼），並至星洲迎精衛兄，特聞。褚民誼叩，有亥印。」

褚民誼十分樂意見到蔣、汪再次聯手共同禦敵的局面出現。1937年1月14日汪精衛按期歸國抵滬，《東方雜誌》[2.1]（Vol.34，No.3，1937，2，1）作為重要國內新聞圖片，如後頁上兩圖所示，報道了汪氏抵滬後與歡迎人員在褚民誼宅前的合影，以及到達南京時受到國民政府主席林森等黨政官員們熱烈迎接的場面。時蔣介石在浙江奉化休養，1月24日晨汪精衛偕褚民誼、曾仲鳴乘

1937年1月14日汪精衛（前右1）從歐洲返滬，在褚民誼（汪之右後）宅前與歡迎人士的合影。前左為王懋功[2.1]Vol.34，No.3（1937，2，1）

汪精衛（前中）抵達南京，受到國府主席林森（汪之右）等黨政要員的熱烈歡迎[2.1]Vol.34，No.3（1937，2，1）

機離京赴奉化，與蔣介石舉行會晤。（《東南日報》1937，1，25）。不日，蔣介石康復回京，繼續執掌行政院和軍事委員會，汪精衛則復任國民黨中央政治會議主席。

3月15日在綏遠隆重舉行綏遠守土陣亡軍民追悼大會。一年前，綏遠軍民英勇挺戰，抗擊日軍飛機大炮、甚至毒瓦斯的瘋狂進犯，保全了國土，大振我民心。烈士陵園建成後，汪精衛代表中央前往主祭，褚民誼熟悉西北綏遠等地情況，並伴有王懋功一路陪同。國府主席林森、軍事委會委員長和行政院院長蔣介石均派代表出席祭奠，有各方代表數百人和約三萬軍民參加。國府通電全國各地於是日一律降半旗致哀。次日舉行閱兵式，並頒發傷兵紀念章。17日召開綏遠蒙古政務委員會成立週年紀念會。（《申報》1937，3，14-18）參加上述頻繁活動完畢後，褚民誼、王懋功即隨汪精衛於18日回京。緊接着褚氏應蔣介石之托，積極籌備率團驅車出使西南滇疆考察（詳見本章第七節「京滇週覽，通途西南」）。

西安事變和平解決後，1937年2月間五屆中央執委會第三次全體會議上議決，於本年11月12日召開國民大會。鑒于大會已有定期，國選總事務所重訂選務辦理程序，要求各選政機關5月底前上報初選候選人；6月底前本所復核完畢；7月21-22日為各種選舉日；8月15日前公告選舉結果並報本所；9月底前編造各項代表總冊，呈報大會。國府接該所5月15日的上述報告後，訓令行政院及軍事委員會下達執行。（《申報》1937，5，25）為了適應國共合作的形勢，中共代表周恩來於6月4日赴廬山會晤蔣介石，商談國民大會代表問題。

第六章　團結奮鬥，共赴國難　309

（左圖）原「國民大會堂」舊址，現更名為南京「人民大會堂」的前景；（中圖）1992年頒發的「南京市文物保護單位」碑牌；（右圖）2006年頒發的「全國重點文物保護單位」碑牌（左）和2008年頒發的「南京重要近現代建築」碑牌（右）（2009年攝）

（《申報》1937，6，5）褚氏自滇返京後，6月24日國選總事務所開所務會議，蔣作賓主席，褚民誼、張道藩及各組組長、參事等參加，復核各省市代表初選名單，並討論籌辦復選等問題。（《申報》1937，6，25）6月26日國民政府召開第25次會議，討論國民大會代表特種選舉及指定候選人事項。（《申報》1937，6，27）正當選舉工作按預定計劃積極開展之際，「七七」盧溝橋事變爆發，10月4日國府下令，「外患突發，禦敵孔亟」，國民大會延期舉行。（《申報》1937，10，5）直至抗戰勝利，1946年11月15日國民大會才得以在前述已建成的南京國民大會堂正式召開。

　　南京「國民大會堂」舊址，位于長江路（前林森路）264號，如上圖所示，現已更名為「人民大會堂」。該建築，先後於1992年3月和2006年5月被列為南京市和全國重點文物保護單位。2008年10月又被評為南京近現代建築，稱「該建築于1936年建成，屬西方近代劇院風格，建築立面採用西方近代建築手法，運用中國傳統的民族風格裝飾」，可謂是融中西方建築藝術於一體的傑作。

第七節　京滇週覽　通途西南

　　雲南省，簡稱「滇」，地處亞熱帶，物產豐富，少數民族聚居，南接緬甸、暹羅（泰國）、安南（越南），扼我國西南邊陲之要衝。從南京到雲南，途經安徽、江西、湖南、貴州、四川諸省，自古交通阻隔，不僅路途遙遠、高山橫貫、道路崎嶇，更有強匪出沒、瘴氣襲人之虞，需輾轉累月或借道他國方

1937年3月19日褚民誼對「京滇公路週覽團」之使命與計劃的談話（《申報》1937，3，20）

能到達。國民政府奠都南京後，遵孫中山遺訓，大力從事交通建設，至1936年底，通往雲南沿途各省的省內公路交通初具規模，相互連通已是水到渠成。蔣介石對西南通途十分重視，建議舉行京滇公路週覽會，由行政院組團驅車出使雲南，正式打通從首都到西南邊關的這條戰略要道，沿途視察，溝通中央與地方的聯繫。行政院及相關各部依此立即行動起來，聯合全國經濟委員會，並得到有關各省的大力支持和配合，對該項活動進行了周密安排，連續召開了有各方參加的京滇公路週覽會籌備會議，預算資金、安排日程、落實各地接待等等，並由中央有關單位派員組成代表廣泛、陣容強大的「京滇公路週覽團」（以下簡稱「週覽團」），擇期於1937年春季啟程。（《申報》1937，1，23；1，28；3，10）

褚民誼一貫重視我國邊疆的開發建設，吃苦耐勞，以身垂範，堪當重任，被任命為週覽團團長。3月18日他剛剛陪同汪精衛參加綏遠守土陣亡軍民追悼大會返京，次日答記者叩詢週覽團此行使命及計劃時（見上圖），略謂：

京滇週覽團團長褚民誼[1.63]

京滇週覽團徽章。

「京滇公路週覽，係蔣（介石）院長手創，可為空前創舉。蔣院長對此希望至殷，除在能宣傳德意及慰問民生疾苦外，並期能藉此開發邊疆實業，及發展交通，使中央地方得以密切溝通，本人極表贊

第六章　團結奮鬥，共赴國難　311

同，深願承命。本人對長途旅行，素具興趣，我國西北部前已往考察，西南部本擬於民廿年（1931年）時前往，惜因公赴新疆中輟。此次得機前往，希望對交通、教育、經濟、體育及國選籌備情形，切實考察，對於交通尤為重要。憶昔京滇道路未成，交通梗阻，凡欲前往者，陸行得越川黔等省之崇山峻嶺，非二月不達。航海得繞道安南，亦需廿餘日。今週覽如結果完滿，若晝夜行車，僅需隨時可直達，正不必假道於他邦。此偉大成績，大有裨益於政治、軍事與經濟、文化。惟路途遙遠，團員眾多，行車不易，切盼均能遵從紀律，忍耐堅苦，俾能順利完成使命。本人定十九日晚赴滬籌備一切，稍留即返京，準備出發。」（《申報》1937，3，20）

歷經數月精心準備，行政院京滇公路週覽團組織就緒，決定於4月5日踏上征途，團長褚民誼，副團長伍連德（時任衛生署海港檢疫處處長），總幹事薛次莘，副總幹事周孝伯，隊長律鴻起。出發前，4月1日雲南省主席龍雲電褚民誼，對週覽團表示熱烈歡迎，褚覆電申謝。行政院通告各團員於4月4日親至全國經濟委員會報到並領取徽章等物件，並於當日下午在經委會歡宴全體週覽團員，預祝此行成功。南京市政府聯合中央各機關於出發當日上午在中華門外舉行慶祝壯行大會。全體團員早晨先在勵志社集中茶話告別，然後整隊出發前往中華門。（《申報》1936，4，2）各媒體對週覽團的活動十分關注，競相報道。

前頁右上圖是整裝待發的京滇週覽團團長褚民誼，胸前佩戴着週覽團團徽。如其右下圖所示，由銅質鍍銀製成的週覽團徽章寓意明顯，正面圖案主體為起點南京中山陵（右上）和象徵終點的昆明大觀樓（左下），以崎嶇的山川為背景，中間由一條直通的大道相連接，右下角則是穿行其間的汽車。圖案下部、橫貫標註「行政院京滇公路週覽會，民國二十六年四月」字樣。徽章下附有飄帶，上書團員姓名，以資識別。

《良友》畫報 [2.9]1937年第127期，在其國內動態欄目上刊登了多幅有關週覽團的照片。後頁上圖係4月4日下午行政院秘書長翁文灝、行政院政務處長何廉、全國經濟委員會秘書長秦汾和週覽團團長褚民誼等在全國經濟委員會舉行全體團員茶會後的攝影。《申報》（1937，4，6）上報道了4月5日出發當天的歡送盛況，「晨八時，勵志社先舉行茶會歡送，並以送別、出發旅行、週覽會等歌曲，贈送各團員，以供行程中浸唱，藉慰勞頓。十時京市府在中華門外雨花路舉行出發典禮。場內搭台二，佈置極美觀。歡送者計有馬超俊、吳稚

1937年4月4日下午在全國經濟委員會茶話歡送全體週覽團員后的攝影。主持者第一排右起，秦汾（6）、褚民誼（7）、翁文灝（10）和何廉（12）等[2.9] No.127（1937）

暉、何廉、秦汾、鈕永建、曾仲鳴……等要員，及各機關代表共五百餘人。」馬市長主席，馬、何、秦、吳相繼致歡送詞，「最後由褚民誼致答詞，謂各團員出發後，當能遵照週覽會之使命做去，旋即下令出發。於是電鈴一鳴，樂聲齊奏，同時鞭炮之聲，亦霹啪不已。所有週覽車十八輛，乃於熱烈歡送情緒之中出發，兩旁民眾環立觀看者數千餘人，盛況為空前所未有。」

《蒙藏月報》1937年第7卷第1期上，整版醒目刊登了歡送週覽團的熱烈場面。後頁左上圖是勵志社歡送會上軍政要人何應欽、吳稚暉等和各機關代表與週覽團員們的合影；後頁左下圖是中華門慶祝壯行大會後，在爆竹齊鳴中，週覽團車隊出發，通過夾道歡送人群時的盛況。

中央派出的週覽團，在萬眾矚目下，由褚民誼率車隊浩浩蕩蕩從京畿向西南進發。按預定計劃沿途進行視察，經皖、贛、湘、黔，直達滇都昆明，並深入滇越邊境。返程時，分為南北兩路，分別前往桂、川兩省考察。然後，各自在衡陽和重慶解散回京。《申報》等媒體沿途進行了跟蹤報道，場面熱烈、活

第六章　團結奮鬥，共赴國難　313

1937年4月5日晨勵志社歡送會上軍政要人和各機關代表與全體週覽團員的合影，第一排右起：吳稚暉（2）、褚民誼（3）何應欽（4）、伍連德（5）等（《蒙藏月報》Vol.7，No.1，1937）

1937年4月5日上午中華門慶祝壯行大會後週覽團車隊出發的盛況（《蒙藏月報》]Vol.7，No.1，1937）

動緊湊、花絮紛呈、振奮人心，摘要轉述於下。

　　週覽團4月9日下午抵江西南昌，省主席熊式煇、各廳委、省黨部、各特派員，及各機關團體代表、民眾共萬餘人蒞站歡迎。在前往休息的勵志社沿途，民眾夾道歡迎。晚上省黨部、省政府聯合設宴招待。在南昌停留三天，按計劃先後參觀訪問公路處工廠、農業院、青雲譜烈士墓、省立醫院、工業專校、一所中等學校、中正橋萬家埠實驗區等。12日晨遊覽西山萬壽宮後離贛赴湘。

（《申報》1937，4，10）

　　13日下午抵湖南長沙汽車東站，省府代表及何市長、省黨部朱書記長等與各界代表數十人到站歡迎，又學生等共萬餘人夾道迎候。團長褚民誼率團員等下車，與歡迎人眾為禮後，即冒雨步行至國術俱樂部休息。晚上為週覽團設宴洗塵。14日上午在教育會舉行歡迎大會，到各界代表及社團、公務人員共約萬餘人，省主席何鍵及省黨委朱浩懷致歡迎詞，褚團長在答詞中讚揚湖南公路工程規劃。並謂，「本團此次到西南去，將來要到西北去。全國公路週覽後，即將舉行鐵路航空週覽，完成新中國交通等，則吾今志願可謂達到，國家強盛可期，文化經濟亦隨之而發達。」15日週覽團分五組活動：一組赴湘黔鐵路工程處、湖南公路煉鉛廠、機械廠、電燈工廠參觀；二三組自由參觀；四組至農事試驗場參觀；五組往銀行公會錢業公所參觀。（《申報》1937，4，14-16）過湘入黔，到達貴陽後，貴州省各界於24日上午在民教館舉行歡迎週覽團大會，貴州省政府主席薛岳，偕韓德勤、李次溫、曹經沅、張志韓、楊森、吳奇偉、漆璜、馮劍飛、胡嘉詔等，以及民眾二萬餘人到會。薛主席致歡迎詞後，李、韓、楊分別對本省政治、建設、治安的過去和現況，及西南苗夷問題，闡述甚詳。「旋由褚氏致詞：首稱貴州年來建設之進步，民眾秩序之良好，方知外傳種種之謬誤。次謂中央軍三年前奠定黔局，三年來政府努力建設，尤以交通發展為最速。將來招徠投資、發展實業，更謀漢苗同化、增加生產，其有益於本省者，即所以加強復興民族之力量云。

　　詞畢，高呼口號散會。下午參觀中央社貴陽分社及遊覽名勝後，全體出席綏署茶會。「晚間二路軍俱樂部舉行遊藝會，勵志社放映電影，觀眾見蔣委員長出現銀幕，輒鼓掌歡呼，足徵民眾愛戴領袖之熱情。」（《申報》1937，4，25）25日晨「週覽團赴花閣寨苗民住區視察，青山綠水風景為貴陽之冠。褚、伍等對於苗民之生活及農具住宅，詳為詢問，至午返筑（貴陽）。下午二時，褚氏在省黨部作體育演講。張志韓（省教育廳長）及全市校長、體育教員均出席。講演為中國今日需要何種體育。結論為體育應求普遍化、生產化。旋與伍連德赴衛生行政人員訓練所演講，參觀省立醫院詳為指示。晚應省府公宴，宴畢胡煥庸（地理教育家）等在民教館作學術演講。筑新聞界則邀請同業團員茶會。」（《申報》1937，4，26）週覽團車隊在貴州省境內翻山跨河的情景片段示於後頁上兩圖。（《京滇公路週覽會報告書》[3.42]）考察中目擊黔災奇重，褚團長於4月25日特電呈行政院蔣院長，報告災情，為黔民請命。

渡過盤江鐵橋　　　　　　　　　　　　行進在二十四灣的盤山路上
京滇公路週覽團車隊跋山涉水穿越貴州省一瞥[3.42]

《華北日報》於4月27日披露其電報全文：

「行政院蔣鈞鑒，黔自去秋以來，雨水罕少，入春亢旱，菽麥枯萎，春耕失時，米價昂貴，軍民交困，省府民廳雖迭謀急賑，杯水車薪，於事無濟。查黔苦脊，連年匪禍，益以今歲旱災，民困之甚，望賑之切，當為鈞長所洞鑒。本團入黔之日，仰仗德澤，幸獲甘露，惟以往損失，無法挽救，秋收尚遠，度活維艱。謹將就地所見實在災情，電呈察核。並懇飭賑委會迅撥鉅款，以惠災黎，不勝迫切之至，褚民誼叩。」

28日晨週覽團離安南（今晴隆），經普安至盤縣，午後四時二十分入滇境勝境關。滇省府、黨部、各界代表及記者先期到達邊境迎候，褚團長下車均與一一握手，旋復上車，在平彝進午餐，晚八時各團員均安抵曲靖。《申報》4月30日報道，「當地軍政人士、學生民眾，夾道熱烈歡迎者萬餘人，夜行提燈會，全城輝煌，為曲靖空前盛況。」並「聞褚團長即電呈蔣院長致慶，並報告行程。」[50]

「29日晨九時半週覽團由曲靖出發，沿途各縣城鄉鎮長官、學生民眾，均列隊致敬禮，並放鞭炮歡迎。午後三時半抵昆明，龍（雲）主席率軍政長官、學生、團體、民眾約十餘萬人，在古幢公園列隊歡迎，至七里之長。褚團長及各團員到此下車，與龍主席及重要長官一一握手為禮。旋即於萬眾熱烈歡迎中，整隊步行至招待所休息。記者往訪褚團長，據談：

此次承蔣院長命，率領週覽團，全程約三千公里，沿途無任何困難，即平

---

[50] 褚氏分別致蔣院長和汪主席的電報全文，嗣後披露在5月3日的《申報》上。

1937年4月29日下午週覽團抵達終點昆明市，團員們下車步行通過夾道歡迎的人群[3.42]

安到達，實為交通史上之一新頁。所見各省建設極猛進，尤以黔之山嶺公路，短期內完成，由京可直達滇垣，使中央與西南打成一片，足值慶賀等云。」（《申報》1937，5，1）

上述全體週覽團團員到達昆明市內，下車整隊步行通過夾道歡迎人群的熱烈場面示於後頁上圖。（《京滇公路週覽會報告書》[3.42]）

「滇各界30日晨九時在省振委會開歡迎京滇公路週覽團大會，到龍雲（雲南省政府主席）、任可澄（雲貴監察使），黔代表吳奇偉（駐黔第四軍軍長）、郝夢齡（駐黔第九軍軍長），各機關長官、團體代表等二千餘人。褚團長及各團員入席後，由龍雲主席，並致歡迎詞，略謂雲南地處邊遠，所有政治、經濟、文化、建設，均為各省後，大以才財兩缺，希望中央予以協助，並盼週覽團諸公，盡量指示。繼褚團長答詞，首謂此次由京至滇，僅一百零六小時半即達，此路完成，西南與中央已完全打成一片。次謂公路建設積極意義有三：（一）開發地方富源；（二）調節物產供給；（三）促進真正統一。並盼早日完成各路支線。末謂龍主席處此貧瘠邊省，建設不易，而能有如此成績，實足欽佩。伍副團長代表團員致謝詞，及吳奇偉致詞後，由藝師男女生唱歡迎歌，呼口號，並全體攝影紀念。」午後參觀書畫手工展覽會，並到圓通公

第六章　團結奮鬥，共赴國難　317

1937年4月30日上午在昆明召開的雲南各界歡迎京滇公路週覽團大會合影[3.42]

上述合影的中間局部放大。第一排右起：吳奇偉、武連德、龍雲、褚民誼、任可澄等

園致祭陣亡烈士墓和唐繼堯墓，獻花圈行禮，極為雍容靜穆。晚省府綏署宴會。（《申報》1937，5，1；3）雲南省歡迎大會後的全體攝影見後頁上圖。（《京滇公路週覽會報告書》[3.42]）

週覽團5月1日晨參觀民眾教育館及各學校，《申報》（1937，5，3）報道，「褚團長並在昆華師範向各體育教師講演體育問題，並表演太極拳。又赴各學術團體之聯合歡宴。下午三時應邀在軍分校參加閱兵典禮，除全體團員到場外，並有吳奇偉軍長及各省委廳長等三百餘人。晚六時各級黨部公宴，並舉行遊藝會，褚團長亦參加表演[51]。「週覽團2日晨遊覽金殿、黑龍潭，午後遊覽筇竹寺、海螺寺，褚團長並於午後四時在黨部召集受訓公務員訓話。

新運會（新生活運動委員會）勵志社宣傳車1日晚在軍分校放映《今日之中國》影片，觀眾極感興奮。2日在北校場，3日在巫家壩，4日在市內體育場放映。」

3日擴大總理紀念週，由褚團長主席領導並致詞。（《申報》1937，5，3）當日褚團長遊覽大觀樓和西山。「晚汽車同業公會在省黨部歡迎週覽團考察交通各團員，並由團員張登義（煤氣車試驗委員會主任）講解炭煤使用之優點，張世綱講解植物油汽車之便利與經濟，李介民講中央對於各省市車業保護及管理統一辦法，均極詳盡。」（《申報》1937，5，5）

為了參觀滇越鐵道特殊工程並視察邊境實況，《申報》於5月5日（見後頁右上圖）和7日相繼報道稱，4日晨七時褚團長率團員中之鐵路工程專家等

---

[51] 據稱客串空城計中的司馬懿。

318　褚民誼紀實全傳　第二卷　踐行主義

十餘人，「乘滇越鐵路汽車，經宜良、開遠，當日達河口，軍長郝夢齡偕來。所經各地，民眾懸旂結彩，熱烈歡迎。至開遠午餐，該處學生獻旂致敬。夜抵河口，商民持燈結彩，列隊里許，並開會歡迎。由褚氏向各界講演。邊疆人民得中央使節親臨慰問，咸歡欣鼓舞，認為空前盛舉。」鐵路上，法國職員及越邊官吏，包括正副領事、路警總局長、河口督辦等均陪往，並竭誠接待。「滇越間邦交本極敦睦。褚氏聲望素為法人欽佩，此次來此後，尤予法人以良好印象。」該團於5日晚乘原車返昆明。

褚民誼回京向中央的報告中，對此行總結道：

「本人到昆明後，曾和一部分團員十六人，乘滇越鐵路到雲南邊界河口，與法屬越南交界的老街去一次。滇越鐵路環山穿岩，工程非常艱險。我們將來要造湘黔、滇黔鐵路，那滇越鐵路是很好的一個模範。因為我們在滇黔交界處經過時，車子是在二千一百五十公尺之高山上走上來、下去，每次有廿多個彎曲路線。滇越鐵路，頂高點是二千零廿五公尺。將來我們滇黔鐵路，還要高過於滇越鐵路。

「本人到雲南邊界有兩個目的：一則參觀滇越鐵路；二則察看滇越的交界。因為雲南處於我國極西南的地位，同越南、緬甸、暹羅接界。所以昆明有英、法、美、日四國領事館。近來雲南當局，對於邊務應付得當，故邦交非常輯睦。所以我們去與來，都承他們歡迎歡送，尤其是法國方面，招待我們團員參觀鐵路及鐵路工廠，非常懇勤。」

滇府主席龍雲，對中央使團首度出使雲南視察竭誠歡迎。週覽團原計劃在滇停留六天，「因龍主席懇切挽留，特延期兩日，現准7日離省。省府5日晚六時設宴餞行，軍政各高級長官作陪。褚團長亦於七時半由河口歸來蒞席。席間特演唱京、滇劇助興。賓主二百餘人極盡歡暢，至十二時始散。童子軍理事會6日午後一時在軍分校舉行童軍大檢閱。褚團長、龍主席為檢閱長官，各團員及高級長官為檢閱官，參加童軍4622人。龍雲於午後四時邀請褚、伍兩團

《申報》（1937，5，5）報導褚民誼等5月4日赴滇越邊境視察

長、總副幹事、各隊隊長,在省府茶會話別。晚雅集社歡迎全體團員,特演劇助興,並請褚團長表演踢毽子絕技。團員何遂、宋一痕、鄭岳、陳方白、王個簃五君假民教館開書畫攝影及金石展覽會,多珍貴出品。龍雲5日午後亦往參觀,備極贊許,將留數件在滇作紀念。」(《申報》1937,5,7)

週覽團的回程,按計劃經曲靖、安南、盤縣到達貴陽後,分南北兩路,南路經廣西桂林終達湖南衡陽,北路到成都後終達重慶,分別解散返京。據《申報》(1937,5,3)披露,南路計褚團長、薛總幹事,及團員、機師、勤務共110人,乘車及行李車13輛;北路計伍副團長、周幹事,及團員、機師等共73人,乘車及行李車9輛。

「5月7日午十二時週覽團離昆明赴黔返京,全市懸旗歡送,龍雲及軍政長官、男女學生、部隊、團體、民眾等數萬人,由古幢公園起冒雨列隊歡送。褚團長率全體團員由招待所排隊步行,頻與歡送者答禮。至古幢公園,龍雲及各高級長官與褚、伍團長及各幹事一一握手為禮話別,在萬眾歡送聲中,始各上車浩蕩而離昆明。」5月8日《申報》消息,「沿途雖雨勢愈大,惟路坦山少,晚七時平安到達曲靖。晚餐後,召集全縣黨政軍學各界五千人,參觀《今日之中國》電影,觀眾極為興奮。每當蔣委員長出現銀幕時,均起立致敬,並鼓掌歡迎,盛況一時。電影映後,由褚民誼訓詞,夜深始散。全團定8日晨赴盤縣。」

「9日晨離盤縣,天氣和暖,山路易行,出城後,即遇萬餘難民圍跪乞賑,為狀至慘。當經各團員下車撫慰,並允轉達省當局籌賑。車續前行,近安南縣,忽下大雨,山路泥濘,極難上馳,經一小時許,始於下午四時半抵安南,晚宿此。定10日晨赴安順轉黔垣。」5月10日《申報》報道:「褚團長語記者稱:自京出發以來,沿途所接各縣人民訴冤呈狀極多。檢查各狀內容,人民所遭非法處置之苦,殊為慘重。本人現無權過問,返京後當將其分呈行政院、司法院,盼望將一切不合法案件,予以嚴厲糾正,以維法紀,而保障民權。」

週覽團一行,10日下午六時三十分由安順直駛抵筑,全市懸旂,薛岳、韓德勤、曹經沅、楊森、吳奇偉、張志韓、胡嘉詔、漆璜等赴頭橋歡迎。週覽團11日答宴黔各界。「下午省府招待週覽團全體,由建廳長胡嘉詔報告。旋由褚民誼答詞,略謂:京滇公路沿線工程,以黔省為最艱鉅。在人財兩缺乏之環境,而完成其路,實難能可貴。旋至建廳化驗室參觀,至四時散。

12日分南北兩路冒雨出發，薛岳、韓德勤、楊森暨黨政軍各高級長官、各界代表、民眾，均冒雨歡送。褚民誼向記者談：

　　「從貴陽西行至昆明，沿途均順利。惟黔境各縣極瘠苦。在滇曾與法、英、美、日各領事晤談。到河口後，法代表亦前來歡迎，回黔時送至板橋，尤覺可感。因國大選舉事宜，返衡陽後，即赴漢轉京云。」（《申報》1937，5，11-13）

　　如何解決和替代昂貴的進口汽油，是褚民誼一直關心的問題，本次公路週覽活動中，同時也進行了植物油汽車的試驗。《申報》5月11日刊登消息稱：「週覽團之植物油汽車由張世綱駕駛，9日自盤縣直駛抵筑，全程343公里，高坡彎路甚多，實際行車僅九小時。張談，本日純用花生油，獲此成績，甚為滿足。俟週覽團全部抵筑後，再赴桂林。」

　　週覽團北路團員一行44人，由伍連德率領，14日下午平安抵渝（重慶），「由儲奇門碼頭登岸，團員整隊而行，精神振奮，毫無長途旅行之倦容，各界民眾三萬餘人，列隊在河壩歡迎。當團員經過時，學生、民眾均舉手脫帽致敬，軍樂隊與鞭炮之聲，響徹雲霄。登岸後仍乘木炭車七輛，由軍樂隊前導，經新豐街……繁華街市至陶園招待所休息。所經各處，商民均燃鞭炮懸旗歡迎，情況至為熱烈。晚七時全體團員，赴上清花園各界之公宴。」（《申報》1937，5，15）16日除一部團員11人由渝返京外；餘33人由伍連德率領赴蓉（成都）。劉湘17日晚7時宴週覽團，邀省會各機關首長作陪，到160人。18日晨劉湘偕高級官員在省府接見各團員談話，介紹川省政治、經濟、建設的發展和救災情況，以及裁軍墾荒計劃；著重闢除謠言，表示擁護中央、擁護領袖始終不渝。然後前往省物展會參觀教育、礦產、工商、農林、生物、交通六館及水利模型。下午遊覽，並參觀家畜保育所。晚上觀川劇。（《申報》1937，5，17-19）

　　該團繼後數日均在蓉參觀遊覽。據《申報》5月21-24日報道，20晨參觀四川、華西兩大學。午後公路局宴請並介紹全川公路概況。「下午三時劉湘在綏署接見團員中之各報特派員。四時團員在少城公園及川大分別公開演講。晚七時一刻在公共體育場放映《今日之中國》影片。副總幹事周孝伯於晚八時零五分在蓉廣播電台播講週覽團出發經過。」21日至新都實驗縣視察，並遊覽名勝。返蓉後，劉湘復約團員衛挺生等談話。晚劉暨各廳處長及中央社成都分社數十團體設宴為週覽團餞行。22日週覽團離蓉赴內江。23日參觀自流井（火

井和鹽井）。「該團由自流井返渝道經淩家塘時，為千餘災民包圍。經縣人員向眾曉喻後，災民始散。自流井糧食異常恐慌，米價每斗五元餘。該團目擊慘狀，懇盼當局速設法解決。」又該報27日的消息稱，週覽團24日到渝，連日遊覽各名勝，「伍連德語記者，四川一切均好，惟各種事業多未利用科學方法管理，對災患亦忽略預防工作。」該團定27日乘輪船返京。

　　週覽團南路團員由褚民誼率領，由貴陽赴桂林，《申報》5月19-24日報道，「廣西各界18日晨八時在南大門外大校場開歡迎大會，並舉行閱兵。到黨政軍各機關法團職員、學生、軍隊、民團萬餘人。先舉行閱兵儀式，繼開歡迎大會。李宗仁致歡迎詞後，即請褚團長民誼演說，至十一時散會。午後該團分三組遊覽附城諸名勝。」21日部分團員繼續參觀學校等地。大部分團員則於20日晨乘船赴陽朔旅遊，夜宿船上，21日午返桂。下午週覽團分赴各機構參觀，及舉行學術報告會。「週覽團褚團長擅長國術，桂省府定於21日下午四時在大禮堂，請褚氏表演太極拳，並作太極拳之理論講演。」22日晨週覽團啟程赴零陵轉衡陽。「褚團長不擬遊覽衡山，直赴漢轉京覆命。各團員以分手在即，均紛紛晉謁褚團長話別，情形至為熱烈。「23日下午五時由零陵於大雨滂沱中抵達衡陽，當有各機關代表及軍隊、學生等千餘人，在城外列隊歡迎。褚民誼偕隊答禮，入城休憩。晚應各界歡宴，週覽團在此宣告解散。」褚民誼率一部份團員乘夜車赴漢返京；一部份團員24日晨往游衡山，此外少數人定24日晚去粵轉京滬。

　　「週覽團長褚民誼偕龍潛、汪洋等九人，26日午十一時許由漢乘長興輪抵京。」次日《申報》報道，「吳稚暉、王懋功、谷正綱、汪夫人陳璧君、章桐、褚夫人男女公子，暨各團體親友百餘人，均蒞輪次熱烈歡迎。褚及各團員萬里歸來，均以極興奮之精神，先後登岸，一一致謝。記者迎於輪次，向褚祝長途週覽之成功。褚旋入城謁汪主席，報告週覽經過。各團員亦分返所屬機關報告完成週覽任務。褚下午赴行政院訪魏道明（秘書長），晤談甚久。二時半出席全運會常委會議，三時許視察手工藝品展覽會，四時許訪秦汾，五時許至國大選舉總事務所處理會務。定27日謁王寵惠，並電呈蔣院長報告完成任務，請示謁見日期。」

　　週覽團載譽而歸，圓滿地完成了使命。褚民誼遵國民黨中央常務委員會之囑，於5月31日在中央紀念週上作報告，概述了週覽團的週覽經過，沿途的道路交通、經濟發展、人文社會等各方面的實地考察情況。最後他發表觀感，

1937年5月31日褚民誼在中央紀念週上報告〈京滇週覽經過〉，《申報》6月1日（右）和2日（左）連續刊登其全文[1.44]

著重向中央提出了「文化普遍、經濟均配」兩點建議。《申報》在6月1日和2日以褚民誼報告〈京滇週覽經過〉為題，連載該篇講話全文[1.44]（見後頁上圖和附錄），並在《中外文化》月刊[2.30]第一卷第五期（1937，6，16）上，由褚民誼署名全文予以發表。該演詞全文還以〈京滇週覽觀感〉為題，刊登在1937年黨內刊物《中央黨務月刊》No.106上。

週覽團萬里長征歸來，備極辛勞，汪兆銘主席，以經委會常委代表經委會，於6月9日下午五時，特在經委會茶會招待，並邀各部會長官作陪。《申報》次日報道，到會有王寵惠、何應欽、吳鼎昌、陳樹人、魏道明、秦汾、何廉、邵力子、周詒春、程天固、陶履謙、陳介、彭學沛、陳季良、陳訓泳、曾仲鳴、馬超俊、甘乃光、王固磐等卅餘人。週覽團到團長褚民誼、總幹事薛次

莘、副總幹事周孝伯、團員何遂等八十餘人。席間汪常委致詞，略謂此次京滇公路週覽團，備歷勞苦，而又依分工合作之原則，各團員各以其專門智識，從事實際經驗，因而得綜合之詳實報告。經濟委員會同人，深為欣慰。總理有言，中國之患，在普遍的貧窮。此言越深入內地越感覺其深切。中國之貧窮狀況，非歐美諸先進國家所能想像；西北西南之貧窮現狀，又非東南所能想像。在東南一文錢，用於西北西南，有十文錢之價值。褚團長在中央黨部紀念週會深切說明，盼望全國人民注意於此，一致努力，以救普遍的貧窮，發展民力，即以充實民力。謹以此意祝團員諸君及來賓健康。汪氏致詞後，聽眾無不熱烈鼓掌歡迎。繼由褚團長代表答詞，謹代表全體團員敬謝盛意。其中表示：「擬於日內組織一考察報告編輯委員會，編製報告書，呈獻中央及各地方，作開發之參考。今天得承汪主席之切實指導，正可作編輯報告書之方針。總之，各地方在中央苦幹領導之下，各種建設極見進步，民族復興前途至為樂觀云云。」詞畢汪主席舉杯祝酒，主客極盡歡娛，至七時許攝影而散。

　　該報又訊，週覽團團長褚民誼返京後，「本擬晉謁蔣院長，報告週覽經過。嗣以蔣院長赴廬，褚氏特先電陳各情形，並報告將於日內隨同汪主席赴廬，面呈一切。蔣院長頃已覆電褚團長嘉慰。

　　接着，10日下午五時，行政院王寵惠代院長、魏道明秘書長、何廉處長，招待週覽團。到各部會長及團員百餘人。王致詞畢，提議對於週覽報告編為兩種；一種係對外發表者，同時譯成英、法文；一種係專供中央政府今後建設西南作參考。旋褚民誼答謝畢，決定組織總報告編輯委員會，聘褚民誼、伍連德、薛次莘、周孝伯、沈苑明、吳澤霖、衛挺生、胡煥庸、俞同奎等九人為編輯委員。（《申報》1937，6，11）

　　6月21日，上海市商會、銀行公會、中外文化協會、醫師公會、中法大學、新亞製藥廠、中法和中西兩藥房及地方協會等四十九團體、學校、廠商，於下午四時假座八仙橋青年會九樓，歡迎週覽團長褚民誼及全體團員。參加團體代表及來賓，王曉籟、黃炎培、林康侯、汪伯奇、馬蔭良、許冠群、許曉初、冼冠生等百餘人。首由王曉籟致開會詞。繼由黃炎培介紹褚團長報告，褚氏詳述該團週覽旅程經過，歷一時畢。繼由該團團員王延松、王伯元、吳澤霖、黃敬齋等，就個人見聞，詳細報告西南各地生活狀況及該團考察經過，至八時茶點散會。《申報》於次日對此活動詳予報道，並刊登褚民誼在歡迎會上起立發言時的照片（見後頁上圖）。

1937年6月21日上海49團體歡迎京滇公路週覽團，團長褚民誼在會上作報告（《申報》1937，6，22）

6月24日下午京滇週覽報告書編輯委員會，在行政院開會，由褚民誼主席，「議決要案為：（一）考察五組每組增副組長一人；（二）加聘季炳奎、律鴻起為編輯；（三）報告書內容，依（甲）水利、工業、交通，（乙）政、軍、教、黨、法，（丙）社會、教育、衛生、新聞，（丁）農、礦；（戊）財政、金融、商業，五大類編製；（四）報告書定七月底截稿，八月底付印；（五）向全體團員徵稿；（六）定28日開全體編輯會議。」（《申報》1937，6，25）

此外，褚民誼還在「中華全國道路建設協會」於6月12日在上海舉行的第六屆徵求會員慶功大會上，播放了由他攝製的十大本京滇公路週覽影片。中華全國道路建設協會是一個公益性的組織，始創於1921年，致力於提倡和推動城市公路之建設已有十六年之久。近年更進一步從事於公路上應用品，如汽車、汽油、車胎之改進和國產化，並從事救濟因公路發達而至失業之困苦民眾。《時事新報》於次日，對該次大會進行了專訪報道。會議於晚八時半起在萬國總會舉行，「到中外會員來賓三十餘人，由主席趙晉卿致詞，幹事韋國英報告工作計劃，常董褚民誼演說。參謀長樊光報告徵求會員經過，國民政府僑務委員會顧問暹羅華僑陳文添演講，末放演褚民誼所攝之京滇週覽影片，至十一時半賓主盡歡而散。」

第六章　團結奮鬥，共赴國難　325

褚民誼沿途手攝之京滇週覽公路影片，鏡頭所到之處，令人身臨其境，據該文介紹，影片計「長四千尺，分十大本。內容有京滇幹線京蕪路，蕪湖，宣城，黃山，祁門，安徽人之封建思想，如云「請到安徽省」，江西景德鎮瓷器製作之經過，呂蒙渡，車渡江，黃金埠韓家渡，南昌壯丁訓練，中正橋，高安浮橋，萬載，瀏陽文廟，長沙歡迎盛會，國術表演，女學生拳術表演，赴岳麓，坐轎渡湘江，由長沙到常德，榮苑鋪，鳳陽，三渡水，沅陵，苗舞，唱歌，獅舞，「苗女頭上點燈」，馬場街，曲路，貴州道上水中行車，重安江鐵練橋，重安江，渡江，鑪山山洞，由鑪山至貴陽間途中土人用馬運土情形，貴陽歡迎會，上山十八曲，崎嶇艱險，盤山鐵索橋，江鐵練，平壩，雲南金馬牌樓，巍峨偉大，昆明閱兵式，昆明金殿偉搆，黑龍潭幽景，昆明西山，昆明湖聖景，山間鑿洞，懸崖峭壁，山中掘成走廊，滇越鐵路，穿山洞，簡舊小火車，河口架空鐵橋，離雲南後之盤山公路，斜坡，黃果樹瀑布，桂林山水，桂林鳥瞰，灘江漁夫，浮橋，龍形洞，出廣西境途中小挫折，零陵苗民歌，祁陽歡迎會表演湘劇「烤火下山」。」

褚民誼手攝之京滇週覽影片即將公映，以券資收入賑濟黔災（《時事新報》1937，6，23）

繼上述首次映演後，如右上圖所示，《時事新報》（6，23）上披露，「京滇週覽公路團團長褚民誼氏，此次遍歷皖贛湘黔滇桂等各省，沿途攝有影片多卷，舉凡各地之建設、風景、習俗，及苗瑤夷民之生活等等，莫不一一攝入鏡頭，異常珍貴。褚氏現決將此片公映，而將券資收入，賑濟黔災云。」

嗣後不久，據《申報》（1937，7，8）報道，來自廬山牯嶺的消息，「中政會汪主席於七日午偕中委褚民誼等，往訪蔣委員長。兩氏就國內政情，及廬山談話會事均有商談。褚氏則向蔣委員長報告京滇週覽經過甚詳，並呈贈京滇途中所攝各種照片。蔣委員長對褚氏率領全體團員長征萬里之辛勞，及所獲之成績，倍加嘉慰，約一時辭出。

這裡需要說明的是，京滇公路週覽剛結束不久，便爆發了七七盧溝橋事變，開始了長達八年的全面抗戰，這卷中西文本的京滇週覽總報告書最終未能

如願問世，至為可惜！如前所述，週覽團團長褚民誼於1937年5月31日在國民黨中央紀念週上所作的報告〈京滇週覽經過〉[1.45]，扼要地對這次週覽活動進行了全面總結。之後，他又接受了《旅行雜誌》[2.10]主編趙君豪的訪問，在該刊第11卷第9期（1937，9）上，以趙君豪問、褚民誼答的形式，發表了題為〈京滇週覽記〉的文章，以使公眾對這次破天荒的長征壯舉有更廣泛和深入的了解。

此外，中國旅行社孫景潞經理也參加了週覽團。該社受行政院和全國經濟委員會的委託，擔負週覽團招待組事務，派出陳炳輝、胡士銓等六人，帶領事先經過訓練的募工24名，隨團一路服務，悉心照料團員的起居、行李及瑣碎雜務，給與了有力的後勤保障。事畢後，胡士銓在《旅行雜誌》[2.10]Vol.11，No.6-7（1937，6-7）上連載發表了〈京滇公路週覽團隨征記〉一文。內中介紹了週覽團出征大軍中的嚴密組織和妥善的生活安排細節，著重描繪了當時難得一見的沿途風景名勝和風土人情。

週覽團途經的各省份，為了配合活動，曾分別編寫出介紹該地區情況的報告書。一些週覽團團員返回後，也各自有所著述。其中來自資源委員會的代表萬琼，於1937年9月26日發表了《京滇公路週覽會報告書》[3.42]，詳細介紹了週覽會之意義和公路沿線之概況，並對開發西南以及西南國防等問題進行了探討，本節中摘登了該報告書中的若干照片。

《新生畫報》在1937年第1期上，如後頁上圖所示，以「京滇道上」為題，用兩版篇幅組合二十餘張照片，綜合報道了京滇週覽團在褚民誼團長的率領下，從南京出發，路經安徽、江西、湖南、貴州、廣西諸省到達雲南的全過程。再現了週覽團，跋山涉水歷盡艱辛，一路上受到當地黨政軍學各界民眾和少數民族熱烈歡迎的場面。可以說是對褚民誼所做的〈京滇週覽經過〉[1.45]總結報告的一個生動的詮釋。

週覽團在褚團長和全體團員的共同努力下，順利實現了打通大西南通道的重任，密切了中央與地方的聯繫，鞏固了國家統一，在國難臨頭之際，其重要意義不言而喻。正如褚民誼歸來後向中央所作的〈京滇週覽經過〉報告[1.44]（全文見附錄）中所述：

「這次我們從首都坐車子，直達雲南，實在是破天荒的事情，開中國交通史上之新紀元，而把過去的困難完全征服。過去的「雞犬之聲相聞，民至老死不相往來」式的閉塞風氣，完全打破，也是很值得紀錄的。所以沿途經過各

褚民誼率領的京滇公路週覽團，從南京（京），經安徽（皖）、江西（贛）、湖南（湘）、貴州（黔）、廣西（桂）到達雲南（滇），一路上受到當地黨政軍學各界民眾和少數民族熱烈歡迎的場面（《新生畫報》1937年第1期）

省之省會、市縣、鎮鄉，都得到黨政軍學及各界民眾熱烈歡迎。他們的意思，也是重視這條幹線的成功，而擁護中央能在國難嚴重之中，努力交通建設的精神……在我們經過的時候，大家心心相印，一種精誠團結，共赴國難的意志，都可以在面上看出來。」

　　穿越雲貴高原的群山峻嶺是此行的關鍵，貴州省與湖南、四川、雲南、廣西諸省接壤，為西南交通之樞紐，也是我國西南著名的貧困地區，夙有「天無三日晴、地無三尺平、人無三分銀」之喻，係褚民誼此行深入考察民情的一個重點關注對象。文中他特別談到，貴州省內道路艱險，而「最艱險的道路還在黔西」。

　　位於黔西南與雲南交界的盤縣是從貴陽通往昆明的必經之地，已如前述，週覽團往返曾兩度通過該地。第一次是4月28日，早晨從黔省之晴隆出發，經普安到盤縣，然後於午後進入滇境之勝境關；第二次是在返程途中，5月8日晨

1937年4-5月褚民誼率京滇週覽團兩過盤縣後題寫的碑記摩崖（2018）

建於1937年季冬月之褚民誼碑記摩崖位於通往碧雲洞要道上的巖壁高處（圖上部），及說明碧雲洞摩崖群的碑牌（圖下部）（2018）

從滇省的曲靖出發到達盤縣，宿一夜後次日晨離開。盤縣不但地處交通要衝，而且風景優美，屬喀斯特地型。在離縣城不遠的郊外山上就有上、下二個溶洞，洞內外有諸多摩崖石刻，據記載我國昔日著名旅行家徐霞客等曾到此遊歷。褚民誼乘此短暫停歇的機會，偕部分團員深入洞內探察。回京後應地方官員之請題寫碑記曰：

「距盤縣郊外二里許有二洞。上者無水俗稱乾洞，洞前有佛寺，佛像林立，名曰碧雲洞。下者溪流曲折，俗稱水洞，而無名，徐霞客、顧景范二氏俱以為碧雲洞者誤也。二十六年五月京滇公路通，余奉命率週覽團赴滇，往返二經盤縣，回程宿於此，因偕團員中好奇者往探其勝。洞中軒敞，石鐘乳四布，畢有雕刻巖際，別有洞如窗牖，天光透入，照映四沐。余等循水溪而進，窮數里未達止境，以時薄暮，不及深入，悵然而返。遂攀登巖際，徑從洞口出，則已半山矣。斯洞奇偉，不可無名，因洞中有溪甚清，亦即以清溪名之。吳興褚民誼記並書。」（碑中原無標點，係本書著者所加）

如左上圖所示，目測其碑之石方尺寸寬約2米、高約1米，碑文之後標明，該碑由「貴州第三區行政視察專員公署視察員王銓芳監製」於「中華民國二十六年季冬月」（農曆12月）落成。該碑鎸刻在通往碧雲洞要道上的巖壁高處（見右上圖），成為遠近聞名的「碧雲洞摩崖群」中的一個組成部分。據現今

第六章　團結奮鬥，共赴國難　329

統計，碧雲洞內外石壁上之摩崖群，始鐫於明初，共26方，按年代先後順序，褚碑排列第25位，至今字跡清晰、保存良好。褚之碑記以生動描述碧雲洞風物景色，見證京滇週覽之壯舉，而載入史冊。

《附錄》褚民誼〈京滇週覽經過〉（1937，5，31）全文[1.44]

　　各位同志，本人承中央常會囑咐，今天來報告行政院京滇公路週覽團週覽經過。現在先把大略情形說說。本人自承行政院派為團長，就率同全體團員，於上月五號，由首都出發。團員一百零八人，連同職員、司機、勤務，計算為一百八十人，客車四輛、行李車五輛、工程用車一輛，沿途經過各省，由省政府及各界供給我們車子，或六七輛七八輛不等。出發後直向西南進行，穿過安徽、江西、湖南、貴州、四川五省，而達雲南，以昆明為終點，準於預定之四月二十九日日期到達昆明，計共走了二十四天。這二十四天之中，是連停留遊覽的日子計算。若把這些停留遊覽的日子除去，實際上僅走一百零六小時。若平均每天走十小時，十天半就可以到達。這還是照我們所乘成隊的大客車速率比較低緩而言。若是改用小汽車單行，一定還要快得多，不必要十天半，大概七八天可以到達。從前從江浙地方，跑到雲貴去，總是視為畏途，以為山川險阻，很不容易，所以無人敢於嘗試。就是萬不得已時，也只好繞過外國。這次我們從首都坐車子，直達雲南，實在是破天荒的事情，開中國交通史上之新紀元，而把過去的困難完全征服。過去的「雞犬之聲相聞，民至老死不相往來」式的閉塞風氣，完全打破，也是很值得紀錄的。所以沿途經過各省之省會、市縣、鎮鄉，都得到黨政軍學及各界民眾熱烈歡迎。他們的意思，也是重視這條幹線的成功，而擁護中央能在國難嚴重之中，努力交通建設的精神。而且在他們熱烈歡迎情況之中，可以看得出他們的訓練與組織，已有相當成功。因為他們像在廣西方面，高呼口號。別的省分，沒有呼口號。雖則不呼口號，頗稱痛快。但是在我們經過的時候，大家心心相印，一種精誠團結，共赴國難的意志，都可以在面上看出來。所以每次遇到幾千幾萬人列隊歡迎的情緒之熱烈與嚴肅，實在是描寫不出來的。

　　我們的考察，因限於時間是分組進行。每處躭過一兩天，或三五天至七八天不等。考察的結果，是感覺到各省都在埋頭苦幹。又感覺到京滇公路通後，可以促成各地種種新建設，尤其是農產品之試驗與改良，及礦業之開發。因為凡公路經過的地方，從前因天災人禍，致人口減少的，已陸續增加。其未

經天災人禍的地方，亦比從前更發達。種種方面，都因交通便利，而呈長足的進步。可見從前有人批評公路與老百姓無益處的預料是不正確的。這次所經過的公路，比較起來，要算湖南與廣西兩省的最好；貴州與江西兩省次之；安徽省又次之。安徽有一段公路最壞，原因是因為正在趕築京贛鐵路，日夜運送材料，把路弄壞了，沒有時間去修復，這是應該原諒的。雲南的公路，從入境到昆明，不但是好，而且很美觀。因為土色是紅的，兩旁的人行道又是劃了白線來區別，遠望過去，好像是條紅地起白線的毯子，好看得很。江西的路是因為築的時間要快、路途要多、經費要省，在此三個條件之下，所以比不上湖南。總之我們現在有了這條很好的幹路，還是不夠，還要各省多築支路。有了公路，還是不穀，要有鐵路。所以現在擬築的湘桂、湘黔、黔滇各鐵路，要希望趕快興築。這些鐵路築成以後，再把滇緬、滇邕、桂鎮各線築成，西南的交通網，就可算完成了。目前已經有了這京滇公路，把西南各省和中央打成一片，鞏固中國的統一。將來把上述各鐵路次第完成，文化經濟種種方面，一定有無限的發揚光大。

沿途所經過的省份，有幾處的民眾，把冤屈的事情，向我們呈訴。事情小的，我們是呈送交各省民政廳去查；較大的已經帶回來，將來要分別送到行政、司法兩院去辦。這種情形，在貴州省內最多，其原因是因為偏僻地，行政與司法沒有法子分清；司法機關又不能普遍，幾縣共一司法機關，人民呈訴很是不便。前清時雲、貴、湘、桂交界處，往往因為地方官不良，激成苗民之變。這次我們到那些地方，有一件很高興的事，就是苗夷的民族，也來歡迎我們。使我們得到機會，同他們接近，把中央精誠團結的意思，告訴他們，大家來努力恢復我們民族地位。他們也很明瞭中央德意，對於我們的話，非常接受。我們未到西南以前，不曾看見苗夷，以為我們國族當中，有漢苗夷的區別。經過這次和他們接近之後，才曉得民國以來，苗夷已經逐漸同化，不必有特殊的教育與待遇。現在苗夷之子女，已和漢人子女同學堂讀書。將來一兩代以後，一定完全沒有分別，也是民族團結上一個很好的現象。苗夷的體格很好，能耐勞苦。自古及今，總是自耕自食、自織自衣，所缺乏的只有食鹽一物。過去因為無文字，所以智識較低。但是漢人偏於文弱，體格大不如他們。所以漢苗夷間的調劑，也是改良民族的一個有效方法。

我們到了昆明以後，因為公路的支路太少，既無昆明到四川的公路，又無昆明到廣西的公路。所以我們要回到貴陽，才能分為南北兩路。北路以重

慶為終點，由成都回到重慶後即解散。南路繞廣西到衡陽解散。所以這次我們經過的路線，是穿過安徽、江西兩省，與廣西的一角，係由西邊進去，從北邊出來。湖南省在去的時候，是由東而西；回的時候，是由南而北的，穿過兩次。貴州省在去的時候，也是由東而西穿過，回的時候到了貴陽就分了南北兩路。雲南是由東而西，到昆明為終點。但本人到昆明後，曾和一部分團員十六人，乘滇越鐵路到雲南邊界河口，與法屬越南交界的老街（地名現稱）去一次。滇越鐵路環山穿岩，工程非常艱險。我們將來要造湘黔、滇黔鐵路，那滇越鐵路是很好的一個模範。因為我們在滇黔交界處經過時，車子是在二千一百五十公尺之高山上走上來、下去，每次有廿多個彎曲路線。滇越鐵路，頂高點是二千零廿五公尺。將來我們滇黔鐵路，還要高過於滇越鐵路。

本人到雲南邊界有兩個目的：一則參觀滇越鐵路；二則察看滇越的交界。因為雲南處於我國極西南的地位，同越南、緬甸、暹羅接界。所以昆明有英、法、美、日四國領事館。近來雲南當局，對於邊務應付得當，故邦交非常輯睦。所以我們去與來，都承他們歡迎歡送，尤其是法國方面，招待我們團員參觀鐵路及鐵路工廠，非常懇懃。

我們到昆明以後，本擬到大理、箇舊兩處參觀，惜因時間限制，未能如願。箇舊的錫礦是世界聞名的。雲南本是靠協餉的省份，但是近年來，能夠自給，最近更能分期禁煙，一變而為一個出超的省份，大部分是得了錫產的幫助。廣西產錫，也是逐年增加，又有桐油輸出，所以也是算一個出超省份。當此全國入超甚大情況之下，我們週覽團得到這兩省出超的消息，是非常欣喜的。廣西近年亦如湖南大量植桐，所以向來多匪的廣西，所謂「無山不洞，無洞不匪」，現在能夠無一乞丐，無一閒人。現在我可以說，廣西「無山不洞，無洞不奇」。在這種優美風景中，能夠造成良好社會，把從前遺傳下來致文弱的原因，「好鐵不打釘，好男不當兵」的俗語，反轉過來，改成「好鐵才打釘，好仔才當兵」的口號。但是雲南、廣西兩省，及湖南省的錫礦業，還未大規模開採。此後交通日臻便利，當然可以改進開採方法，多用機器，減少人工的勞苦，將來的產量，一定還要增加好幾倍，所以前途的希望，是非常之大的。

這次京滇公路週覽團從首都出發，由南路回到衡陽解散時止，共計四十九天；由北路回到重慶時止，共計五十一天，行程在一萬華里以上。在未動身以前，團員或團員的親戚朋友們，多為這種長途旅行擔心，悉以為雲貴地方有

瘴氣，不服水土的要生疾病，或途中遇匪，或車子衝壞倒翻，這些事情，總是難免不發生一二件的。乃竟仗著中央的威信與福庇，雖走過了很高險的山路，與很艱險的橋梁，渡過水流很急的河，遇過大雨細霧，都能平安的回到首都。我們到貴陽時已走過了一部分艱險的道路，但是我們知道最艱險的道路還在黔西。所以本月在貴陽各界歡迎會席上，曾用言語間接鼓勵團員們的勇氣，直接讚揚中央軍隊苦幹的精神。就是說，我們凡到一個地方，歡迎我們的人，總是說「跋涉萬里，辛苦得很」一類的話，實在我們很不敢當。因為我們是坐了汽車，在人家做成很好的公路上走，不能算辛苦的。真辛苦的，還是我們的武裝同志，他們一面剿匪，一面築路，和一部分老百姓於辛苦耕耘之後，櫛風沐雨來應徵。從前軍閥的軍隊，到一個地方就破壞一個地方，總是鬧得十室九空，雞犬不寧。現在武裝同志們，在中央領導之下，為地方建設的事情，用工兵築路，促進國家交通建設，與從前軍閥軍隊相比，實在有天淵之別。這種苦幹的精神，實在令我們敬佩。這些話固然是頌揚武裝同志，但是間接方面，是鼓勵團員，不要存怕艱苦的心思。

這次京滇公路週覽團，行政院、全國經濟委員會，及所經各省省政府，籌備了幾個月，所以準備得非常周到。程期表、說明書、招待日程，對於各地方出產狀況、行政概況、教育司法等，都有詳細的記載與統計。所以各地方參觀考察，非常方便，而所得的感想，亦非常之好，但亦非常之多。今限於時間，不能詳細一一報告，將來全部團員回京以後，還要由行政院，組設一個編輯委員會，把所得各種材料，編成一冊內容豐富的書面總報告，分贈各關係機關，或公開展覽我們所攝的照片、所得的各地名產。

今天本人在這簡單報告之後，要貢獻於中央的有兩點意思。就是我們這次去西南看到那些地方文化低落、經濟枯渴，以為中國目前的大毛病，是文化與經濟太集中了。文化集中在上海和北平，一個地方有十幾個大學。而貴州以全省之大，連一個大學都沒有，高等專科教育的學校也沒有。那裏的學生往往在年齡上看，以為是中學生，而實在還在小學讀書。就是中學讀好了，也沒有升學之處。所以貴州是應該至少有一個大學。雲南、廣西雖有大學，而不完備。湖南僅有一個。總而言之，高等教育亦要普及，尤其是要到邊區地方去。因為邊區地方很苦，子女們到繁華地方讀書，每年化錢過多，是父母負擔不起的。並且這些子女，在繁華地方畢業，看慣了電影與跳慣了舞之後，是不肯回去的。所以要在當地養成人才，才可以為當地用。現在他們文化落後，大都是沒

有高等教育機關，即使有亦沒有法子聘到好教員。這一點是要請中央注意的。

第二點是現在中國經濟集中在上海是非常不好的。因為一則危險，二則一個地方集了許多的資本沒有用處，而邊疆方面，一個錢是當十幾個錢用。礦產開發、荒地墾殖，沒有款子就只好貨棄於地，這也是要請中央注意的。要怎樣使集中在一處的錢，投資到邊疆去，使中國經濟的發展，稱為平均些。

我們曉得要國家的強盛，不專靠有一兩個商埠的繁榮；要人才的產生，豈可集中幾個大學於一處。從前本人到過西北，回來感覺到我們為什麼不到西北去創造飯碗，而大家在東南搶奪飯碗，不小心飯碗打破，大家吃不成。這次從西南回來，亦有這種感想。若照現在的文化集中、經濟集中做下去，一定人不能盡其才，地不能盡其利，物不能盡其用，號稱地大物博，還是年年入超的一個窮國家。希望中央採納文化普遍、經濟均配兩點，將見西南人才輩出、寶藏開發，國家的強盛，可立而待也。我們去的時候，看見稻田還未下種，公路兩旁桐子已在開花。回來的時候，稻田已經插了秧，桐樹已經結了果。希望我們的週覽，亦要得到一個好菓。

```
國家圖書館出版品預行編目

褚民誼紀實全傳. 第二卷, 踐行主義 / 褚幼義主編. --
  臺北市：獵海人, 2025.07
    面；　公分
  ISBN 978-626-7588-18-5(平裝)

  1. CST: 褚民誼  2. CST: 傳記

782.886                              114002475
```

褚民誼紀實全傳　第二卷
踐行主義

主　　編／褚幼義
出版策劃／獵海人
製作銷售／秀威資訊科技股份有限公司
　　　　　114 台北市內湖區瑞光路76巷69號2樓
　　　　　電話：+886-2-2796-3638
　　　　　傳真：+886-2-2796-1377
網路訂購／秀威書店：https://store.showwe.tw
　　　　　博客來網路書店：https://www.books.com.tw
　　　　　三民網路書店：https://www.m.sanmin.com.tw
　　　　　讀冊生活：https://www.taaze.tw

出版日期／2025年7月
定　　價／700元

版權所有・翻印必究　All Rights Reserved
Printed in Taiwan